21世纪高等学校**会计学**系列教材

COST ACCOUNTING

成本会计

◆ 孙立新 周洋 初征 编著

人民邮电出版社
北京

图书在版编目（CIP）数据

成本会计 / 孙立新，周洋，初征编著. -- 北京 : 人民邮电出版社，2016.2（2020.1重印）
21世纪高等学校会计学系列教材
ISBN 978-7-115-41460-1

Ⅰ. ①成… Ⅱ. ①孙… ②周… ③初… Ⅲ. ①成本会计一高等学校一教材 Ⅳ. ①F234.2

中国版本图书馆CIP数据核字(2016)第020483号

内 容 提 要

本书共十章，主要内容包括总论、制造业成本核算的基本原理、要素费用核算、综合费用的核算、生产费用归集与分配的核算、产品成本计算的基本方法、产品成本计算的辅助方法、其他行业成本核算、成本报表与成本分析、成本会计专题。

本书可作为应用型本科院校、高职和成人教育院校会计学、财务管理学专业相关课程的教材，也可作为企业会计人员的参考用书。

◆ 编　　著　孙立新　周　洋　初　征
　责任编辑　许金霞
　责任印制　沈　蓉　彭志环
◆ 人民邮电出版社出版发行　　北京市丰台区成寿寺路 11 号
　邮编　100164　　电子邮件　315@ptpress.com.cn
　网址　http://www.ptpress.com.cn
　大厂聚鑫印刷有限责任公司印刷
◆ 开本：787×1092　1/16
　印张：19.25　　　　2016 年 2 月第 1 版
　字数：518 千字　　　2020 年 1 月河北第 3 次印刷

定价：42.80 元

读者服务热线：(010)81055256　印装质量热线：(010)81055316
反盗版热线：(010)81055315

前 言 Preface

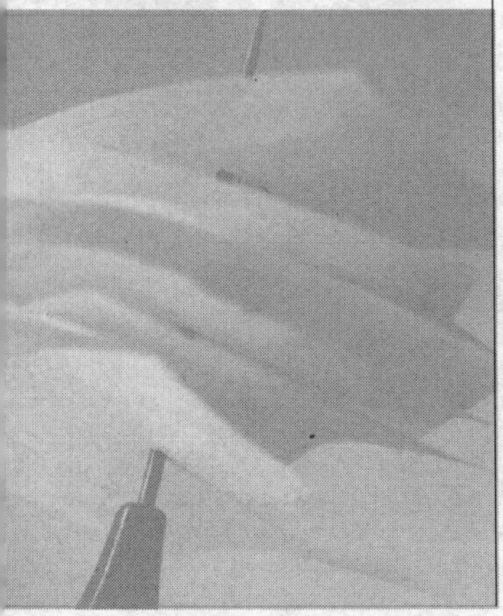

成本会计是连接财务会计与管理会计的纽带，因此，成本会计课程是会计学专业的一门重要的专业课。该课程的突出特点是理论性和实务性都比较强，并且随着社会经济和管理学科的发展，相关理论和实务也在不断发展之中，出现了诸多创新发展的研究领域。为此，我们在本书编写过程中，一是兼顾会计相关课程的区别与联系，详略得当，避免重复；二是突出成本会计的理论体系，基本理论与方法的介绍详细全面，注重不同知识模块之间的关联性，全书形成了一个较为完整的理论体系结构；三是注重理论与实际相结合，借助教学案例，将理论与实践做了较好的融合；四是注意吸纳当前国内外成本会计理论与实务发展研究的最新成果，拓展完善学科领域。

本书具有以下特色。

（1）结构合理。篇章结构安排注重成本核算的内在逻辑性，语言表述力求深入浅出，层次清晰，简明扼要，便于理解与掌握。

（2）通用性强。本书以制造业企业成本核算与分析为重点，又结合物流企业、建筑施工企业、房地产开发企业等行业特点与实务，介绍了主要行业的成本核算原理，具有较强的通用性。

（3）针对性较强。本书旨在帮助读者掌握企业成本核算的一般流程，着重阐述成本核算的基础理论与方法，业务处理典型。

（4）兼顾稳定性与前瞻性。本书吸纳成本会计发展的最新成果，既注重体现企业会计准则的要求以及当前企业成本管理实践，又注重紧跟成本会计的最新发展变化。

（5）体现课程建设研究成果。本书是 2014 年立项的山东省成本会计精品课程立项的阶段性研究成果，编者均为该课程的主讲教师。

本书既适用于会计学专业本科生教学，也可用于经管类相关专业的教学使用，还可用于企业管理人员，尤其是财会人员的培训与自学使用。

本书由孙立新、周洋、初征编著。在编写过程中，孙立新编写第一章、第三章、第四章、第五章；周洋编写第二章、第八章、第十章；初征编写第六章、第七章、第九章。最后，由孙立新对全书进行了统纂。

本书在写作过程中，吸收借鉴了国内外成本管理的最新研究成果和同类已有教材的精华，参阅了诸多专家、学者的著作，在此表示衷心感谢。

由于作者水平所限，书中可能存在疏漏与不足，恳请读者批评指正。

编 者

2015 年 12 月

目 录 Contents

第一章 总论

第二章 制造业成本核算的基本原理

第三章　要素费用核算

第四章　综合费用的核算

第五章　生产费用归集与分配的核算

第六章　产品成本计算的基本方法

第七章 产品成本计算的辅助方法

第八章 其他行业成本核算

第九章 成本报表的编制与成本分析

第十章 成本会计专题

主要参考文献

第一章 总论

【学习目标】

1. 了解成本会计的任务和成本会计工作组织。
2. 理解成本的经济内涵。
3. 熟悉成本会计环境与成本会计形成发展的关系。
4. 掌握成本会计的对象和现代成本会计的职能。

【关键词】

成本　成本会计　对象　职能　形成与发展　生产费用　产品成本

【引例】

对于学习和运用成本会计的人来说，明确区分“成本”和“费用”的概念是学好、用好成本会计的第一步，也是关键的一步。然而，初学者经常会将“产品成本”“生产费用”“期间费用”等概念混淆。成本会计是一门什么样的会计学科，其与其他会计学科的界限在哪儿？美国学者霍恩格伦认为，成本会计就是管理会计再加上很小一部分的财务会计，而经济学家萨缪尔森则在其《经济学》著作中引述了J·M·克拉克的话：如果一班学生在经济学课程中，真正理解成本及成本的所有各个方面，那么这门课程便算取得了成功。那么，究竟何为成本？

第一节 成本的经济内涵

一、成本的经济内涵

成本概念与成本范畴直接左右着成本会计的内容，是成本会计最核心的基础理论。可以从广义与狭义两个方面来理解和认识成本概念。

（一）狭义成本概念

狭义成本通常指企业产品（或劳务）成本，也即长期以来我们用以论证成本含义的马克思的成本观。马克思在《资本论》中指出，按照资本主义方式生产的每一个商品的价值，用公式来表示是$W=C+V+M$（商品价值＝不变资本＋可变资本＋剩余价值）。如果我们从这个产品价值中减去剩余价值M，那么在商品中剩下来的只是一个在生产要素上耗费的资本价值$C+V$的等价物或补偿价值；商品价值的这个部分，即补偿所消耗的生产资料价格和所使用的劳动力价格的部分，只是补偿商品使资本家自身耗费的东西，所以对资本家来说，这就是商品的成本价格。马克思称为“商品的成本价格”的那部分商品价值就是商品成本，可见，马克思把资本主义商品的成本价格视为生产要素上耗费的资本价值与补偿价值的统一。

成本是商品经济的产物，是商品价值的组成部分。在商品经济下，产品的价值由三个部分组成。

（1）已耗费的生产资料转移的价值（C）。

（2）劳动者为自己劳动创造的价值（V）。

（3）劳动者为社会创造的价值（M）。从理论上讲，上述前两个部分，即 $C+V$，是商品价值中的补偿部分，构成了商品的理论成本。

综上所述，成本的经济内涵可以概括为：企业在生产经营过程中已耗费的、用货币表现的生产资料转移的价值与劳动者为自己劳动所创造的价值的总和，也就是企业在生产经营活动中所耗费的资金的总和。

马克思关于商品产品成本的论述是对狭义成本经济实质的高度理论概括，是指导我们进行成本会计研究的指南，也是实际工作中制定成本开支范围、考虑劳动耗费的价值补偿尺度的重要理论依据。但是，社会经济现象是纷繁复杂的，企业在成本核算和成本管理中需要考虑的因素也是多种多样的。因此，理论成本与实际工作中所应用到的成本概念并非完全一致。这主要表现在以下几个方面。

（1）在实际工作中，成本的开支范围是由国家通过有关法规制度来加以界定的。为了促使企业加强经济核算，减少生产损失，对于劳动者为社会所创造的某些价值，如财产保险费等，以及一些不形成产品价值的损失性支出，如企业的废品损失、季节性和修理期间的停工损失等，也计入了成本。可见，实际工作中的成本开支范围与理论成本包括的内容是有一定差别的。就上述的废品损失、停工损失等损失性支出而言，从实质上看，并不形成产品价值。它们不是产品的生产性耗费，而是纯粹的损耗，其性质不属于成本的范畴。但是，基于经济核算的要求，将它们计入产品成本，可促使企业加强生产管理，减少生产损失。当然，对于这种成本实际开支范围与成本经济实质的背离，必须严格限制，否则，成本核算就失去了理论依据。

（2）上述成本概念，是就企业生产经营活动中所发生的全部劳动耗费而言的，即是一个“全部成本”的概念。在实际工作中，是全部对象化，从而计算产品的全部成本，还是按一定的标准分类，部分计入产品成本，部分计入期间费用，则取决于成本核算制度。如按照我国现行企业会计准则和企业财务通则的规定，企业应当采用制造成本法计算产品成本，从而企业生产经营中所发生的全部劳动耗费就相应地分为产品制造成本和期间费用两大部分。产品的制造成本即产品生产成本，是指为制造产品而发生的各种生产费用总和，包括原材料费用、生产工人薪酬费用和全部制造费用；期间费用则包括销售费用、管理费用和财务费用。在制造成本法下，期间费用不计入产品成本，而是直接计入当期损益。

上述理论成本的概念是马克思的成本观，主要是针对商品产品成本而言的。如果我们过分强调 $C+V$ 的普遍应用意义，将马克思所界定的产品成本当作一般的成本概念，即将 $C+V$ 当作成本的全部，就会忽略了成本的内容是随着经济管理的发展而不断发展的事实。实际上，在马克思之后，成本概念的内涵与外延已经无限地向外扩展了。

（二）广义成本概念

产品成本属于成本，但不等于成本，成本涵盖的范围要比产品成本广泛得多。成本的广义化发展是成本概念发展的必然趋势。广义成本概念具有跨学科、跨领域、多层次的特征，属于多元化的成本概念。

在经济学中，既有古典经济学中的配弟、斯密、李嘉图等的投资成本和比较成本、传统经济学中的马歇尔、凯恩斯等的边际效用、边际成本和重置成本，也有现代西方经济学中的萨缪尔森的厂商生产成本和机会成本、西蒙的价格成本、沃林的比较成本、阿罗与斯蒂格勒的信息成本、莫斯利阿尼和米勒的资本成本、科斯的交易成本和社会成本、贝克尔的人力资本成本、诺斯的制度成本、詹森和麦克林的代理成本等。由此可见，经济学家对于成本的定义较为宏观，凡是经济资源的牺牲都是成本。换言之，成本可以是有形的、主观认定的、货币性的，也可以是无形的、客观认定的、非货币性的，甚至可以是包括诸如因噪音和污染所引起的成本。当代西方经济学家对成本概念的发展与创新，促使成本概念不断跨界发展，有力推动了成本计量技术与方法的不断进步。

随着社会经济的不断发展，成本与管理不断地融合，成本的内容往往要服务于管理的需要。成本管理已经从微观扩展到宏观，从战术扩展到战略，从控制扩展到决策，从产品扩展到作业，形成了宏观成本、战略成本、决策成本、控制成本、作业成本等新成本概念。可以这样认为，管理的进步促使成本管理从价值方面予以科学地计量，促进了成本经济内涵的扩充与发展。

1951年，美国会计学会（American Accounting Association，AAA）的成本概念与标准委员在其报告中指出，成本是指为了实现一定目的而付出的（或可能付出的）以货币测定的价值牺牲。会计学成本的一般定义为特定的会计主体为达到一定目的而发生的、可以用货币计量的代价。会计人员将成本定义为取得某些财产（如原材料）或接受劳务（如人力资源）而牺牲的经济资源。在成本会计学科中，以成本的一般含义为基点，可以将产品成本定义为企业为生产一定种类、一定数量的产品而发生的生产耗费；将企业在一定时期内所发生的、能够用货币计量的生产耗费，称为生产费用。如果进一步将生产费用归集分配到一定种类和数量的产品中去，就成为产品成本。在实际工作中，根据经济环境的不同、行业特点的不同，对成本的内涵有不同的理解。随着经济的发展、管理的进步，成本概念的内涵在不断拓展演化，成本管理人员更多地强调“不同目的，不同成本”的逻辑思维。为了加强成本管理和进行成本决策，涉及和应用的成本概念是多种多样的，包括用于预测、决策的成本，如专属成本、差量成本、边际成本、机会成本等；用于计划的成本，如预算成本、计划成本等；用于控制的成本，如标准成本、定额成本等；用于事后核算的成本，如生产成本、非生产成本等；用于分析考核的成本，如责任成本、可控成本、不可控成本等。有些成本的经济内涵已远远超出了商品产品成本的范畴。

对于成本的经济内涵，可以总结归纳为以下几点。

（1）成本是为达到特定目的所发生的利益放弃或价值牺牲，它能够或应该能够用货币来加以衡量。

（2）成本是一个资产计价概念，不同于费用。

（3）产品成本是成本会计的核心概念。

（4）为满足经营管理的实际需要，管理者应使用不同的成本概念。

二、成本的作用

成本是企业生产经营过程中所发生的资财耗费。成本会计系统通过向管理者及有关各方提供反映这种耗费的信息，帮助管理者及利益相关方更好地进行生产经营决策和管理业绩评价。同时，成本的经济内涵也决定了成本信息在经济管理工作中具有十分重要的作用。

（一）成本是企业生产耗费的价值补偿尺度

为了保证企业再生产的不断进行，必须对生产耗费即资金耗费进行补偿。企业是自负盈亏的商品生产者和经营者，其生产耗费是用自身的生产成果即销售收入来补偿的。而成本就是衡量这一补偿份额大小的尺度。企业在取得销售收入后，必须把相当于成本的数额划分出来，用以补偿生产经营中的资金耗费。这样才能维持资金周转按原有规模进行。如果企业不能按照成本来补偿生产耗费，企业资金就会短缺，再生产就不能按原有的规模进行。成本也是划分生产经营耗费和企业纯收入的依据，在一定的销售收入中，成本越低，企业纯收入就越多。可见，成本作为补偿生产耗费尺度的作用，对经济发展有着重要的影响。

（二）成本是综合反映企业工作质量的重要指标

成本是一项综合性的经济指标。企业经营管理中各方面工作的业绩，都可以直接地或间接地在成本上反映出来。例如，产品设计的好坏、生产工艺的合理程度、固定资产的利用情况、原材料消耗节约与浪费、劳动生产率的高低、产品质量的高低、产品产量的增减以及供、产、销各环节的工作是否衔接协调等都可以通过成本直接或间接地反映出来。

成本既然是综合反映企业工作质量的指标，就可以通过对成本的计划、控制、监督、考核和分析等来促使企业以及企业内各单位加强经济核算，努力改进管理，降低成本，提高经济效益。例如，通过正确确定和认真执行企业以及企业内部各单位的成本计划指标，可以事先控制成本水平和监督各项费用的日常开支，促使企业及企业内部各单位努力降低各种耗费。又如，通过成本的对比和分析，可以及时发现在物化劳动和活劳动消耗上的节约或浪费情况，总结经验，找出工作中的薄弱环节，进而采取措施挖掘潜力，合理地使用人力、物力和财力，从而降低成本，提高经济效益。

（三）成本是企业制定产品价格的一项重要因素

在商品经济中，产品价格是产品价值的货币表现，产品价格应大体上符合其价值。无论国家，还是企业，在制定产品价格时都应遵循价值规律的基本要求。但在现阶段，人们还不能直接计算产品的价值，而只能通过计算成本来间接地、相对地掌握产品的价值。因此，成本就成了制定产品价格的重要因素。当然，产品的定价是一项复杂的工作，应考虑的因素很多，例如国家的价格政策及其他经济政策、各种产品的比价关系、产品在市场上的供求关系及市场竞争的态势等。因此，成本只是制定产品价格的一项重要因素。

（四）成本是企业进行经营决策的重要依据

努力提高在市场上的竞争能力和经济效益是商品经济对企业的客观要求，而要做到这一点，企业首先必须进行正确的生产经营决策。进行生产经营决策，需要考虑的因素很多，而成本是其中应考虑的主要因素之一。这是因为，在价格等因素既定的前提下，成本的高低直接影响着企业盈利的多少；而较低的成本，可以使企业在市场竞争中处于有利地位。

（五）成本是企业获取竞争优势的重要手段

当今时代，物流便捷，电商兴起，商品经济日益发达，社会产品愈加丰富，可供消费者选择的商品越来越多，更多的消费者期望能够购买到物美价廉的商品。因此，对于企业来说，谁能够满足消费者的这一需求，谁的产品就销售得快，从市场赚取的收入和利润就多。越来越多的企业经营管理者认识到，当价格一定时，利润的多少，取决于成本的高低；价格是市场所决定的，只有成本才是企业决定的；离开市场和用户谈成本是没有任何意义的，而必须将它们结合在一起。企业应从市场和用户出发，科学地确定产品的目标价格、目标利润和目标成本，力争将企业成本降低到最低限度，实现成本领先，击败竞争对手，以扩大自己的市场份额，赚取更多的利润。在现代市场经济的背景下，企业管理离不开成本信息，成本信息是企业获取竞争优势的手段。

第二节 成本会计的对象

一、狭义成本会计的对象

成本会计的对象是指成本会计反映和监督的内容。明确成本会计的对象，对于确定成本会计的任务，研究和运用成本会计的方法，更好地发挥成本会计在经济管理中的作用，有着重要意义。

狭义成本会计的对象是指事后成本核算的对象，即成本、费用。

从理论上讲，成本所包括的内容也就是成本会计应该反映和监督的内容。但为了更为详细、更具体地了解成本会计的对象，还必须结合不同行业企业的具体生产经营过程和现行企业会计准则和企业财务通则的有关规定来加以说明。企业的基本生产经营活动是生产和销售产品。在产品的直接生产过程中，即从原材料投入生产到产成品制成的产品制造过程中，一方面制造出产品来，另一方面要发生各种各样的生产耗费。这一过程中的生产耗费，概括而言，包括劳动资料与劳动对象等物化劳动耗费和活劳动耗费两大部分。房屋、机器设备等作为固定资产的劳动资料，在生产过程中长期发挥作用，直至报废而不改变其实物形态，但其价值则随着固定资产的磨损，通过计提折旧的方式，逐渐地、部分地转移到所制造的产品中去，构成产品生产成本的一部分。原材料等劳动对象，在生产过程中，或者被消耗掉，或者改变其实物形态，其价值也随之一次全部地转移到新产品中去，也构成产品生产成本的一部分。生产过程是劳动者借助于劳动工具对劳动对象进行加工、制造产品的过程，通过劳动者对劳动对象的加工，才能改变原有劳动对象的使用价值，并且创造出新的价值来。劳动者为自己劳动所创造的那部分价值，则以工资形式支付给劳动者，用于个人消费，因此，这部分薪酬也构成产品生产成本的组成内容。具体来说，在产品的制造过程中发生的各种生产耗费，主要包括原料及主要材料、辅助材料、燃料等的支出，生产单位诸如分厂、车间等固定资产的折旧，直接生产人员及生产单位管理人员的薪酬以及其他一些货币支出等。所有这些支出，就构成了企业在产品制造过程的全部生产费用，而为生产一定种类、一定数量产品所发生的各种生产费用支出的总和就构成了产品的生产成本。上述产品制造过程中各种生产费用的支出和产品生产成本的形成，是成本会计需要反映和监督的主要内容。

在产品的销售过程中，企业为销售产品也会发生各种各样的费用支出。为销售本企业产品而发生的费用，例如，需由企业负担的运输费、装卸费、包装费、保险费、展览费、差旅费、广告费及为销售本企业商品而专设销售机构的职工薪酬、业务费等，构成了企业的销售费用。销售费用也是企业在生产经营过程中所发生的一项重要费用；其支出及归集过程，也应该成为成本会计所反映和监督的内容。

企业的行政管理部门为组织和管理生产经营活动，也会发生各种各样的费用。例如，企业行政管理部门人员的薪酬、固定资产折旧费、工会经费、业务招待费、坏账损失等。这些费用可统称为管理费用。管理费用是企业在生产经营过程中所发生的一项重要费用，其支出及归集过程，也应该成为成本会计所反映和监督的内容。

此外，企业为筹集生产经营所需资金等也会发生一些费用。例如，利息净支出、汇兑净损失、金融机构的手续费等。这些费用统称为财务费用。财务费用是企业在生产经营过程中发生的理财费用，其支出及归集过程也应该属于成本会计反映和监督的内容。

上述的销售费用、管理费用和财务费用，与产品生产没有直接联系，而是按发生的期间归集，直接计入当期损益，因此，它们构成了企业的期间费用。

综上所述，按照企业会计准则的有关规定，可以把制造业企业成本会计的对象概括为：企业生产经营过程中发生的产品生产成本和期间费用。

建筑施工企业、物流企业、商品流通企业、房地产开发企业等其他行业企业的生产经营过程虽然各具特点，但从总体上看，它们在生产经营过程中所发生的各种费用，同样是部分形成企业的生产经营业务成本，部分作为期间费用直接计入当期损益。因此，按照现行企业会计准则的规定，可以把狭义成本会计的对象概括为：企业生产经营过程中发生的生产经营业务成本和期间费用，即财务成本。

二、广义成本会计的对象

前文是对狭义成本会计的对象进行了概括性阐述。但现代成本会计（即广义成本会计）不仅应该按照现行企业会计准则的有关规定为企业正确确定利润和进行成本管理提供可靠的生产经营业务成本和期间费用信息，还应该从企业内部经营管理的需要出发，提供多方面的成本信息：为了进行短期的生产经营的预测和决策，应计算变动成本、固定成本、机会成本、边际成本、差量成本等；为了加强企业内部的成本控制和考核，应计算责任成本、可控成本和不可控成本；为了进一步提高成本信息的决策相关性，还可以计算作业成本，等等。上述按照现行企业会计准则的有关规定所计算的成本，包括生产经营业务成本和期间费用，可称为财务成本；为企业内部经营管理的需要所计算的成本，则可称为管理成本。由此，可以把广义成本会计的对象可以概括为：各行业企业的财务成本和管理成本。

第三节 成本会计环境与成本会计发展

一、成本会计的环境

任何事物的产生与发展都离不开其特定的环境，成本会计学科也不例外。现代科学发展史表明，对一门学科中重大问题的研究与解释大多是以环境分析为前提的。成本会计环境是成本会计产生、存在和发展的基础。

（一）成本会计环境的含义

会计作为一门以社会科学为主同时兼具自然科学特性的综合性、交叉性边缘学科，存在于特定的社会环境之中，既受社会环境的影响和制约，又会对其所处的社会经济环境的改变起到推动和促进作用。

环境是一个相对的概念，其是相对于特定主体而言的。成本会计环境，是指与企业成本管理活动密切相关的、通过不同方式对其产生直接或间接影响的主客观条件和因素。

影响成本会计的环境因素是复杂多样的，既有经济因素、科技因素、政治法律因素、社会文化因素等宏观环境，也有与特定会计主体相关的企业组织形式、生产经营状况、内部管理水平、管理者及员工素质、市场状况等微观环境。按照制约和影响成本会计管理活动的来源，还可以将上述环境因素划分为企业外部环境和内部环境。此外，还可以从时间和空间角度认识成本会计环境。成本会计的时间环境是对成本会计环境的纵向考察，直接作用于成本会计发展史，体现了成本会计历史的、动态的演进过程，是推进成本会计产生与发展的动力。从18世纪处于萌芽阶段的分步成本计算法到当代制造环境下的作业成本法；从早期事后被动的成本核算到标准成本法下的事中成本控制；从单纯计算产品生产成本，到资本成本、责任成本、质量成本、环境成本、战略成本、人力资源成本、社会责任成本等的多元成本计量，无一不是成本会计时间环境作用的结果。只有全面考察成本会计的时间环境，才能完整认识成本会计产生与发展的历史。成本会计的空间环境是对成本会计环境的横向考察，是现实的、相对静态的分析。不同的成本会计空间环境，造就了不同的成本会计模式、企业内部管理体制和企业文化。成本会计的空间环境也导致了不同企业成本会计模式的多样性。

企业的成本会计管理活动离不开其特定的成本会计环境。成本会计的形成发展与其所处的环境密切相关。为此，我们必须辩证地认识成本会计与环境的关系：一方面，特定历史阶段的成本会计环境是正确认识与评价该阶段成本会计发展水平的客观标准，特定历史阶段成本会计的发展状况也始终受这一阶段成本会计环境的影响和制约；另一方面，成本会计的发展又反过来影响环境，一定的社会经济环境产生与之相适应的成本会计理论与方法。也就是说，在企业成本管理创新发展过程中，既要适应环境变化，又要不断地从环境中汲取信息，改造和完善环境。特定历史阶段的成本会计环境造就了其特定的成本会计管理模式，决定了成本会计的发展水平，因此，研究成本会计的产生与发展必须以环境研究为基础。

（二）成本会计环境的基本特征

存在于社会经济环境中的成本会计系统，其主要特征可以归纳为以下几个方面。

1. 系统性

系统一词源于古希腊语，有“共同”和“给以位置”之意。它是指由相互作用和相互依赖的若干组成部分结合而成的、具有特定功能的有机整体。集合性、有序性和相关性是所有系统的共性，而目的性、环境适应性和环境改造性则为系统的特性。成本会计环境就是由若干要素组成的集合，成本会计管理活动的环境是一个有序的系统。成本会计系统是企业的子系统，企业本身就是一个系统。它是由诸如市场营销系统、物资供应系统、质量控制系统、生产制造系统、人力资源管理系统、财务管理系统等子系统组成，是一个人造的、开放的系统。因此，企业成本会计系统首先面对的就是本企业内部的各个子系统。企业作为独立的成本会计主体，其成本会计管理活动所面对的仍然是有序的自我组织和运行的较大规模的经济、政治法律、科技、教育、社会保障等各类系统。成本会计环境既然是企业系统的组成部分，自然具有前文所述系统的特性。成本会计环境的系统性要求企业进行成本会计管理活动时必须用系统的观点和方法分析成本会计环境，也要求成本会计系统保持与企业内外其他系统持续地进行物质、能量和信息的交换，依赖于环境而取得支持，亦即具有环境适应性和环境改造性。

2. 动态性

自然界和人类社会的一切事物都是以系统的形式存在，而系统总是处于运动变化的状态之中，成本会计的环境也不例外。由商品经济发展到市场经济，成本会计赖以发展的政治经济制度、科学技术水平和文化教育程度等环境因素也经历了由简单到复杂、由低级到高级的不断演化。随着成本会计环境的变化，成本会计本身的技术方法也在不断发展与完善之中。如果要适应当今高新技术企业迅猛发展的需要，成本会计就必须实现其目标由通过控制成本确保实现企业目标利润向通过创新和成本投入谋求高附加值的转化，同时，成本会计的工作重点也应由制造成本核算向价值评价和价值分配的制度创新转化。成本会计环境的动态性要求企业进行成本会计管理活动以动态的观念考察和分析环境因素的变动方式、变动趋势和变动程度，采取措施积极应对复杂多变的环境。

3. 差异性

从宏观层面看，由于不同国家和地区在社会经济结构、政治法律制度、生产力发展水平、科技文化进步等方面存在差异性和不平衡性，必然导致成本会计环境具有明显的区域性特征。同时，由于整个社会系统的开放性和动态性特征，又使各个国家和地区的成本会计环境彼此相连，相互影响与促进。尤其是在全球经济一体化的背景下，世界各国（或地区）的会计环境相互联系与沟通而逐步形成了全球化的会计环境，也即成本会计在空间上表现出了国际化特征。从微观层面看，不同企业之间在生产经营业务范围、面对的市场机会、企业内部组织结构、企业文化、管理者风格、员工素质等方面的差异性，其成本会计系统在具体操作过程中存在差异势必在所难免，但是，不同企业对于符合时代发展需要的成本会计技术方法的需求和应用是共同的。理解和掌握成本会计环境的这种具有辩证关系的差异性特征，有利于企业因地制宜地选择和应用与自身特点相适应的成本会计方法。

4. 不确定性

成本会计系统是一个开放的动态系统，环境的差异性和动态性决定了其不确定性的特征。无论是政治法律、经济、科技、社会文化、教育等宏观环境因素，还是市场状况、生产经营状况、企业组织形式、企业管理水平、企业管理者与员工素质、成本会计机构设置与运作方式等微观环境因素，都因其动态性而存在不确定性。认识到成本会计环境的动态性，有利于企业及时迅速地采取措施，以便能更快更好地适应环境的变化，选用并创新发展成本管理的技术方法。

二、环境要素对成本会计的影响分析

研究环境要素对成本会计的影响首先需要划分构成环境的基本要素。尽管不同学者对环境要素分类存在差异，但归纳起来，主要的环境影响因素可以分为政治环境、法律环境、经济环境、科技环境、文化环境、企业组织结构、企业经营管理模式等。

（一）政治环境

企业的政治环境是指制约和影响企业的各种政治要素及其运行状态所形成的环境系统。具体而言，政治环境是对企业经营活动产生影响的政治体制、制度、方针和政策等。政治环境分析包括：企业所在国家地区政局的稳定状况；执政党所要推行的方针政策及其连续性和稳定性，以及这些方针政策在环境保护、产业结构调整、引导投资方向等方面所采取的措施；政府对企业行为的影响。在经济全球化的时代，政府作为社会资源的拥有者、公共产品的提供者和社会产品的购买者，其决策与偏好极大地影响着企业的决策。政府在培育、维持、增强、消除市场机会方面具有无可比拟、不可替代的作用和影响力。成本会计管理活动受政治环境的影响广泛而深刻，主要表现在以下方面。

（1）不同国家的政治制度、政治体制决定了成本会计的不同模式，政治制度的变革必然引发成本会计的变革与发展。

（2）国家某一时期的重大方针政策对成本会计具有直接的约束力，政府工作重心的转移决定了不同时期成本会计的特性。

（3）稳定的政局、开明的政治、连续的政策为成本会计理论和实务的发展创造良好的基础条件，反之则产生消极的作用。

（二）法律环境

企业的法律环境是指与企业相关的社会法治系统及其运行状态。法律环境对企业具有直接强制性，为企业提供生存和发展空间。法律环境主要包括以下几方面。

（1）法律规范，尤其是与企业经营密切相关的经济法律法规，如《公司法》、《合同法》、《证券法》、《税法》、《会计法》等。

（2）国家司法执法机关。我国主要有法院、检察院、公安机关以及各种行政执法机关，与企业关系密切的行政执法机关主要有工商行政管理机关、物价机关、税务机关、专利机关、环保机关、政府审计机关等。

（3）企业的法律意识。企业的法律意识是企业对法律制度的认识与评价，是企业的法律观念。企业的法律意识最终转化为一定性质的法律行为，并造成一定的行为后果，构成了每个企业自身面对的法律环境。

（4）国际法律环境。随着国内经济体制的改革与发展，政府依法施政。这些法律法规既制约着企业的行为，也保护着企业的理性竞争与正当权利。法律环境对成本会计的影响主要表现在：企业在成本会计活动中应当遵循法律法规行事。法律环境对企业的影响是两方面的，既能为企业成本会计提供限制的空间，也能为企业在相应空间内正常管理提供法律保护。企业的生产经营活动离不开法律环境对企业成本管理产生的影响。因此，国际国内的法律法规直接影响和制约着企业成本会计的实务操作。

（三）经济环境

经济环境是指构成企业生存与发展的社会经济状况及国家的经济政策，具体包括：企业的经济环境，如经济体制、经济结构、社会购买力、消费者收入水平和支出模式等要素构成；宏观经济运行状况指标，如经济增长率、物价水平、通货膨胀率、汇率、利率等。经济环境是直接影响成本会计发展的最重要环境因素。成本会计理论的形成、成本会计系统的运行根源在于成本会计环境的经济方面。经济环境对成本会计的影响主要包括以下几方面。

（1）不同的社会经济结构对成本会计提出不同的要求。

（2）不同的经济体制对成本会计目标有较大影响。

（3）不同的所有制结构对成本会计的作用有很大影响。

（4）经济的发展水平决定着成本会计的发展水平。

（5）政府的经济政策影响着企业成本会计管理活动。

（6）经济的稳定程度也是影响成本会计发展的重要因素。

（四）文化环境

文化环境是指企业所处的社会结构、社会风俗和习惯、信仰和价值观念、行为规范、生活方式、文化传统、人口规模与地理分布等因素的形成和变动。这些因素是在长期生活和成长过程中逐渐形成的。人们总是自觉不自觉地接受这些行动的准则和规范。与法律政治环境因素不同，文化环境因素是通过潜移默化的方式对企业及其成本会计管理活动发挥着重要的影响作用。总结中外成本会计发展的历史经验，不难发现日本企业成本管理居于世界领先水平得益于其独特的文化环境：一是企业之间长期稳定的协作关系；二是以全部产品的经营状况作为投资和新产品开发的基础，关注企业全部产品组合的最终结果和最大市场占有率。这种超越暂时经济利益的理念，使日本企业始终处于一种良性发展状态，也从根本上奠定了其长期的、相对稳定的成本管理体系。这也直接导致了，同样是目标成本管理，由于文化环境的不同，在日本企业的实施效果远优于欧美企业。价值观念、文化传统等文化因素构成了成本会计活动的文化背景。它们通过影响文化主体的行为方式、思维习惯而影响成本会计运行的模式和效率。文化环境对成本会计的影响主要表现在以下几方面。

（1）文化水平影响人们对成本会计的认识。

（2）文化水平影响会计人员的观念与技能，进而影响成本会计的社会作用。

（3）文化水平影响成本会计的基本思想和研究方法。

（4）文化水平影响成本会计行为方式与方法。

（五）科技环境

科技环境是指企业所处的环境中的科技要素及与该要素直接相关的各种社会现象的集合，具体包括以下几方面。

（1）科技水平，是构成科技环境的首要因素，包括科技研究的领域、科技研究成果的门类分布及先进程度和科技成果的推广应用三个方面。

（2）科技力量，是指一个国家或地区的科技研究与开发实力。

（3）科技政策和科技立法，是国家凭借其行政权力与立法权力，对科技事业履行管理、指导职能的途径。

（4）国家科技体制，是国家科技系统的结构、运行方式及其与国民经济其他部门的关系状态的总称，如科技实业与科技人员的社会地位、科技机构的设置原则与运行方式、科技管理制度、科技推广渠道等。

科技环境对成本会计的主要影响体现在以下几方面。

（1）科技环境通过影响企业的战略制定，从而影响企业的成本会计模式。

（2）科技环境通过影响企业的生产方式选择，从而影响企业成本的计算与控制。

（3）科技环境通过影响发展现代信息技术，从而影响企业成本会计信息系统的建立与运行。

（六）企业组织结构

企业组织结构的基本形式有三种，分别为职能制、矩阵制和事业部制。成本会计依附于企业的组织结构而存在，与企业组织结构之间存在着互动共生的关系。组织结构的变化意味着需要信息的变化，而成本会计可以看作是使各种各样组织结构之间更好地沟通、激励和进行业绩评价的信息支持系统。成功的组织应不断地适应环境，并且能动地改造环境。组织结构的变化，一方面会影响成本会计信息做出有助于组织的变化，另一方面成本会计信息也应随环境的变化而变化。

（七）企业经营管理模式

进入 21 世纪，伴随经济全球化和电子商务的兴起，企业经营管理模式正在经历着深刻的变革。由此带来企业成本结构的巨变，固定成本占总成本的比重大幅提升，电子信息技术使企业变动成本比重极低，从而提高了固定成本的比重，尤其是某些网络企业的固定成本比重甚至高达 95%以上，导致大量变动成本沉淀于固定成本。电子商务的应用改变了企业传统的物质流、信息流和资金流，为企业创造利润提供了机会。电商企业比传统企业具有明显的成本优势，从而改变了企业的竞争基础，也改变了企业产品和服务的定价模式，使企业的变动成本大量体现在营销成本上。这时，企业更多地根据消费者的需求弹性确定产品和服务的价格，企业的定价模式由边际定价转为弹性定价。由此导致相对的低成本是企业的根本竞争优势，而具有稳定低成本的企业则可以在市场中保持长期的领导地位。电子商务的发展开启了企业获取和保持竞争优势的新机会和方式，也必然要求企业建立实施与之相适应的新兴成本会计模式。

三、环境变迁与成本会计的发展

成本会计的发展与环境密切相关。成本会计源于一定的社会经济环境，伴随人类的科技进步和商品经济的发展不断演进。至于成本会计产生于什么年代，学者们的观点并不一致。一种观点认为，成本会计的若干理论和方法，早在 14 世纪就已经产生。另一种观点认为，成本会计是在 19 世纪下半叶产生，首先是为了决定价格而产生的。依据成本会计与其赖以产生发展的社会经济环境的关系，现代成本会计的演进可以划分为萌芽期、形成期、发展期、成熟期和创新期等不同阶段。但是，在西方会计史上，通常把成本会计的产生与产业革命联系在一起，认为成本会计是产业革命带来的一项成果。多数学者的观点认为，1880～1920 年是成本会计奠基的时期，成本会计随着社会经济环境的变迁，先后经历了早期成本会计、近代成本会计和现代成本会计等三个阶段，成本会计的理论与方法也在其演化过程中日臻完善。

（一）成本会计的萌芽（1880 年以前）

据考证，远在 15 世纪意大利的兵工厂中就出现了成本会计的萌芽。15 世纪新大陆的发现极大地刺激了造船业的发展，使地处地中海沿岸的意大利成为世界商业中心。1436 年，意大利政府在威尼斯建立了较大规模的造船厂即兵工厂，到 16 世纪发展为当时世界上最大的工厂。该兵工厂不仅采用了意大利复式簿记，而且还采用一种早期的成本会计记录方法，将账目合并为两本日记账和一本分类账，将所有的交易都记录其上，将费用分为固定费用、可变费用和非常费用。这也是会计史上第一次将费用进行分类。在核算内容上，精确地记录了从市场购买或按合同规定向手工工人提供材料和计件工而换取的产品，并且也记录了计算所需要的金钱、材料和人员所用的时间，利用账簿记录控制成本。

成本会计的萌芽处于工厂手工业时期，由于生产力水平低下，科技不发达，企业规模较小，产品单一，且处于卖方市场，所以消费者只是产品的接受者，无多大的选择余地。企业经营的重心是提效、增产，而成本核算只是生产经营活动的一个附带职能。产品按照订单生产，工厂主为制定产品的价格，必须正确估算成本，把成本视为定价的工具，而不在于依据其控制生产耗费。当时只把直接材料和直接人工视为产品成本，将间接费用看作生产损失。对于成本记录与财务会计记录也未能有效结合，甚至于在总分类账中也不反映产品成本的结转情况，常用统计的方法算成本，而不采用永续盘存法。由此可见，萌芽时期的成本会计内容与方法都相对简单，成本计量主要借助于统计方法完成，成本记录大都是在会计账户体系之外进行，提供的信息较为单一和零散，距离成本管理的要求甚远。

（二）早期成本会计阶段（1880 年～1920 年）

成本会计起源于英国，后来传入美国及其他国家。19 世纪 30 年代末，英国首先完成了产业革命。当时英国是资本主义最发达的国家。随后，西方其他国家也先后完成了产业革命。产业革命既是生产技术的巨大革命，也是社会生产关系的大变革，促进了资本主义生产力的迅速发展。随着产业革命的完成，机器劳动代替了手工劳动，工厂制代替了手工工场；企业规模逐渐扩大，出现了竞争，生产成本得到企业主的普遍重视。英国会计人员为了满足企业管理上的需要，对成本会计进行研究，起初是在会计账簿之外，用统计方法计算成本。为了提高成本计算的精确性，适应企业外部审计人员的要求，将成本计算与复式簿记结合起来。这样，利用账户对应关系反映材料和人工消耗及其相对应的价值转移和增值的全过程，并借助借贷平衡原理，稽核会计业务记录的正确性，从而形成了成本会计。这一时期是成本会计的初创阶段，由于当时的成本会计仅限于对生产过程中的生产消耗系统进行系统地汇集和计算，用来确定产品生产成本和销售成本，所以称之为记录型成本会计。

在早起成本会计阶段，成本会计取得了以下发展。

1. 实践中确立了各项生产费用计算和管理方法

（1）在直接材料成本核算方面，建立了材料核算和管理办法。如设立材料账户和材料卡片，并在卡片上标明“最高存量”和“最低存量”，以确保材料既能保证生产需要，又可以节约使用资金；建立材料管理的“永续盘存制”，采取领料单制度（当时称领料许可证）控制材料耗用量，按先进先出法计算材料耗用成本。

（2）在直接人工核算方面，建立工时记录和人工成本计算方法。主要做法是：对工人使用时间卡片，登记工作时间和完成产量；将人工成本按部门归集，再分配给各种产品，以便控制和正确计算人工成本。

（3）在制造费用核算方面，建立间接费用的分配方法。随着工厂制度的建立，企业生产设备大量增加，间接制造费用增长很快，成本会计改变过去只将直接材料和直接人工列入成本却将间接制造费用作为生产损失的做法，而是将间接制造费用也计入生产成本。对间接制造费用的分配进行了研究，在实践中先后提出了按实际数进行分配和间接费用正常分配理论。

2. 实践中采用了专门的成本计算方法

早期成本会计时期，制造业工厂中，探索应用合理的方法计算产品成本。1750 年，英国人多德森在《会计人员或簿记方法》一书中介绍了分批成本计算法。1777 年，英国的汤姆逊以亚麻制袜为例，从亚麻存货账户开始，记录了不同步骤的消耗，最后算出每双袜子的成本，是分步成本法的萌芽。分批成本计算法和分步成本计算法的应用，奠定了成本会计学科发展的方法基础。

3. 理论界出版了多部成本会计著作

随着理论研究的不断深入，成本会计著作纷纷出版。被称为第一本成本会计著作的是 1885 年出版的由梅特尔夫著的《制造成本》一书；英国电力工程师加克和会计师费尔斯合著的《工厂会计》于 1887 年问世，该书提出了在总账中设立“生产”“产成品”“营业”等账户来结转产品成本，最后通过“营业”账户借贷双方余额的结算，确定营业毛利。成本会计记录与财务会计记录的结合，可以从会计上加强对材料和人工的管理。《工厂会计》一书对成本会计的建立，具有极为重要的意义，在会计发展史上被认为是 19 世纪最著名、最有影响的成本会计著作。

4. 行业管理上建立了成本会计组织

在组织方面，美国于 1919 年成立了全国成本会计师联合会。同年，英国成立了成本和管理会计师协会。这些成本会计组织成立后，开展了一系列的成本会计研究，为成本会计理论和方法基础的奠定作出了贡献。

（三）近代成本会计阶段（1921 年～1945 年）

这一阶段成本会计，伴随管理学科的发展而发展，主要进展包括以下方面。

1. 标准成本制度的产生

20 世纪初，资本主义社会从自由竞争阶段向垄断阶段过渡。这时，重工业和化学工业大发展，企业规模更大，分工协作更细，生产开始走向机械化和自动化。由于竞争激烈，企业迫切需要一些科学管理方法。1880 年后，泰勒在钢铁公司进行实验，系统研究和分析工人操作方法和劳动时间，逐步形成了科学管理理论和方法，被后人称为“科学管理之父”。泰勒科学管理制度的主要内容是研究操作合理化，其把个人的合理操作归结为某一种标准操做法，再要求一般工人普遍实施；同时，制定劳动定额，实行差别计件工资制。泰勒的科学管理制度可以提高生产效率，为资本家谋取高额利润，因此，得到资本家的普遍重视，在美国得以广泛推行，而后传播到世界各地的工业发达国家。泰勒的科学管理方法，也给成本会计提供了启示。19 世纪末，英国的加克和费尔斯提出了标准成本的观念。之后，美国工程师埃默森倡导了标准成本的应用，为生产过程成本控制提供了条件。在此之前，成本没有控制，发生多少算多少，生产中浪费了，只有计算实际成本才知道。实行标准成本制度后，成本会计不只是事后计算产品的生产成本和销售成本，还要事先制定成本标准，并据以控制日常的生产消耗和定期进行成本分析。这样，成本会计的职能扩大了，发展为成本管理和成本降低的手段，使成本会计的理论和方法有了进一步完善和发展，形成了成本管理会计的雏形。它标志着成本会计已经进入了一个崭新的阶段。

2. 预算控制方法的完善

标准成本制度和预算控制被西方认为是成本控制的两大支柱。1921 年，美国国会公布了《预算和会计法案》，对于民间企业实行预算控制产生了很大影响。1922 年，芝加哥大学麦金森教授出版了《预算控制》一书，对预算控制的发展产生了重大影响，被誉为预算控制研究的第一部专著。同年，美国全国成本会计师协会第三次会议以“预算编制和使用”为专题展开研究。但是，当时的预算都是单项预算，如销售预算、现金预算等，各自独立，没有结合在一起，后来才发展成为全面预算，即以利润为目标把各个单项预算密切联系在一起。预算控制的初始，是采用固定预算方法，即根据预算期间某一业务量计划水平来确定其预算数。但是，由于产量变动使间接费用预算数和实际数无法比较，影响了预算控制的实际效果。1928 年，美国西屋公司的一些会计师和工程师根据成本与产量的关系，设计了一种弹性预算的方法，分别编制弹性预算和固定预算。所谓弹性预算，是根据计划期间内可以预见某一业务量的各种水平来确定相应的预算标准。这样，可使间接费用实际数同预算数更具有可比性，而且，可使企业预算合理地控制不同属性的费用支出，有利于有效控制成本，正确考核经营者的工作业绩。因此，弹性预算是 20 世纪 30 年代成本会计的重大进步，也是节约间接费用的最好方法。

3. 成本会计的应用范围扩大

在这一时期，成本会计的应用范围更加广泛，从原来的企业扩大到各种行业，并由企业的制造部门深入应用到企业内部的各个主要部门，尤其是应用到企业经营的销售方面。

4. 形成了独立的成本会计学科

在近代成本会计的后期，出版了多部成本会计名著。例如，美国的尼科尔森和罗尔巴克合著的《成本会计》一书，以及陀耳所著的《成本会计原理和实务》等，从而使成本会计具备了完整的理论和方法，形成了完全独立的学科。

（四）现代成本会计阶段（1945 年以后）

第二次世界大战后，科学技术迅速发展，生产自动化程度大大提高，产品更新换代很快；企业规模越来越大，跨国公司大量出现，市场竞争十分激烈。为了适应社会经济出现的新情况，考虑现代化大生产的客观需要，管理也要加速现代化，要把现代自然科学、技术科学和社会科学的一系列成就综合应用到企业管理上来。随着管理现代化，运筹学、系统工程和电子计算机等各种科学技术成就在成本会计中得到广泛应用，从而使成本会计发展到一个新的阶段。这时，成本会计发展重点已由如何事中控制成本、事后计算和分析成本转移到如何预测、决策和规划成本，形成了新型的着重于管理的经营型成本会计，其主要内容包括以下几方面。

1. 开展成本的预测和决策

为了主动控制成本，现代成本会计逐步转向把成本的预测和决策放在重要地位：运用预测理论和方法，建立其数量化的管理技术，对未来成本发展趋势作出科学估计和测算；运用决策理论和方法，依据各种成本数据，按照成本最优化的要求，研究各种方案的可行性，选取最优方案，谋求企业的最佳效益，从而使成本会计向预防性管理方向发展。企业要进行经营决策，离不开成本预测，进行成本预测又需要进行成本性态分析，以了解成本与业务量之间的关系。本量利分析是对企业成本、业务量和利润等三者之间各种变量关系进行分析的一种方法，有利于企业制定经营决策和进行有效控制。

2. 实行目标成本计算

目标管理由美国管理学家德鲁克在 20 世纪 50 年代所著的《管理实务》一书中首次提出的，并在 1965 年乔治·奥迪奥恩在《目标管理》一书中得到全面论述。随着目标管理理论的应用，成本会计有了新的发展：在产品设计之前，按照客户所能接受的价格确定产品售价和目标利润，然后确定目标成本；用目标成本控制产品设计，使产品设计方案达到技术上适用、经济上合理的要求。日本成本管理的代表模式——成本企划，体现的就是这种思想。日本成本企划委员会："成本企划是指在产品的策划、开发过程中，根据顾客的需要设定相应的目标，希冀同时达成这些目标的综合性管理活动。"成本企划对成本会计的影响，就是要求成本管理的重点由生产制造阶段转向产品开发设计阶段，体现了"源流管理"的本质属性。成本企划的基本思路是从市场需求出发，在产品策划、开发和设计时，设定出符合顾客需要的产品。透过目标售价和目标利润倒推目标成本，通过源流管理，达成各部门、各环节乃至与供应商合作，共同实现成本优化和成本降低目标。这种成本管理方法的应用，突破了单纯经济方法，是成本会计与工程技术、组织措施有机结合起来，有助于企业形成产品品质和功能优化、成本低下的竞争优势。这样，成本会计扩展到技术领域，从经济着眼，从技术着手，把技术和经济结合起来，有效地促使成本降低。

3. 实施责任成本计算

第二次世界大战后，随着美国企业规模的日益扩大和管理的日趋复杂，管理由集权制转向分权制。为了加强对企业内部各级单位的业绩考核，1952 年，美国会计学家希琴斯倡导了责任会计，提出了建立成本中心、利润中心和投资中心相结合的会计制度，将目标成本进一步分解为各级责任单位的责任成本，进行责任成本核算，使成本控制更为有效。

4. 实行变动成本计算法

在变动成本计算模式下，只把变动成本计入产品成本，而把当期固定费用从销售收入中扣除，免去固定成本的分配计算程序。变动成本计算法是在 1936 年由美国会计师哈里斯提出。由于这种方法没有将固定生产费用计入产品成本，不符合公认会计原则，因而没有得到广泛认可。从 20 世纪 50 年代开始，美国会计界对于变动成本法的研究逐渐增多，在实际成本制度和标准成本制度下都可应用这种方法。这种方法不仅减少了成本计算工作量，还为企业进行预测和决策创造了便利条件，是企业进行经营管理的重要方法之一。应该说，变动成本法的优点多于缺点。虽然变动成本法不符合公认会计原则要求，但是，只要企业在对外提供会计资料时，将变动成本法的存货成本调整为全部成本法的成本，即可认为是遵照会计准则的要求组织了成本核算。因此，变动形成本法完全可以在企业内部使用。

5. 推行质量成本核算

随着工业生产的发展，企业对质量管理日益重视。美国质量管理专家朱兰等对此进行了系统研究，出版了大量著作。从20世纪20年代至60年代，质量管理几经变革，从质量检查阶段，经过统计质量管理阶段，形成了全面质量管理。20世纪60年代，质量成本概念基本形成，并确定了质量成本项目以及质量成本的计算和分析方法。质量成本是企业为保证和提高产品质量而支出的一切费用及因未达到质量水平而造成的一切损失之和。质量成本一般包括预防成本、鉴定成本、内部损失成本和外部损失成本。质量成本的分析方法有多种，包括定性分析法（如调查分析法和经验分析法）和定量分析法（如排列图分析法和指标分析法等）。质量成本核算的推行，扩大了成本会计的研究领域。

由此可见，现代成本会计是根据会计资料和其他有关资料，对企业生产经营活动过程中发生的成本，按照成本最优化的要求，有组织有系统地进行预测、决策、控制、计划、核算、分析和考核，促使企业提高产品质量，降低成本，实现生产经营的最佳运转，不断提高企业经济效益。

综上所述，成本会计的方式和理论体系，随着发展阶段的不同而有所区别。从成本会计的方式来看，在早期成本会计阶段，主要采用分批或分步成本会计方法计算产品成本，以确定存货成本及销售成本；在近代成本会计阶段，主要采用标准成本制度和成本预算制度，为生产过程的成本控制提供了条件；在现代成本会计阶段，加强事前成本控制，广泛应用管理科学的成果，其发展重点趋向预测、规划及决策，实施最优化控制。从成本会计的理论体系来看，开始属于财务会计体系，主要从财务会计理论来研究成本计算，并纳入会计账簿体系；到了近代成本会计阶段，成本会计具备了完整的理论和方法，形成了独立的学科；随着经营管理的发展，成本概念十分广泛，成本会计范围更加开阔，逐步向经营型成本会计发展，形成了企业会计中财务会计、成本会计和管理会计的三分局面。

（五）当代成本会计的创新发展（20世纪80年代以后）

当代成本会计正经历着前所未有的变化。这种变化主要体现在两方面。一是成本会计技术手段与方法不断更新，会计电算化正在取代手工记账，网络技术的飞速发展，使得实时报告系统成为可能。会计电算化，不仅使成本计算更准确，而且能进行手工记账所不能做的业务，增加了业务处理能力，从而为适应当代管理对成本会计更高的要求提供了有利条件，充分发挥了成本会计的作用。二是成本会计的应用范围不断拓展，传统会计中对成本控制并不关注的行业如医院、计算机生产厂商、航空公司等都对成本控制越来越重视。成本会计的这种变化，源于企业制造环境的变化及管理理论与方法的创新，而后两者的变化又起因于外部环境的变化。企业外部环境的变化主要体现：大多数产品供过于求，使市场竞争日趋激烈；产品需求多样化，而且顾客对产品质量要求更高；国际潮流势不可挡，国际间分工合作日益密切，国际间的竞争也日趋残酷激烈；为取得竞争优势，新技术、新工艺的创新蔚然成风。企业外部环境的这些变化，既要求企业的制造环境有别于往昔，也要求企业对管理理论与方法进行创新。

1. 新制造环境对成本会计的冲击

相对于传统制造环境而言，新制造环境充分利用了现代科学技术的最新成果，表现为自动化和电脑化两个特征。面对新制造环境对企业的冲击，如果继续使用传统的成本会计技术与方法，将产生以下问题。

（1）产品计算结果不正确。在新的制造环境下，机器人和电脑辅助生产系统在某些工作上已经取代了人工，企业人工成本比重从传统制造环境下的20%～40%下降到现在的5%～10%，同时制造费用的比重大增，而且费用项目多样化。如果采用传统的方法按人工小时为标准进行费用分配，就难以正确计算各种产品成本。

（2）不能有效发挥成本控制的职能作用。传统成本会计要将实际发生的成本与标准成本进行对比，以发挥成本控制的职能。在新制造环境下，这一控制职能将产生相反的作用。例如，为获得有利的差异，可能导致企业片面追求产量增加，从而造成存货增加；为获得有力的价格差异，采购部门可能购买质量低的原材料，或进行大宗采购，造成质量问题或形成材料库存积压；为获得有利的原材料数量差异，生产者可能将不良质量的产品转入下一工序，使废品损失进一步扩大等。

针对传统成本会计不适应新制造环境的局面，1984年，美国学者鲁宾.库珀和罗伯特·卡普兰提出了作业成本法（activity-based costing，ABC法）。这种理论认为企业产品制造成本都是变动的，有的随产品产量变动，是短期变动成本，可以运用人工工时等进行分配；固定成本实际上也是变动的，属于长期变动成本，例如设备调试、生产调度等费用，它们受活动量即作业量“驱动”，也叫成本动因，这种费用应按作业量进行分配。作业成本法将制造费用按作业类别归集到不同的成本库中，然后成本库采用不同的分配标准分配给各种产品。传统成本计算以产品为中心，只根据一种或两种不同的标准将制造费用分配给产品，而作业成本计算将重心转移到作业上来。这就使成本控制不仅要对最终产品进行控制，而且要把重点放在对所有作业活动进行有效控制，从而使成本计算更准确，成本控制更为深入和全面。

在作业成本法的基础上，又发展形成作业基础管理（activity-based management，ABM）。简单来说，ABM就是以ABC法为基础，利用作业成本信息，帮助管理人员找出不增值但消耗资源的作业。ABC法所提供的成本信息也能够促使管理人员重新设计整个价值链上的作业活动以节省企业资源。

2. 管理理论与方法的创新对成本会计的冲击

随着市场竞争日趋激烈，新技术、新工艺不断出现，管理理论与方法也在不断创新。这就促成了成本会计学科的发展并丰富了其内容。

（1）适时生产制度。适时生产制度（just-in-time production system，JIT）是一种由需求带动生产的制度。这种制度在20世纪70年代试行，主要特点是：企业生产时以顾客需求（如订单）为起点，由后向前逐步推移来安排生产任务。上一生产步骤生产什么产品、生产多少，对产品质量要求和交货时间等，只能根据下一生产步骤提出的具体要求而定。至于原材料及零部件，只有当某一步骤需要时，采购部门才能购进，即适时生产制度要求企业生产经营管理各个环节密切配合，原材料、零部件、产成品要保质保量并适时送到下一生产步骤或销售环节。适时生产制度的目的是使原材料、零部件、产成品等各类存货保持在最低水平，尽可能实现“零存货”，以降低存货成本。在采用适时生产制度的企业，从原材料购入到产品制成所耗的时间大幅缩短，而且期末存货量变得很少，使得传统的分批或分步成本计算方法下详细记录各类存货成本的必要性受到怀疑。根据成本效益的原则，对少量的存货做详尽的记录，无疑得不偿失。在存货水平很低的情况下，会计人员为简化存货计价方法，可以采用倒推成本法。所谓倒推成本法，就是当产品完工或销售时，再倒过来计算在产品、产成品成本的方法。这与传统成本计算方法正好相反，传统生产成本的记录、归集和分配是随着材料与产品实体的转移而转移，即生产成本的会计记录和生产成本发生的实物流转是同步的。

（2）全面质量管理。20世纪50年代后，国外质量管理经历了标准化质量管理和统计质量管理阶段后进入了全面质量管理阶段（Total Quality Management，TQM）。随着国际国内市场环境的变化，全面质量管理已经成为企业竞争的一种战略武器，一种由顾客期望驱动的、持续改进产品质量的管理哲学。全面质量管理不同于传统质量管理，其从事后的质量检验转向以事先预防为主；从只管理产品质量转向管理产品质量赖以形成的工作质量；从专职人员的检验转向广泛吸收全体职工参加，把管理重点放在操作工人自我质量监控上，自动纠正质量缺陷，不合格品不允许转移到下一环节，以保证企业整个生产过程实现“零缺陷”，使整个企业处于质量改善环境中，并由顾客最终界定质量。可见，全面质量管理是 JIT 顺利实施的一个必要条件。全面质量管理与会计工作结合，就产生了质量会计这一学科。由于提高质量所产生的收益难以计量，质量会计发展的重点就放在质量成本会计上。它在以往质量成本核算的基础上，根据全面质量管理的要求，通过质量成本决策、建立最佳质量成本模型和质量成本控制等方法，进行质量管理，借以全面降低质量成本，提高产品社会效益、企业效益和用户效益。另外，在实行全面质量管理的情况下，绩效质量标准包括了产品的可靠度、服务的及时性等促使管理人员努力提高产品质量的非货币性指标，而传统的货币性绩效衡量标准往往会挫伤管理人员提高产品和服务质量的积极性。

（3）战略成本管理。20 世纪 80 年代，英国学者西蒙首先提出了战略成本管理。从 20 世纪 90 年代开始，实务界和学术界开始致力于战略成本管理研究，建立成本管理的新理论和新方法，以适应科学技术迅速发展和全球竞争带来的挑战。战略成本管理是为了获得和保持企业持久竞争优势而进行的成本分析与管理。对于战略成本管理所应包括的内容，中外学者观点不一。美国商学院迈克尔·波特教授在《竞争战略》一书中提出了价值链分析的一般法；美国管理会计学者杰克·桑克等人出版了《战略成本管理》一书，使战略成本管理的理论方法更加具体化；英国教授罗宾·库珀提出了以作业成本制度为核心的战略成本管理体系；日本理论界和企业界提出了成本企划这一战略成本管理模式，日本成本企划委员会将成本企划定性为企业确立中长期竞争优势的、与产品开发相关的战略性管理方法。国外学者对战略成本管理研究的成果，主要表现为通过成本管理来提供对战略决策有用的成本信息。一般认为，战略成本管理的内容包括价值链分析、战略定位分析、成本动因分析等。

① 价值链分析是通过对从原材料供应到产品消费的全过程的价值活动的成本与价值的比较分析，以实现企业竞争优势。价值链分析可以从多方面揭示有关企业竞争力的成本信息。具体来说，通过价值链分析，可以确认企业价值活动在整个行业价值链中的位置如何；通过竞争对手价值链分析，可以发现企业成本是否具有竞争优势；对供应商价值链进行分析的目的是同供应商建立合作关系，以寻求成本持续降低的机会；分析客户价值链，有助于同购买方建立战略合作和办关系，拓展市场份额，增强产品市场竞争力。

② 战略定位分析是对影响企业战略的诸多因素进行综合分析，确定企业应采取的战略，并建立与企业战略相适应的成本管理战略。一般认为企业可以通过成本领先战略、产品差异化战略和目标集聚等三种竞争战略来取得竞争优势地位，其中，前两种战略要在全行业范围内实现竞争优势，而目标集聚战略则是为特定市场服务，通过吸引顾客达到战略目标。

③ 成本动因是指导致企业成本发生的任何因素，即成本驱动因素。成本动因一般包括：结构性成本动因，是指与企业基础经济结构有关的成本驱动因素，如企业规模、业务范围、经验、技术、多样性和厂址等；执行性成本动因，是指与企业执行作业程序有关的成本动因，如劳动力参与、全面质量管理、生产能力利用、工厂布局的效率性、产品外观、联系等。结构性成本动因用来解释成本定位，执行性成本动因用来引导成本管理的方向和重点。

（4）基准管理和持续改进。管理方法的新趋势就是基准与持续改进的结合。丰田汽车公司因应用基准管理和持续改进的观念而享有盛名，其他许多公司也纷纷效仿。基准就是以公司外部或内部最优的业绩标准来衡量企业自身的生产活动。持续改进意味着管理人员确定基准不是一次性的，而是一个持续不断改进提高的过程。基准和持续改进被称为“永无终点的比赛”，即管理人员和员工不会满足于某一特定工作水平，而是谋求不断提高。采用这一方法的企业发现降低成本是一个永无止境的过程，公司总是可以找到办法使本年度的成本和费用低于去年，以前似乎高不可攀的目标现在达到了。基准管理和持续改进对成本会计的影响主要表现在可以促进管理人员和会计师认识到降低成本要向本行业最好的公司学习，以同质产品的最低成本作为基准，了解自身与最优者的差距，并分析其原因，从而实现企业再造工程，以增强企业竞争力。

（5）限制理论。根据限制理论，每个公司至少有一个瓶颈制约着它的发展，否则无论公司定下什么目标都能实现。企业发展的限制因素通常可以分为资源、市场、政策、原材料和后勤等五大类。限制理论把企业看成是一系列链状相连的过程，如果薄弱的联结处得到了加强，那么整个链也得到了加强，但是如果加强了其他联结处，整个链就不会得到加强。限制理论对于成本会计的影响是使管理人员和会计人员认识到在有些情况下不能一味强调降低成本和费用，要有逆向思维，要在企业链条中的薄弱环节加大投入量，即“为了省钱而花钱”。如果企业亟待解决的瓶颈是设备，那企业就要引进新型设备。这可能导致企业发生一笔较大的支出，但在今后设备使用期间，因设备利用率的提高而增加的产出加上设备维修费用的降低的综合效益，可能就会抵补支出而有余。这样一来，总体上看，效益不仅没有降低反而可能有了增加。这也是“成本—效益”原则的另一种诠释。

综上所述，各种新的成本管理理论与管理方法的运用，为进一步拓展和完善成本会计带来了新的契机。面对当代成本会计的发展趋势，我国成本会计工作者应适应市场环境和企业生产环境的变化，结合国情，引进、吸收、消化各种新的管理理论和方法，并不断总结我们自己的成功经验，完善和创新发展我国的成本会计理论与方法。

第四节 成本会计的职能和任务

一、成本会计的职能

成本会计的职能是指成本会计在经济管理中的功能，是对成本会计事务的高度概括和抽象。虽然目前我国会计学界对成本会计的职能表述不一，但是现代成本会计的职能是伴随成本会计的形成与发展而逐渐发展完善起来的，主要有成本预测、成本决策、成本计划、成本控制、成本核算、成本分析和成本考核七项职能。

（一）成本预测

成本预测是指依据成本的有关数据及其与各种技术经济因素之间的依存关系，结合企业的发展前景即应采取的各种措施，通过一定程序、方法和模型，对未来成本水平及其变化趋势作出的科学估计。成本预测的主要目的是为决策者提供决策所需的成本信息，成本预测是成本会计从事后核算、事中控制走向事前干预的重要体现。

成本预测是成本决策的前提。企业不仅应该在成本决策之前进行成本预测，为成本决策提供依据，还应该在成本计划执行过程中进行成本预测，以便及时掌握成本变化趋势，为进行成本事中控制提供帮助，从而保证企业完成成本计划。进行成本预测有助于企业减少生产经营的盲目性，有利于选择最优方案，并可以提高企业降低成本的自觉性。

企业成本预测的内容主要包括以下几个方面：一是预测本企业的目标成本水平及其实现目标成本的可能性；二是预测企业改变经营方向后不同品种结构的产品成本水平及其在市场中的竞争力；三是预测企业劳动生产率提高幅度对成本水平的影响；四是预测政治、经济、社会、技术等环境因素的发展变化趋势对企业成本水平的影响。

做好成本预测工作既需要成本预测人员具有丰富的实践经验和敏锐的观察判断能力，又需要掌握一定的预测方法。只有在掌握企业生产经营活动的基础上熟练运用科学的预测方法，才能得到比较准确的预测效果。从总体上看，成本预测的方法主要分为定性预测和定量预测两大类。成本的定性预测是成本预测人员，根据专业知识和实践经验，对企业的成本发展趋势以及可能达到的成本水平所进行的分析和推断。成本的定量预测是利用历史的成本资料，找出影响成本的诸多因素，确定成本与影响因素之间的数量关系，结合一定的数学模型来推测计算未来成本的可能结果。一般来说，成本预测人员应当在定量预测的基础上结合定性预测方法开展成本预测，以对定量预测的结果进行合理地修正，弥补定量预测方法的缺陷，使预测结果尽可能与成本的未来发展趋势相一致。

（二）成本决策

成本决策是指在成本预测的基础上，按照既定目标要求，运用专门方法，对有关生产经营的成本方案进行计算分析，从中选择最优方案。

企业可以根据市场需求和其他方面的要求，通过成本预策，确定生产经营的几个备选方案。对这些备选方案，必须运用专门的方法进行认真的分析论证。通过从技术上、经济上的分析论证，可以确定各备选方案的可行性，从而可以进行成本决策，确定最优方案，制定目标成本。做好成本决策对于企业正确制定成本计划，促进企业提高经济效益，具有十分重要的意义。

一般认为，成本决策是决策理论与方法在成本会计工作中的具体运用，是以成本预测为基础，通过对不同方案运行成本的比较分析，选择最佳行动方案的过程。具体而言，成本决策有狭义和广义两种理解。狭义的成本决策是在既定的目标下，在若干可选方案中，选择成本最低的一种方案。广义的成本决策是从提高企业的经济效益出发，将成本指标的高低与经济效益的大小联系起来考虑，从各种可行的方案中，选择一个最佳的经营方案，如薄利多销决策、最有生产批量决策、设备更新决策等。广义的成本决策实际上强调的是在企业整个的生产经营决策过程中要考虑的成本因素，而不是单纯地将成本指标作为方案取舍的唯一标准。

在现代成本会计中，成本决策居于主导地位，同成本会计的其他内容联系密切。成本预测是成本决策的前提，成本决策的结果又是编制成本计划、进行成本控制和成本考核的重要依据。

（三）成本计划

成本计划是指根据成本决策所确定的方案和目标，具体规定预算期内各种生产耗费水平和各种产品成本水平，并提出实现成本规定水平所应采取的具体措施。

成本计划执行的过程，也是进行成本控制的过程。成本预算是建立成本管理责任制的基础，对于企业进行成本控制、挖掘成本降低的潜力，具有重要作用。会计期末，当企业计算出实际消耗的各种生产费用后，可以与预算成本进行对比，以分析企业成本计划的实际完成情况。

成本计划的内容可以分为两大类。一类是按照产品的品种编制，反映计划期企业生产计划所列各种产品的预计成本水平，它又可以分为全部商品产品成本计划和主要产品单位成本计划。另一类是按照生产经营费用要素各项目编制，反映计划期各费用项目支出水平的费用计划，如材料费用计划、薪酬费用计划、制造费用费用预算、管理费用预算、销售费用预算、财务费用预算等。

（四）成本控制

成本控制是指预先制定成本标准作为各项费用消耗的限额，在生产经营过程中，将实际发生的费用严格控制在限额标准之内，随时揭示和及时反馈实际费用和限额标准之间的差异，并要系统分析成本差异原因，以便采取措施，消除生产中的损失和浪费。

成本控制是企业在规定的成本费用开支范围内，分别制定有关成本标准，包括原材料、燃料、工资等的费用消耗标准和数量消耗标准，并根据制定的标准控制生产过程中实际发生的各项费用，以保证完成成本目标和成本计划水平。从广义的角度讲，成本控制可以分为事前控制、事中控制和事后控制，其中，事前控制是指控制标准的制定，事中控制是指控制标准的执行，而事后控制是指对控制结果的反馈。从狭义的角度看，成本控制仅仅指事中控制，因为事前控制可以理解为计划，事后控制可以理解为分析与考核。因此，在进行成本预测、成本决策和成本计划过程中进行的成本控制，属于成本的事前控制。在生产经营过程中，将实际发生的费用控制在限额标准之内，为成本的事中控制。成本核算和成本事后分析都属于成本的事后控制。进行成本控制，有利于实现预测的成本目标和不断降低成本。

加强成本控制是近现代成本会计的核心内容，而有效地实施成本控制是成本会计的一项重要工作。完成此项工作，首先必须制定科学合理的日常成本控制标准，比如制定各种物资消耗定额、工时定额和费用定额，并根据制定的各种标准严格控制日常成本费用的发生。同时，还应该采用先进可行的成本控制方法，如定额成本控制、目标成本控制、标准成本控制和责任成本控制等，以更好地实现成本控制的目标，不断降低企业的生产经营成本。另外，还需关注成本控制中心的转移。随着企业面临的市场环境等的变化，成本控制重心前移趋势明显，事前成本管理在成本控制中的地位愈加重要。

（五）成本核算

成本核算是指对生产经营过程中发生的各项费用进行审核，并按照一定的程序，采用适当的方法，归集和分配各成本计算对象所应负担的成本费用，以计算出各该对象的总成本和单位成本。

成本核算是对成本计划执行结果的反映，也是对成本控制结果的反映。开展成本核算，既是按照成本计算对象对生产耗费进行归集、分配的过程，也是对生产中发生的各种耗费进行信息反馈和控制的过程。一方面，通过成本核算所提供的实际成本资料，揭示企业生产经营中存在的问题，为企业的存货计价、定价决策和计算盈亏提供重要依据。另一方面，将成本核算所提供的实际成本资料与成本计划资料进行比较，可以分析成本计划完成的情况，并对有关责任中心进行考核，同时为未来的成本预测和决策提供资料，为编制下期计划提供重要参考。

（六）成本分析

成本分析是指利用成本核算资料和其他有关资料，全面分析成本水平与构成的变动情况，系统地研究影响成本变动的因素和原因，挖掘降低成本的潜力。

成本分析包括的具体内容非常广泛。广义的成本分析包括成本发生前的成本预测和决策分析、成本形成中的事中分析及成本发生后的成本事后分析。狭义的成本分析仅仅指事后分析。加强成本分析是成本会计的重要工作。不进行成本分析，就无法评价成本管理工作做的好坏，不能发现过去的成本管理工作还存在哪些问题并寻求改进方法，进而不能更大幅度地降低成本、创造出企业的成本竞争优势。具体进行成本分析时，可以将实际成本核算资料与计划成本、上年同期实际成本、本企业的历史先进水平等进行对比分析。通过成本分析，可以正确认识和掌握成本变动的规律，明确影响成本升降的责任，以便采取措施，从而实现降低成本的目标，并为编制成本计划和制定新的经营决策提供依据，也为成本考核提供依据。

（七）成本考核

成本考核是将报告期的成本、成本效益的各项实际完成指标同计划指标、定额指标和预算指标进行对比，评价企业成本管理的成绩及存在的问题的一项工作。

在经济活动完成之后，将成本、成本效益的实际指标同计划指标进行比较，可以评价企业成本计划的完成情况，以提高企业的成本管理水平，提高企业的经济效益。成本考核一般是以部门、单位或个人作为可考核的对象，以其负责的可控成本为前提，以责任的归属来分析其成本任务的完成情况，评价其成本管理业绩。需要强调的是，成本考核要与一定的奖惩制度相结合，通过成本考核，用经济、行政手段进行激励，可以调动各成本责任单位与全体员工更好地完成成本计划的积极性。

成本会计的各种职能是相互联系的。它们互为条件，相辅相成，放松或削弱任何一种职能，都不利于加强成本会计工作。成本预测是成本会计的第一个环节，是进行成本决策的前提。成本决策是成本会计的重要环节，在成本会计中居中心地位，其既是成本预测的结果，又是制定成本计划的依据。成本计划是成本决策的具体化。成本控制是对成本计划的实施进行监督，是实现成本决策既定目标的保证。成本核算是成本会计最基本的职能，其提供企业成本管理所需信息资料，是发挥成本管理职能的基础，同时也是对成本计划能否得到实现的最后检验。成本分析和成本考核是实现成本决策目标和成本计划的有效手段，只有通过成本分析，查明影响成本高低的原因，制定、执行改进与完善企业管理的措施，才能有效降低成本。通过正确评价和考核各责任单位的工作业绩，才能调动各部门和全体职工的积极性，进行有效控制，为切实执行成本计划，实现企业既定目标提供动力。

二、成本会计的任务

成本会计的任务是成本会计职能的具体化，也是人们期望成本会计应达到的目的和对成本会计的要求。具体说来，成本会计的任务主要有以下几个方面。

（一）进行成本预测，参与经营决策

企业应在遵守国家的有关政策、法令和制度的前提下，按照市场经济规律的要求，正确地组织自己的生产经营活动。为此，企业必须在经营管理中加强预见性和计划性。也就是说，面对市场，企业应在分析过去的基础上，科学地预测未来，周密地对自身的各项经济活动实行计划管理。就企业的成本管理工作来说，它是一项综合性很强、涉及面很广的管理工作，仅靠财会部门和成本会计工作是难以完成的。但成本会计作为一项综合性很强的价值管理工作，应充分发挥自己的特点，在成本的计划管理中，发挥主导作用。为了使企业成本管理工作有计划地实施和对费用开支有效地控制，成本会计工作应在企业各有关方面的配合下，根据历史成本资料、市场调查情况以及其他有关方面（如生产、技术、财务等）的资料，采用科学的方法来预测成本水平及其发展趋势，拟定各种降低成本的方案，进而进行成本决策，选出最优方案，确定目标成本。然后再根据目标成本编制成本计划，制定成本费用的控制标准以及降低成本应采取的主要措施，以作为对成本实行计划管理，建立成本管理的责任制，开展经济核算和控制费用支出的基础。

（二）制定成本计划，加强成本控制

企业作为自主经营、自负盈亏的商品生产者和经营者，应贯彻增产节约的原则，加强经济核算，不断提高自己的经济效益。这是市场经济对企业的客观要求。成本会计在此方面担负着极其重要的任务。为此，成本会计必须以国家有关成本费用开支范围和开支标准，以及企业的有关计划、预算、规定、定额等为依据，严格控制各项费用的开支，监督企业内部各单位严格按照计划、预算和规定办事，并积极探求节约开支、降低成本的途径和方法，以促进企业经济效益的不断提高。

（三）正确核算成本，及时提供成本信息

按照国家有关法规、制度的要求和企业经营管理的需要，及时、正确地进行成本核算，提供真实、有用的成本信息，是成本会计的基本任务。这是因为，成本核算所提供的信息，不仅是企业正确地进行存货计价、正确地确定利润和制定产品价格的依据，同时也是企业进行成本管理的基本依据。在成本管理中，对各项费用的监督与控制主要是在成本核算过程中利用有关核算资料进行；成本预测、决策、计划、考核、分析等也是以成本核算所提供的成本信息为基本依据。

（四）开展成本分析，进行成本考核

在企业的经营管理中，成本是一个极为重要的经济指标，其能够反映企业各方面的工作业绩，所以成本会计需要按照成本计划进行成本分析与考核，而成本计划的完成情况是诸多因素共同作用的结果。因此，在成本管理工作中，还必须认真、全面地开展成本分析工作。通过成本分析，揭示影响成本升降的各种因素及其影响程度，以便正确评价企业以及企业内部各有关单位在成本管理工作中的业绩和揭示企业成本管理工作中的问题，从而促进成本管理工作的改善，提高企业的经济效益。

综上所述，成本会计的任务包括成本的预测、决策、计划、控制、核算、考核和分析，其中，进行成本核算，提供真实、有用的核算资料是成本会计的基本任务和中心环节。有鉴于此，本书的主要内容是：全面、系统地阐述成本核算的基本原理和各种成本计算方法（品种法、分批法、分步法、分类法和定额法）及成本报表的编制与分析；考虑到生产经营决策和成本控制的需要，简要地介绍新兴的成本管理方法。

第五节 成本会计的工作组织

科学、合理地组织成本会计工作对建立成本会计工作的有效运行机制、保证成本会计目标的实现具有重要意义。为了有效地进行成本会计工作，充分发挥其应有的作用，必须加强成本会计工作组织，即建立健全成本会计机构，配备必要的成本会计人员，制定和推行合理的成本会计制度。

一、成本会计机构

成本会计机构是处理和完成成本会计工作的主要职能部门。设置成本会计的组织机构，必须考虑符合企业生产经营管理的特点，适应成本会计工作的内容和目标，贯彻落实成本责任制，做到成本与经济效益相结合，有利于全面成本管理工作的开展：一是成本会计机构必须与企业体制、企业组织机构和会计工作组织形式相适应；二是必须与企业的业务特点和规模相协调；三是必须体现精

简高效的原则；四是适应成本会计工作的内容和目的，贯彻落实经济责任制；五是必须做到技术与经济相结合，有利于全员成本工作的开展。

1. 成本会计工作的领导机构

在企业日趋激烈的市场竞争环境中，成本会计工作的重要地位和作用决定了成本会计工作的领导核心应是企业的最高管理当局。没有企业最高管理当局的领导、参与和支持，成本会计工作就得不到应有的重视。普通员工的成本意识是依靠最高管理当局对成本的态度和表率作用而逐渐培养起来的。国有大中型企业的最高管理当局是“一长三师”组成的厂长办公会，厂长对企业的全部成本负责，总会计师、总工程师、总经济师应分别从经济、技术以及两者的结合上负责企业成本工作，既有分工又有合作。成本会计的领导机构所做的工作至少包括以下几部分。

（1）制定成本会计工作的目标和实现成本会计工作目标的具体策略。

（2）建立健全企业成本会计工作的组织机构，明确成本领导责任。

（3）审定和批准企业成本会计制度。

（4）审定和批准企业的目标成本、成本计划和费用预算。

（5）协调各部门成本会计工作中的矛盾。

（6）综合研究和决定各项重大的成本降低方案。

（7）批准成本奖惩制度，培育成本管理文化。

2. 成本会计的职能机构

成本会计的职能机构是从事成本会计工作的职能单位。一般而言，大中型企业应在专设的会计部门中单独设置成本会计机构，专门从事成本会计工作；在规模较小、会计人员不多的企业，可以在会计部门中指定专人负责成本会计工作。另外，企业的有关职能部门和生产车间，也应根据工作需要设置成本会计组或者配备专职或兼职的成本会计人员。

成本会计机构内部，可以按成本会计所担负的各项任务分工，也可以按成本会计的对象分工。这时，需在分工的基础上建立岗位责任制，使每一位成本会计人员都明确自己的职责，每一项成本会计工作都有人负责。

成本会计职能机构的设置及业务分工与企业组织管理体制有着密切的联系，通常有集中核算和分散核算两种组织形式。

所谓集中核算，是指企业的成本会计工作，主要由厂部成本会计机构集中进行，车间等其他单位的成本会计机构或人员只负责原始记录和原始凭证的填制，并对它们进行初步的审核、整理和汇总，为厂部成本会计机构进一步工作提供基础资料。在集中核算的管理体制下，厂部成本会计职能机构是成本会计的综合部门，集中处理全厂的成本会计工作，具体包括：制定成本会计制度；负责成本的集中统一管理，为企业领导提供各种成本信息；进行成本预测和决策，编制企业成本计划，并分解下达给各部门和车间；实行成本控制，监督生产费用支出；准确地核算全厂产品成本；分析和考核成本计划执行情况；加强对车间、班组成本核算的指导和管理；总结和推广降低产品成本方面的先进做法和经验。除厂部成本会计职能机构外的其他成本会计职能部门，比如各生产单位，只负责提供原始的成本核算资料。这种核算方式的优点是：便于厂部成本会计机构及时地掌握整个企业与成本有关的全面信息；便于集中使用计算机进行成本数据处理；减少成本会计机构的层次和成本会计人员的数量。但这种工作方式不便于直接从事生产经营活动的各单位和职工及时掌握本单位的成本信息，从而不便于成本的及时控制和责任成本制的推行。

所谓分散核算方式，是指成本会计工作中的计划、控制、核算和分析由车间等其他单位的成本会计机构或人员分别进行。各级成本会计职能机构负责本单位、车间或部门的成本费用计划的编制、成本核算和分析等。成本考核工作由上一级成本会计机构对下一组成本会计机构逐级进行。厂部成本会计机构除对全厂成本进行综合的计划、控制、分析和考核以及汇总核算外，还应负责对各下级成本会计机构或人员进行业务上的指导和监督。成本的预测和决策工作一般仍由厂部成本会计机构集中进行。采用分散组织形式，可以使成本会计工作更好地与各单位、车间、部门的生产经营管理结合起来，使他们能够及时了解本单位的成本水平及其超降情况，从而更加直接有效地进行成本管理，但是却增加了成本会计工作层次和工作人员。分散工作方式的优缺点与集中工作方式正好相反。

企业究竟采用哪一种组织形式，要从有利于更好地实现成本会计的目标出发，并根据企业规模的大小和经营管理水平等实际情况来决定。一般而言，大中型企业由于规模较大，组织结构复杂，会计人员数量较多，为了调动各级各部门控制成本费用，提高经济效益的积极性，一般应采用分散核算方式；小型企业为了提高成本会计工作的效率和降低成本管理的费用，则一般可采用集中核算方式。

二、成本会计人员

企业成本会计机构中，配备适当的品德优秀、业务精通的成本会计人员，是顺利进行成本会计工作，发挥成本会计职能作用的关键。

随着我国市场经济运行机制的建立和完善，企业成为独立的市场经营者，面对日益激烈的市场竞争，企业发展既要依靠技术创新，也要依靠管理创新。成本会计工作是企业管理工作的重要方面，也要不断根据市场变化和竞争要求进行革新，从成本管理的内容、方法到手段都必须适应激烈的市场竞争的要求。因此，成本会计人员应当立足企业，放眼市场，树立起强烈的成本经营意识和成本竞争意识，积极参与企业各项经营决策活动，在提高企业竞争力的基础上降低成本，更好地促进企业发展。

成本会计工作内容丰富，程序复杂，业务性强，涉及企业管理的方方面面。如果没有专门的成本会计人员去完成这项工作，成本会计的目标就难以实现。成本会计工作的重要性和特殊性要求从事该项业务的会计师，应具备较强的业务能力和较高的职业道德水平。我国对于会计人员职业道德的研究仍处于起步阶段，未形成独立、完善的会计职业道德准则。除了约束注册会计师的职业道德守则外，约束其他会计人员的职业道德规范散见于各相关会计法规当中。会计法规中的职业道德规范只是约束会计人员的最低底限，无法替代独立的职业道德准则。西方国家对用于成本管理会计师的职业道德较为重视，其职业道德规范也比较完善。譬如美国会计师协会曾于 1983 年发布了《管理会计师道德行为准则》，将管理会计师的 15 项义务归结为能力、保密、正直、客观等四个方面。管理会计师不应违反这些准则的要求。虽然我国对成本管理会计师职业道德的研究尚处于起步阶段，还未能形成独立、完善的职业道德规范体系，但是，国外较为成熟的职业道德准则，对我们而言，具有借鉴意义。

对于成本会计人员来说，首先，应具备从事成本会计工作的基本能力。这些能力包括：全面了解企业生产流程；熟悉企业成本的形成过程；熟知成本会计的一般原理与方法；具有持续学习以保持专业胜任的能力等。其次，成本会计人员应有较高的工作热情。从某种意义上说，成本管理就是对人的管理。由于成本管理的主要工作就是实施成本控制，成本会计人员需要在企业领导、各管理层和一般员工之间做很多协调工作。由于影响成本的因素是多方面的，既有经济因素，又有技术因素和文化因素，既有有形的资财耗费，也有无形的精神耗费。这就要求成本会计人员不仅要懂会计和财务管理，还要懂经营管理，同时要熟悉企业生产流程。成本会计人员要深入生产现场，了解生产技术，掌握成本信息的生成过程，学会运用价值工程和成本竞争理论和方法，坚持技术与经济相结合、成本与效益相结合，使成本会计工作在企业发展中发挥更大作用。

现代成本会计工作不仅限于预算、核算与考核，同时还要进行技术经济分析和成本效益分析，尤其要将预测和决策放在重要的地位，跳出仅仅负责成本核算的职责定位。因此，成本会计人员要熟悉掌握现代成本会计的理论和方法，能够进行成本预测、成本决策和成本分析，具备过硬的岗位本领，跳出过去只管记账、算账的狭窄圈子，真正在企业发展中起到职能参谋作用。

三、成本会计制度

成本会计制度是组织和从事成本会计工作必须遵循的规范，是企业会计法规和制度的重要组成部分。正确地制定和执行成本会计制度是开展成本会计工作的首要条件。成本会计制度有广义和狭义之分。狭义的成本会计制度仅仅指成本核算制度。广义的成本会计制度包括对成本的预测、决策、计划、控制、核算、分析、考核等工作内容所作的制度规定。

企业应遵循国家有关法律、法规、制度，并以企业会计准则、企业财务通则和会计准则应用指南的有关规定为依据，体现市场经济的要求，满足宏观调控的需要，适应企业生产经营的特点和企业内部经营管理的具体要求，制定企业内部成本会计制度，以作为企业进行成本会计工作具体和直接的依据。

虽然各行业企业由于生产经营的特点和管理的要求不同，所制定的成本会计制度有所不同，但是，企业必须转变观念，从现代成本会计的角度研究成本会计工作中的问题，制定企业的成本会计制度，加强成本会计工作，以保证实现成本会计的目标。

制造业企业成本会计制度一般应包括以下几个方面的内容。

（1）有关成本预测和决策的制度。

（2）有关成本、费用预算的制度。

（3）有关成本控制的制度。

（4）有关成本核算的制度。

（5）有关责任成本的制度。

（6）有关成本报表的制度。

（7）有关成本分析的制度。

（8）有关企业内部结算的制度。

（9）有关成本考核和奖惩的制度。

（10）有关成本岗位责任的制度。

（11）其他有关成本会计的制度。

现代成本会计制度所包含的内容较多，但是成本核算是基础，因此，建立健全成本核算制度是做好企业成本会计工作的前提。由于通过成本核算产生的信息既用于存货计价和损益确定，又用于生产经营决策和管理业绩评价，所以，成本核算制度的制定要以国家统一的会计准则为依据，需体现成本信息可比性的要求，满足宏观调控的需要，同时适应企业自身的生产经营特点和管理要求。

成本会计制度是开展成本会计工作的依据和行为规范，其是否科学、合理会直接影响成本会计工作的成效。因此，成本会计制度的制定，是一项复杂而细致的工作。在成本会计制度的制定过程中，有关人员不仅应熟悉国家有关法律法规、准则制度的规定，而且应深入基层做广泛、深入的调查和研究工作，在反复试点，具有充分依据的基础上进行成本会计制度的制定工作。

成本会计制度一经制定，就要认真贯彻执行，并且不能随意更改，需保持相对稳定性。但是，随着客观形势的发展，以及人们对客观事物认识的深化，成本会计制度应根据变化了的情况，及时进行修订和完善，以保证成本会计制度的科学性和先进性。

练习与思考

一、判断题

1．理论成本中不包括不形成产品价值的废品损失等内容。（　　）

2．成本会计的对象可以概括为各行业生产经营业务的成本。（　　）

3．狭义的成本会计是指成本核算和成本分析。（　　）

4．制造业企业成本会计的对象包括产品的生产成本和经营管理费用。（　　）

5．成本会计的分散工作方式是指成本会计工作中的预测、决策、计划、控制、分析和考核各方面工作，分别由厂部成本会计机构中的不同人员分别进行。（　　）

二、单项选择题

1．（　　）构成商品的理论成本。

A．已耗费的生产资料转移的价值　　B．劳动者为自己劳动所创造的价值

C．劳动者为社会所创造的价值　　D．$C+V$

2．下列各项中，不属于“理论成本”的是（　　）。

A．原材料费用　　B．生产工人工资　　C．废品损失　　D．期间费用

3．成本会计的各项职能中，最基础的是（　　）。

A．成本计划　　B．成本核算　　C．成本控制　　D．成本考核

4．企业在一定时期内发生的、用货币表现的生产耗费，成为企业（　　）。

A．生产费用　　B．经营管理费用

C．生产经营管理费用　　D．生产成本

5．一般来说，实际工作中的成本开支范围与理论成本的内容（　　）。

A．是有一定差别的　　B．是相互一致的

C．是不相关的　　D．是可以相互替代的

三、多项选择题

1．商品的理论成本是由生产商品所耗费的（　　）构成。

A．生产资料转移的价值　　B．劳动者为自己劳动所创造的价值

C．劳动者为社会所创造的价值　　D．必要劳动

2．下列各项中，属于成本会计职能的有（　　）。

A．成本决策　　B．成本核算　　C．成本审计　　D．成本分析

3．下列各项中，属于产品成本构成内容的有（　　）。

A．废品损失　　B．停工损失　　C．销售费用　　D．营业外支出

4．现代成本会计的对象包括（　　　）。

A．财务成本　　B．管理费用　　C．管理成本　　D．营业外支出

5．成本的主要作用在于（　　　）。

A．成本是补偿生产耗费的尺度

B．成本是综合反映企业工作质量的重要指标

C．成本是制定产品价格的重要因素

D．成本是进行经营决策的重要依据

四、简答题

1．如何理解成本的经济内涵？

2．试述理论成本与财务成本的关系。

3．成本的作用是什么？

4．现代成本会计的职能有哪些？

5．简述成本会计环境与成本会计形成与发展的关系。

6．试述成本会计的对象。

7．成本会计工作组织有哪些主要内容？

第二章 制造业成本核算的基本原理

【学习目标】

1. 了解制造业成本核算的特点和成本核算原则。
2. 理解费用界限的划分与产品成本计算的关系。
3. 熟悉成本核算的主要账户和成本核算流程。
4. 掌握成本核算的要求和企业费用的分类。

【关键词】

成本核算　要求　分类　费用要素　成本项目　直接费用　间接费用

【引例】

美国会计学者米切尔·马赫（Michael Maher）在其著作《成本会计：为管理创造价值》（第5版）中，引用了一位著名经济学家的一句话："成本会计学就像花茎甘蓝一样，无论你是否喜欢它，它一定有益于你。"成本会计使我们工作的组织更有价值，也使组织运行的经济机制更有价值。它帮助我们理解如何科学有效地管理资源以达到组织增值的目的，而作为资源耗费成本的核算是资源管理的基础和关键节点。

第一节 制造业成本核算概述

一、制造业成本核算的特点

传统的成本核算体系中，企业建立的是反映经营流程的成本核算系统。因为根据经营流程建立的成本核算系统可以使管理者更好地对企业的经营业绩进行监控。一个经营流程提供的可以是有形的产品，也可以是无形的服务。与其他行业相比，制造业的成本核算体系最为完整，其方法也最典型。为此，本书主要以制造业为例介绍成本核算的方法。

制造业的成本核算包括生产费用汇总核算和产品成本计算两部分内容。生产费用汇总核算，需要先根据成本开支范围对生产费用进行审核和控制，然后采用一定的程序将生产费用按其发生地点和用途进行归集，并采用适当的标准在各成本计算对象之间进行分配。产品成本计算就是计算出各成本计算对象的总成本和单位成本。在制造业中，由于企业往往生产多种产品，且月末通常有未完工的产品，因此需要将汇集的生产费用在各种产品之间、完工产品与在产品之间进行分配，以求得各种产品的总成本和单位成本。

二、制造业成本核算的基本原则

（一）合法性原则

合法性原则是指计入成本的费用必须符合国家法律、法令和制度等的规定，不符合规定的费用不能计入成本。目前制度规定，凡属于增加固定资产而发生的各项资本性支出，不能直接计入成本；购入无形资产的支出、对外投资支出、被没收的财物、各项罚款性质的支出等，不能列入成本支出；销售费用、管理费用和财务费用作为期间费用处理，不能计入产品成本。

虽然由于企业生产类型和管理要求等方面不同，其成本核算具有不同的特点，但是对于所有企业而言，成本核算提供的信息应具备相关、及时、准确的特征。相关是指成本核算数据必须满足使用者特定的信息需求。及时是指信息的反馈能满足成本分析、成本决策和成本考核的需要，为及时制定措施、改进企业生产工作服务，否则，过时信息就会失去其价值。准确是相对而言的，因为成本核算中有些因素是预计的，不同核算方法和分配方法求得的结果是不同的，成本信息只能是相对准确。因此，相对准确主要是指成本信息的质量是可靠的，没有人为地任意提高或降低成本。

（二）分期核算原则

分期核算是指分期进行成本计算和报告成本信息。企业的生产经营活动是连续进行的。为了充分发挥会计对生产经营活动的控制作用，满足决策者对短期信息的需求，需要人为地把持续不断的企业生产经营活动划分成一个个首尾相接、间隔相等的会计期间。会计期间的假设是在持续经营假设的基础上，人为规定提供会计信息的期限。成本核算的分期与会计上月、季、年期间的划分一致，有利于经营成果的确定。需要指出的是，产品成本的分期核算，与产品成本计算期是有区别的。产品成本计算期是对产品负担生产费用所规定的起讫期，其受产品生产类型的影响，可以与会计期间一致，也可以与各批或各件产品的生产周期一致。产品成本的分期核算则与产品的生产类型无具体联系，其是指成本的具体核算工作，包括费用的归集和分配，计算和报告产品成本，都必须按会计期间进行，并于期末对成本计算账户的发生额进行加计，及时计算完工产品成本。

（三）配比原则

企业的生产经营过程所发生的费用可按下列三种方式配比确认。

（1）按因果关系确认。对于费用发生与有关营业收入存在明显因果关系的支出，应在该项营业收入实现时，确认为营业成本，并与之配比。

在该项营业收入尚未实现时，先作为计入存货的成本确认。如产品生产的材料耗费、人工耗费，应计入产品生产成本，并随着产品的销售转为销售成本，并与相关的销售收入配比。

（2）按受益期分配确认。对于支出的效益涉及若干会计年度的资本性支出，应在与支出效益相关的各受益期，按合理而又系统的方式分配确认为费用，分别与各受益期的收入进行配比，如固定资产折旧费用等。

（3）按发生的时期立即确认。对于既无明显的因果关系，又难以按受益原则进行分摊的支出，在发生的当期立即确认，即作为期间成本与发生当期收入配比，如广告费用、诉讼费用等。

并非所有的费用只能按一种方式与收入配比，需要分别上述情况进行配比处理。如果不分情况把所有费用都计入产品成本，就会影响成本指标的客观性和相关性。

（四）实际成本计价原则

实际成本计价包含三方面的含义。一是对产品生产耗用的原材料、燃料和动力等费用，都按实际成本计价。具体而言，原材料、燃料和动力在数量方面要按其实际耗用数量计算；其价格方面，可以采用实际价格或计划价格计价，但是在计入产品成本时，对于计划价格与实际价格的差异要进行调整，将其调整为实际成本。二是对固定资产折旧必须按照其原始价值和规定使用年限计算。三是对完工产品要按照实际成本计价，但并不排除“库存商品”账户及其明细账也可按计划成本计价，对于实际成本与计划成本之间的差额，另设“产品成本差异”账户登记。按实际成本计价，可以减少成本计算的随意性，使成本信息保持其客观性和可验证性，能正确计算企业当期的盈利水平，但是它也有局限性，当物价变动较大时，历史成本不能确切地反映资产的现值。为此，应按国家的规定，根据物价变动的情况，对资产账面价值及损益进行适当的调整。

在企业对外的会计报表中，必须按实际成本对产成品、自制半成品和劳务计价，如资产负债表中的存货项目和利润表中的主营业务成本项目。按实际成本计价，可以减少成本计算的随意性，使成本信息保持其客观性和可验证性。

如果企业按计划成本、定额成本或标准成本进行产品成本核算，对实际成本与预计成本的差异可另设账户归集，但应在会计期末及时分摊，将产品的计划成本、定额成本或标准成本调整为实际成本。企业内部对原材料、燃料按计划成本进行日常核算的，实际成本与计划成本的差异也应在会计期末合理分摊，将生产产品所耗材料、燃料的计划成本调整为实际成本。

（五）重要性原则

企业进行成本核算时，所采用的成本计算步骤、费用分配方法、成本计算方法等，都是根据每一企业的具体情况进行选择的。对于一些主要产品、主要费用，应采用比较复杂、详细的方法进行分配和计算，而对一些次要产品、次要费用，则可采用简化的方法，进行合理计算和分配，而不能不分主次。

另外，为充分发挥成本信息对经营管理的作用，对于产品成本中重要的内容应单独设立项目反映，并力求精确。对于次要的内容则可简化核算，或与其他内容合并反映。例如，构成产品实体的原料及主要材料、生产工人的薪酬一般应直接计入产品成本明细账，在“直接材料”“直接人工”项目中单独反映；其他生产费用可归集后分配计入产品成本，在综合性项目“制造费用”中合并反映。但是，如果某些费用在产品成本中比重较大，如企业某种产品主要依靠外厂加工，则外部加工费应直接计入产品成本明细账的专设成本项目单独反映，以便于运用成本信息进行预测、决策、分析和考核。

（六）一贯性原则

成本核算涉及多项成本费用的归集与分配，而每一项成本费用的分配又往往有多种分配方法可供选择。因此，企业应当根据自身的生产特点和管理要求选择合理的方法予以分配。与成本核算有关的会计处理方法一经确定，应保持前后一致，没有特殊情况，不应经常变动，以便于计算出来的各期成本资料进行比较。如确需有必要改变上述会计处理方法，应在有关的财务报告中说明变更情况和原因，并根据需要揭示会计处理方法的改变对企业财务状况和经营成果所产生的影响。

成本核算提供的信息符合以上特征才能发挥其应有作用。为此，企业进行成本核算时，应遵循以上成本核算的基本原则。这些原则是从成本核算实践中提炼和归纳出来并把感性认识上升到理性认识而逐渐形成的。它对于成本会计人员合理地、恰当地处理成本核算业务，提供相关、及时和准确的成本信息，具有重要指导作用。

第二节 企业费用的分类

一、企业费用按经济内容的分类

此处企业费用是指企业生产经营管理费用。企业生产经营过程中的耗费是多种多样的，为了科学地进行成本管理，正确计算产品成本和期间费用，需要对种类繁多的费用进行合理归类。企业费用可以按不同的标准分类，其中最基本的分类是费用按经济内容和经济用途的分类。

（一）费用要素的含义

费用要素是指企业费用按经济内容分类分出来的若干项目，即企业费用按经济内容分类核算的项目。费用按经济内容分类也称为费用按经济性质分类，反映企业在生产经营过程中消耗了些什么，反映消耗的经济内容。

（二）费用要素项目

1. 三大费用要素

企业的生产经营过程，也是物化劳动（劳动对象和劳动手段）和活劳动的耗费过程，因而生产经营过程中发生的费用，按其经济内容分类，可划归为劳动对象方面的费用、劳动手段方面的费用和活劳动方面的费用三大类。这三类可以称为费用的三大要素。

2. 具体费用要素项目

对企业费用按照经济内容分为三大费用要素太过笼统，不便于组织具体的会计核算，为了具体反映各种费用的构成和水平，还应在此基础上，将其进一步划分为以下八个费用要素项目。

（1）外购材料，是指企业为进行生产经营而耗用的一切从外单位购进的原料及主要材料、半成品、辅助材料、包装物、修理用备件和低值易耗品等。

（2）外购燃料，是指企业为进行生产经营而耗用的一切从外单位购进的各种固体、液体和气体燃料。

（3）外购动力，是指企业为进行生产经营而耗用的一切从外单位购进的各种动力。

（4）职工薪酬，是指企业应计入产品成本和期间费用的职工薪酬，具体包括工资以及根据工资计提的其他职工薪酬。

（5）折旧费，是指企业按照规定的固定资产折旧方法计算提取的折旧费用。

（6）利息支出，是指企业应计入财务费用的借入款项的利息支出减利息收入后的净额。

（7）税金，是指应计入企业管理费用的各种税金，如房产税、车船税、城镇土地使用税、印花税等。

（8）其他支出，是指不属于以上各要素但应计入产品成本或期间费用的费用支出，如差旅费、租赁费、外部加工费以及保险费等。

（三）企业费用按经济内容分类的意义

按照以上费用要素反映的费用被称为要素费用。将费用划分为若干要素分类核算，可以反映企业一定时期内在生产经营过程中耗用了什么，据以分析企业各个时期各种费用的构成和水平。这种分类反映了企业生产经营中外购材料和燃料费用以及职工薪酬的实际支出，便于企业核定流动资金定额、储备资金定额，便于考核储备资金的周转速度和生产费用预算执行情况，并分析各要素费用的比重，为编制材料采购预算、劳动工资预算、制造费用预算等提供依据。但是，这种分类不能说明各项要素费用的用途，因而不便于分析各种费用的支出是否节约、是否合理。

二、企业费用按经济用途的分类

企业在生产经营中发生的费用，按照经济用途首先可以分为计入产品成本的生产费用和直接计入当期损益的期间费用两大类，而这两大类费用又可以按照经济用途做进一步分类。

（一）生产费用按经济用途的分类

1. 产品成本项目的含义

计入产品成本的生产费用在产品生产过程中的用途不尽相同，有的直接用于产品生产，如生产加工中使用的原材料，有的间接用于产品生产，如车间管理人员的薪酬。因此，为具体反映计入产品成本的生产费用的各种用途，提供产品成本构成情况的资料，还应将其进一步划分为若干个项目，即产品生产成本项目。产品生产成本项目简称产品成本项目或成本项目，是生产费用按其经济用途分类核算的项目。

2. 产品成本项目

企业一般应设置以下几个成本项目。

（1）直接材料，是指构成产品实体的原材料以及有助于产品形成的主要材料和辅助材料。

（2）燃料和动力，是指直接用于产品生产的燃料和动力。

（3）直接人工，是指直接从事产品生产的工人的职工薪酬。

（4）制造费用，是指企业为生产产品和提供劳务而发生的各项间接费用，包括企业生产部门（如生产车间）发生的水电费、固定资产折旧、无形资产摊销、管理人员的职工薪酬、劳动保护费、国家规定的有关环保费用、季节性和修理期间的停工损失等。

企业可根据生产特点和管理要求对上述成本项目做适当调整。对于管理上需要单独反映、控制和考核的费用及产品成本中比重较大的费用，应专设成本项目；否则，为了简化核算，不必专设成本项目。例如，如果废品损失在产品成本中所占比重较大，在管理上需要对其进行重点控制和考核，则应单设“废品损失”成本项目。又如，如果工艺上耗用的燃料和动力不多，为了简化核算，可将其中的工艺用燃料费用并入“直接材料”成本项目，将工艺用动力费用并入“制造费用”成本项目。

（二）期间费用按经济用途的分类

企业的期间费用按照经济用途可分为销售费用、管理费用和财务费用。

1. 销售费用

销售费用是指企业在产品销售过程中发生的费用及为销售本企业产品而专设的销售机构的各项经费，包括运输费、装卸费、包装费、保险费、展览费、广告费及为销售本企业商品而专设的销售机构（含销售网点、售后服务网点等）的职工薪酬、业务费等经营费用。

2. 管理费用

管理费用是指企业为组织和管理生产经营活动所发生的各项费用，包括企业的董事会和行政管理部门在企业的经营管理中发生的，或者应由企业统一负担的公司经费（包括行政管理部门职工工资、修理费、机物料消耗、低值易耗品摊销、办公费和差旅费等）、工会经费、待业保险费、劳动保险费、董事会费（包括董事会成员津贴、会议费和差旅费等）、咨询费、诉讼费、业务招待费、房产税、车船税、城镇土地使用税、印花税、技术转让费、矿产资源补偿费、无形资产摊销、职工教育经费、研究与开发费、排污费、存货盘亏毁损（减盘盈）、计提的坏账准备和存货跌价准备等。

3. 财务费用

财务费用是指企业为筹集生产经营所需资金而发生的各项费用，包括利息支出（减利息收入）、汇兑损失（减汇兑收益）以及相关的手续费等。

（三）企业费用按经济用途分类的意义

这种分类方法反映了企业在生产经营过程中发生的耗费究竟“消耗到哪儿了”。它是制造成本计算法的基础，也是企业正确计算产品成本的关键。它能根据用途区分“成本”和“费用”，也能清楚地反映产品成本的构成，有利于成本的分析和考核，也有利于企业进行成本预测和决策。

（四）费用要素与产品成本项目的关系

1. 费用要素与产品成本项目的联系

费用要素与产品成本项目反映的经济内容一致，都是在企业生产经营过程中发生的各种费用。生产费用的发生过程，也就是产品成本的形成过程。因此，按经济内容反映的各项费用要素的发生额，是构成按经济用途分类的成本项目的基础。

2. 费用要素与产品成本项目的区别

（1）两者包括的范围有所不同。费用要素所反映的是企业在一定期间内发生的全部费用，既包括计入产品成本的生产费用，又包括不计入产品成本的期间费用。比如，“外购材料”费用要素，既包括为生产产品直接耗用的材料和为组织管理生产的机物料耗用，也包括并非用于产品生产的企业管理部门的耗料；既包括用于产品生产的原材料，又包括企业管理部门的物料消耗。而产品成本项目只包括计入产品生产的费用。比如，上述产品生产直接耗用的材料，计入“直接材料”成本项目；为组织管理生产的机物料耗用，计入“制造费用”成本项目；企业管理部门的耗料不计入成本项目。

（2）两者归属分配的对象有所不同。费用要素反映的费用，是与特定会计期间相联系的，而成本项目反映的费用是与特定成本对象相联系的，指某一期间某种产品应负担的费用，二者不一定相等。因为某一会计期间实际发生的生产费用有时并不全部计入当期产品成本。如长期待摊费用。也有一些费用，当期虽未发生，但应计入产品成本。此外，某一会计期间投入生产的产品，当期不一定完工。当期完工的产品，可能是前期投产的，即某一会计期间完工产品的成本，可能包括几个时期的生产费用。

综上所述，某种完工产品的成本，是该种产品在整个生产过程中应负担的生产费用的总和。产品成本的计算过程，就是把某一会计期间产品负担的生产费用按成本计算对象和成本项目进行归集和分配，加上月初在产品生产费用，在完工产品和月末在产品之间分配。

三、企业费用的其他分类

（一）生产费用按与生产工艺的关系分类

计入产品成本的各项生产费用，按与生产工艺的关系，可以分为直接生产费用和间接生产费用。直接生产费用是指由于生产工艺本身引起的、直接用于产品生产的各项费用，如原料及主要材料费用、生产工人薪酬和机器设备折旧费等。间接生产费用是指与生产工艺没有联系，间接用于产品生产的各项费用，如生产车间机物料消耗、辅助车间生产工人的薪酬和车间厂房折旧费等。

（二）生产费用按计入产品成本的方法分类

计入产品成本的各项生产费用，按计入产品成本的方法，可以分为直接计入费用（一般称为直接费用）和间接计入费用（一般称为间接费用）。直接计入费用是指可以分清哪种产品所耗用、可以直接计入某种产品成本的费用。间接计入费用是指不能分清哪种产品所耗用、不能直接计入某种产品成本，而必须按照一定标准分配计入各有关产品成本的费用。

生产费用按与生产工艺的关系分类和按计入产品成本的方法分类之间既有区别又有联系。它们之间的联系表现在：直接生产费用在多数情况下是直接计入费用，如原材料费用大多能够直接计入某种产品成本；间接生产费用在多数情况下是间接计入费用，如机物料消耗大多需要按照一定标准分配计入有关的各种产品成本。但它们毕竟是对生产费用的两种不同分类，直接生产费用与直接计入费用、间接生产费用与间接计入费用不能等同。例如，在只生产一种产品的企业（或车间）中，直接生产费用和间接生产费用都可以直接计入这种产品的成本，因而均属于直接计入费用。又如，在用同一种原材料，同时生产出几种产品的联产品生产企业（或车间）中，直接生产费用和间接生产费用都需要按照一定标准分配计入有关的各种产品成本，因而均属于间接计入费用。

此外，费用还可以按照其他的分类方法进行分类，以适应成本管理的不同需求，如费用按与业务量的关系可分为变动成本和固定成本，按是否可控可以分为可控成本与不可控成本等。

第三节 成本核算的要求

一、遵循企业产品成本核算制度

遵循产品成本核算制度是指企业需要遵循国家规定的成本开支范围和费用开支标准。所谓成本开支范围是指哪些费用允许列入成本、哪些费用不允许列入成本的规定。成本开支范围是根据企业经营活动中所发生的费用的不同性质，依据成本的内容和加强成本核算的要求，由国家在相关法律规章中统一制定。确定成本开支范围的基本原则是：一切与生产经营活动有关的支出，都应计入企业的成本、费用。就制造企业而言，其所发生的直接材料、直接人工、制造费用、管理费用、销售费用和财务费用构成企业的成本费用范围，其中，直接材料、直接人工和制造费用构成产品的生产成本；管理费用、销售费用和财务费用则由于和产品的受益关系不太明显，分配的客观标准不易确定，不计入产品的制造成本，全部作为所属会计期间的期间费用，冲减当期收益。费用开支标准是指对某些费用支出的金额和比例作出一些限制性的规定，如允许在税前列支的职工薪酬金额、坏账提取比例和业务招待费的提取比例等。企业应严格遵守成本开支范围和费用开支标准，在合法的前提下展开经营活动，既能保证成本、费用的真实性及内容的一致性和分析对比的可能性，又能正确地计算企业的损益，真实地反映企业的财务成果，进而提供真实、正确、有用的会计信息。

成本开支范围主要是国家根据成本的客观经济内涵、国家的分配方针和企业实行独立核算的要求而规定的，使产品成本能正确反映企业生产消耗水平，使各企业的成本开支口径一致。成本开支范围一经规定，要保持相对稳定，但随着国家经济体制的改革、分配方针的改变和财务管理制度的变化，需作出相应的修订与调整。

企业发生的应计入成本、费用的支出主要包括以下几方面内容。

（1）生产经营过程中实际消耗的原材料、辅助材料、备品配件、外购半成品、燃料、动力、包装物的原价，运输、装卸、整理等费用。

（2）企业直接从事产品生产人员的薪酬。

（3）固定资产折旧费、租赁费和低值易耗品的摊销费等。

（4）其他为组织管理生产、经营活动所发生的制造费用、管理费用、销售费用和财务费用，其中，制造费用计入产品成本，管理费用、销售费用和财务费用不计入产品成本。

企业发生的不应计入成本、费用的支出包括下列各项。

（1）购置和建造固定资产的支出，购入无形资产和其他资产的支出。

（2）对外界的投资以及分配给投资者的利润。

（3）被没收的财物及违反法律支付的各项滞纳金、罚款以及企业自愿赞助、捐赠的支出。

（4）在公积金中开支的支出。

（5）国家法律、法规规定以外的各种支出。

（6）国家规定不得列入成本的其他支出。

二、划分各种费用的界限

为了正确地进行成本核算，计算产品成本和期间费用，必须正确划分以下五个方面的费用界限。

（一）划分生产经营管理费用与非生产经营管理费用的界限

企业经济交易和事项的多样性，致使其支出的用途和性质也是多方面的，除了与日常生产经营管理活动有关的支出外，还有资本性支出、福利性支出、营业外支出等。而不同用途的支出，其列支的项目应该不同。例如，企业购建固定资产的支出，应计入固定资产的造价，固定资产盘亏损失、固定资产报废清理净损失等应计入营业外支出。用于产品生产和销售、用于组织和管理生产经营活动，以及为筹集生产经营资金所发生的各种支出，即企业日常生产经营管理活动中的各种耗费，则应计入产品成本或期间费用。企业应按照国家成本开支范围的有关规定，正确地核算产品成本和期间费用。凡不属于企业日常生产经营方面的支出，均不得计入产品成本或期间费用，即不得乱计成本。凡属于企业日常生产经营方面的支出，均应全部计入产品成本或期间费用，不得遗漏。乱计成本会减少企业利润和国家税收收入。少计成本，则会虚增利润，使企业成本得不到应有的补偿，从而影响企业生产经营活动的顺利进行。另外，无论乱计、还是少计成本，都会造成成本不实，不利于企业的成本管理。因此，企业必须正确划分应否计入生产经营管理费用的界限，防止乱挤成本和少计成本的错误做法。

（二）划分生产费用与期间费用的界限

企业日常生产经营中所发生的各项耗费的用途和计入损益的时间是有所不同的。用于产品生产的费用形成产品成本，并在产品销售后作为产品销售成本计入企业损益。由于当月投产的产品不一定当月产成，当月产成的产品也不一定当月销售，因而当月的生产费用往往不是计入当月损益的产品销售成本。本月发生的销售费用、管理费用和财务费用，则是作为期间费用，直接计入当月损益。因此，为了正确计算产品成本和期间费用，正确计算企业各月份的损益，必须正确地划分生产费用和期间费用的界限。应当防止混淆生产费用与期间费用的界限，借以调节各月份产品成本和各月损益的错误做法。

（三）划分各月份的费用界限

企业为正确计算各月损益，按月分析和考核成本计划的执行情况和结果，还必须正确划分各个月份的费用界限。本月发生的费用，都应在本月全部入账，不能将其一部分延至下月入账。划分各月份费用界限时，应贯彻权责发生制原则，正确地核算费用的摊提。本月份支付，但属于本月及以后各月受益的费用，应记作待摊的费用，并在各月间合理分摊计入成本。对于受益期限超过一年的费用，应记作长期待摊费用，在费用项目的受益期限内，分月摊入成本。本月虽未支付，但本月已经受益，应由本月负担的费用，应记作预提的费用，预提计入本月的成本费用。为了简化核算工作，对于数额较小的应该跨期摊销和预提的费用，也可以将其全部计入支付月份的成本费用，而不作为待摊的费用和预提的费用处理。正确划分各月份的费用界限，是保证成本核算正确的重要环节。应当防止利用待摊和预提的办法人为地调节各月成本，人为地调节各月损益的错误做法。

（四）划分各种产品的费用界限

制造业企业通常进行多种产品生产经营，为了正确地计算各种产品的成本，正确地分析和考核各种产品成本预算或定额成本的执行情况，必须将应计入本月产品成本的生产费用在各种产品之间正确地进行划分。凡属于某种产品单独发生，能够直接计入该种产品的费用，均应直接计入该种产品成本。凡属于几种产品共同发生，不能直接计入某种产品的费用，则应采用适当的分配方法，分配计入这几种产品的成本。应该防止在盈利产品与亏损产品之间、可比产品与不可比产品之间任意转移生产费用，借以掩盖成本超支或以盈补亏的错误做法。

（五）划分完工产品与在产品的费用界限

企业月末产品加工完成情况不尽相同，因此需分别情况组织成本计算。在月末计算产品成本时，如果某种产品已全部完工，那么这种产品的各项生产费用之和就是这种产品的完工产品成本。如果某种产品均未完工，那么这种产品的各项生产费用之和就是这种产品的月末在产品成本。如果某种产品既有完工产品，又有在产品，则应将这种产品的各项生产费用，采用适当的分配方法在完工产品与月末在产品之间进行分配，分别计算完工产品成本和月末在产品成本。应该防止任意提高或降低月末在产品成本，借以调节完工产品成本的错误做法。

上述五个方面费用界限的划分过程，也就是各项期间费用的归集和产品成本计算的过程。在这一过程中，应贯彻受益原则，即何者受益何者负担费用，何时受益何时负担费用，负担费用的多少应与受益程度的大小成正比。

三、确定财产物资的计价和价值结转方法

企业的生产经营过程，同时也是各种劳动的耗费过程。在各种劳动耗费中，作为生产资料转移价值的财产物资耗费占有相当的比重。因此，财产物资计价和价值结转方法是否恰当，会对成本计算的正确性产生重要的影响。企业财产物资计价和价值结转方法主要包括：固定资产原值的计算方法、折旧方法、折旧率的种类和高低；固定资产修理费用是否采用待摊或预提方法以及摊提期限的长短；固定资产与低值易耗品的划分标准；材料成本的组成内容、材料按实际成本进行核算时发出材料单位成本的计算方法、材料按计划成本进行核算时材料成本差异率的计算等；低值易耗品和包装物价值的摊销方法、摊销率的高低及摊销期限的长短等。为了正确地计算成本，对于各种财产物资的计价和价值的结转，应采用合理简便的方法，国家有统一规定的，应采用国家统一规定的方法；国家没有统一规定的，比照企业会计准则制度的有关规定，选择适当的方法。各种方法一经确定，应保持相对稳定，不能随意改变，以保证成本信息的可比性。

四、做好各项成本核算的基础工作

为了加强成本审核、控制，正确、及时地计算成本，企业应做好以下各项基础工作。

（一）建立健全原始记录制度

原始记录是指按规定格式，对企业生产经营活动作出的最初记录。它是反映企业生产经营活动的第一手资料，是进行成本预测与决策、编制成本计划、进行成本核算、分析消耗定额和成本计划执行情况的主要依据，是成本管理的重要基础。成本核算是对各项生产费用和期间费用进行数据处理。这就需要通过一定的方式取得各项数据。原始记录是提供成本计算数据的主要方式，是按照规定的格式，对企业生产经营活动中的具体事实所作的最初的记载，是经济事项的载体。例如，企业

生产经营中材料的领用、工时的消耗、生产设备的运转、动力的消耗、费用的开支、废品的发生、产品质量的检验、产品在生产过程中的转移、产成品和自制半成品的交库等，都要记录在具有一定格式的凭证中。这种直接记载具体事实的凭证就是原始记录。建立严密的原始记录制度，制定合理的凭证传递流程，对加强企业经营管理，正确计算产品成本，提供制定各项定额和编制成本计划的依据，都具有重要意义。

企业的原始记录非常广泛，与成本核算有关的原始记录主要有如下几类。

（1）反映物资动态的原始记录，如领料单、限额领料单、退料单、补料单、废料回收单、自制原材料入库单等。

（2）反映劳动工资的原始记录，如职工录用通知单、职工调动通知单、考勤记录表、工资和奖金支付单等。

（3）反映设备使用的原始记录，如设备利用率、设备产量定额、固定资产修理停运时间定额等。

（4）反映生产活动的原始记录，如生产任务通知单、工票、停工通知单、废品通知单，产品完工通知单、半成品入库单、调拨通知单、报废通知单、盈亏报告单、在产品转移交接单、能源耗用记录单等。

（5）反映产品产出的原始记录，如产成品入库单、报废单及盈亏报告单等。

（6）反映费用开支的原始记录，如现金支付凭证、报销单等。

以上原始记录往往为几个部门所需要，因此，按要求填写的原始记录，应分别送交有关部门使用。如果采取一式一份的原始记录形式，则要按需要部门依次传递使用。

企业应健全原始记录制度，统一规定各种原始记录的格式、内容、填制方法、存档和销毁等制度；应根据成本计算和内部控制的需要，制定各种原始记录的传递程序，包括凭证传递所流经的部门、各部门对凭证的处理程序等。为了清楚地反映凭证的流程，凭证传递流程最好用流程图来表示。原始记录要符合成本管理的要求，简明实用。成本核算人员要会同企业的计划统计、生产技术、劳动工资、物资供销等有关部门，认真制定既符合成本核算需要，又符合各方面管理需要，既科学又简便易行，又讲求实效的原始记录制度；还要组织有关职工认真做好各种原始记录的登记、传递、审核和保管工作，以便正确、及时地为成本核算和其他有关方面的工作提供资料和信息。

（二）建立健全定额管理制度

定额是指在企业的生产经营活动中，对人力、物力、财力的配备、利用和消耗及获得成果等方面所规定的应遵循的标准和应达到的水平。定额管理是成本管理的基础，是进行成本预测、决策、计划、控制和考核的依据，也是衡量经营成果的尺度。制定定额是编制成本预算、制定产品定额成本的基础。做好定额的制定和修订工作，可以使企业成本预算的编制建立在科学合理的基础上，使成本核算有了可靠的依据，也为开展成本控制和成本分析提供了客观标准。因此，加强定额管理具有重要意义。

与成本会计有关的定额主要包括以下几个方面。

（1）物资消耗定额，是指为生产单位产品或完成一定工作量所限定的材料、工具、动力的消耗标准，如原材料消耗定额、材料利用率、材料损耗率等。

（2）劳动定额，是指单位产品所限定的时间或单位时间所限定的产品数量标准，如工时定额、产量定额、缺勤率等。

（3）设备利用定额，是指使用设备应达到的效率标准，如设备利用率、设备产量定额、固定资产修理停运时间等。

（4）费用定额，是指为完成一定工作量所限定的费用开支标准，如制造费用定额、管理费用定额、销售费用定额等。

（5）质量定额，是指对所完成工作量规定的质量标准，如产品合格率、一级品率、废品率、返修率等。

产品的各项消耗定额，既是编制成本计划、分析和考核成本水平的依据，也是审核和控制成本的标准。在计算产品成本时，往往要用产品的原材料和工时的定额消耗量或定额费用作为分配实际费用的标准。因此，为了加强生产管理和成本管理，企业必须建立和健全定额管理制度，凡是能够制定定额的各种消耗，都应该制定先进、合理、切实可行的消耗定额，并随着生产的发展、技术的进步、劳动生产率的提高，不断修订消耗定额，以充分发挥其应有的作用。

制定定额的基本方法有经验统计法和技术分析法两种。所谓经验统计法，是指根据经验和统计资料而制定的定额。这种方法的优点是简便易行，但对构成定额的各种因素缺乏仔细地分析和计算，容易受主观因素影响。所谓技术分析法，是在研究和分析生产技术条件和生产组织及可能采取的技术组织措施基础上，通过技术计算或者测定而制定的。技术分析法的主要优点是比较准确，但要投入大量的人力进行测定。企业采用什么方法比较合适，要从实际出发，根据需要与可能的条件来确定。定额的制定应本着既要先进又要合理的原则，并应随着企业生产技术条件的变化和管理水平的提高而定期修订，否则定额就失去了其应有的作用。

（三）建立健全物资管理制度

成本核算是以价值形式来核算企业生产经营管理中的各项费用，但价值形式的核算是以实物计量为基础的。为此，进行成本管理，正确地计算成本，必须建立和健全材料物资的计量、收发、领退和盘点制度。

企业一切物资的收发都要经过计量、验收和办理必要的凭证手续。因此，必须做好以下各项工作。

（1）根据不同计量对象，配置必要的计量器具，尤其对消耗量大的水、风、电、汽的计量器具要配备齐全。

（2）设置专职的质量检验机构，形成完整的质量检查制度，做到不符合质量、规格要求的材料物资不入库、不发货。

（3）建立计量仪器和器具的管理与定期检验制度，以保证计量仪器与器具始终处于良好状态，对零部件和产品的质量应不定期地进行抽查，以检查质量验收制度的执行情况。

领发材料、半成品、工具等物资，都要有严格的手续和制度。有消耗定额的，按定额发料。没有消耗定额的，按照合理需用量发料，防止乱领乱用，造成积压浪费。对于每月发出或每批生产剩余的物资，及时办理退库手续或结转到下期继续使用，以使计入产品成本的材料物资消耗正确无误。

库存物资应定期进行清查盘点，做到账物相符，避免出现差错或霉烂变质，防止积压浪费和贪污盗窃，以保护财产物资的安全。

做好材料物资的计量、验收、领发和清查工作，既可以保证企业财产物资的安全，也便于比较准确地计算生产费用和产品成本。

凡是材料物资的收发、领退，在产品、半成品的内部转移，以及产成品的入库等，均应填制相应的凭证，办理审批手续，并严格进行计量和验收。库存的各种材料物资、车间的在产品、产成品均应按规定进行盘点。只有这样，才能保证账实相符，保证成本计算的正确性。

（四）建立健全内部结算制度

内部结算是指对企业内部各部门、各车间之间的经济事项，运用货币形式进行等价交换结算，以明确经济责任的一种结算形式。在计划管理基础较好的企业中，为了分清企业内部各单位的经济责任，便于分析和考核企业内部各单位成本计划的完成情况和管理业绩及加速和简化核算工作，应对原材料、半成品、厂内务车间相互提供的劳务（如修理、运输等）制定内部结算价格，作为企业内部结算和考核的依据。

内部结算包括内部结算价格、内部结算方式和内部结算组织等三方面的工作。

1. 内部结算价格

内部结算价格是企业内部各单位之间计价结算的价格。对于原材料、辅助材料、燃料、动力、在产品、半成品和劳务等，都要制定合理的内部结算价格。企业内部各单位之间相互提供产品或劳务，都可以按内部结算价格进行结算。企业内部结算价格的制定涉及企业内部各方面的利益，应由各有关部门共同协作制定。这就要求制定内部结算价格要保证企业整体利益与各内部单位利益的一致性，要兼顾内部各单位的利益。

企业可以以市场价格、协商价格、计划单位成本、成本加成价格作为内部结算价格，但是不论采用什么方法制定内部结算价格，都应保持相对稳定，同时也要根据企业生产年经营情况的变动而定期予以调整。内部结算价格应由企业统一颁布，各单位要严格执行，不能擅自改变价格标准。

2. 内部结算方式

确定内部结算价格后，企业内部单位之间发生经济往来时，就可依据一定的价格和结算方式进行结算。内部结算方式有厂内货币结算方式、厂内支票结算方式、厂内托收承付结算方式、厂内委托收款结算方式和厂内委托付款结算方式等。企业应本着既满足往来结算和资金管理的需要，又简化结算手续的原则选用。

3. 内部结算组织

无论企业采用哪一种结算方式，都需要一定的内部结算组织或机构。我国目前采用较为广泛的内部结算组织形式有两种：一是在企业财会部门设立结算中心，二是在企业内部设立内部银行。内部结算中心职能范围小，主要负责企业内部单位之间的往来结算，一般不具有资金管理的职能，核算工作也较为简单。一些规模较小的企业往往采用这种内部结算组织形式。厂内银行的职能范围较广，具有结算、信贷、控制和信息等职能，但其核算工作也较复杂。因此，对于一些规模大、内部单位多、基础工作好、管理要求高的企业，通常采用厂内银行内部结算组织形式。

内部结算价格是企业内部各核算单位实行“独立核算，自计盈亏”的价值尺度，是实行内部模拟市场、模拟法人运行的基础，也是进行合理分配的经济杠杆。因此，建立和完善内部结算价格系统，对原材料、主要材料、辅助材料、燃料和动力、工具、配件等物资和劳务制定合理的内部交换价格，对于实行成本控制，正确处理企业内部单位之间的经济关系具有重要的作用。

（五）建立健全成本责任制度

为降低产品成本，考核各责任单位的成本水平，需要建立健全成本责任制度。完善成本责任制度应做好如下工作。

1. 建立健全责任成本制度

责任成本是以各责任单位作为成本计算对象所计算的成本。由于产品成本是以产品作为成本计算对象的，所以，它不能反映每一责任单位的工作业绩，不便于将每一责任单位成本的高低与其应承担的责任及经济利益相联系。因此，在进行成本计算时，还应创造条件，计算出每一责任单位的责任成本，便于进行各责任单位责任成本的考核和分析。

2. 建立健全内部成本管理体系

内部成本管理体系涉及企业的所有部门和全体职工。该系统是否完善，运行是否合理，直接关系到成本责任制的推行。因此，应建立一个运行自如、合理的内部成本管理体系，使之逐步完善。

3. 建立健全成本考核制度

成本会计不仅要计算成本，对产品成本指标进行分析，还需进行考核。应考核每一种产品成本的升降以及各责任单位的责任成本的高低情况。要对成本进行考核，就应建立一套成本考核的收集、整理、对比、计算等方法和程序，使成本考核形成制度，促使成本指标不断降低。

4. 建立健全成本责任奖惩制度

在计算出产品成本及责任成本之后，应对各责任单位可控成本的高低进行分析，实行规范、严格的奖惩制度，以鼓励先进，鞭策落后，调动各部门及人员不断降低产品成本的积极性，促进企业经济效益的不断提高。

需要指出的是，做好成本会计工作，除了建立和健全以上各项基础工作外，还必须提高企业全员的成本意识，加强全程成本的管理。

五、选择适当的成本计算方法

产品成本在生产过程中形成，因此，产品的生产工艺过程和生产组织不同，所采用的产品成本计算方法也应该有所不同。计算产品成本是为了加强成本管理，因而还应该根据管理要求的不同，采用不同的产品成本计算方法。因此，企业只有按照产品生产特点和管理要求，选用适当的成本计算方法，才能正确、及时地计算产品成本，为成本管理提供有用的信息。

第四节 制造业成本核算流程

一、成本核算的账户设置

制造业进行成本核算一般应设置“基本生产成本”“辅助生产成本”“制造费用”“销售费用”“管理费用”“财务费用”等账户。如果需要单独核算废品损失、停工损失，还应设置“废品损失”“停工损失”账户。

（一）“基本生产成本”账户

基本生产是指为完成企业主要生产目的而进行的商品产品生产。为了归集基本生产所发生的各种生产费用，计算基本生产产品成本，应设置“基本生产成本”账户。该账户借方登记企业为进行基本生产而发生的各种费用；贷方登记转出的完工入库的产品成本；余额在借方，表示基本生产的在产品成本，即基本生产在产品占用的资金。

“基本生产成本”账户应按产品品种或产品批别、生产步骤等成本计算对象设置产品成本明细分类账（或称基本生产成本明细账、产品成本计算单），账内按产品成本项目分设专栏或专行。该账户的格式举例详见表 2-1 与表 2-2。

表 2-1　基本生产成本明细账

车间：第一车间　　产量：800 件
产品：甲产品　　单位：元

月	日	摘要	直接材料	燃料和动力	直接人工	制造费用	合计
8	31	在产品费用	21 000	9 000	12 000	20 000	62 000
9	30	本月生产费用	105 000	45 000	58 000	88 000	296 000
9	30	合　计	126 000	54 000	70 000	108 000	358 000
9	30	本月完工产品成本	98 000	42 000	56 000	96 000	292 000
9	30	完工产品单位成本	122.50	52.50	70	120	365
9	30	在产品费用	28 000	12 000	14 000	12 000	66 000

表 2-2　基本生产成本明细账

车间：第一车间　　产量：500 件
产品：乙产品　　单位：元

月	日	摘要	直接材料	燃料和动力	直接人工	制造费用	合计
9	30	本月生产费用	70 000	30 000	50 000	80 000	230 000
9	30	本月完工产品成本	70 000	30 000	50 000	80 000	230 000
9	30	完工产品单位成本	140	60	100	160	460

如果企业生产的产品品种较多，为了按照产品成本项目（或者既按车间又按成本项目）汇总反映全部产品总成本，还可以设置“基本生产成本二级账”。“基本生产二级账”的格式详见表 2-3。

表 2-3　基本生产成本二级账

车间：第一车间　　单位：元

月	日	摘要	直接材料	燃料和动力	直接人工	制造费用	合计
8	31	在产品费用	21 000	9 000	12 000	20 000	62 000
9	30	本月生产费用	175 000	75 000	108 000	168 000	526 000
9	30	合　计	196 000	84 000	120 000	188 000	588 000
9	30	本月完工产品成本	168 000	72 000	106 000	176 000	522 000
9	30	在产品费用	28 000	12 000	14 000	12 000	66 000

（二）“辅助生产成本”账户

辅助生产是指为基本生产服务而进行的产品生产和劳务供应。辅助生产所提供的产品和劳务，有时也对外销售，但这不是它的主要目的。为了归集辅助生产所发生的各种生产费用，计算辅助生产所提供的产品和劳务的成本，应设置“辅助生产成本”账户。该账户的借方登记为进行辅助生产而发生的各种费用；贷方登记完工入库产品的成本或分配转出的劳务成本；余额在借方，表示辅助生产在产品的成本，即辅助生产在产品占用的资金。

“辅助生产成本”账户应按辅助生产车间和生产的产品、劳务分设明细分类账，账中按辅助生产的成本项目或费用项目分设专栏或专行进行明细登记。

（三）“制造费用”账户

为了核算企业为生产产品和提供劳务而发生的各项制造费用，应设置“制造费用”账户。该账户的借方登记实际发生的制造费用；贷方登记分配转出的制造费用；除季节性生产企业外，该账户月末应无余额。

“制造费用”账户，应按车间、部门设置明细分类账，账内按费用项目设立专栏进行明细登记。

（四）“销售费用”账户

为了核算企业在产品销售过程中所发生的各项费用以及为销售本企业产品而专设的销售机构的各项经费，应设置“销售费用”账户。该账户的借方登记实际发生的各项产品销售费用；贷方登记期末转入“本年利润”账户的产品销售费用；期末结转后该账户应无余额。

“销售费用”账户的明细分类账，应按费用项目设置专栏，进行明细登记。

（五）“管理费用”账户

为了核算企业行政管理部门为组织和管理生产经营活动而发生的各项管理费用，应设置“管理费用”账户。该科目的借方登记发生的各项管理费用；贷方登记期末转入“本年利润”科目的管理费用；期末结转后该账户应无余额。

“管理费用”账户的明细分类账，应按费用项目设置专栏，进行明细登记。

（六）“财务费用”账户

为了核算企业为筹集生产经营所需资金而发生的各项费用，应设置“财务费用”账户。该科目的借方登记发生的各项财务费用；贷方登记应冲减财务费用的利息收入、汇兑收益以及期末转入“本年利润”科目的财务费用；期末结转后该账户应无余额。

“财务费用”账户的明细分类账，应按费用项目设置专栏，进行明细登记。

二、成本核算的流程

成本核算流程是指对企业在生产经营过程中发生的各项费用，按照成本核算的要求，逐步进行归集和分配，最后计算出各种产品的成本和各项期间费用的过程，也即成本核算的一般程序。根据前述的成本核算要求和企业费用的分类，可将成本核算流程归纳如下。

（1）对企业的各项支出进行严格的审核和控制，并按照国家的有关规定确定其应否计入产品成本和期间费用。

（2）对应计入产品成本和期间费用的支出，根据国家规定的成本开支范围，确定应计入产品成本的生产费用和不应计入产品成本的期间费用。

（3）要素费用的分配。对于生产过程中耗用的材料，根据领料凭证编制材料费用分配表进行材料费用分配的核算；发生的人工费用，根据产量通知单等凭证记录编制职工薪酬分配表组织职工薪酬分配的核算；对于其他要素费用，同样需要依据原始凭单记录，编制有关分配表，组织其分配的核算。在要素费用分配过程中，凡是能直接计入产品成本计算对象的生产费用，根据各要素费用分配表可计入“基本生产成本”“辅助生产成本”账户及其明细账户；不能直接计入成本计算对象的生产费用，先在“制造费用”账户及其明细账户归集。

（4）摊提费用的分配。本月发生的待摊的费用归集后，应将本月摊销额按照用途进行分配，编制相应的分配表；尚未发生但应计入本月成本的预提的费用，也应编制相应的分配表组织其分配的核算。根据分配表中列示的数据资料，计入“辅助生产成本”“制造费用”等账户及其明细账户。

（5）辅助生产费用的归集和分配。归集在“辅助生产成本”账户及其明细账户的辅助生产费用，对于完工入库的自制工具模具等产品的成本转为存货成本，而对其提供的劳务成本，则应根据受益对象及其耗用劳务量，编制辅助生产费用分配表分配记入“辅助生产成本”“制造费用”等账户及其明细账户。

（6）制造费用的归集和分配。各基本车间的制造费用分别车间归集后，月终不同车间分别编制制造费用分配表分配计入各车间的“基本生产成本”账户及其明细账户。

（7）完工产品成本的确定和结转。经过以上费用归集和分配，各成本计算对象应负担的生产费用已全部记入有关产品的基本生产成本明细账。如果当月全部完工，所归集的生产费用为完工产品成本；如果全部未完工，所归集的生产费用为期末在产品成本；如果只有部分完工，则要采用一定的方法在完工产品与期末在产品之间进行分配，已确定本期完工产品成本，并将完工验收入库的产成品成本从“基本生产成本”账户及其明细账户结转至“库存商品”账户及其明细账户。

（8）已售产品成本的结转。对于已经销售产品的成本，要从“库存商品”账户及有关明细账户转到“主营业务成本”账户及其明细账户。

（9）期间费用的结转。对于月份内发生的期间费用，应分别性质，先在“销售费用”“管理费用”“财务费用”账户及其明细账户中归集，月终从“销售费用”“管理费用”“财务费用”账户及其明细账户转到“本年利润”账户进行利润计算。

结合本节所讲述成本核算的主要账户和成本核算的流程，图 2-1 列示了成本核算账务处理的基本程序。通过这一图示，既可以对成本核算的账务处理有一个概括的了解，也可以从账务处理的角度进一步理解成本核算的一般程序。

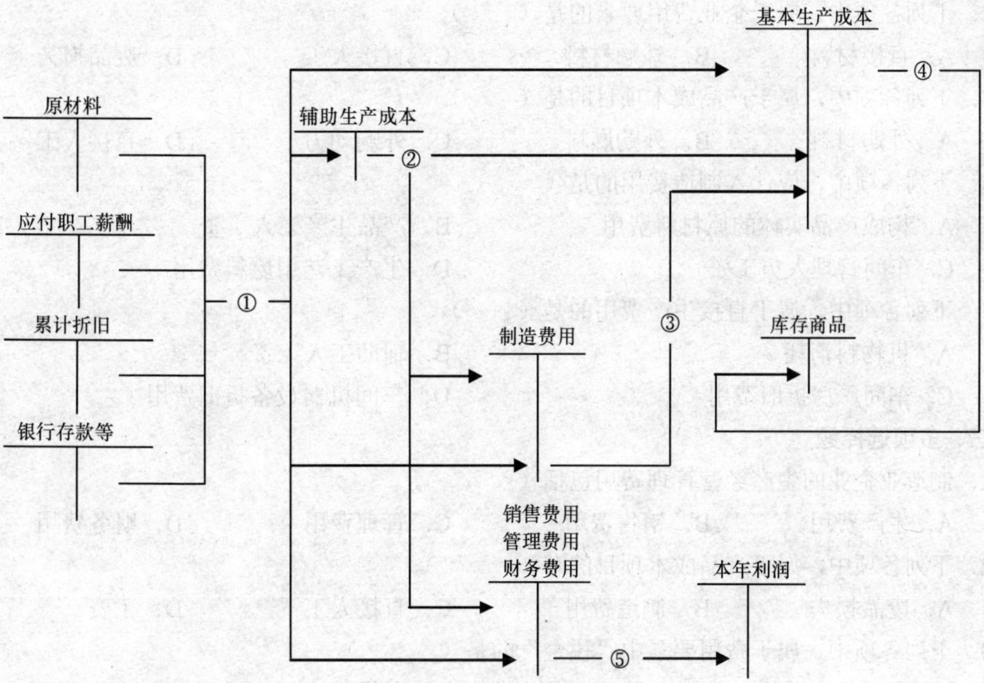

图 2-1　成本核算账务处理程序图

说明

① 要素费用分配。

② 辅助生产费用分配。

③ 制造费用分配。

④ 完工产品成本结转。

⑤ 期间费用结转。

练习与思考

一、判断题

1. 产品成本项目就是计入产品成本的费用按经济内容分类核算的项目。（   ）

2. 直接生产费用既可能是直接计入费用，也可能是间接计入费用。（   ）

3. 如果企业只生产一种产品，其全部生产费用均属于直接计入费用。（   ）

4. 企业发生的直接用于产品生产、专门设有成本项目的费用，应单独记入“基本生产成本”总账科目。（   ）

5.“辅助生产成本”账户月末应无余额。（   ）

二、单项选择题

1. 下列各项中，不应计入产品成本的是（   ）。
   A. 企业行政管理部门用固定资产的折旧费用
   B. 车间厂房的折旧费用
   C. 车间生产用设备的折旧费用
   D. 车间辅助人员的工资

2. 下列各项中，属于企业费用要素的是（   ）。
   A. 直接材料　　B. 外购材料　　C. 直接人工　　D. 废品损失

3. 下列各项中，属于产品成本项目的是（   ）。
   A. 外购材料　　B. 外购燃料　　C. 外购动力　　D. 直接人工

4. 下列各项中，应计入制造费用的是（   ）。
   A. 构成产品实体的原材料费用　　B. 产品生产工人工资
   C. 车间管理人员工资　　D. 生产工艺用燃料费用

5. 下列各项中，属于直接生产费用的是（   ）。
   A. 机物料消耗　　B. 辅助工人工资
   C. 车间厂房折旧费用　　D. 车间机器设备折旧费用

三、多项选择题

1. 制造业企业的生产经营管理费用包括（   ）。
   A. 生产费用　　B. 销售费用　　C. 管理费用　　D. 财务费用

2. 下列各项中，属于产品成本项目的有（   ）。
   A. 废品损失　　B. 制造费用　　C. 直接人工　　D. 工资

3. 下列各项中，属于费用要素中“税金”的是（   ）。
   A. 房产税　　B. 车船税
   C. 城镇土地使用税　　D. 印花税

4. 下列各项中，属于直接计入费用的有（   ）。
   A. 几种产品共同耗用的原材料费用
   B. 一种产品耗用的生产工人工资
   C. 几种产品共同负担的机器设备折旧费
   D. 一种产品负担的制造费用

5．下列各项中，属于直接生产费用的有（　　）。

A．机器设备的折旧费

B．车间厂房的折旧费

C．几种产品共同耗用的原材料费用

D．车间的机物料消耗

四、简答题

1．试述制造业成本核算的要求。

2．成本核算需要正确划分哪些费用界限？

3．成本核算应做好哪些基础工作？

4．企业费用按经济内容是如何分类的？

5．企业费用按经济用途是如何分类的？

6．费用要素与产品成本项目的关系如何？

7．生产费用按与生产工艺的关系如何分类？

8．生产费用按计入产品成本的方法如何分类？

9．试述制造业成本核算的流程。

第三章 要素费用核算

【学习目标】

1. 了解要素费用核算的一般规律。
2. 理解要素费用归集与分配的关系。
3. 熟悉要素费用分配的一般程序以及要素费用分配表的基本结构。
4. 掌握要素费用分配的方法和账务处理。

【关键词】

用途　分配　分配表　共耗费用　定额耗用量比例法

【引例】

沃尔特·艾萨克森在其 2011 年出版的著作《史蒂夫·乔布斯传》中写到："库克把苹果的供应商从 1 000 家减少到 24 家，并要求他们减少其他公司的订单，还说服许多家供应商迁到苹果工厂旁边。此外他还把公司的 19 个库房关闭了 10 个，库房减少了，存货就无处堆放，于是他又减少了库存。1998 年初，乔布斯把两个月的库存期缩短到一个月，然而到同年 9 月底，库克已经把库存期缩短到 6 天；下一年的 9 月，这个数字已经达到惊人的两天，有时仅仅是 15 个小时。另外，库克还把制造苹果计算机的生产周期从 4 个月压缩到两个月。所有这些改革，不仅降低了成本，而且也保证了每一台新计算机都安装了最新的组件。" 1998 年初，库克进入苹果公司时，苹果公司处于极大困境之中，由于库存臃肿，制造部门效率低下，公司当年损失超过 10 亿美元。库克加入后进行了大刀阔斧地改革，通过严格的成本控制和供应链管理，苹果整个产品线的利润率迅速提升，仅一年就扭亏为盈。目前在一年 365 天中，苹果公司的库存更新达到惊人的 74 次，而一般科技公司平均 8 次，苹果在物流管理领域已达到行业大师的水准。会计人员怎样核算库存成本？苹果公司对作为要素费用的存货费用管理方面有何启示意义？

第一节 要素费用核算概述

一、按用途分配要素费用

企业发生的各项要素费用应按其用途和发生地点进行归集和分配。

（一）基本生产车间的要素费用分配

基本生产车间发生的生产费用支出，按用途分配计入"基本生产成本""制造费用"总账账户及其所属明细账户。

（1）基本生产成本明细账，即产品成本明细账（或产品成本计算单）是按产品品种等成本计算对象设置和登记的，账内按成本项目分设专栏或专行。因此，在发生各种要素费用如材料、动力、薪酬等费用时，对于基本生产车间直接用于产品生产，并且专设成本项目的各项费用，如构成产品实体的原材料费用、生产工艺用燃料和动力费用、生产工人的薪酬费用等，应单独计入“基本生产成本”总账科目。如果是某一种产品的直接计入费用，还应直接记入该种产品成本明细账的“直接材料”“燃料和动力”“直接人工”等成本项目。如果是几种产品共耗的间接计入费用，则应采用适当的分配方法，分配以后分别记入各该种产品成本明细账的“直接材料”“燃料和动力”“直接人工”等成本项目。

（2）对于基本生产车间直接用于产品生产，但没有专设成本项目的各项费用，如机器设备的折旧费等，以及基本生产车间的其他生产费用支出，如车间办公费、车间物料消耗、车间管理人员薪酬费用，应先计入“制造费用”总账账户及所属明细账有关的费用项目专栏，然后通过一定的分配程序，转入或分配转入“基本生产成本”总账账户及其所属明细账的“制造费用”成本项目。

（二）辅助生产车间的要素费用分配

辅助车间发生的生产费用，应根据情况分别进行处理。

（1）若辅助车间的“制造费用”单独核算，即“辅助生产成本”明细账内按成本项目设专栏，亦即辅助车间单独设有“制造费用”明细账，则辅助生产费用的分配可以比照上述基本生产车间生产费用的处理办法进行。

（2）若辅助车间的“制造费用”不单独核算，即“辅助生产成本”明细账内按费用项目设专栏，亦即辅助车间未单独设置“制造费用”明细账，发生的直接或间接用于辅助生产的各项费用，均记入“辅助生产成本”总账账户及其所属明细账的相关费用项目专栏。辅助生产费用应按照其用途、采用一定的方法进行分配。

（三）企业行政管理部门要素费用分配

在生产经营过程中发生的用于产品销售的费用、行政管理部门发生的费用，以及筹集资金活动中发生的费用等各项期间费用，不计入产品成本，而应按其用途分别计入“销售费用”“管理费用”“财务费用”总账科目及其所属明细账的相关费用项目专栏，然后转入“本年利润”账户，计入当期损益。

对于购建和建造固定资产的费用，购买无形资产的费用等资本性支出，不计入产品成本和期间费用，分别按其用途计入“在建工程”“无形资产”等账户。

二、共耗费用分配的通用模式

对于各项间接计入费用，应当选择适当的方法进行分配。所谓分配方法适当是指分配依据的标准与分配对象有比较密切的联系，因而分配结果比较合理，而且分配标准的资料比较容易取得，计算比较简便。因此选择分配标准时，一般要考虑以下四个方面。

（1）科学性，即分配标准要具有各个成本对象共有的特征，有典型的代表性，与分配对象的物化劳动或者活劳动消耗有直接的联系，或表现为正比例关系。

（2）先进性，要有助于企业加强成本管理。

（3）易得性，各受益对象所耗用分配标准的资料应当是容易取得的，并且可以进行客观计量。

（4）稳定性，任何一种分配标准的选择都具有主观性，选择不同的分配标准将产生不同的分配结果，为了便于各期间接费用之间的比较分析，分配标准不宜经常变动，应该保持相对的稳定性。

分配间接计入费用的标准主要有以下三类。

（1）成果类，如产品的重量、体积、产量、产值等。

（2）消耗类，如生产工时、生产工资、机器工时、原材料消耗量或原材料费用等。

（3）定额类，如定额消耗量、定额工时、定额费用等。

分配间接费用的计算公式，可以概括如下。

$$费用分配率=\frac{待分配费用总额}{分配标准总数}$$

某分配对象应分配的费用＝该对象的分配标准×费用分配率

三、要素费用分配表

各项要素费用的分配，是通过编制各种要素费用分配表进行的。要素费用分配表的编制，应根据成本核算的体制、凭证的数量及传递程序等具体条件的不同而有所区别。企业实行集中核算方式的，应由财会部门编制；实行分散核算方式的，应由各车间、部门的成本会计人员来编制。要素费用分配表无论由谁来编制，其编制的要求和基本方法是一样的。企业财会部门和各车间或部门要合理分工相互配合，认真做好各项要素费用的归集与分配工作，以便正确计算产品成本。

四、要素费用分配的账务处理

企业根据要素费用分配表，进行要素费用分配的账务处理，借记“基本生产成本”“辅助生产成本”“制造费用”“管理费用”“销售费用”“财务费用”等科目，贷记每一项要素费用对应的会计科目，如“原材料”“应付职工薪酬”“累计折旧”等科目，并且据以填制要素费用分配的记账凭证。根据发生费用的原始凭证或者要素费用分配的记账凭证，登记各种成本、费用总账账户及其所属明细账。

第二节 外购材料费用分配的核算

一、原材料费用分配的核算

（一）按用途分配原材料费用

企业生产经营过程中领用的各种材料，包括原料及主要材料、辅助材料、半成品、修理用备件、包装物、低值易耗品等，无论是外购，还是自制，都应根据审核后的领、退料凭证，按照材料的具体用途进行归集和分配。

1. 基本生产车间用料

（1）用于产品生产，构成产品实体的原料、主要材料及有助于产品实体形成的大额辅助材料等原材料费用，应直接或分配计入“基本生产成本”明细账的“直接材料”成本项目。按照重要性原则，直接用于产品生产、构成产品实体的原材料费用，由于其在产品成本中一般占有较大的比重，应单独设置“直接材料”成本项目进行反映。该部分原材料通常是按照产品品种（或成本计算对象）分别领用，如机械生产用的钢材、纺织生产用的原棉等，属于直接计入费用，可以直接计入各种产品成本的“直接材料”成本项目。对于不能按照产品品种（或成本计算对象）分别领用，而是几种产品共同耗用的原料及主要材料，如化工生产的多种产品所耗用的原材料费用，属于间接计入费用，应采用既合理又简便的分配方法在各种产品之间进行分配，再计入各种产品成本的“直接材料”成本项目。

（2）用于产品生产的燃料费用，应直接或分配计入“基本生产成本”明细账的“燃料和动力”成本项目中。如果企业未单独设置“燃料和动力”成本项目，应计入产品成本明细账的“直接材料”成本项目中。

（3）用于车间物料消耗的原材料费用，应计入“制造费用”明细账的“机物料消耗”费用项目中。

2. 辅助生产车间用料

（1）辅助生产车间的材料费用分配，原则上可比照基本生产车间进行处理。

（2）辅助生产车间的材料费用分配也可采用简化的办法，即全部计入“辅助生产成本”明细账的“原材料”费用项目。

3. 行政管理部门用料

（1）行政管理部门管理和组织生产经营活动而发生的各种材料费用，计入“管理费用”明细账的“其他”（或“物料消耗”）费用项目中。

（2）销售部门的各种材料费用，计入“销售费用”明细账的“物料消耗”“包装费”等有关费用项目中。

4. 其他用料

除了上述生产经营过程中使用的材料外，对于发出的其他用途的材料，应根据其发出的具体用途，分别计入到“其他业务成本”“在建工程”等相关的项目中。

（二）共耗材料费用的分配

几种产品共同耗用的某种原材料费用属于间接计入费用，则应采用合理的方法，在各种产品之间进行分配，计入其“直接材料”成本项目。分配方法的合理性主要源自于其分配标准的选择。分配共耗材料费用的标准有很多，可以按照产品的重量、体积分配，也可以按照其他分配标准分配。在材料消耗定额比较准确稳定的情况下，原材料费用可以按照产品的材料定额消耗量或材料定额费用的比例分配。

1. 定额耗用量比例法

定额耗用量比例法是按照各种产品原材料定额消耗量比例分配共耗材料费用的一种分配方法。它一般在各项消耗定额健全且比较准确的情况下采用，其计算分配的程序如下。

（1）计算各种产品原材料定额耗用量。

（2）计算单位产品的原材料定额消耗量应分配原材料实际耗用量（即原材料耗用量分配率）。

（3）计算各种产品应分配的原材料实际耗用量。

（4）计算各种产品应分配的原材料实际费用。

计算公式如下。

某产品材料定额耗用量＝该产品实际产量×单位产品材料定额消耗量

$$原材料耗用量分配率=\frac{原材料实际耗用总量}{各种产品材料定额耗用量之和}$$

某产品应分配的材料实际耗用量＝该产品材料定额耗用量×材料定额耗用量分配率

某产品应分配的原材料费用＝该产品应分配的材料实际数量×材料单价

【例 3-1】大华公司 20××年 9 月生产甲、乙两种产品共同耗用 A 材料 60 000 千克，每千克 15 元，共计 900 000 元。生产甲产品 600 件，单件甲产品原材料消耗定额为 30 千克。生产乙产品 400

件，单件乙产品原材料消耗定额为 15 千克。采用定额耗用量比例法分配计算如下。

甲产品材料定额耗用量＝600×30＝18 000（千克）

乙产品材料定额耗用量＝400×15＝6 000（千克）

$$材料消耗量分配率=\frac{60\ 000}{18\ 000+6\ 000}=2.5$$

甲产品应分配原材料数量＝18 000×2.50＝45 000（千克）

乙产品应分配原材料数量＝6 000×2.50＝15 000（千克）

甲产品应分配原材料费用＝45 000×15＝675 000（元）

乙产品应分配原材料费用＝15 000×15＝225 000（元）

采用上述方法计算分配材料费用，不仅能计算出每种产品应分配的材料费用，还能计算出每种产品耗用材料的实际数量。这样，可以考核原材料消耗定额的执行情况，有利于加强原材料消耗的实物管理，但分配计算的工作量较大。为了简化计算分配工作，也可以采用按原材料定额耗用量比例直接分配原材料费用的方法，其计算分配的程序如下。

（1）计算各种产品原材料定额耗用量。

（2）计算单位产品的原材料定额消耗量应分配的原材料费用（即原材料费用分配率）。

（3）计算各种产品应分配的实际材料费用。

计算各种产品原材料定额耗用量

$$原材料费用分配率=\frac{共耗原材料费用总额}{各种产品材料定额耗用量之和}$$

某产品应分配的原材料费用＝该产品原材料定额耗用量×原材料费用分配率

现以上例资料为基础，计算结果如下。

$$原材料费用分配率=\frac{900\ 000}{18\ 000+6\ 000}=37.50$$

甲产品应分配原材料费用＝18 000×37.5＝675 000（元）

乙产品应分配原材料费用＝6 000×37.5＝225 000（元）

上述两种分配方法计算结果相同。但后一种分配方法不能提供各种产品原材料实际消耗量资料，不能为考核材料消耗定额的执行情况提供资料，不利于加强原材料消耗的实物管理。

另外，按现行制度规定，原材料日常核算可以按实际成本计价，也可以按计划成本计价。对于材料收发业务较多且计划成本资料较为健全、准确的企业，一般都采用按计划成本进行材料收发核算。原材料按计划成本核算的特点是：收发凭证按材料的计划成本计价，原材料的总分类账和明细分类账均按计划成本登记。原材料的实际成本与计划成本的差异，通过“材料成本差异”科目核算，月份终了，根据发出材料的计划成本和材料成本差异，将发出材料的计划成本调整为实际成本。

2. 定额费用比例法

在生产多种产品或多种产品共同耗用多种原材料费用的情况下，也可以采用按原材料定额费用比例分配原材料费用的方法。它一般适用于几种产品共同耗用几种材料的情况。该方法计算分配的程序如下。

（1）计算各种产品原材料定额费用。

（2）计算单位产品的原材料定额费用应分配的原材料实际费用（即原材料费用分配率）。

（3）计算各种产品应分配的原材料实际费用。计算公式如下。

某种产品原材料定额费用＝该产品实际产量×单位产品原材料费用定额

$$原材料费用分配率=\frac{共耗原材料实际费用总额}{各种产品原材料定额费用总额}$$

某种产品应分配的原材料实际费用＝该产品原材料定额费用×原材料费用分配率

【例 3-2】某企业生产甲、乙两种产品，共同耗用了 A、B 两种材料，共计 82 080 元。本月投产甲产品 300 件，乙产品 240 件。甲产品材料消耗定额为：A 材料 6 千克，B 材料 8 千克。乙产品材料消耗定额为：A 材料 9 千克，B 材料 5 千克。A 材料单价 10 元，B 材料单价 8 元。计算分配如下。

（1）甲、乙产品材料定额费用

甲产品：A 材料定额费用＝300×6×10＝18 000（元）

B 材料定额费用＝300×8×8＝19 200（元）

甲产品材料定额费用合计 37 200 元

乙产品：A 材料定额费用＝240×9×10＝21 600（元）

B 材料定额费用＝240×5×8＝9 600（元）

乙产品材料定额费用合计 31 200 元

（2）材料费用分配率

$$材料费用分配率=\frac{82\ 080}{37\ 200+31\ 200}=1.2$$

（3）甲、乙产品应分配材料实际费用

甲产品应分配材料费用＝37 200×1.2＝44 640（元）

乙产品应分配材料费用＝31 200×1.2＝37 440（元）

3. 产品产量比例法

产品产量比例法是按产品的产量比例分配材料费用的一种方法。在产品的产量与其所耗用的材料有密切联系的情况下，可采用这种方法分配材料费用，其计算公式如下。

$$材料费用分配率=\frac{共耗材料费用}{各种产品实际产量之和}$$

某产品应分配材料费用＝该产品实际产量×材料费用分配率

【例 3-3】某企业生产甲、乙两种产品，共同耗用 B 材料 4 200 千克，每千克 5 元。本月投产甲产品 1 800 件，乙产品 1 200 件。采用产品产量比例法计算分配结果如下。

$$材料费用分配率=\frac{5\times4\ 200}{1800+1\ 200}=7$$

甲产品应分配材料费用＝1 800×7＝12 600（元）

乙产品应分配材料费用＝1 200×7＝8 400（元）

4. 产品重量比例法

产品产量比例法是按照各种产品的重量比例分配材料费用的一种方法。这种方法一般适用于产品所耗用材料的多少与产品重量有着直接联系的情况，计算公式如下。

$$材料费用分配率=\frac{共耗材料费用}{各种产品实际产量之和}$$

某产品应分配材料费用＝该产品实际产量×材料费用分配率

【例 3-4】某企业生产甲、乙两种产品，共同耗用 C 材料 3 450 千克，每千克 6 元。甲产品重量 2 650 千克，乙产品重量 1 950 千克。采用产品产量比例法计算分配的结果如下。

$$材料费用分配率=\frac{6\times3\ 450}{2\ 650+1\ 950}=4.5$$

甲产品应分配材料费用＝2 650×4.5＝11 925（元）

乙产品应分配材料费用＝1 950×4.5＝8 775（元）

（三）原材料费用分配表

在实际工作中，各种材料费用的分配是通过编制原材料费用分配表进行的。材料费用分配表是按车间、部门和材料的类别，根据归类后的领退料凭证和其他有关资料编制。材料费用分配表的格式及举例（大华公司）详见表3-1。

表3-1 原材料费用分配表

20××年9月

金额单位：元

应借科目		成本或费用项目	直接计入	分配计入			合计
				定额消耗量	分配率	分配金额	
基本生产成本	甲产品	直接材料	22 800	18 000		675 000	697 800
	乙产品	直接材料	176 100	6 000		225 000	401 100
	小计		198 900	24 000	37.50	900 000	1 098 900
辅助生产成本	供水	直接材料	63 000				63 000
	运输	直接材料	33 000				33 000
	小计		96 000				96 000
制造费用	基本生产车间	机物料	7 500				7 500
	供水车间	机物料	3 000				3 000
	运输车间	机物料	2 250				2 250
	小计		12 750				12 750
管理费用		物料	3 000				3 000
销售费用		物料	2 700				2 700
合计			313 350			900 000	1 213 350

（四）原材料费用分配的账务处理

根据材料费用分配表编制会计分录，据以登记有关总账和明细账。编制会计分录如下。

借：基本生产成本——甲产品　　697 800

　　　　　　　　——乙产品　　401 100

　　辅助生产成本——供水　　63 000

　　　　　　　　——运输　　33 000

　　制造费用——基本车间　　7 500

　　　　　　——供水车间　　3 000

　　　　　　——运输车间　　2 250

　　管理费用　　3 000

　　销售费用　　2 700

　　贷：原材料　　1 213 350

企业根据以上会计分录，登记有关总账和所属明细账。

上列原材料费用是按实际成本进行核算分配的，如果原材料费用是按计划成本进行核算分配，计入产品成本和期间费用的原材料费用是计划成本，还应该分配材料成本差异额，将计入成本、费用的计划成本调整为实际成本。

二、燃料费用分配的核算

（一）单独核算燃料费用

燃料费用按其大类归属于材料费用。如果企业燃料费用在产品成本中比重较大，可以与动力费用合并设置“燃料和动力”专门成本项目组织核算。

单独核算燃料费用的企业，应增设“燃料”科目，在成本项目中增设“燃料和动力”成本项目，以单独核算燃料的增减变动和结存，以及燃料费用的分配情况。燃料费用与原材料费用的分配程序和分配方法相同。直接用于产品生产的燃料，在只生产一种产品或者是按照产品品种（或产品成本计算对象）分别领用，属于直接计入费用，可以直接计入各种产品成本明细账的“燃料和动力”成本项目。如果不能按产品品种分别领用，而是几种产品共同耗用的燃料费用，属于间接计入费用，则应采用适当的分配方法，在各种产品之间进行分配，然后再计入各种产品成本明细账的“燃料和动力”成本项目。分配标准可以是燃料的定额耗用量或定额费用，也可以为产品的重量、体积、所耗原材料的数量或费用等。

直接用于产品生产、专设成本项目的燃料费用，应计入“基本生产成本”总账科目的借方及其所属明细账的“燃料和动力”成本项目；直接用于辅助生产、专设成本项目的燃料费用，应计入“辅助生产成本”总账科目的借方及其所属明细账的有关项目；用于基本生产和辅助生产但没有专设成本项目的燃料费用，应计入“基本生产成本”“辅助生产成本”总账科目的借方及其所属明细账的有关项目（如“直接材料”成本项目）；间接用于生产的燃料费用应计入“制造费用” 借方及其所属明细账的有关项目；用于产品销售，以及组织和管理生产经营活动的燃料费用则应计入“销售费用”“管理费用”总账科目的借方及所属明细账有关项目。已领燃料费用总额，应计入“燃料”科目的贷方。不设“燃料”科目的，则计入“原材料”科目的贷方。

（二）不单独核算燃料费用

不单独核算燃料费用的企业，不设置“燃料”科目，也不设置“燃料和动力”成本项目。企业生产经营过程中发生的燃料费用支出，作为原材料费用的组成内容，视同原材料费用组织核算。

三、周转材料分配的核算

（一）按用途分配周转材料

周转材料是指企业能够多次使用、逐渐转移其价值但仍保持原有的形态不确认为固定资产的材料。周转材料种类繁多，分布于企业生产经营的各个环节，具体用途各不相同，会计处理也不尽相同。生产车间领用的周转材料，应计入“制造费用”总账账户及其明细账。销售部门领用的周转材料，随同商品出售不单独计价的，应计入销售费用；随同商品出售并单独计价的，应视为材料销售，将取得的收入作为“其他业务收入”，相应的周转材料账面价值计入“其他业务成本”。用于出租的周转材料，收取的租金应作为“其他业务收入”并计算缴纳增值税，相应的周转材料账面价值应计入“其他业务成本”；用于出借的周转材料，其账面价值应计入“销售费用”；管理部门领用的周转材料，其账面价值应计入“管理费用”。

（二）周转材料摊销的核算

企业应根据周转材料的消耗方式、价值大小、耐用程度等，选择适当的摊销方法，将其账面价值一次或分期计入有关成本费用。常用的周转材料摊销方法有一次转销法、五五摊销法、分次摊销法等。目前，企业会计准则规定周转材料中的包装物、低值易耗品采用一次转销法或五五摊销法进行摊销核算，而建造承包商的钢模板、木模板、脚手架和其他周转材料等可以采用一次转销法、五五摊销法或者分次摊销法进行摊销核算。

1. 一次转销法

一次转销法也称之为一次摊销法或一次计入法。采用这种方法，领用时，将其全部价值一次计入当月（领用月份）产品成本、期间费用等，借记“制造费用”“管理费用”等科目，贷记“周转材料”科目。报废时，报废的残料价值冲减有关的成本、费用，作为当月摊销的减少，借记“原材料”等科目，贷记“制造费用”“管理费用”等科目。

周转材料采用按计划成本进行日常核算时，领用周转材料应按计划成本进行账务处理；月末，还要调整领用周转材料的成本差异，借记“制造费用”“管理费用”等科目，贷记“材料成本差异”科目（调整分配超支成本差异用蓝字，调整分配节约成本差异编制相反的会计分录）。

【例 3-5】20××年 9 月，大华公司基本生产车间领用一批周转材料，其实际成本为 900 元，采用一次转销法摊销。同时，报废一批低值易耗品，残料作价 45 元，作为原材料入库。

借：制造费用　　900
　　贷：周转材料　　900
借：原材料　　45
　　贷：制造费用　　45

【例 3-6】某企业销售一批产品，随同产品一并销售若干包装物。包装物售价 2 000 元，增值税税额 340 元，账面价值 1 800 元，价款已收存银行。

借：银行存款　　2 340
　　贷：其他业务收入　　2 000
　　　　应交税费——应交增值税（销项税额）　　340
借：其他业务成本　　1 800
　　贷：周转材料　　1 800

一次转销法的核算比较简便，但由于周转材料的使用期一般不只一个月，因而采用这种方法会使各月成本、费用负担不太合理，还会产生账外财产，不便于进行价值监督。因此，这种方法一般适用于单位价值较低、使用期限较短、一次领用数量不多及容易破损的周转材料的摊销。

2. 五五摊销法

五五摊销法是指在领用周转材料时先摊销其账面价值的 50%，待报废时再摊销其账面价值的 50%的一种摊销方法。

采用五五摊销法，周转材料应分别对“在库”“在用”“摊销”进行明细核算。领用周转材料时，按其账面价值，借记“周转材料——在用”科目，贷记“周转材料——在库”科目；摊销其账面价值的 50%时，借记“制造费用”“管理费用”“销售费用”“其他业务成本”等科目，贷记“周转材料——摊销”科目。周转材料报废时，摊销其余 50%的账面价值，借记“制造费用”“管理费用”“销售费用”“其他业务成本”等科目，贷记“周转材料——摊销”科目；同时，转销周转材料全部已提摊销额，借记“周转材料——摊销”科目，贷记“周转材料——在用”科目。报废周转材料的残料价值，借记“原材料”等科目，贷记“制造费用”“管理费用”“销售费用”“其他业务成本”等科目。

如果周转材料按计划成本进行日常核算，那么月末就需要调整分配所领周转材料的计划成本，分配成本差异。

【例 3-7】某企业领用了一批全新的包装箱，无偿提供给客户周转使用。包装箱账面价值 50 000 元，采用五五摊销法摊销。该批包装箱报废时，残料估价 2 000 元作为原材料入库。

（1）领用包装物并摊销期价值的 50%。

借：周转材料——在用	50 000	
贷：周转材料——在库		50 000
借：销售费用	25 000	
贷：周转材料——摊销		25 000

（2）包装物报废，摊销其余 50%的账面价值并转销全部已提摊销额。

借：销售费用	25 000	
贷：周转材料——摊销		25 000
借：周转材料——摊销	50 000	
贷：周转材料——在用		50 000

（3）报废包装物的残料作价入库。

借：原材料	2 000	
贷：销售费用		2 000

【例 3-8】某企业基本生产车间领用工具一批，其计划成本 3 000 元。报废以前，领用的另一批生产用具计划成本 2 000 元，回收残料计价 100 元。本月周转材料成本差异率为节约 3%。编制会计分录如下。

（1）领用时

借：周转材料——在用	3 000	
贷：周转材料——在库		3 000

（2）摊销价值的 50%

借：制造费用	1 500	
贷：周转材料——摊销		1 500

（3）报废以前领用生产用具的摊销额

借：原材料	100	
制造费用	900	
贷：周转材料——摊销		1 000

（4）注销报废生产用具的摊销额

借：周转材料——摊销	2 000	
贷：周转材料——在用		2 000

（5）月末，调整分配本月所领生产用具的成本节约差异

借：制造费用	[90]	
贷：材料成本差异——周转材料成本差异		[90]

从上述可知，在按计划成本进行周转材料日常核算情况下，“周转材料”总账科目的月末余额，就是月末周转材料（包括在库和在用）按计划成本反映的摊余价值，再加上或减去“材料成本差异——周转材料成本差异”科目的余额，就是月末周转材料按实际成本反映的摊余价值。

采用五五摊销法，虽然会计处理略显繁杂，但周转材料在报废之前，始终有 50%的价值保留在

账面上，有利于加强对周转材料的管理与核算，能够对在用周转材料实行价值监督。各月成本、费用负担周转材料的摊销额比较合理，但其核算工作量较大。因此，该种方法适用于各月领用和报废周转材料的数量比较均衡、各月摊销额相差不多的周转材料。

3. 分次摊销法

分次摊销法是指根据周转材料可供使用的估计次数，将其成本分期计入有关成本费用的一种摊销方法。各期周转材料摊销额的计算公式如下。

某期周转材料摊销额＝周转材料账面价值×（该期实际使用次数÷预计可使用次数）

分次摊销法的核算原理与五五摊销法相同，只是周转材料的价值是分期计算摊销的，而不是在领用和报废时各摊销一半。领用周转材料时，按其账面价值，借记“周转材料——在用”科目，贷记“周转材料——在库”科目；分期摊销其账面价值时，按计算的本期摊销额，借记“制造费用”“管理费用”“销售费用”“工程施工”等科目，贷记“周转材料——摊销”科目。周转材料报废时，应将其账面摊余价值一次转销，借记“制造费用”“管理费用”“销售费用”“工程施工”等科目，贷记“周转材料——摊销”科目。同时，转销周转材料全部已提摊销额，借记“周转材料——摊销”科目，贷记“周转材料——在用”科目。报废周转材料的残料价值，借记“原材料”等科目，贷记“制造费用”“管理费用”“销售费用”“工程施工”等科目。

采用分次摊销法，各月成本、费用负担的周转材料摊销额比较合理，但核算工作量较大。这种方法一般适用于一些单位价值较高，使用期限较长而不易损坏的周转材料，如多次反复使用的专用工具、模具等。

企业采用何种方法进行周转材料摊销的核算，应遵循企业会计准则的规定。目前，企业会计准则的应用指南明确规定：周转材料，如包装物、低值易耗品，应当采用一次转销法或者五五摊销法进行摊销；企业（建造承包商）的钢模板、木模板、脚手架和其他周转材料等，可以采用一次转销法、五五摊销法或者分次摊销法进行摊销。会计准则明确界定了可以采用分次摊销法的范围是建造承包商的周转材料。

第三节 外购动力费用分配的核算

一、外购动力费用支出的核算

外购动力费用是指企业从外部购买的各种动力所支付的费用。外购动力主要包括外购电力、蒸汽等动力。外购动力有的直接用于产品生产，如生产工艺用电力；有的间接用于产品生产，如生产单位照明用电力；有的则用于经营管理，如企业行政管理部门照明用电力和取暖等。

外购动力应根据其使用数量向供应单位支付款项。一般情况下，使用的外购动力都有仪器仪表计量，在支付外购动力费用时，应根据供应单位抄录的耗用数量和计价标准所开列的账单予以支付。但是，供应单位开列账单的起讫日期与会计期间往往不一致；如果在支付动力费用时，直接借记有关成本、费用科目，贷记“银行存款”科目，可能会影响到当月成本、费用的正确性。根据权责发生制原则，企业可以将实付动力费作为暂付款项处理，计入“应付账款”科目的借方和“银行存款”科目的贷方。月末根据耗用单位自己抄录的本期实耗数量，按照用途分配时，借记有关成本、费用科目，贷记“应付账款”科目。

当供应单位每月抄表日基本固定，且每月自抄表日至月末的耗用数量相差不多时，也可不通过“应付账款”科目，可在支付外购动力费用时直接借记有关成本、费用科目，贷记“银行存款”科目。

二、外购动力费用分配的核算

（一）按用途分配外购动力费用

1. 基本生产车间用动力

（1）基本生产车间用于产品生产的外购动力费用，应直接或分配计入“基本生产成本”总账科目及其所属产品成本明细账的“燃料和动力”成本项目中。

（2）基本生产车间组织、管理生产的动力费用及用于产品生产但未专设成本项目的动力费用，应计入“制造费用”总账科目及其所属“制造费用”明细账的“水电费”费用项目中。

2. 辅助生产车间用动力

（1）辅助生产车间的外购费用分配，原则上应比照基本生产车间进行处理。

（2）辅助生产车间的外购费用分配也可采用简化的办法，即全部计入“辅助生产成本”总账科目及其所属“辅助生产成本”明细账的“燃料和动力”费用项目中。

3. 行政管理部门用动力

（1）行政管理部门管理和组织生产经营活动的动力费用，应计入“管理费用”总账科目及“管理费用”明细账的“水电费”费用项目中。

（2）销售部门的动力费用，应计入“销售费用”总账科目及其所属的“销售费用”明细账的“水电费”费用项目中。

4. 其他用动力

除了上述生产经营过程中使用的外购动力外，对于其他用途的外购动力，应根据其具体用途，分别计入到“其他业务成本”“在建工程”等相关的项目中。

（二）共耗外购动力费用的分配

1. 外购动力费用在各车间部门之间的分配

由于各车间、部门的动力用电和照明用电一般分别装有记录动力耗用量的仪表，所以可以根据计量仪表记录的实际耗用数量和外购动力的计价标准计算分配。下面以外购电力为例介绍外购动力费用分配的计算，其计算公式如下。

$$外购动力费用分配率=\frac{外购动力费用总额}{各车间部门耗用的外购用电度数之和}$$

某车间、部门应分配的动力费＝外购动力费用分配率×该车间、部门用电度数

2. 外购动力费用在各产品之间的分配

生产车间为生产产品耗用的外购动力，由于一般不能按产品分别安装计量仪表，所以生产车间动力费用在各种产品之间的分配选择适当的标准，采用一定的方法分配计入各种产品成本。分配间接计入的外购动力费用，常用的分配标准有生产工时、机器工时、机器功率时数、定额耗用量等，其计算公式如下。

$$分配率=\frac{产品共同耗用外购动力费用总额}{各种产品的分配标准数额之和}$$

某种产品应分配的外购动力费用＝分配率×该种产品分配标准数额

【例 3-9】大华公司20××年 9 月用电度数合计为 134 250 度，金额为 53 700 元，每度电 0.40 元。直接用于产品生产耗电 85 500 度，金额 34 200 元，没有分别产品安装电表，规定按机器工时比例分配。甲产品机器工时为 11 100 小时，乙产品机器工时为 6 000 小时。该企业设有“直接燃料和动力”成本项目。甲、乙产品动力费用分配计算如下。

$$动力费用分配率=\frac{34\ 200}{11\ 100+6\ 000}=2$$

甲产品动力费用＝2×11 100＝22 200（元）

乙产品动力费用＝2×6 000＝12 000（元）

（三）外购动力费用分配表

实际工作中，外购动力费用的分配是通过编制外购动力费用分配表进行的。外购动力费用分配表的格式及举例（大华公司）详见表 3-2。

表 3-2　外购动力费用分配表

20××年 9 月　　　　金额单位：元

应借科目		成本或费用项目	生产工时（分配率：2）	度数（分配率：0.4）	金额
基本生产成本	甲产品	燃料和动力	11 100		22 200
	乙产品	燃料和动力	6 000		12 000
	小计		17 100	85 500	34 200
辅助生产成本	供水	燃料和动力		15 000	6 000
	运输	燃料和动力		10 000	4 000
	小计			25 000	10 000
制造费用	基本生产车间	水电费		11 250	4 500
	供水车间	水电费		250	100
	运输车间	水电费		250	100
	小计			11 750	4 700
管理费用		水电费		9 000	3 600
销售费用		水电费		3 000	1 200
合计				134 250	53 700

（四）外购动力费用分配的账务处理

根据表 3-2 编制会计分录如下。

借：基本生产成本——甲产品　　22 200
　　　　　　　　——乙产品　　12 000
　　辅助生产成本——供水　　6 000
　　　　　　　　——运输　　4 000
　　制造费用——基本车间　　4 500
　　　　　　——供水车间　　100
　　　　　　——运输车间　　100

管理费用　　　　3 600

销售费用　　　　1 200

贷：应付账款　　　　53 700

企业根据以上会计分录，登记有关总账和所属明细账。

需要说明的是，如果企业生产工艺用的燃料和动力没有单独设置“燃料和动力”成本项目核算，直接用于产品生产的燃料费用和动力费用，可以分别计入“直接材料”成本项目和“制造费用”成本项目，以作为原材料费用和制造费用核算。值得注意的是，生产工艺用动力费用也可以作为一种特殊材料，并计入“直接材料”成本项目核算，但本书选择将其并入“制造费用”核算。

第四节 职工薪酬分配的核算

一、职工薪酬概述

（一）职工薪酬的组成内容

职工薪酬是指企业为获得职工提供的服务或解除劳动关系而给予的各种形式的报酬或补偿。职工薪酬包括短期薪酬、离职后福利、辞退福利和其他长期职工福利。企业提供给职工配偶、子女、受赡养人、已故员工遗属及其他受益人等的福利也属于职工薪酬。

短期薪酬是指企业在职工提供相关服务的年度报告期间结束后十二个月内需要全部予以支付的职工薪酬，因解除与职工的劳动关系给予的补偿除外。短期薪酬主要包括以下内容。

1. 职工工资、奖金、津贴和补贴

职工工资、奖金、津贴和补贴是指构成工资总额的计时工资、计件工资、支付给职工的超额劳动报酬和增收节支的劳动报酬、为补偿职工特殊或额外的劳动消耗和其他特殊原因支付给职工的津贴，以及为保证职工工资水平不受物价影响支付给职工的物价补贴等。

2. 职工福利费

职工福利费是指企业按照职工工资总额的一定比例提取的、用于职工个人福利的薪酬，主要包括职工因公负伤赴外地就医的路费、职工生活困难补助、未实行医疗统筹企业的职工医疗费用及按规定发生的其他职工福利支出。

3. 社会保险费

社会保险费是指企业按照国家和政府有关部门规定的基准和比例计算，向社会保险经办机构缴纳的医疗保险费、养老保险费、失业保险费、工伤保险费和生育保险费等。

4. 住房公积金

住房公积金是指企业按照国家和政府有关部门规定的基准和比例计算，向住房公积金管理机构缴存的住房公积金。

5. 工会经费和职工教育经费

工会经费和职工教育经费是指企业按照一定比例提取的用于改善职工文化生活和学习先进技术，以提高职工的文化水平和业务素质的支出，主要包括开展工会活动、职工教育及职工技能培训等相关支出。

6. 短期带薪缺勤

短期带薪缺勤是指企业支付工资或提供补偿的职工缺勤，包括年休假、病假、短期伤残、婚假、产假、丧假、探亲假等。

7. 短期利润分享计划

短期利润分享计划是指因职工提供服务而与职工达成的基于利润或其他经营成果提供薪酬的协议。

8. 非货币性福利

非货币性福利是指企业以自己的产成品或外购商品发放给职工作为福利，或将其拥有的资产或租赁资产无偿提供给职工使用，或为职工提供诸如医疗保健服务，或向职工提供企业支付了一定补贴的商品或劳务等。

9. 其他短期薪酬

其他短期薪酬是指在上述八项薪酬以外、企业为获得职工提供的服务而给予的其他薪酬。

职工薪酬中的离职后福利是指企业为获得职工提供的服务而在职工退休或与企业解除劳动关系后，提供的各种形式的报酬和福利，短期薪酬和辞退福利除外。辞退福利是指企业在职工劳动合同到期之前解除与职工的劳动关系，或者为鼓励职工自愿接受裁减而给予职工的补偿。其他长期职工福利是指除短期薪酬、离职后福利、辞退福利之外所有的职工薪酬，包括长期带薪缺勤、长期残疾福利、长期利润分享计划等。以上薪酬项目不构成职工薪酬的主要内容。在职工薪酬中，短期职工薪酬是其主体核心内容。

（二）应付工资总额的组成

在短期职工薪酬中，应付工资总额的组成部分是其基本内容，也是计算和提取职工福利费、社会保险费、住房公积金及工会经费和职工教育经费等的依据。应付工资总额是指各单位在一定时期内直接支付给本企业全体职工的劳动报酬总额。按规定应付工资总额由以下六个部分组成。

1. 计时工资

计件工资是指按计时工资标准和工作时间支付给职工的劳动报酬，包括以下几方面。

（1）对已做工作按计时工资标准支付的工资。

（2）实行结构工资制的单位支付给职工的基础工资和岗位工资。

（3）新参加工作职工的见习工资等。

2. 计件工资

计件工资是指按职工所完成的工作量和计件单价计算支付的劳动报酬，包括以下几方面。

（1）实行超额累进计件、直接无限计件、限额计件和超定额计件等计件工资形式下，按有关计算规定和计件单价支付给职工的工资。

（2）按工作任务包干方法支付给职工的工资。

（3）按营业额提成或利润提成办法支付给职工的工资。

3. 奖金

奖金是指支付给职工的标准工资以外的超额劳动报酬和增收节支的劳动报酬，包括生产奖、节约奖、劳动竞赛奖等。

4. 津贴和补贴

津贴和补贴是指为了补偿职工特殊或额外劳动消耗和因其他特殊原因支付给职工的津贴及为了保证职工工资水平不受物价变动影响而支付给职工的物价补贴。

（1）津贴包括补偿职工特殊或额外劳动消耗的津贴，如高空津贴、井下津贴、野外津贴、中夜班津贴等；保健性津贴，如卫生防疫津贴等；技术性津贴，如特级技师津贴等；年功性津贴，如工龄津贴等；其他津贴，如冬煤津贴等。

（2）补贴包括为保证职工生活水平不受物价上升影响支付给职工的副食品价格补贴、粮价补贴等物价补贴。

5. 加班加点工资

加班加点工资是指按规定对职工在法定工作时间以外从事的劳动所支付给职工的加班工资和加点工资。

6. 特殊情况下支付的工资

特殊情况下支付的工资包括以下几方面。

（1）根据国家法律、法规和政策规定在某些非工作时间内支付的工资，如病、伤、产假工资等。

（2）附加工资和保留工资等。

在进行工资费用核算时必须注意以下两方面的问题。

（1）划清工资总额组成与非工资总额组成的界限。例如，劳动保护费、出差伙食补助和误餐补助、独生子女补助等，虽然随同工资发给职工，但不属于工资总额的组成内容，不应计作工资费用。

（2）工资总额的组成内容与计入产品成本及期间费用的工资费用是有所区别的，即企业的工资总额并非全部计入产品成本和期间费用。比如，企业医务人员、福利人员的工资应由职工福利费负担；企业从事在建工程施工人员的工资由在建工程成本负担，不计入产品成本及期间费用。

二、工资费用的计算

（一）工资费用核算的原始记录

1. 考勤记录

考勤记录是登记职工出勤和缺勤情况的原始记录。它是计算职工工资的重要原始记录，同时也是分析、考核职工工作时间利用情况的重要依据。

考勤记录可以采用考勤簿的形式，也可以采用考勤卡的形式。

考勤簿一般按车间、部门或班组设置，每月一张，由考勤员根据职工出、缺勤情况逐日登记。月末统计、审核后，作为计算计时工资，病、伤、产假等工资的依据。

考勤卡按每个职工分别设置，一人一卡，每年或每月一张。考勤卡的内容与考勤簿基本相似。可由记工员，也可用考勤机记录或打印上职工上、下班时间。

2. 产量记录

产量记录是登记工人或生产班组出勤时间内完成产量和耗用工时的原始记录。它是统计产量和工时的依据，也是计算计件工资的依据。产量记录的形式由于不同行业企业和企业内部不同生产车间的生产工艺和生产组织的特点不同而各不相同。就制造业而言，主要有以下产量记录。

（1）工作通知单。这是以每个工人或生产班组所从事的各项工作为对象开设的原始记录。当任务完成后，将送检的产品数量和实用工时填入单中，据以计算应得的工资。单件小批生产的企业一般使用“工作通知单”作为产量记录，计算工资和工时比较方便，但它不能反映产品的连续加工过程，因此不适用于成批生产的企业。

（2）工序进程单。这是以加工产品整个工艺过程为对象开设的原始记录，也称之为跟单。其特点是跟随零件的加工过程，顺序登记各工序的实际产量、工时及工序间零件的交接数量。因此，它是一种具有较强的监督工艺过程执行情况和控制各工序加工产品数量的原始凭证，主要用于成批生产的企业。

（3）工作班产量记录。这是按班组设置，反映班组内生产产品数量的原始记录。它通常同“工序进程单”结合起来使用，以满足按班组计算工资和统计产量的需要。

（二）工资的计算

工资的计算包括了计时工资、计件工资、奖金、津贴和补贴、加班加点工资等的计算，其中，计时工资和计件工资是构成工资总额的主要内容，需要采用一定的方法进行计算。

1. 计时工资的计算

计时工资是根据考勤记录中登记的每一职工出勤或缺勤日数，并按规定的工资标准计算。计时工资按其计算的时间不同，有按年计算的年薪制，按月计算的月薪制，按日计算的日薪制，或按小时计算的小时工资。企业固定职工的计时工资一般采取月薪制，临时职工的计时工资大多采取日薪制，也有以小时工资计算的。下面介绍月薪制下计时工资的计算。

（1）日工资率的计算。在月薪制下，由于每个职工每月出勤、缺勤情况不同，所以需要将月标准工资折算为日工资率，即每日平均工资，以便于计算职工有缺勤时的应付计时工资。在实际工作中，由于各月的日历天数不同，为了简化工资的计算工作，日工资率一般按照以下两种方法之一计算。

① 每年总天数按国家统计口径 360 天计算，每月平均 30 天。

$$日工资率=\frac{月标准工资}{30}$$

② 按每年日历天数 365 天减去 104 天（全年 52 个星期休假，共休 2×52＝104 天）之后，再除以 12 个月，每月平均工作日数为 21.75 天。

$$日工资率=\frac{月标准工资}{21.75}$$

（2）应付月标准工资的计算。采用月薪制，无论各月日历天数如何，每月的标准工资都相同，即在月薪制下，不管当月日历天数多少，只要职工该月出全勤，即可领取固定的月标准工资。如果发生缺勤情况可以按以下公式计算应付标准工资。

应付月标准工资＝月标准工资－应扣缺勤工资

应扣缺勤工资＝缺勤日数×日工资率×缺勤扣款比例

或

应付月标准工资＝出勤日数×日工资率＋应发缺勤工资

应发缺勤工资＝缺勤日数×日工资率×（1－缺勤扣款比例）

（3）应付月计时工资的计算。综合上所述日工资率和应付月标准工资的计算，应付计时工资一般有以下四种计算方法。

① 按 30 日算日工资率，按缺勤日数扣月工资。

② 按 30 日算日工资率，按出勤日数算月工资。

③ 按 21.75 日算日工资率，按缺勤日数扣月工资。

④ 按 21.75 日算日工资率，按出勤日数算月工资。

计算应付计时工资需要注意两点。一是，采用何种方法计算应付计时工资由企业自行确定，确定以后不应任意变动。二是，在按 30 日计算日工资率的企业中，由于星期天休假算工资，所以出勤期间的星期天休假也按出勤算工资，事假病假等缺勤期间的星期天休假按缺勤扣工资；在按 21.75 日计算日工资率的企业中，星期天休假不算、不扣工资。

【例 3-10】某企业某职工的月工资标准为 1 740 元。10 月份病假 3 日，事假 2 日，星期休假 9 日，出勤 17 日。根据该职工的工龄，其病假工资按工资标准的 90%计算。该职工的病假、事假期间没有星期天休假。按上述四种方法计算如下。

（1）按 30 日算日工资率，按缺勤日数扣月工资

$$日工资率=\frac{1740}{30}=58（元）$$

应扣缺勤病假工资＝58×3×（1－90%）＝17.40（元）

应扣缺勤事假工资＝58×2＝116（元）

应付工资＝1 740－17.40－116＝1 606.60（元）

（2）按 30 日算日工资率，按出勤日数算月工资

应付出勤工资＝58×（17＋9）＝1 508（元）

应付病假工资＝58×3×90%＝156.60（元）

应付工资＝1 508＋156.60＝1 664.60（元）

（3）按 21.75 日算日工资率，按缺勤日数扣月工资

$$日工资率=\frac{1740}{21.75}=80（元）$$

应扣缺勤病假工资＝80×3×（1－90%）＝24（元）

应扣缺勤事假工资＝80×2＝160（元）

应付工资＝1 740－24－160＝1 556（元）

（4）按 21.75 日算日工资率，按出勤日数算月工资

应付出勤工资＝80×17＝1 360（元）

应付病假工资＝80×3×90%＝216（元）

应付工资＝1 360＋216＝1 576（元）

2. 计件工资的计算

计件工资是根据规定的计件单价和完成合格品数量计算支付的工资，具体可以分为个人计件工资和集体计件工资两种。

（1）个人计件工资的计算。个人计件工资应根据产量记录中登记的每一工人的产品产量乘以规定的计件单价计算。这里的产量包括：不是由于工人本身过失造成的不合格产量，如料废品数量；由于工人本身过失造成的不合格品，如工废品，非但不支付工资，有的还应由工人赔偿损失。因为同一名工人可能在月份内从事计件工资单价不同的各种产品的生产，所以计件工资的计算公式如下。

应付计件工资＝Σ（合格品数量＋料废品数量）×计件单价

产品的计件单价通常可以根据工人生产单位产品所需的工时定额及其小时工资率求得。

【例 3-11】假定四级工王明本月份共加工 A 产品 200 件、B 产品 800 件。A 产品的工时定额为 30 分钟，B 产品工时定额 15 分钟。该工人小时工资率为 11 元。计件工资计算如下。

$$A产品定额工时=\frac{200\times30}{60}=100（小时）$$

$$B产品定额工时=\frac{800\times15}{60}=200（小时）$$

该工人完成产品的定额工时总数＝100＋200＝300（小时）

该工人计件工资＝11×300＝3 300（元）

（2）集体计件工资的计算。集体计件工资的计算方法与个人计件工资相同，但是，集体计件工资还要在集体内部各工人之间按照贡献大小进行分配。由于工人的级别或工资标准一般体现工人劳动的质量和技术水平，工作日数一般体现劳动数量，所以集体内部大多按每人的工资标准和工作日数（或工时数）乘积进行分配。

【例 3-12】假定某企业某生产小组集体完成若干生产任务，计算出集体计件工资额为 7 150 元。该小组由三名不同等级的工人组成，每名工人的姓名、等级、日工资率、出勤日数，以及按日工资率和出勤日数计算出的工资额（集体计件工资的分配标准）见表 3-3。

表 3-3　集体计件工资分配表

集体单位：××生产组　　　　20××年 9 月

工人姓名	等级	日工资率	出勤日数	按日工资率和出勤日数计算的工资额
王宏	六	60	22	1 320
方琳	五	50	21	1 050
田亮	四	40	22	880
合计	—	—	65	3 250

$$小组内工资分配率=\frac{7\ 150}{3\ 250}=2.2$$

王宏应分工资＝2.2×1 320＝2 904（元）

方琳应分工资＝2.2×1 050＝2 310（元）

田亮应分工资＝2.2×880＝1 936（元）

3. 应付工资的计算

计时工资和计件工资以外的组成工资总额的各种奖金、津贴、补贴、加班加点工资，以及特殊情况下支付的工资，应按照国家和企业有关规定计算，以应付计时或计件工资加上工资总额的其他项目，即可得出如下公司。

应付工资＝应付计时（或计件）工资＋奖金＋津贴补贴＋加班加点工资＋特殊情况下支付的工资

三、工资费用分配的核算

（一）按用途分配工资费用

1. 基本生产车间的工资

（1）基本生产车间生产工人的工资，应直接或分配计入“基本生产成本”总账科目及其所属产品成本明细账的“直接人工”成本项目中。

（2）基本生产车间管理人员的工资，应计入“制造费用”总账科目及其所属“制造费用”明细账的“职工薪酬”费用项目中。

2. 辅助生产车间的工资

（1）辅助生产车间人员的工资，原则上应比照基本生产车间进行处理。

（2）辅助生产车间人员的工资费用分配也可采用简化的办法，即全部计入“辅助生产成本”总账科目及其所属“辅助生产成本”明细账的“职工薪酬”费用项目中。

3. 行政管理部门的工资

（1）行政管理部门管理人员的工资，应计入“管理费用”总账科目及“管理费用”明细账的“职工薪酬”费用项目中。

（2）销售部门人员的工资，应计入“销售费用”总账科目及其所属的“销售费用”明细账的“职工薪酬”费用项目中。

4. 其他人员的工资

除了上述人员外，对于其他人员的工资，应根据其具体用途，分别计入到“在建工程”“应付职工薪酬——职工福利”等相关的项目中。

（二）共耗工资费用的分配

工资费用中，生产工人的计件工资，属于直接计入费用，根据工资结算凭证（产量记录）直接记入某种产品成本的“直接人工”成本项目。生产工人的计时工资一般属于间接计入费用，但是在只生产一种产品时，属于直接记入费用可以直接计入该种产品成本的“直接人工”成本项目；在生产多种产品时，则属于间接计入费用，应按照产品的生产工时等分配标准分配后再计入各种产品成本明细账“直接人工”成本项目。

按生产工时（实际或定额工时）比例分配计算公式如下。

$$工资费用分配率=\frac{某车间生产工人计时工资总额}{该车间各产品生产工时之和}$$

某产品应分配计时工资＝工资费用分配率×该产品生产工时

【例 3-13】大华公司 20××年 9 月生产甲、乙两种产品，生产工人计件工资分别为：甲产品 45 000 元，乙产品 30 000 元；甲、乙产品计时工资共计 480 000 元。甲、乙产品生产工时分别为 25 000 小时，15 000 小时。按生产工时比例分配计算如下。

$$工资费用分配率=\frac{480\,000}{25\,000+15\,000}=12$$

甲产品应分配工资费用＝12×25 000＝300 000（元）

乙产品应分配工资费用＝12×15 000＝180 000（元）

（三）工资费用分配表

工资费用分配一般应编制工资费用分配表，工资费用分配表是根据工资结算汇总表编制的，其一般格式及举例（大华公司）见表 3-4。

表 3-4 工资费用分配表

20××年 9 月 金额单位：元

应借科目		成本或费用项目	直接计入	分配计入			合计
				生产工时	分配率	分配金额	
基本生产成本	甲产品	直接人工	45 000	25 000		300 000	345 000
	乙产品	直接人工	30 000	15 000		180 000	210 000
	小计		75 000	40 000	12	480 000	555 000
辅助生产成本	供水	直接人工	72 000				72 000
	运输	直接人工	48 000				48 000
	小计		120 000				120 000

续表

应借科目		成本或费用项目	直接计入	分配计入			合计
				生产工时	分配率	分配金额	
制造费用	基本生产车间	职工薪酬	30 000				30 000
	供水车间	职工薪酬	15 000				15 000
	运输车间	职工薪酬	15 000				15 000
	小计		60 000				60 000
管理费用		职工薪酬	90 000				90 000
销售费用		职工薪酬	45 000				45 000
合计			390 000			480 000	870 000

（四）工资费用分配的账务处理

根据表 3-4，编制会计分录如下。

借：基本生产成本——甲产品　　345 000

　　　　　　　　——乙产品　　210 000

　　辅助生产成本——供水　　72 000

　　　　　　　　——运输　　48 000

　　制造费用——基本车间　　30 000

　　　　　　——供水车间　　15 000

　　　　　　——运输车间　　15 000

　　管理费用　　90 000

　　销售费用　　45 000

　　贷：应付职工薪酬——工资　　870 000

企业根据以上会计分录，登记有关总账和所属明细账。

四、其他职工薪酬分配的核算

（一）按用途分配其他职工薪酬

其他职工薪酬包含了除职工工资、奖金、津贴和补贴以外的多项内容。这里只介绍根据工资费用计算提取的职工福利费、社会保险费、住房公积金、工会经费和职工教育经费的分配。

按现行企业会计准则规定，上述其他职工薪酬应当按照应付工资总额的一定比例计算提取，并根据受益对象按用途计入成本、费用。这些计入成本、费用的会计科目，与工资费用分配记入的口径基本一致。需要指出的是，按医务及生活福利部门人员的工资额提取的职工福利费，作为管理费用列支，而不由职工福利费列支。因为如果由职工福利费列支，则一方面增加形成了职工福利费的来源；另一方面又减少了应付职工福利费，其结果是这部分职工福利费等于没有提取。因此，按照生活福利部门人员工资比例提取的职工福利费时，借记“管理费用”科目，贷记“应付职工薪酬——职工福利”科目。

【例 3-14】某公司 20××年 9 月应付工资数额见表 3-4。根据企业所在地政府的规定，企业分别按照工资总额的 9%、12%、2%、11%计提医疗保险、养老保险、失业保险和住房公积金。根据去年实际发生的职工福利费情况，今年提取的职工福利费为工资总额的 1.5%。企业分别按照 2%、2.5%

计提工会经费和职工教育经费。

根据表 3-4 和以上计提比例，该企业 9 月份其他职工薪酬计算如下。

（1）应计入“基本生产成本”科目的其他职工薪酬

甲产品：345 000×（9%＋12%＋2%＋11%＋1.5%＋2%＋2.5%）＝138 000（元）

甲产品：210 000×（9%＋12%＋2%＋11%＋1.5%＋2%＋2.5%）＝84 000（元）

（2）应计入“辅助生产成本”科目的其他职工薪酬

供水车间：72 000×（9%＋12%＋2%＋11%＋1.5%＋2%＋2.5%）＝28 800（元）

运输车间：48 000×（9%＋12%＋2%＋11%＋1.5%＋2%＋2.5%）＝19 200（元）

（3）应计入“制造费用”科目的其他职工薪酬

基本生产车间：30 000×（9%＋12%＋2%＋11%＋1.5%＋2%＋2.5%）＝12 000（元）

供水车间：15 000×（9%＋12%＋2%＋11%＋1.5%＋2%＋2.5%）＝6 000（元）

运输车间：15 000×（9%＋12%＋2%＋11%＋1.5%＋2%＋2.5%）＝6 000（元）

（4）应计入“管理费用”科目的其他职工薪酬

90 000×（9%＋12%＋2%＋11%＋1.5%＋2%＋2.5%）＝36 000（元）

（5）应计入“销售费用”科目的其他职工薪酬

45 000×（9%＋12%＋2%＋11%＋1.5%＋2%＋2.5%）＝18 000（元）

（二）其他职工薪酬分配表

企业计算提取的其他职工薪酬可通过编制的其他职工薪酬分配表进行。其他职工薪酬分配表格式及举例（大华公司）详见表 3-5。

表 3-5　其他职工薪酬分配表

20××年 9 月

金额单位：元

应借科目		成本或费用项目	工资总额	其他职工薪酬（40%）
基本生产成本	甲产品	直接人工	345 000	138 000
	乙产品	直接人工	210 000	84 000
	小计		555 000	222 000
辅助生产成本	供水	直接人工	72 000	28 800
	运输	直接人工	48 000	19 200
	小计		120 000	48 000
制造费用	基本生产车间	职工薪酬	30 000	12 000
	供水车间	职工薪酬	15 000	6 000
	运输车间	职工薪酬	15 000	6 000
	小计		60 000	24 000
管理费用		职工薪酬	90 000	36 000
销售费用		职工薪酬	45 000	18 000
合计			870 000	348 000

（三）其他职工薪酬分配的账务处理

根据表 3-5，编制会计分录如下。

借：基本生产成本——甲产品　138 000
　　　　　　　　——乙产品　84 000
　　辅助生产成本——供水　28 800
　　　　　　　　——运输　19 200
　　制造费用——基本车间　12 000
　　　　　　——供水车间　6 000
　　　　　　——运输车间　6 000
　　管理费用　36 000
　　销售费用　18 000
　　贷：应付职工薪酬　348 000

企业根据以上会计分录，登记有关总账和所属明细账。

另外，为减少费用分配表的编制工作，上述工资费用分配表和其他职工薪酬分配表也可以合二为一，编制职工薪酬分配表。

第五节 折旧费用分配的核算

一、按用途分配折旧费用

固定资产在长期使用过程中保持实物形态不变，但其价值随着固定资产的损耗而逐渐减少。这部分由于损耗而减少的价值称为固定资产折旧。固定资产折旧应分期计入产品成本和期间费用。企业生产单位（车间或分厂）的折旧费用是产品成本的组成部分，企业管理部门、销售部门的折旧费用则应计入期间费用。固定资产折旧应按照其使用车间、部门等进行汇总，并进行相应的会计处理。

1. 基本生产车间的折旧费

基本生产车间固定资产的折旧费用应计入“制造费用”科目。基本生产车间机器设备的折旧费用虽然属于直接用于产品生产的费用，应直接或分配计入“基本生产成本”科目，但是，由于企业生产某种产品往往需要使用多种机器设备，而某种机器设备可能生产多种产品，一般属于分配工作比较复杂的间接计入费用，所以，为简化成本计算，机器设备的折旧费用虽是直接用于产品生产的费用，没有专门设置成本项目核算。因此，与生产车间的其他固定资产折旧费用一起计入“制造费用”科目借方。

2. 辅助生产车间的折旧费

（1）辅助生产车间的折旧费用，应比照基本生产车间进行处理。

（2）辅助生产车间的折旧费用分配也可采用简化的办法，即全部计入“辅助生产成本”总账科目及其所属“辅助生产成本”明细账的“折旧费”费用项目中。

3. 行政管理部门的折旧费

（1）行政管理部门管理的折旧费用，应计入“管理费用”总账科目及“管理费用”明细账的“折旧费”费用项目中。

（2）销售部门的折旧费用，应计入“销售费用”总账科目及其所属的“销售费用”明细账的“折旧费”费用项目中。

除了上述车间部门外，对于其他车间部门的折旧费用，应根据其具体用途计入到有关会计科目。

需要注意的是，企业根据确定的折旧计算方法和计算折旧的范围提取折旧，对除已提足折旧继续使用的固定资产和单独估价入账的土地以外的所有固定资产计提折旧。此外，提前报废的固定资产不补提折旧，未提足折旧的净损失列为营业外支出。为了简化折旧计算工作，月份内增加的固定资产当月不提折旧，从下月起计提折旧，月份内减少的固定资产当月照提折旧，从下月起停止计提折旧。

二、折旧费用分配表

折旧费用的分配是通过编制折旧费用分配表进行的，并据此编制会计分录，登记有关总账及所属明细账。

【例 3-15】大华公司 20××年 9 月折旧费用分配表见表 3-6。

表 3-6　折旧费用分配表

20××年 9 月　　金额单位：元

应借科目	费用项目	基本生产车间	供水车间	运输车间	行政管理部门	专设销售机构	合计
制造费用	折旧费	30 000					30 000
			6 750				6 750
				5 550			5 550
管理费用	折旧费				4 500		4 500
销售费用	折旧费					1 500	1 500
合　计		30 000	6 750	5 550	4 500	1 500	48 300

三、折旧费用分配的账务处理

根据表 3-6，编制会计分录如下。

借：制造费用——基本车间　　30 000
　　　　　　——供水车间　　6 750
　　　　　　——运输车间　　5 550
　　管理费用　　4 500
　　销售费用　　1 500
　　贷：累计折旧　　48 300

企业根据以上会计分录，登记有关总账和所属明细账。

第六节　其他要素费用分配的核算

一、利息费用的核算

要素费用中的利息费用，是财务费用的一个费用项目，不构成产品成本。短期借款的利息费用一般是按季结算并于季末支付的。按照权责发生制原则，可以采用分月按计划预提的方法，季末实际支付利息时冲减已计提的利息，实际支付的利息费用与预提利息之间的差额，调整计入季末月份的财务费用。每月计提利息费用时，借记“财务费用”科目，贷记“应付利息”科目。季末实际支付利息费用时，借记“利息费用”科目，贷记“银行存款”科目。季末调整实际利息费用与按计划预提利息费用的差额。如果利息费用数额不大，为了简化核算也可以不采用预提利息费用的办法，而是将季末实际支付的利息全部计入当月的财务费用，借记“财务费用”科目，贷记“银行存款”科目。长期借款利息费用一般是每年计算一次应付利息，到期一次还本付息。每年计算结转应付利息时，借记“财务费用”“在建工程”科目，贷记“长期借款”科目，到期还本付息时，借记“长期借款”科目，贷记“银行存款”等科目。

【例 3-16】大华公司 20××年 7 月 1 日从银行取得期限 3 个月、年利率 10%的短期借款 180 000 元，用于企业生产经营。该企业对此项短期借款的利息支出采用按月预提的办法进行处理。编制的有关会计分录如下。

（1）取得借款

借：银行存款　　180 000

　　贷：短期借款　　180 000

（2）各月末（7、8、9 月末）预提利息费用

月末预提利息费用＝180 000×10%×1/12＝1 500（元）

借：财务费用　　1 500

　　贷：应付利息　　1 500

（3）该项借款到期，按期归还本息

按期归还本息＝180 000＋1 500×3＝184 500（元）

借：短期借款　　180 000

　　应付利息　　4 500

　　贷：银行存款　　184 500

如果季末月份的利息不再预提，则上述（2）、（3）会计分录如下。

借：财务费用　　1 500

　　贷：应付利息　　1 500

归还短期借款利息时的会计分录如下。

借：短期借款　　180 000

　　财务费用　　1 500

　　应付利息　　3 000

　　贷：银行存款　　184 500

二、税金的核算

要素费用中的税金是特指计入管理费用的各项税金，属于期间费用中管理费用的组成部分，不构成产品成本，具体包括房地产税、车船税、城镇土地使用税、印花税等。计入管理费用的税金主要有以下两种情况。

1. 预先计算应交税额的税金

计入管理费用的四项税中，对于需要预先计算应交金额，然后缴纳的房地产税、车船税、城镇

土地使用税，应当通过“应交税费”科目核算。在计算出应交税金时，应借记“管理费用”科目，贷记“应交税费——应交房产税”“应交税费——车船税”“应交税费——应交城镇土地使用税”科目；在交纳税金时，应借记“应交税费——应交房产税”“应交税费——车船税”“应交税费——应交城镇土地使用税”科目，贷记“银行存款”等科目。

【例 3-17】某企业本月计算应交房产税 180 元，土地使用税 195 元，车船使用税 225 元，共计 600 元。编制会计分录如下。

借：管理费用　　600

　　贷：应交税费——应交房产税　　600

2. 不需要预先计算应交税额的税金

对于上述税金中的印花税，不需要通过“应交税费”科目核算。

如果购买印花税票金额较小，则购买时可以直接借记“管理费用”总账科目及其所属明细账“税费”项目，贷记“银行存款”科目。

【例 3-18】大华公司 20××年 9 月开出转账支票购买印花税票，共计 300 元。编制会计分录如下。

借：管理费用　　300

　　贷：银行存款　　300

如果印花税税票是一次购买，分期使用，且金额较大，或者一次交纳印花税额较大需要分摊的，则可以作为待摊的费用处理。购买印花税税票时，借记“预付账款”科目，贷记“银行存款”科目；分月摊销时，借记“管理费用”科目，贷记“预付账款”科目。

三、其他费用的核算

企业要素费用中的其他费用是指上述各项费用以外的其他费用支出，包括邮电费、保险费、劳动保护费、修理费、差旅费、运输费、办公费、水电费、技术转让费、业务招待费等。这些费用有的是产品成本的组成部分，有的则是期间费用等的组成部分，既使计入产品成本的其他各项费用，也没有专设成本项目。因此，这些费用发生时，根据有关的付款凭证，按照费用的用途进行归类，分别计入“制造费用”“辅助生产成本”“管理费用”“销售费用”等科目的借方，“银行存款”等科目的贷方。

【例 3-19】大华公司 20××年 9 月以银行存款支付应由 9 月负担的费用 45 495 元，其中，基本生产车间的劳保费 3 000、办公费 1 200 元、其他费用 945 元；供水车间的劳保费 5 000 元、水费 1 000 元、办公费 1 500 元、其他费用 2 850 元；运输车间的劳保费 4 800 元、水费 1 200 元、办公费 3 000 元、其他费用 3 000 元；专设销售机构的广告费 3 000 元、办公费 1 000 元、其他费用 5 000 元；企业行政管理部门的办公费 11 000 元、其他费用 2 500 元；企业融资理财中发生的金融机构手续费 100 元、其他费用 200 元。编制会计分录如下。

借：制造费用——基本车间　　5 145

　　　　　　——供水车间　　10 350

　　　　　　——运输车间　　12 000

　　管理费用　　13 500

　　销售费用　　4 500

　　财务费用　　300

　　贷：银行存款　　45 495

通过上述各种要素费用的核算、分配，已经将这些费用按照用途分别计入有关总账科目及其所属明细科目的借方进行归集，其中，计入“基本生产成本”科目借方的费用，同时也计入各所属明细账的“直接材料”“燃料和动力”“直接人工”等成本项目。这就是说，在成本、费用核算中，已经划分了计入产品成本和期间费用与不计入产品成本和期间费用的界限；划分了应计入产品成本的生产费用与不应计入产品成本的期间费用的界限。这就是第二章所述第一、第二两个方面费用的界限。

练习与思考

一、判断题

1．间接生产费用都是间接计入费用。（　　）

2．企业发生的直接用于产品生产、专门设有成本项目的费用应单独计入“基本生产成本”总账科目。（　　）

3．用于基本生产车间和辅助生产车间以及行政管理部门的照明用电不计入成本，应计入管理费用。（　　）

4．直接用于辅助生产的费用以及用于基本生产和辅助生产但没有专设成本项目的费用，应分别计入“辅助生产成本”和“制造费用”科目。（　　）

5．要素费用中的税金是管理费用的组成部分。（　　）

二、单项选择题

1．专设成本项目的生产费用都是（　　）。

A．直接计入费用　　B．直接生产费用

C．间接计入费用　　D．间接生产费用

2．生产车间领用的直接用于产品生产、有助于产品形成的辅助材料，应借记的科目是（　　）。

A．“基本生产成本”　　B．“辅助材料”

C．“制造费用”　　D．“原材料”

3．在企业未设置“燃料和动力”成本项目的情况下，生产车间发生的直接用于产品生产的动力费用，应借记的科目是（　　）。

A．“基本生产成本”　　B．“制造费用”

C．“应付账款”　　D．“银行存款”

4．对于外购动力费用总额，应根据有关的凭证，借记有关科目，贷记（　　）。

A．“基本生产成本”科目　　B．“辅助生产成本”科目

C．“其他应付款”科目　　D．“银行存款”或“应付账款”科目

5．下列各项中，不必通过“应交税费”科目核算的是（　　）。

A．车船税　　B．房产税

C．城镇土地使用税　　D．印花税

三、多项选择题

1．作为分配间接计入费用的标准应具备的条件有（　　）。

A．发生的数额较大

B．与费用的多少有比较密切的联系

C．资料比较容易取得

D．发生的数额比较稳定

2．发生的下列费用中，可以直接借记“基本生产成本”科目的有（　　）。

A．构成产品实体的原材料费用　　B．车间照明用电费

C．车间生产工人工资　　D．车间管理人员工资

3．专设成本项目的生产费用（　　）。

A．是直接生产费用　　B．可能是直接计入费用

C．可能是间接计入费用　　D．是间接计入费用

4．以下项目中，应计入管理费用的税金有（　　）。

A．印花税　　B．房产税

C．车船税　　D．耕地占用税

5．几种产品共同耗用的原材料费用，属于间接计入费用，其分配标准可以按照（　　）。

A．产品的材料定额消耗量比例分配

B．产品的材料定额费用比例分配

C．产品的体积分配

D．产品的重量分配

四、简答题

1. 要素费用核算的一般程序是怎样的？专设成本项目的直接生产费用核算程序是怎样的？其他用途的费用核算程序又是怎样的？

2．怎样选择分配费用的适当方法？各种费用分配的标准主要有哪几类？分配间接计入费用的通用模式是怎样概括的？

3．要素费用分配有哪些基本方法？

4．材料费用分配表如何编制？怎样进行账务处理？

5．共耗材料费用如何进行分配？

6．怎样组织燃料费用的单独核算？

7．周转材料摊销有哪些方法，各种方法对成本影响如何？

8．外购动力费用怎样计算和分配？

9．工资结算的凭证有哪些？如何组织工资费用分配的核算？

10．如何计算和分配固定资产折旧费用？

五、业务题

1．某企业生产甲、乙两种产品共同耗用 A 种原材料，耗用量无法按产品直接划分。甲产品投产 100 件，原材料单耗定额为 10 千克。乙产品投产 200 件，原材料单耗定额为 4 千克。甲乙两种产品实际消耗总量为 1 782 千克。

A 原材料计划单价为 20 元，原材料成本差异率为-2%。

根据上述资料，完成下列题目。

（1）按照定额消耗比例分配甲、乙两种产品的原材料费用。

（2）编制原材料费用分配的会计分录。

2．某企业某月 25 日支付外购动力费用 15 100 元。该月末查明各车间部门耗电度数为：基本车

间，工艺电 12 500 度，照明电 2 300 度；辅助车间，工艺电 3 700 度，照明电 1 100 度；行政管理部门用电 1 850 度。该月应付外购动力费用合计 15 444 元。

根据上述资料，完成下列题目。

（1）按照用电度数分配计算各车间、部门动力和照明用电费。

（2）按照机器工时分配计算基本生产车间甲、乙两种产品的动力费用。产品机器工时分别为：甲产品 1 150 小时；乙产品 850 小时。

（3）编制该月份支付外购电费的会计分录。

（4）编制该月份分配外购电费的会计分录（基本生产车间设置“燃料和动力”成本项目，辅助车间未设该项目）。

3．某企业生产甲、乙、丙三种产品，实际工时为：甲产品 2 400 小时，乙产品 3 100 小时，丙产品 3 500 小时。根据工资结算凭证汇总的工资费用为：基本生产车间生产工人工资 22 500 元，车间管理人员工资 3 500 元，企业行政管理部门人员工资 2 000 元，专设销售机构人员的工资 2 000 元。

要求：分配工资费用，并编制工资费用分配的会计分录。

第四章 综合费用的核算

【学习目标】

1. 了解综合费用核算的一般规律。
2. 理解要素费用核算与综合费用核算的关系。
3. 熟悉综合费用归集与分配的思路与程序。
4. 掌握辅助生产费用和制造费用分配的方法及账务处理。

【关键词】

综合费用　辅助生产费用　制造费用　废品损失 停工损失　期间费用　分配

【引例】

某小型制造企业生产甲、乙、丙三种产品，其中，甲、乙产品为盈利产品，丙产品为亏损产品。然而，经过预测分析，丙产品虽然亏损但不应停产，因为丙产品曾经是企业的核心产品，所占销售比重较大，对于企业的固定成本有很大的分摊和支撑作用。该企业新来的财务主管江涛调查发现，该厂的制造费用是采用平均的方法分配到各种产品成本中去的，但是，根据受益原则，由各种产品引起的制造费用各明细项目并不相同。譬如用于生产丙产品的机器设备有90%已提足折旧，因此丙产品应分摊的折旧费用比较少，而用于生产甲、乙产品的机器设备大多为新购置的，应分摊的折旧费用较多。而当企业采用平均的方法分摊时，无疑会加大丙产品的费用负担，其他类似的费用如生产用固定资产的租赁费、生产检验费等，都使丙产品多摊销了很多费用。这是很不合理的，这也是导致丙产品亏损的主要原因之一。江涛将这一做法的不合理之处向主管领导做了汇报和说明，并且建议调整制造费用的分配方法。但该领导认为，这样分摊费用一是可以简化核算，二是可以使甲、乙产品的毛利率保持在一个较高的水平上，可增加甲、乙产品在同行业其他企业的竞争力，所以最好还是维持现行做法。作为财务主管的江涛究竟应当怎样选择制造费用的分配方法呢？

第一节 辅助生产费用的核算

一、辅助生产费用归集的核算

（一）辅助生产的特点

制造业企业生产车间按生产任务的不同，可以划分为基本生产车间和辅助生产车间。基本生产车间以直接生产各种对外销售的产品为主要任务，辅助生产车间为基本生产车间和行政管理部门提供产品或劳务服务。辅助车间中，有的只生产一种产品或提供一种劳务，如供电、供水、运输等；有的则生产多种产品或提供多种劳务，如修理、工具模具和修理用备件的制造等。辅助生产提供的产品和劳务，有时也对外销售，但主要是为本企业服务。辅助生产产品和劳务成本的高低，影响到企业产品成本和期间费用的水平，因此，正确、及时组织辅助生产费用的归集和分配，对于节约费用、降低成本有着重要的意义。

（二）辅助生产费用的内容

辅助生产费用是辅助生产车间在一定时期内为基本生产车间和行政管理部门等提供劳务或产品而发生的各种耗费，具体包括两个部分内容：一是该车间自身发生的各项费用，包括直接材料、直接人工、制造费用等；二是从其他辅助生产车间分来的费用，这部分费用是当存在多个辅助生产车间时，由于相互提供劳务或产品而从其他辅助生产车间分得的交互服务费用。

（三）辅助生产费用归集的核算

辅助生产费用的归集和分配是通过“辅助生产成本”科目进行的。“辅助生产成本”科目一般应按车间以及产品或劳务的种类设置明细账，账内按照成本项目或费用项目设置专栏，进行明细核算。与之相对应的，辅助生产费用归集的核算有两种核算程序。

1. 辅助生产车间单独核算“制造费用”

这种核算程序下，辅助车间既设置“辅助生产成本”科目，也设置“制造费用”科目。这时，“辅助生产成本”明细账内按成本项目分设专栏，其具体核算方法与基本生产车间一致。对于直接用于辅助生产产品或提供劳务的费用，应计入“辅助生产成本”科目及其明细账的借方；辅助生产车间发生的制造费用，则先计入“制造费用——辅助生产车间”科目及其明细账的借方进行汇总，然后从“制造费用——辅助生产车间”科目及其明细账的贷方，直接转入或分配转入“辅助生产成本”科目及其明细账的借方，计算辅助生产的产品或劳务的成本。辅助生产完工的产品或劳务的成本经过分配以后，从“辅助生产成本”科目的贷方转出，期末如有借方余额则为辅助生产的在产品成本。

【例 4-1】大华公司 20××年 9 月辅助生产成本和辅助车间制造费用明细账格式详见表 4-1～表 4-4。

表 4-1 辅助生产成本明细账

车间名称：供水车间　　20××年 9 月　　单位：元

摘要	直接材料	燃料和动力	直接人工	制造费用	合计
原材料费用分配表	63 000				63 000
外购动力费用分配表		6 000			6 000
工资费用分配表			72 000		72 000
其他职工薪酬分配表			28 800		28 800
制造费用分配表				41 200	41 200
合　计	63 000	6 000	100 800	41 200	211 000
本月转出	63 000	6 000	100 800	41 200	211 000

表 4-2 辅助生产成本明细账

车间名称：运输车间　　20××年 9 月　　单位：元

摘要	直接材料	燃料和动力	直接人工	制造费用	合计
原材料费用分配表	33 000				33 000
外购动力费用分配表		4 000			4 000
工资费用分配表			48 000		48 000
其他职工薪酬分配表			19 200		19 200
制造费用分配表				40 900	40 900
合　计	33 000	4 000	67 200	40 900	145 100
本月转出	33 000	4 000	67 200	40 900	145 100

表 4-3 制造费用明细账

车间名称：供水车间　　20××年 9 月　　单位：元

摘要	机物料	燃料和动力	职工薪酬	折旧费	办公费	水电费	劳动保护费	其他	合计
分配材料	3 000								3 000
分配动力费		100							100
分配职工薪酬			21 000						21 000
分配折旧费				6 750					6 750
分配其他费用					1 500	1 000	5 000	2 850	10 350
本月发生	3 000	100	21 000	6 750	1 500	1 000	5 000	2 850	41 200
本月转出	3 000	100	21 000	6 750	1 500	1 000	5 000	2 850	41 200

表 4-4 制造费用明细账

车间名称：运输车间　　20××年 9 月　　单位：元

摘要	机物料	燃料和动力	职工薪酬	折旧费	办公费	水电费	劳动保护费	其他	合计
分配材料	2 250								2 250
分配动力费		100							100
分配职工薪酬			21 000						21 000
分配折旧费				5 550					5 550
分配其他费用					3 000	1 200	4 800	3 000	12 000
本月发生	2 250	100	21 000	5 550	3 000	1 200	4 800	3 000	40 900
本月转出	2 250	100	21 000	5 550	3 000	1 200	4 800	3 000	40 900

2. 辅助生产车间不单独核算“制造费用”

这种核算程序下，辅助车间只设置“辅助生产成本”科目，不设置“制造费用”科目。这时，“辅助生产成本”明细账内按费用项目分设专栏。辅助生产车间发生的全部生产费用，无论是为提供劳务或产品发生的，还是为组织管理生产而发生的制造费用，全部计入“辅助生产成本”科目及其明细账的借方。该科目借方归集辅助生产费用，贷方登记结转完工入库的自制材料、工模具的成本以及向其他辅助生产车间、基本生产车间、行政管理部门等受益单位分配转出的劳务费用。期末若有余额在借方，为辅助生产车间在产品的成本。

如果辅助生产车间不对外提供商品产品或劳务，而且辅助生产车间规模较小，发生的制造费用较少，不需要按照规定的成本项目计算辅助生产的成本，为了简化核算工作，辅助生产车间的制造费用可以不单独设置“制造费用——辅助生产车间”明细账，即不通过“制造费用”科目进行核算，而直接计入“辅助生产成本”科目及其明细账的借方。这时，“辅助生产成本”明细账中，将成本项目与费用项目相结合，按费用项目设置专栏，而不是按成本项目设置的专栏。

【例 4-2】某企业设有供电和供水两个辅助生产车间，20××年 10 月辅助生产成本明细账格式详见表 4-5 和表 4-6。

表 4-5　辅助生产成本明细账

车间名称：供电车间　　20××年 10 月　　单位：元

摘要	机物料	燃料和动力	职工薪酬	折旧费	办公费	水电费	劳动保护费	其他	合计
分配材料	1 000								1 000
分配动力费		200							200
分配职工薪酬			12 000						12 000
分配折旧费				500					500
分配其他费用					1 100	300	1 500	800	3 700
本月发生	1 000	200	12 000	500	1 100	300	1 500	800	17 400
本月转出	1 000	200	12 000	500	1 100	300	1 500	800	17 400

表 4-6　辅助生产成本明细账

车间名称：供水车间　　20××年 10 月　　单位：元

摘要	机物料	燃料和动力	职工薪酬	折旧费	办公费	水电费	劳动保护费	其他	合计
分配材料	400								400
分配动力费		300							300
分配职工薪酬			6 400						6 400
分配折旧费				300					300
分配其他费用					350	200	250	300	1 100
本月发生	600	300	6 400	300	350	200	250	300	8 500
本月转出	600	300	6 400	300	350	200	250	300	8 500

二、辅助生产费用分配的核算

（一）辅助生产费用分配的程序

归集在“辅助生产成本”科目及其明细账借方的辅助生产费用，由于辅助生产车间所生产的产品和劳务的种类不同，其费用结转和分配的程序也不同。一般有以下两种处理方法。

（1）提供产品，结转完工产品成本，待实际领用时再转入有关成本费用。辅助生产车间生产工具、模具、修理用备件所发生的费用，在工具、模具、修理用备件完工入库时，其成本从“辅助生产成本”科目及其明细账的贷方分别转入“周转材料”和“原材料”等科目的借方，其结转过程与基本生产车间完工产品成本的结转基本相同。以后领用时，根据用途按存货发出的各种计价方法，计入有关成本、费用。

（2）提供劳务，按受益单位耗用量比例分配辅助生产劳务费用。辅助生产车间提供水、电、汽、修理、运输等劳务作业所发生的费用，应按各受益单位的耗用量，采用一定的分配方法在受益单位之间进行分配，从“辅助生产成本”科目的贷方转入“基本生产成本”“制造费用”“管理费用”“销售费用”等科目的借方。

上述辅助生产费用两种归集的程序中，第一种归集程序的“辅助生产成本”科目与“基本生产成本”科目一样，一般按车间及产品和劳务种类设置明细账，账内按成本项目设立专栏或专行进行明细核算。辅助生产的制造费用通过单独设置“制造费用”科目及其明细账进行归集，然后转入“辅助生产成本”科目的借方，计入辅助生产产品或劳务的成本。第二种归集程序中，辅助生产的制造费用不通过“制造费用”科目及其明细账单独核算，而是直接计入“辅助生产成本”科目。辅助生产费用归集的两种程序的主要区别在于辅助生产制造费用归集的程序不同。

（二）辅助生产费用分配的方法

辅助生产费用的分配必须分车间进行，其分配的计算一般是通过编制“辅助生产费用分配表”进行的。该表不仅起到分配计算辅助生产费用的作用，而且也是各受益部门耗用辅助生产费用据以入账的依据。

由于辅助生产提供的产品和劳务，主要是为基本生产车间等服务的，但在某些辅助生产车间之间，也有相互提供产品和劳务的情况，如供电车间为修理车间提供电力，修理车间为供电车间修理设备，为了正确计算辅助生产产品和劳务的成本，在分配辅助生产费用时，应首先在各辅助生产车间之间进行费用的交互分配，然后才是对外（即辅助生产车间以外的各受益单位）分配费用。

辅助生产费用的分配通常采用的分配方法有直接分配法、顺序分配法、交互分配法、代数分配法和计划成本分配法。

1. 直接分配法

直接分配法是指不考虑各辅助生产车间之间相互提供产品或劳务的情况，将辅助生产费用直接分配给除辅助生产车间以外的各受益单位。

采用直接分配法应先计算费用分配率，然后再按受益量分配。但在计算费用分配率时，必须注意将其他辅助生产车间耗用量从总供应量中扣除。相关公式表示如下。

$$\text{费用分配率}=\frac{\text{待分配辅助生产费用总额}}{\text{供应辅助生产以外单位的劳务数量}}$$

某受益单位应分配的辅助生产费用＝费用分配率×该受益单位的受益量

【例 4-3】沿用【例 4-2】资料，某企业 20××年 10 月供电车间供电 29 000 度，全月发生的辅助生产费用为 17 400 元，每度电计划成本为 0.70 元；供水车间供水 12 500 吨，全月发生的辅助生产费用为 8 500 元，每吨水计划成本为 0.80 元。水电均为一般消耗用。劳务量资料见表 4-7。

表 4-7　某企业辅助生产劳务量表

受益单位	供电数量（kW·h）	供水数量（m^3）
供电车间		2 500
供水车间	4 000	
基本生产车间	20 000	9 000
行政管理部门	5 000	1 000
合计	29 000	12 500

根据表 4-7 等资料，采用直接分配法编制辅助生产费用分配表，见表 4-8。

表 4-8　辅助生产费用分配表

（直接分配法）

项目	供电车间	供水车间	合计
待分配辅助生产费用（元）	17 400	8 500	25 900
供应辅助生产以外的劳务数量	25 000	10 000	—
计量单位	kW·h	m^3	—

续表

项目		供电车间	供水车间	合计
分配率		0.696	0.85	—
基本生产车间	耗用数量	20 000	9 000	—
	分配金额	13 920	7 650	21 570
行政管理部门	耗用数量	5 000	1 000	—
	分配金额	3 480	850	4 330
合计		17 400	8 500	25 900

根据表 4-8，编制会计分录如下。

借：制造费用——基本生产车间　　21 570

　　管理费用　　4 330

　　贷：辅助生产成本——供电车间　　17 400

　　　　　　　　　　——供水车间　　8 500

采用直接分配法中，各辅助生产费用只是进行对外分配，分配计算一次即可完成，计算工作简便；但在计算费用分配率时，待分配费用没有包括耗用其他辅助生产车间劳务的成本，因此并不是该车间的实际费用，供应劳务量又剔除了其他辅助生产车间耗用数量，当辅助生产车间相互提供产品或劳务量差异较大时，分配结果往往与实际不符，不够准确。这种分配方法一般只适宜在辅助生产车间相互提供产品或劳务不多、不进行费用的交互分配对辅助生产成本和产品制造成本影响不大的情况下采用。

2. 顺序分配法

顺序分配法是指各辅助生产车间之间的费用分配是按照受益多少的顺序依次排列，受益少的排在前，先将费用分配出去，受益多的排在后面，后将费用分配出去，排列在前的分配给排列在后的，排列在后的不再分配给排列在前的。但应注意的是，受益多少是指受益金额的大小，并非是指受益数量的多少。排列在后的辅助生产车间进行分配时，应在原发生费用的基础上，加上排列在前的辅助生产车间费用分配转入数。

采用顺序分配法的分配思路是：先排列顺序，后计算费用分配率，再按受益量分配辅助生产费用。相关公式表示如下。

$$\text{某辅助车间费用分配率}=\frac{\text{该车间直接发生辅助生产费用+排在前辅助车间分配转入费用}}{\text{排在后各受益单位的受益总量}}$$

某受益单位应分配的辅助生产费用＝费用分配率×该受益单位的受益量

【例 4-4】沿用【例 4-3】资料，假定供电车间受益少，按顺序分配法编制辅助生产费用分配表，见表 4-9。

表 4-9　辅助生产费用分配表

（顺序分配法）

单位：元

项目	辅助生产车间						基本生产车间		行政管理部门	
车间部门	供电车间			供水车间						
	劳务量	待分配费用	分配率	劳务量	待分配费用	分配率	耗用量	分配金额	耗用量	分配金额
	29 000	17 400	—	12 500	8 500	—	—	—	—	—
分配电费	– 29 000	– 17 400	0.6	4 000	2 400	—	20 000	12 000	5 000	3 000
分配水费				– 10 000	– 10 900	1.09	9 000	9 810	1 000	1 090
分配金额合计							—	21 810	—	4 090

根据表 4-9，编制会计分录如下。

借：辅助生产成本——供水车间　　2 400
　　制造费用——基本生产车间　　12 000
　　管理费用　　3 000
　　贷：辅助生产成本——供电车间　　17 400
借：制造费用——基本生产车间　　9 810
　　管理费用　　1 090
　　贷：辅助生产成本——供水车间　　10 900

顺序分配法的辅助生产费用分配表的下线呈梯形，因而这种分配方法也称为梯形分配法。采用顺序分配法能有重点地反映辅助生产车间之间交互提供服务的关系，分配结果较直接分配法合理。但是，这种方法使得排列在前的辅助生产车间费用的归集不完整，导致辅助生产车间之间交互提供服务的关系反映不全面，交互分配则不够充分，从而使分配结果的正确性也受到一定的影响，并且计算工作量有所增加。顺序分配方法只适用于各辅助生产车间之间相互受益程度有明显顺序的企业。在各辅助生产车间的分配顺序确定以后，一般不宜经常变动。

3. 交互分配法

交互分配法是将辅助生产费用的分配分两次进行：辅助生产车间之间应先根据相互提供的产品或劳务的数量和交互分配前的费用分配率进行一次交互分配；然后再将交互分配后的实际费用对辅助生产车间之外的各受益部门进行分配。

交互分配法计算分配分两步进行。

（1）交互分配。首先根据辅助生产车间提供劳务的总量及所发生的辅助生产费用总额，计算交互分配前的单位劳务成本（即交互分配率），然后根据各辅助生产车间的受益量和单位劳务成本进行一次交互分配。具体计算公式如下。

$$交互分配率=\frac{某辅助生产车间交互分配前的辅助生产费用总额}{该辅助生产车间提供的劳务总量}$$

某辅助生产车间应负担的费用＝交互分配率×该辅助生产车间耗用劳务量

（2）对外分配。首先各个辅助生产车间将交互分配前的辅助生产费用加上交互分配转入的辅助生产费用，减去交互分配转出的辅助生产费用，计算交互分配后的实际费用；然后按照辅助生产车间外部各受益对象的受益量计算出对外分配率，并据以对外部各受益对象进行直接分配，辅助生产车间内部不再分配。

$$对外分配率=\frac{该辅助生产车间交互分配后的辅助生产费用总额}{该辅助生产车间对外提供的劳务总量}$$

外部某受益部门应负担的费用＝对外分配率×该受益部门耗用劳务量

【例 4-5】大华公司设有供水和运输两个辅助生产车间，20××年 9 月供水、运输车间全月发生的辅助生产费用分别见表 4-1 和表 4-2，分别为 211 000 元和 145 100 元。劳务量资料见表 4-10。

表 4-10　某公司辅助生产劳务量表

受益单位	供水数量（m^3）	运输数量（吨公里）
供水车间		3 600
运输车间	30 000	
基本生产车间	150 000	72 000

续表

受益单位	供水数量（m^3）	运输数量（吨公里）
行政管理部门	15 000	18 000
销售部门	16 000	87 775
合　计	211 000	181 375

采用交互分配法分配费用，编制辅助生产费用分配表，见表 4-11。

表 4-11　辅助生产费用分配表

（交互分配法）

单位：元

项目		交互分配			对外分配		
		供水车间	运输车间	小计	供水车间	运输车间	小计
待分配费用		211 000	145 100	356 100	183 880	172 220	356 100
供应劳务数量		211 000	181 375	—	181 000	177 775	—
计量单位		立方米	吨公里	—	立方米	吨公里	—
费用分配率（单位成本）		1	0.80	—	1.015 9	0.968 8	—
供水车间	耗用数量	—	3 600	—	—	—	—
	分配金额	—	2 880	2 880	—	—	—
运输车间	耗用数量	30 000	—	—	—	—	—
	分配金额	30 000	—	30 000	—	—	—
基本生产车间	耗用数量	—	—	—	150 000	72 000	—
	分配金额	—	—	—	152 385	69 754	222 139
行政管理部门	耗用数量	—	—	—	15 000	18 000	—
	分配金额	—	—	—	15 239	17 438	32 677
销售部门	耗用数量	—	—	—	16 000	87 775	—
	分配金额	—	—	—	16 256	85 028	101 284
分配金额合计		30 000	2 880	32 880	183 880	172 220	356 100

根据表 4-11，编制会计分录如下。

① 交互分配

借：辅助生产成本——供水车间　　2 880

　　　　　　　——运输车间　　30 000

　贷：辅助生产成本——供水车间　　30 000

　　　　　　　　——运输车间　　2 880

② 对外分配

借：制造费用——基本生产车间　　222 139

　　管理费用　　32 677

　　销售费用　　101 284

　贷：辅助生产成本——供水车间　　183 880

　　　　　　　　——运输车间　　172 220

交互分配法实际上是交互分配与直接分配相结合的方法。采用交互分配法后，辅助生产内部相互提供产品或劳务全都进行了交互分配，从而提高了分配结果的正确性，同时该种方法易于理解和操作。但这时各辅助生产车间都要计算两个费用分配率，进行两次分配，因而增加了计算工作量。在各月辅助生产费用水平相差不大的情况下，为了简化计算工作，也可以用上月的辅助生产单位成本作为本月交互分配的单位成本。这种分配方法一般适用于各辅助生产车间之间相互提供劳务较多的企业。

4. 代数分配法

代数分配法是根据初等代数中解多元一次联立方程的原理，先计算出各辅助生产车间劳务的单位成本，然后根据该单位成本和各受益单位（包括辅助生产内部和外部各单位）耗用的数量计算分配辅助生产费用的一种方法。

代数分配法计算分配的关键是建立多元一次方程组。该方程组由若干个多元一次方程式组成，有几个辅助生产车间就有几个方程式。该方程式的左边表示该辅助生产车间的归集额，包括两个部分：一是各辅助生产车间所发生的费用；二是交互分配后转入的费用。该等式的右边表示各辅助生产费用的分配额。

【例 4-6】沿用【例 4-3】资料，代数分配法计算分配如下。

设：每度电的单位成本为 x

每吨水的单位成本为 y

应设立的多元一次联立方程式为：

$$\begin{cases} 17\,400+2\,500\,y=29\,000\,x \\ 8\,500+4\,000\,x=12\,500\,y \end{cases}$$

解此联立方程得：

$x=0.677\,304\,96$

$y=0.896\,737\,59$

根据上述计算分配结果，按代数分配法编制辅助生产费用分配表，见表 4-12。

表 4-12 辅助生产费用分配表

（代数分配法）

项目		供电车间	供水车间	合计
待分配费用		17 400	8 500	25 900
供应劳务数量		29 000	12 500	—
计量单位		kW · h	m^3	—
单位成本（分配率）		0.677 304 96	0.896 737 59	—
供电车间	耗用数量	—	2 500	—
	分配金额	—	2 241.84	2 241.84
供水车间	耗用数量	4 000	—	—
	分配金额	2 709.22	—	2 709.22
基本生产车间	耗用数量	20 000	9 000	—
	分配金额	13 546.10	8 070.64	21 616.74
行政管理部门	耗用数量	5 000	1 000	—
	分配金额	3 386.52	896.74	4 283.26
分配金额合计		19 641.84	11 209.22	30 851.06

根据表 4-12，编制会计分录如下。

借：辅助生产成本——供电车间　　2 241.84
　　　　　　　　——供水车间　　2 709.22
　　制造费用——基本生产车间　　21 616.74
　　管理费用　　4 283.26
　　贷：辅助生产成本——供电车间　　19 641.84
　　　　　　　　　　——供水车间　　11 209.22

采用代数分配法分配辅助生产费用，分配结果最准确。但在辅助生产车间较多的情况下，未知数较多，解方程组的工作量较大，计算工作比较复杂。因此，这种分配方法适宜在辅助生产车间不多或者已经实现计算工作电算化的企业中采用。

5. 计划成本分配法

计划成本分配法是先根据劳务的计划单位成本和各受益单位（包括辅助生产车间）的受益量进行分配，然后再将计划成本分配额与“实际”费用（原待分配费用加上按计划成本分入的费用）之间的差额，也就是辅助生产成本差异，进行调整分配。为简化计算工作，如果成本差异较小，则可全部调整计入管理费用。

计划成本分配法可分两步进行分配。

（1）计划分配。根据企业已确定的计划单位成本和各受益部门（包括辅助生产车间）的受益量进行分配。各受益对象所承担的计划成本可以按以下公式计算。

某受益部门应负担的计划成本＝该受益部门受益量×该种劳务的计划单位成本

（2）调整分配（追加分配）。将各辅助生产车间实际发生的费用与各该辅助生产车间按计划成本分配转出费用之间的成本差异，进行调整分配。成本差异可以按以下公式计算。

某辅助生产车间的成本差异

＝该车间实际成本-该车间计划成本

＝该车间原待分配辅助生产费用＋按计划分配转入费用-按计划分配转出费用

【例 4-7】沿用【例 4-3】资料，按计划成本分配法编制辅助生产费用分配表，见表 4-13。

表 4-13　辅助生产费用分配表

（计划成本分配法）

项目		供电车间	供水车间	合计
待分配费用		17 400	8 500	25 900
劳务供应数量		29 000	12 500	—
计量单位		kW · h	m^3	—
计划单位成本		0.70	0.80	—
供电车间	耗用数量	—	2 500	—
	分配金额	—	2 000	2 000
供水车间	耗用数量	4 000	—	—
	分配金额	2 800	—	2 800
基本生产车间	耗用数量	20 000	9 000	—
	分配金额	14 000	7 200	21 200

续表

项目		供电车间	供水车间	合计
行政管理部门	耗用数量	5 000	1 000	—
	分配金额	3 500	800	4 300
按计划成本分配合计		20 300	10 000	30 000
辅助生产实际成本		19 400	11 300	30 700
辅助生产成本差异		– 900	1 300	400

根据表 4-13，编制会计分录如下。

① 计划分配

借：辅助生产成本——供电车间　　2 000

　　　　　　　——供水车间　　2 800

　　制造费用——基本生产车间　　21 200

　　管理费用　　4 300

　　贷：辅助生产成本——供电车间　　20 300

　　　　　　　　　——供水车间　　10 000

② 调整分配：

借：管理费用　　400

　　贷：辅助生产成本——供电车间　　[900]

　　　　　　　　　——供水车间　　1 300

采用计划成本分配法时，由于辅助生产车间的产品或劳务的计划单位成本有现成资料，只要有各受益单位耗用辅助生产车间的产品或劳务量，便可进行分配，从而简化和加速了分配的计算工作；按照计划单位成本分配，排除了辅助生产实际费用的高低对各受益单位成本的影响，便于考核和分析各受益单位的经济责任；还能够反映辅助生产车间产品或劳务的实际成本脱离计划成本的差异。但是，采用该种分配方法时，计划单位成本与实际误差不能太大，否则会影响分配结果的正确性。这种方法一般适宜于计划成本基础较好、在有比较准确的计划成本资料的企业中采用。

第二节 制造费用的核算

一、制造费用归集的核算

（一）制造费用概述

制造费用在产品成本中占有一定的比重，是构成产品成本的综合性成本项目。企业在产品生产过程中，除了直接耗用各种材料费用、发生人工费用外，还会发生各种制造费用。另外，伴随着科技进步和企业生产工艺水平的不断提高，制造费用在产品成本中的比重越来越高。因此，正确地核算制造费用对于正确计算产品成本至关重要。由于辅助生产车间制造费用的核算已在上一节中讲述，所以本节着重阐述基本生产车间制造费用的核算。

（二）制造费用的内容

制造费用是指企业各生产单位（事业部、分厂、车间）为生产产品（或提供劳务）而发生的、应该计入产品成本、但没有专设成本项目的各项生产费用。它包括各生产单位为组织和管理生产而发生的各项费用，以及直接用于产品生产但未专设成本项目和间接用于产品生产的各项费用。

制造费用包括以下几方面。

（1）间接用于产品生产的费用。这部分费用在制造费用中占绝大部分，具体包括：机物料消耗，各生产单位生产用房屋及建筑物的折旧费、经营租赁费、保险费，生产单位生产用的照明费、取暖费、运输费和劳动保护费等。

（2）直接用于产品生产，但未专设成本项目的费用。这些费用在管理上不要求单独核算，或者核算上不便于单独核算，具体包括：生产用机器设备的折旧费、经营租赁费、保险费，生产工具摊销费，设计制图费和实验检验费，以及为专设成本项目的生产工艺用动力等。

（3）用于组织和管理生产的费用。这部分费用具体包括：生产单位管理人员的薪酬费用，生产单位管理用房屋建筑物和设备的折旧费、经营租赁费、保险费，生产单位管理用工具的摊销费，生产单位管理用的照明费、水电费、取暖费、差旅费和办公费等。

上述制造费用的内容比较复杂，企业应当按照管理要求分别设立若干费用项目进行计划和核算，以归类反映各项费用的计划执行情况。

（三）制造费用的归集

制造费用的核算，是通过设置“制造费用”总账科目及其明细账进行归集和分配的。“制造费用”账户属于集合分配账户，借方归集月份内发生的制造费用，贷方反映费用的分配，除季节性生产外，月末一般无余额。该账户应按不同的车间、部门来设置明细账，账内按照费用项目设立专栏或专行，分别反映各车间、部门各项制造费用的支出情况，其格式见表4-13。

制造费用是通过设立费用项目进行归集的。制造费用的明细项目，可以按照费用的经济用途设立，如用于车间办公方面的各项支出设立“办公费”项目；也可以按照费用的经济内容设立，如车间组织管理的物料耗费可设立“机物料消耗”项目。但是，一般是按相同性质的费用合并设立，比如，将车间、分厂生产用房屋建筑物的折旧费，车间、分厂机器设备的折旧费，以及车间、分厂管理用房屋建筑物的折旧费等固定资产的折旧费，合并设立一个“折旧费”项目。这里，不论该费用用途是直接用于产品生产、间接用于产品生产，还是用于组织和管理生产。这是为了减少费用项目和简化核算工作。

制造费用的费用项目，一般应包括：机物料消耗、职工薪酬、折旧费、租赁（不包括融资租赁）费、保险费、低值易耗品摊销、水电费、取暖费、运输费、差旅费、办公费、劳动保护费、设计制图费、试验检验费等。至于如何设立费用项目及设立多少费用项目，由企业自定，但为了便于各企业之间及企业不同时期之间进行制造费用的比较、分析和考核，一经确定，不应任意变更。

制造费用发生时，根据有关的付款凭证、转账凭证和前述各种费用分配表，计入“制造费用”科目的借方，并视具体情况，分别计入“原材料”“应付职工薪酬”“累计折旧”、等科目的贷方；期末按照一定的标准进行分配时，从该科目的贷方转出，计入“基本生产成本”等科目的借方；除季节性生产的车间外，“制造费用”科目期末应无余额。

应当明确的是，辅助生产车间发生的费用，如果辅助生产车间的制造费用是通过“制造费用”科目单独核算的，则应比照基本生产车间发生的费用核算；如果辅助生产车间的制造费用不通过“制造费用”科目单独核算，则应全部计入“辅助生产成本”科目及其明细账的有关费用项目。

【例 4-8】根据各种费用分配表及付款凭证登记某企业基本生产车间制造费用明细账，见表 4-14。

表 4-14 制造费用明细账

车间名称：基本生产车间　　　　20××年 9 月　　　　单位：元

摘要	机物料	低值易耗品摊销	动力费	职工薪酬	折旧费	水电费	办公费	劳保费	其他	合计
分配耗用材料	7 500									7 500
低值易耗品摊销		855								855
分配动力费			4 500							4 500
分配职工薪酬				42 000						42 000
分配折旧费					30 000					30 000
分配辅助生产费用						222 139				222 139
分配其他费用							3 000	1 200	945	5 145
本月发生	7 500	855	4 500	42 000	30 000	222 139	3 000	1 200	945	312 139
本月转出	7 500	855	4 500	42 000	30 000	222 139	3 000	1 200	945	312 139

二、制造费用分配的核算

（一）制造费用分配概述

为了正确计算产品的生产成本，必须合理地分配制造费用。各车间（或分厂）的制造费用水平不同，且绝大部分是由企业的生产单位（车间、分厂）发生的，因此，制造费用的分配应该按照不同车间（或分厂）分别进行，而不应将各车间（或分厂）的制造费用汇总起来在整个企业范围内统一分配。但制造费用中可能有一部分是厂部或总厂发生的，例如设计制图费和试验检验费等，涉及全厂范围内所生产产品及提供劳务的，这部分制造费用发生时由厂部或总厂进行归集（即计入“制造费用——厂部或总厂”账户），并在整个企业范围内统一分配。

基本生产车间的制造费用是产品生产成本的组成部分。具体分配时，在只生产一种产品的车间（或分厂），其制造费用是直接计入费用，应直接计入该种产品生产成本。在生产多种产品的车间（或分厂）中，制造费用则应该采用既合理又较简便的分配方法，分配计入各种产品的生产成本。即计入“基本生产成本”科目及其明细账“制造费用”成本项目。

辅助生产车间单独核算其制造费用时，汇总在“制造费用——辅助生产车间”科目的数额。在只生产一种产品或提供一种劳务的辅助生产车间，直接计入该种辅助生产产品或劳务的成本；在生产多种产品或提供多种劳务的辅助生产车间，则应采用适当的分配方法，分配计入辅助生产产品或劳务成本，即计入“辅助生产成本”科目借方及其明细账的“制造费用”成本项目。

制造费用的分配方法很多，企业会计准则并未对适用范围作出硬性规定。这意味着企业可以自行选择合理简便的分配方法来分配制造费用。合理分配制造费用的关键在于正确选择分配标准。在选择分配标准时，应遵循分配标准的资料必须比较容易取得、与制造费用之间存在客观的因果比例关系的原则。现实中，受益产品或劳务的机器工时、生产工时、直接材料、直接人工、直接成本、产量等都可能作为分配标准。根据分配标准的不同，制造费用分配的方法可分为实际分配率法、计划分配率法和累计分配率法等三大类。不管企业选择何种方法分配制造费用，分配方法一经确定，不应任意变更。

（二）实际分配率法

采用实际分配率法，应先根据各车间和分厂归集的制造费用和耗用分配标准总量，分别计算出各车间和分厂的制造费用分配率，然后根据制造费用分配率和各产品耗用的分配标准量计算出各产品应负担的制造费用，其分配的计算公式如下。

$$某生产单位制造费用分配率=\frac{该生产单位本期归集的制造费用总额}{该生产单位本期分配标准总数}$$

某产品应负担的制造费用＝该生产单位的制造费用分配率×该产品耗用的分配标准

按实际分配率法分配制造费用，通常以生产工时（实际工时或定额工时）、生产工人工资、机器工时为分配标准。

采用该类方法分配，“制造费用”账户月末应无余额。

1. 生产工时比例法

生产工时比例法是生产工人工时比例法的简称，是按照各种产品耗用生产工人工时的比例分配制造费用的一种方法。

【例 4-9】大华公司 20××年 9 月基本生产车间发生的制造费用总额为 312 139 元，基本生产车间甲产品生产工时为 25 000 小时，乙产品生产工时 15 000 小时，分配计算如下。

$$制造费用分配率=\frac{312139}{25000+15000}\approx 7.803$$

甲产品应分配的制造费用＝7.803×25 000＝195 075（元）

乙产品应分配的制造费用＝7.803×15 000＝117 064（元）

上述计算过程一般是通过编制制造费用分配表进行的，见表 4-15。

表 4-15 制造费用分配表

车间：基本生产车间　　20××年 9 月　　单位：元

应借科目		生产工时（小时）	分配率	分配金额
基本生产成本	甲产品	25 000		195 075
	乙产品	15 000		117 064
合 计		40 000	7.803	312 139

根据表 4-15，编制制造费用分配的会计分录如下。

借：基本生产成本——甲产品　　195 075

　　　　　　　——乙产品　　117 064

　贷：制造费用——基本生产车间　　312 139

按生产工时比例分配是较为常用的一种方法，其能将劳动生产率的高低与产品负担费用的多少联系起来，分配结果比较合理。同时，该分配标准的资料容易取得，使分配计算的工作较为简便。但是，如果固定资产折旧费、动力费在制造费用中占的比重较大，且各种产品的机械化程度不同，按此标准分配制造费用，就会使机械化程度较高的产品少负担固定资产折旧费、动力费等，以致使分配结果与制造费用的实际情况不相符合。因此，生产工时比例法适用于各产品生产的机械化程度大致相同的情况。此外，由于生产工时是分配间接计入费用常用的分配标准之一，所以必须正确组织好产品生产工时的记录和核算等基础工作，以保证生产工时的正确、可靠。

2. 直接工资比例法

直接工资比例法是按照直接计入各种产品成本的生产工人实际工资的比例分配制造费用的一

种方法。该种分配方法与生产工时比例法原理基本相同。如果生产工人计时工资是按照生产工时比例分配的，那么，按照生产工人工资比例分配制造费用，实际上就是按生产工时比例分配制造费用。

职工薪酬分配表和产品成本计算单中有现成的生产工人工资的资料，分配标准容易取得，分配计算工作较为简便。采用这种方法，各种产品生产的机械化程度或者产品加工的技术等级不能相差悬殊，否则，机械化程度高、加工技术等级低的产品，由于工资费用少，分配负担的制造费用也少，影响费用分配的合理性，从而影响产品成本计算的正确性。因此，这种方法适用于个产品机械化程度和产品加工技术等级大致相同的情况。

3. 机器工时比例法

机器工时比例法是按照各种产品生产所耗用机器设备运转时间的比例分配制造费用的一种方法。采用这种分配方法，如果生产车间中机器设备的类型大小不一，应将机器设备划分为若干类别，按照不同类别归集和分配制造费用，也可以对不同机器设备按系数折成标准工时进行分配，以提高分配结果的合理性。这种方法适用于机械化、自动化程度较高的生产车间，因为在这种车间所发生的制造费用中，折旧费用、动力费等费用所占比重较大，而且这些费用的发生又与机器设备的使用密切相关，按机器工时分配制造费用较为合理。但应予以指出的是，分厂的制造费用与车间的机器工时没有直接联系，因此分厂制造费用分配不应采用此种方法。

该方法的计算程序、原理与生产工时比例法基本相同。但是，采用这种方法，必须正确组织各种产品所耗用机器工时的记录工作，以保证工时的准确性。为了提高分配结果的正确性，可以采用上述将机器设备分类处理的方法，也可以将制造费用按性质和用途分类，如分为与机器设备使用有关的费用及由于管理组织生产而发生的费用，分别采用适当的方法分配制造费用。

（三）计划分配率法

按年度计划分配率分配法是按照各生产单位年度制造费用预算和计划产量的定额工时及事先确定的全年适用的计划分配率分配制造费用的方法。采用这种分配方法，不论各月实际发生的制造费用多少，每月各种产品成本中的制造费用都按年度计划确定的计划分配率分配。年度内，如果发现全年制造费用的实际数和产品的实际产量与计划数发生较大的差额时，应及时调整计划分配率。

年度计划分配法的计算公式如下。

$$\text{某生产单位年度计划分配率}=\frac{\text{该生产单位年度制造费用预算总额}}{\text{该生产单位年度计划产量定额工时总数}}$$

某月某产品应负担的制造费用＝该生产单位年度计划分配率×该月该产品实际产量定额工时

【例 4-10】某生产车间全年制造费用预算为 4 000 000 元，全年各种产品的计划产量为：甲产品 2 500 件，乙产品 1 000 件。单件产品工时定额为：甲产品 6 小时，乙产品 5 小时。6 月实际产量为：甲产品 200 件，乙产品 80 件。6 月实际发生制造为 350 000 元。分配计算如下。

（1）计算各产品年度计划产量定额工时

甲产品年度计划产量定额工时＝6×2 500＝15 000（小时）

乙产品年度计划产量定额工时＝5×1 000＝5 000（小时）

（2）$$\text{制造费用年度计划分配率}=\frac{4\ 000\ 000}{15\ 000+5\ 000}=200$$

（3）计算各产品实际产量定额工时

甲产品年度实际产量定额工时＝6×200＝1 200（小时）

乙产品年度实际产量定额工时＝5×80＝400（小时）

（4）计算各种产品应分配的制造费用

甲产品应分配的制造费用＝200×1 200＝240 000（元）

乙产品应分配的制造费用＝200×400＝80 000（元）

根据分配结果编制会计分录如下。

借：基本生产成本——甲产品　　240 000

　　　　　　　　——乙产品　　80 000

　贷：制造费用——基本生产车间　　320 000

采用年度计划分配率分配法时，每月实际发生的制造费用与分配转出的制造费用金额不等，因此，"制造费用"科目一般有月末余额，可能是借方余额，也可能是贷方余额。如为借方余额表示年度内累计实际发生的制造费用大于按计划分配率累计的分配转出额，是该月超过计划的预付费用，属于待摊的费用，应列为企业的资产项目。如为贷方余额表示年度内按计划分配率分配累计的分配转出额大于累计的实际发生额，是该月按照计划应付未付费用，属于预提的费用，应列为企业的负债项目。"制造费用"科目的年末余额，就是全年制造费用的实际发生额与计划分配额的差额，一般应在年末调整计入 12 月的产品成本。实际发生额大于计划分配额的差额，借记"基本生产成本"科目，贷记"制造费用"科目。实际发生额小于计划分配额的差额，则用红字冲减，或者作相反的会计分录。

【例 4-11】承上例资料，假定本年度实际发生制造费用 4 083 600 元，至年末累计已分配制造费用 4 150 000 元，其中，甲产品已分配 3 112 500 元，乙产品已分配 1 037 500 元。计算如下。

应调整分配的制造费用＝4 083 600−4 150 000＝−66 400（元）

$$\text{甲产品应调整冲减制造费用}=(-66\ 400)\times\frac{3\ 112\ 500}{4\ 150\ 000}=-49\ 800\text{（元）}$$

$$\text{乙产品应调整冲减制造费用}=(-66\ 400)\times\frac{1\ 037\ 500}{4\ 150\ 000}=-16\ 600\text{（元）}$$

调整分配的会计分录如下。

借：基本生产成本——甲产品　　[49 800]

　　　　　　　　——乙产品　　[16 600]

　贷：制造费用——基本生产车间　　[66 400]

年末调整分配后，"制造费用"科目应无余额。

这种分配方法核算工作简便，特别适用于季节性生产的企业或车间。因为在这种制造企业或车间中，生产淡季和旺季的产量相差悬殊，而各月制造费用却相差不多，如果按实际费用进行分配，会导致各月制造费用水平波动太大，使淡季成本水平偏高，而旺季则偏低，不利于成本分析与考核。而采用年度计划分配率分配制造费用，有利于均衡各月产品成本水平。

由于年度计划分配率是在制造费用实际发生前确定的，因此要求企业必须有较高的计划工作和定额管理的水平，否则年度制造费用的计划数与实际数相去太远，就会影响产品成本计算的正确性。

关于制造费用的分配，应当注意两点。第一，无论采用哪一种制造费用分配方法，都应根据分配计算的结果，编制制造费用分配表，并据以进行制造费用的总分类核算和明细分类核算。制造费用的分配，除了采用按年度计划分配率分配法的企业外，"制造费用"科目都没有月末余额。第二，上述制造费用的分配方法，都是假定数量是唯一的成本动因，因而过分地简化了成本的产生过程。在过去高度人工密集型的企业里，对成本动因所做的这种假定不会严重地歪曲产品成本。因为在生产中涉及的主要成本是材料和人工成本，两者均可追溯至生产的单位数，而制造费用作为生产成本中的综合项目则并不重要。然而，随着新制造环境的出现，各成本项目在产品成本中的比重发生了逆转。生产的自动化意味着更高的折旧费、动力费和其他与机器有关的费用。这时，大多数制造成本均落入制造费用范畴内，制造费用在产品成本中的比重节节攀升。在这种情况下，再假定“人工”驱动制造费用将导致不准确的产品成本计算。因此，在制造费用比重较高的企业，为提高产品成本计算的正确性，完全可以使用作业成本法进行制造费用分配。如何使用作业成本法分配制造费用参见本书第十章成本会计专题。

第三节 生产损失的核算

一、生产损失概述

（一）生产损失的内涵

损失通常被定义因边缘性或偶发性活动及其他事项或情况而发生的消耗。损失与费用之间最主要的区别在于对预期效益的影响，损失不会带来预期效益，因而是一种纯粹的企业资源流出，而费用则是能够带来预期效益的一种资源流出。成本可以被视为费用的对象化，因此成本的发生也是由受益对象予以配比的。从这一角度看看，损失似乎与成本没有直接联系。然而，从成本核算的角度看，成本要反映出产品在生产过程中应承担的全部耗费，进而衡量其被补偿程度。尽管其中有些损耗是一种损失，并不能带来预期经济资源的流入，但也是被作为生产损失而由相关的成本核算对象来承担。从这点来看，企业经营活动中有一部分损失体现了费用要素的特征。这部分损失就与产品的生产存在一定的直接关系，由此也就被称为生产损失。生产损失之外的损失称为非生产损失，主要是由企业管理或其他原因造成的，例如坏账损失、汇兑损失、投资损失、固定资产盘亏损失等与产品生产没有直接关系，相关补偿也是通过降低利润水平来体现的。

（二）生产损失的核算方法

生产损失的核算包括两种方式：独立核算与非独立核算。独立核算是指通过单独设立的总分类账和明细账归集生产损失，必要时可将归集的生产损失以独立的成本项目列示发生的损失金额。非独立核算是指不单独设置总分类账和明细账归集生产损失，而是将其包括在正常的成本项目中，增加正常项目的单位成本。显然，独立核算能够反映出产品制造成本中所包括的生产损失的比例，为成本分析与成本考核提供了支持性的增量信息，尽管独立核算增加了成本核算的工作量。

理论上讲，即使生产的产品都是合格的，但其所消耗的直接材料和生产工时都大于正常消耗水平，也认为存在着生产损失。生产损失一般包括废品损失与停工损失两类，构成了生产损失核算的主要内容。

（三）生产损失核算的任务

生产过程中产生的损失，不仅会使企业的经济效益下降，同时，也是人力、物力、财力的极大浪费。如果生产损失的数额较大，则会使企业正常的生产经营活动受到影响，因此，加强生产损失的核算是十分重要的。生产损失核算的任务，主要包括以下几方面。

（1）正确计算生产损失，明确经济责任，加强企业管理。企业应确定适合自身特点的生产损失计算方法，并且应确定产生生产损失的责任单位、环节和责任人，以便进行生产损失产生的原因分析，提出改进的措施，降低生产损失的数额。

（2）正确地分配生产损失。由于生产损失产生的原因不同，其账务处理方法也不一样。有的应计入产品成本，而有的列入“营业外支出”等科目。应根据规定，将生产损失列入不同的科目中。

（3）正确地考核生产损失计划的执行情况。考核生产损失计划、定额的执行情况，明确经济责任，并且根据实际情况对生产损失计划、定额进行修改。

二、废品损失的核算

（一）废品损失核算概述

1. 废品及其种类

生产中的废品是指不符合规定的技术标准，不能按照原定用途使用，或者需要加工修复后才能达到使用或销售标准的产成品、自制半成品及在产品等。不论是在生产过程中发现，还是在入库后发现，凡是由于生产原因造成的，均应包括在废品之内。

废品按其产生的原因可以分为料废和工废两类。料废是由于原材料（或半成品）不符合质量要求而造成的废品。工废是由于加工原因造成的废品。分清造成废品的原因，目的在于明确责任，贯彻经济责任制的原则。

废品按其报损程度和修复价值，可分为可修复废品和不可修复废品。可修复废品是指技术上、工艺上可以修复，而且所支付的修复费用在经济上合算的废品。不可修复废品是指技术上、工艺上不可修复，或者虽可修复，但所支付的修复费用在经济上不合算的废品。区分可修复废品与不可修复废品的目的在于明确造成损失的内容。

2. 废品损失及其内容

废品损失是指由于生产原因而造成的废品所形成的损失，其内容包括在生产过程中发现的和入库后发现的各种废品的报废损失和修复费用。

废品的报废损失是指不可修复废品的生产成本扣除回收的废品残料价值和应收赔款以后的净损失。废品的修复费用是指可修复废品在返修过程中耗用的直接材料、直接人工、制造费用等修复费用。

对于应由造成废品的过失单位或个人负担的赔款，应抵减废品损失。

注意，核算时下列内容不列入废品损失核算范围。

（1）产品入库后，由于保管不善等原因而损坏变质的损失属于管理上问题，作为产成品毁损处理，计入管理费用而不作为废品损失。

（2）经质量检验部门鉴定不需要返修也可以使用或者降价出售的产品，在实际工作中称为次品，其成本与合格品相同，差异体现在销售价格的高低之分，其降价损失不作为废品损失，在计算损益时体现。

（3）实行“三包”（包退、包换、包修）的企业，在产品出售以后发现的废品所发生的一切损失，作为管理费用处理，而不作为废品损失。

3. 会计科目设置

当发现废品时，由质量检验部门填制“废品通知单”，列明废品的种类、数量、产生的原因和过失人等。“废品通知单”经审核后，作为废品损失核算的原始凭证。

单独核算废品损失的企业，应设置“废品损失”科目，即在成本项目中增设“废品损失”成本项目。废品损失的归集和分配，应根据废品损失计算表和分配表等有关凭证，通过“废品损失”科目进行核算。“废品损失”科目应按车间设置明细账，账内按产品品种和成本项目登记废品损失的详细资料。该科目的借方归集不可修复废品的生产成本和可修复废品的修复费用。不可修复废品的生产成本，应根据不可修复废品损失计算表，借记“废品损失”科目，贷记“基本生产成本”科目。可修复废品的修复费用，应根据各种费用分配所列废品损失数额，借记“废品损失”科目，贷记“原材料”“应付职工薪酬”“辅助生产成本”和“制造费用”等科目。该科目的贷方登记废品残料回收的价值、应收赔款和应由本月生产的同种合格产品成本负担的废品损失，即从“废品损失”科目的贷方转出，分别借记“原材料”“其他应收款”“基本生产成本”等科目。经过上述归集和分配，“废品损失”科目月末无余额。

不单独核算废品损失的企业，不设置“废品损失”科目及其成本项目。

（二）不可修复废品损失的核算

为了归集和分配不可修复废品的损失，必须先计算截至报废时发生的废品生产成本，然后扣除废品的残值和应收赔款后，算出废品净损失。不可修复废品生产成本是同合格品成本混在一起发生的，因此需要采取一定的方法予以确定。一般有两种确定方法：一是按废品所耗实际费用计算，二是按废品所耗定额费用计算。

1. 按废品所耗实际费用计算的方法

这一方法就是在废品报废时根据废品和合格品发生的全部实际费用，采用一定的分配方法，在合格品与废品之间进行分配，计算出废品的实际成本，从“基本生产成本”科目贷方转入“废品损失”科目的借方。

【例 4-12】某企业 20××年 8 月第一车间本月生产的丙产品 1 000 件中，经验收入库发现不可修复废品 10 件。合格品生产工时为 23 400 小时，废品工时为 600 小时，全部生产工时为 24 000 小时。要求按所耗实际费用计算废品的生产成本。丙产品成本计算单（即基本生产成本明细账）所列合格品和废品的全部生产费用为：直接材料 200 000 元；燃料和动力 81 600 元；直接人工 115 200 元；制造费用 148 800 元，共计 545 600 元。废品残料回收入库价值 700 元。原材料是生产开工时一次投入。直接材料费用按合格品数量和废品数量的比例分配。其他费用按生产工时比例分配。根据上列资料，编制废品损失计算表，详见表 4-16。

表 4-16　不可修复废品损失计算表

（按实际成本计算）

20××年 8 月

产品名称：丙产品

废品数量：10 件

车间名称：第一车间　　单位：元

项目	数量（件）	直接材料	生产工时（小时）	燃料和动力	直接人工	制造费用	成本合计
成本总额	1 000	200 000	24 000	81 600	115 200	148 800	545 600
费用分配率		200		3.4	4.8	6.2	
废品成本	10	2 000	600	2 040	2 880	3 720	10 640
减：废品残料		700					700
废品损失		1 300		2 040	2 880	3 720	9 940

根据不可修复废品计算表，编制如下会计分录。

（1）结转废品成本

借：废品损失——丙产品　　10 640

　贷：基本生产成本——丙产品——直接材料　　2 000

　　　　——燃料和动力　　2 040

　　　　——直接人工　　2 880

　　　　——制造费用　　3 720

（2）回收废品残料入库价值

借：原材料　　700

　贷：废品损失——丙产品　　700

（3）废品损失转入该种合格产品成本

借：基本生产成本——丙产品——废品损失　　9 940

　贷：废品损失——丙产品　　9 940

完工时的单位废品负担的各项生产费用应与单位合格品完全相同，可按合格品产量和废品的数量比例分配各项生产费用，计算废品的实际成本。按废品的实际成本计算和分配废品损失，符合实际，但核算工作量较大。

2. 按废品所耗定额费用计算的方法

采用这种方法，是按照不可修复废品的数量和各项费用定额计算废品的定额成本，再将废品的定额成本扣除废品残料回收价值，算出废品损失，而不考虑废品实际发生的费用。

【例 4-13】大华公司 20××年 9 月基本生产车间生产的乙产品验收入库时发现不可修复废品 10 件，要求按所耗定额费用计算废品的生产成本。直接材料费用定额为 600 元，单件工时定额为 40 小时，每小时费用定额为：燃料和动力 2 元、直接人工 8.5 元、制造费用 3.5 元。回收废品残值 200 元。编制不可修复废品损失计算表，详见表 4-17。

表 4-17　不可修复废品损失计算表

（按定额成本计算）

20××年 9 月

产品名称：乙产品

废品数量：10 件

车间名称：第二车间　　单位：元

项目	直接材料	燃料和动力	直接人工	制造费用	成本合计
费用定额	600	80	340	140	460
废品定额成本	6 000	800	3 400	1 400	11 600
减：回收残值	200				200
废品损失	5 800	800	3 400	1 400	11 400

根据不可修复废品计算表，编制如下会计分录。

（1）结转废品成本

借：废品损失——乙产品　　11 600

　贷：基本生产成本——乙产品——直接材料　　6 000

　　　　——燃料和动力　　800

　　　　——直接人工　　3 400

　　　　——制造费用　　1 400

（2）回收废品残料入库价值

借：原材料　　200

　　贷：废品损失——乙产品　　200

（3）废品损失转入该种合格产品成本

借：基本生产成本——乙产品——废品损失　　11 400

　　贷：废品损失——乙产品　　11 400

采用按废品所耗定额费用计算废品成本和废品损失的方法，核算工作比较简便，有利于考核和分析废品损失和产品成本。但必须具备比较准确的定额成本资料，否则会影响成本计算的正确性。

（三）可修复废品损失的核算

可修复废品损失指废品在修复过程中所发生的各项修复费用。可修复废品返修以前发生的生产费用，不是废品损失，在“基本生产成本”科目及有关的成本明细账中，不必转出。返修时发生的修复费用，应根据原材料、职工薪酬、辅助生产费用和制造费用等分配表计入“废品损失”科目的借方及有关科目的贷方。如有残值和应收赔款，根据废料交库凭证及其他有关结算凭证，从“废品损失”科目的贷方转入“原材料”“其他应收款”等科目的借方。将废品净损失（修复费用减残值和赔款）从“废品损失”科目的贷方转入“基本生产成本”科目的借方及其有关产品成本明细账的“废品损失”成本项目。

不单独核算废品损失的企业，不设“废品损失”会计科目和“废品损失”成本项目，在回收废品残料时，计入“原材料”科目的借方和“基本生产成本”科目的贷方，并从所属有关产品成本明细账的“直接材料”成本项目中扣除残料价值。辅助生产车间一般不单独核算废品损失。

三、停工损失的核算

（一）停工损失核算概述

停工损失是指企业生产车间或生产班组由于停电、待料、机器设备发生故障或进行大修理、发生非常灾害及计划减产而停止生产所造成的损失。停工损失主要包括在停工期内发生的直接人工、制造费用等各项费用。由于过失单位或保险公司负担的赔款，应从停工损失中扣除。

企业停工的原因很多，停工的时间有长有短，短则几分钟，长则超过一个月，范围亦有大有小，从某台设备、某个生产班组、车间到整个企业。为了简化核算工作，对于全车件或班组停工不满一个工作日的，一般不计算停工损失。具体计算停工损失的范围和时间起点，可由企业或主管部门界定。只有超过了界定的时间、范围的停工损失才计算停工损失。

（二）停工损失归集与分配的核算

当发生停工时，由车间填制“停工报告单”，并在考勤记录中登记。在“停工报告单”中，应详细列明停工的范围、起止时间、原因、过失单位等内容。“停工报告单”经会计部门审核后，作为停工损失核算的原始凭证。

（1）单独核算停工损失的企业，应增设“停工损失”会计科目和“停工损失”成本项目。“停工损失”科目是为了归集和分配停工损失而设立的，借方归集本月发生的停工损失，贷方分配结转停工损失，月末一般应无余额。该科目应按车间和成本项目进行明细核算。

停工损失由于产生的原因不同，其分配结转的方法也不同：对于停工损失应向过失单位或保险公司索赔的款项转入其他应收款；对于自然灾害等引起的非正常停工损失应计入营业外支出；其他停工损失，如季节性和修理期间的停工损失，应计入产品成本，由该车间生产的产品负担。

有关的账务处理如下。

① 发生停工损失时，作会计分录如下。

借：停工损失

　　贷：原材料

　　　　应付职工薪酬

　　　　制造费用等

② 应由过失单位或保险公司索赔的款项，作会计分录如下。

借：其他应收款

　　贷：停工损失

③ 自然灾害等引起的非正常停工损失，作会计分录如下。

借：营业外支出

　　贷：停工损失

④ 应计入产品成本的停工损失，作会计分录如下。

借：基本生产成本——××

　　贷：停工损失

为了简化核算工作，辅助生产车间一般不单独核算停工损失。季节性生产企业的季节性停工，是生产经营过程中的正常现象，停工期间发生的各项费用不属于停工损失，不作为停工损失核算。

（2）不单独核算停工损失的企业，不设置“停工损失”会计科目和“停工损失”成本项目。停工损失发生较少的企业，为简化核算工作，可以不单独核算停工损失，停工期间发生的属于停工损失的各项费用，分别直接计入“制造费用”“营业外支出”等科目。

第四节　期间费用的核算

一、期间费用核算概述

期间费用是指企业在生产经营过程中发生的，与产品生产活动没有直接联系，属于某一时期发生的直接计入当期损益的费用。期间费用包括：企业在生产经营过程中发生的各项费用及专设销售机构的各项经费；企业行政管理部门为组织和管理生产经营活动而发生的各项管理费用；企业为筹集生产经营所需资金而发生的财务费用。期间费用的核算是指销售费用的核算、管理费用的核算和财务费用的核算。

二、销售费用的核算

销售费用是指企业在产品销售过程中发生的各项费用及专设销售机构的经常费用。它不计入产品的生产成本，不参与产品成本计算，也不存在分配问题，而是作为期间费用直接计入当期损益。销售费用应该按年、季、月和费用项目编制费用计划，进行分析和考核。销售费用的核算是通过“销售费用”总账科目和所属明细科目进行的。销售费用应按费用项目设置明细账，进行明细核算，用以反映和考核各项费用的支出情况。发生和支付各项产品销售费用时，计入“销售费用”科目的借方，“银行存款”“库存现金”“应付账款”“应付职工薪酬”“周转材料”等科目的贷方。月末，根据“销售费用”科目和所属明细科目借方归集的各项费用，将其实际发生额全部结转“本年利润”科目。结转以后，“销售费用”科目和所属明细科目应无余额。

【例 4-14】根据前例大华公司的各种费用分配表和有关凭证，登记销售费用明细账，详见表 4-18。

表 4-18 销售费用明细账

20××年 9 月 单位：元

摘要	物料	水电费	职工薪酬	折旧费	办公费	广告费	运费	其他	合计
分配耗用材料	2 700								2 700
分配动力费		3 000							3 000
分配职工薪酬			63 000						63 000
分配折旧费				1 500					1 500
分配辅助生产费用		16 256					85 028		101 284
分配其他费用					1 000	3 000		5 000	9 000
本月合计	2 700	19 256	63 000	1 500	1 000	3 000	85 028	5 000	180 484
本月转出	2 700	19 256	63 000	1 500	1 000	3 000	85 028	5 000	180 484

月末，将销售费用直接转入“本年利润”科目。编制会计分录如下。

借：本年利润 180 484

贷：销售费用 180 484

三、管理费用的核算

管理费用是指企业行政管理部门为组织和管理生产经营活动而发生的各项费用。它不计入产品的生产成本，不参与产品成本计算，也不存在分配问题，而是作为期间费用直接计入当期损益。管理费用应该按年、季、月和费用项目编制费用计划，进行核算和考核。管理费用的核算是通过“管理费用”总账科目和所属明细科目进行的。管理费用应按费用项目设置明细账，用来反映和考核各项费用的支出情况。发生或支付各项管理费用时，计入“管理费用”科目的借方和有关科目的贷方。在发生材料产品盘盈时，抵减管理费用的金额，应计入有关科目的借方和“管理费用”总账科目的贷方，同时要在“管理费用”明细科目的“存货盘亏或盘盈”专栏中用红字或负数登记。月末，结转管理费用时，计入“管理费用”科目的贷方和“本年利润”科目的借方，结转以后，“管理费用”科目及所属明细科目期末无余额。

【例 4-15】根据前列大华公司的各种费用分配表和有关凭证，登记管理费用明细账，详见表 4-19。

表 4-19 管理费用明细账

20××年 9 月 单位：元

摘要	材料消耗	水电费	职工薪酬	折旧费	办公费	税金	运费	其他	合计
分配耗用材料	3 000								3 000
分配动力费		9 000							9 000
分配职工薪酬			126 000						126 000

续表

摘要	材料消耗	水电费	职工薪酬	折旧费	办公费	税金	运费	其他	合计
分配折旧费				4 500					4 500
分配辅助生产费用		15 239					17 438		32 677
分配其他费用					11 000	300		2 500	13 800
本月合计	3 000	24 239	126 000	45 00	11 000	300	17 438	2 500	188 977
本月转出	3 000	24 239	126 000	45 00	11 000	300	17 438	2 500	188 977

月末，将管理费用直接转入“本年利润”科目。编制会计分录如下。

借：本年利润　　188 977

　　贷：管理费用　　188 977

四、财务费用的核算

财务费用是指企业为筹集生产经营活动所需的资金而发生的各项财务费用。财务费用不计入产品的制造成本，不参与产品成本计算，也不存在分配问题，而是作为期间费用，直接计入当期损益。企业为购建固定资产而筹集资金所发生的费用及在固定资产尚未完工交付使用前发生的费用，应计入有关固定资产价值，不属于财务费用。财务费用也应该按年、季、月和费用项目编制费用计划，进行核算和考核。财务费用的核算是通过“财务费用”总账科目和所属明细账进行的。财务费用应按费用项目设置明细账，用以反映和考核各项费用的支出情况。发生或预提利息支出时，计入“财务费用”科目的借方和“应付利息”或“银行存款”科目的贷方。在发生利息收入和汇兑收益时，应计入“银行存款”等科目的借方和“财务费用”科目的贷方。这些抵减财务费用的金额，既要计入该总账科目的贷方，又应在财务费用明细账借方“利息支出”和“汇兑损失”栏中用红字或负数登记。月末，结转财务费用时，计入“财务费用”科目的贷方和“本年利润”科目的借方，结转以后，“财务费用”科目及所属明细账期末无余额。

【例 4-16】根据前列大华公司的各种费用分配表和有关凭证，登记财务费用明细账，详见表 4-20。

表 4-20　财务费用明细账

20××年 9 月

单位：元

摘要	利息支出	汇兑损失	手续费	其他	合计
计提利息支出	1 500				1 500
汇兑损失（减汇兑收益）					
支付金融机构手续费			100		100
支付其他费用				200	200
本月合计	1 500		100	200	1 800
本月转出	1 500		100	200	1 800

月末，结转财务费用直接转入“本年利润”科目。编制会计分录如下。

借：本年利润　　1 800

　　贷：财务费用　　1 800

练习与思考

一、判断题

1．“辅助生产成本”科目月末可能有余额。（　　）

2. 采用顺序分配法分配辅助生产费用时，应将辅助生产车间之间相互提供劳务受益多的车间排列在前面先分配出去，收益少的车间排在后面后分配出去。（　　）

3．所有生产车间发生的各种制造费用，一律通过“制造费用”科目核算。（　　）

4．无论采用何种分配方法，制造费用分配后，“制造费用”科目都没有余额。（　　）

5. 单独核算停工损失的企业，季节性和修理期间的停工损失，应计入“制造费用”科目。（　　）

二、单项选择题

1．某项辅助生产费用分配时，编制的会计分录是：借记“基本生产成本”科目，贷记“辅助生产成本”科目。该项费用可能是（　　）。

A．修理车间的修理费　　B．运输车间的运输费

C．动力车间的动力费　　D．供水车间的水费

2．采用辅助生产费用分配的交互分配法，对外分配费用的总额是（　　）。

A．交互分配前的费用

B．交互分配前的费用加上交互分配转入的费用

C．交互分配前的费用减去交互分配转出的费用

D．交互分配前的费用加上交互分配转入的费用，减去交互分配转出的费用

3．制造费用分配后，“制造费用”科目一般应无余额，如有余额则是（　　）。

A．季节性生产的车间

B．工时定额准确的产品

C．机械化程度较高的车间

D．各种产品生产机械化程度大致相同

4．废品净损失分配转出时，应借记（　　）科目。

A．“基本生产成本”　　B．“废品损失”

C．“制造费用”　　D．“管理费用”

5．对于季节性停工企业在停工期间所发生的费用，应计入（　　）。

A．“停工损失”　　B．“管理费用”

C．“营业外支出”　　D．“制造费用”

三、多项选择题

1．进行辅助生产费用交互分配的方法有（　　）。

A．计划成本分配法　　B．交互分配法

C．代数分配法　　D．顺序分配法

2．辅助生产费用分配的方法有（　　）。

A．直接分配法　　B．生产工资比例法

C．交互分配法　　D．计划分配率法

3．制造费用包括（　　）。

A．间接用于产品生产的费用

B．直接用于产品生产，但没有专设成本项目的费用

C．车间组织和管理生产的费用

D．分厂用于组织和管理生产的费用

4．在按计划分配率法分配制造费用后，“制造费用”科目月末可能（　　）。

A．有余额　　B．无余额　　C．有借方余额　　D．有贷方余额

5．废品损失应当包括（　　）。

A．不可修复废品的报废损失

B．可修复废品的修复费用

C．不合格品的降价损失

D．产品保管不善的损坏变质损失

四、简答题

1．简要说明辅助生产费用归集与分配的特点。

2．在什么情况下，辅助生产车间发生的制造费用可以不通过“制造费用”账户核算？

3．辅助生产费用的分配有哪些分配方法？说明各种分配方法的特点、优缺点及适用性。

4．辅助生产费用的交互分配法和计划成本分配法在确定各辅助生产车间实际费用时有何不同？为什么？

5．制造费用包括哪些内容？怎样核算制造费用？

6．制造费用有哪些分配方法？试述各种分配方法的特点、适用范围及优缺点。

7．可修复废品损失与不可修复废品损失在核算上有何不同？

8．简要说明不可修复废品生产成本的计算方法。

9．单独核算废品损失的企业与不单独核算废品损失的企业，其废品损失的核算在账户设置及账务处理上有何不同？

10．怎样进行不可修复废品损失的归集与分配？

五、业务题

1．某企业辅助生产车间生产低值易耗品专用工具一批，本月发生费用如下。

（1）生产专用工具领用原材料 68 000 元，车间一般性耗料 6 000 元。

（2）生产工人工资 64 000 元，其他人员工资 10 000 元。

（3）按工资总额的 40%提取其他职工薪酬。

（4）燃料和动力费用 28 000 元，通过银行转账支付。

（5）计提固定资产折旧费 22 000 元。

（6）以银行存款劳动保护费、水费、办公费等，共计 16 000 元。

（7）专用工具完工，结转实际成本。

根据上述数据完成下列题目。

（1）编制辅助车间不单独核算制造费用的会计分录。

（2）编制辅助车间单独核算制造费用的会计分录（假设辅助车间未单独设置“燃料和动力”成本项目）。

2．某工业企业辅助生产的制造费用不通过“制造费用”科目核算。该企业机修和运输两个辅助

生产车间之间相互提供劳务。修理耗用的材料不多，修理费用均按修理工时比例分配。该企业 20××年 8 月有关辅助生产费用的资料见表 4-21。

表 4-21 辅助生产费用和劳务量汇总表

辅助车间名称		运输车间	机修车间
待分配费用		4 800 元	9 400 元
供应劳务数量		16 000 公里	18 800 小时
耗用劳务数量	运输车间		800 小时
	机修车间	1 000 公里	
	基本一车间	6 000 公里	9 200 小时
	基本二车间	5 000 公里	6 800 小时
	企业管理部门	4 000 公里	2 000 小时

要求：根据上述有关资料，采用直接分配法分配辅助生产费用并编制相应的会计分录。

3．某工业企业辅助生产车间的制造费用不通过“制造费用”科目核算，有关资料见表 4-22。

表 4-22 辅助生产费用分配表

分配方向			交互分配			对外分配		
辅助车间名称			运输	机修	合计	运输	机修	合计
待分配费用			4 800	9 400	14 200			
劳务供应数量			16 000	18 800		15 000	18 000	
单位成本（分配率）								
辅助车间	运输	耗用数量		800				
		分配金额						
	修理	耗用数量	1 000					
		分配金额						
	金额小计							
基本车间	一车间	耗用数量				6 000	9 200	
		分配金额						
	二车间	耗用数量				5 000	6 800	
		分配金额						
	金额小计							
企业管理部门		耗用数量				4 000	2 000	
		分配金额						
分配金额合计								

要求：根据以上资料，采用交互分配法计算填列辅助生产费分配表，并编制相应的会计分录。

4．某企业辅助生产修理车间和供电车间本月发生费用、提供劳务量及各受益单位耗用劳务量汇总见表 4-23。

表 4-23 辅助生产费用和劳务量汇总表

辅助生产车间		修理车间	供电车间
待分配费用		5 200 元	9 200 元
劳务供应量		4 000 小时	22 500 度
计划单位成本		1.50 元	0.42 元
耗用劳务数量	供电车间	200 小时	
	修理车间		1 200 度
	基本生产车间	3 500 小时	19 800 度
	管理部门	300 小时	1 500 度

根据上述资料完成下列题目。

（1）采用计划成本分配法分配辅助生产费用。

（2）编制有关会计分录。

5．某企业基本生产车间全年制造费用计划为 234 000 元。全年各种产品的计划产量为：甲产品 19 000 件，乙产品 6 000 件，丙产品 8 000 件。单件产品工时定额为：甲产品 5 小时，乙产品 7 小时，丙产品 7.25 小时。本月份实际产量为：甲产品 1 800 件，乙产品 700 件，丙产品 500 件。本月实际发生的制造费用为 20 600 元。“制造费用”科目本月月初借方余额为 200 元。

根据上述资料完成下列题目。

（1）计算制造费用年度计划分配率。

（2）计算并结转本月份应分配转出的制造费用。

（3）若该月为 12 月，那该如何处理？

第五章 生产费用归集与分配的核算

【学习目标】

1. 了解在产品清查的核算。
2. 理解本章内容与要素费用核算及综合费用核算的关系。
3. 熟悉生产费用在完工产品与在产品之间分配方法的特点及应用条件。
4. 掌握生产费用在完工产品与月末在产品之间分配的方法。

【关键词】

生产费用　归集　分配方法　在产品　约当产量法　定额比例法　完工产品成本

【引例】

某高校会计系的成本会计课题组对不同行业的若干企业进行了一项调查，结果显示：多数企业能够根据行业和企业的生产特点与管理要求，采用适当的方法分配完工产品与在产品费用，但是也有个别企业盲目效仿其他企业，生搬硬套地采用了较复杂的分配方法。如江南一家以手工刺绣为特色的小型针织企业，在其产品成本结构中，人工费用所占比重较大，且月末在产品较少，定额管理基础较差，采用约当产量比例法进行完工产品与月末在产品的分配核算。另外，有的企业则是为了简化核算，采用了不适当的分配方法。如东北某机械制造企业，在其产品成本结构中，原材料费用所占比重较大，月末在产品较多且各月之间变化较大，但其定额管理基础不错，该企业采用了月末在产品按定额成本计价法作为分配完工产品与月末在产品成本的方法。该小型针织企业和大型机械制造企业分配完工产品与月末在产品费用的方法是否合适？怎样合理选择完工产品与月末在产品之间费用分配的方法呢？

第一节 在产品数量的核算

一、在产品数量核算的意义

（一）在产品的含义

在产品也称在制品，是指没有完成全部生产过程、不能作为商品销售的产品。在产品有广义和狭义之分。狭义的在产品是就某一车间或某一生产步骤而言，仅指本车间或本生产步骤正在加工或装配中的在制品（零件、部件和半成品），正在返修的废品及完成本车间生产但尚未验收入库的产品，本车间或本步骤已完工的半成品不包括在内。而广义的在产品是整个企业范围来说，不仅包括狭义在产品，还包括已经完成部分加工阶段、已由中间仓库验收但还需继续加工的半成品，以及等待返修的废品。对外不准备在本企业继续加工、等待对外销售的自制半成品，应作为商品产品，不应列入在产品之内。本章述及的在产品为狭义在产品。

（二）在产品计价的意义

无论采用哪一种方法，都必须首先取得在产品收、发、存的数量资料。这是产品成本核算的基础工作。也就是说，要正确地进行完工产品与月末在产品的费用分配，在产品数量控制是关键。这主要是因相对于完工产品而言，在产品停留在产品的生产环节，面临着较大的风险。在产品数量核算就是对在产品收、发、结存的实物数量加以控制，在日常管理中要对其在各道工序上的投入数、加工时间、加工进度、实存情况及在产品转移、短缺、毁损、溢余等情况进行记录，以充分反映在产品在整个生产加工过程中的流转情况，确保在产品以真实的数量参与生产费用的分配。

企业必须正确组织在产品的数量核算，取得在产品收发和结存的数量资料。在产品数量核算通常有两种方式：一是通过账面核算资料确定，要求企业设置"在产品收发结存账"；二是通过月末实地盘点确定。在产品数量的核算，应同时具备账面核算资料和实际盘点资料，做好在产品收发结存的日常核算工作和在产品的清查工作，既可以从账面上随时掌握在产品的动态，又可以查清在产品的实存数量，并能够正确计算产品成本和加强生产资金和在产品实物管理。

二、在产品收发存的日常核算

在产品收发存的日常核算是根据领料凭证、在产品内部转移凭证、产品检验凭证和产品交库凭证，及时登记在产品收发结存账，最后由车间核算人员审核汇总。

车间在产品收发结存的日常核算，通常是通过在产品收发结存账进行的。在产品收发结存账作为反映在产品收发存情况的原始记录，因其通常是在操作的工作台上进行登记的，故亦称之为台账。在产品台账可分别车间，按产品品种和零部件的名称、类别、批次设置，由车间核算员登记，以反映和提供该车间各种在产品收入、转出和结存动态的业务核算资料。台账还可以结合企业生产工艺特点和内部管理的需要，进一步按照加工工序、工艺流程来组织在产品数量核算。企业应根据在产品的领料凭证、内部转移凭证、废品返修单、产品检验凭证、产成品或自制半成品的交库凭证等及时进行登记。通过在产品的台账记录，不仅可以随时掌握在产品增减的动态，而且也为清查核对在产品数量提供原始依据。

在产品台账的格式可以根据产品的生产特点和所采用的产量、工时记录的种类来设计，其格式举例见表 5-1。

表 5-1　在产品台账

车间名称：第一车间

零件名称：12163　　计量单位：件

日期	摘要	收入		转出			结存	
		凭证号	数量	凭证号	合格品	废品	完工	未完工
1/9	结存						10	7
2/9			20		26			1
…	…		…		…	…	…	…
合计			320		315	4	325	8

组织在产品数量核算的另一个重要环节是在产品的内部转移、送交检验、毁损报废及自制半成品的入库、出库等过程都必须填具相应的原始凭证，单随物移。比如，在产品内部转移时，应填制转移交接单，注明移送在产品的名称、数量、转入转出车间名称，并由经手人签名盖章；加工的自制半成品进出中间仓库时，应有交库单、出库单跟随；发生在产品短缺、毁损、报废时，应及时填具相应的短缺单和报废单，并查明原因，分清责任。

完善在产品收发存日常核算的原始凭证，健全在产品流转过程中的交接手续，对于正确计算在产品成本，加强生产管理，有效控制在产品流转，保护在产品安全完整具有重要意义。

三、在产品清查的核算

为了核实在产品的实际结存数量，保证在产品账实相符，保护在产品的安全完整，对在产品应该定期或不定期地进行清查。根据清查后的结果填制在产品盘存表，并与在产品台账相核对，如有不符，还应填制在产品盘盈盘亏报告表，列明在产品的账面数、实有数、盘盈盘亏数，并说明发生盘亏的原因及处理意见等。对于报废和毁损的在产品，还要登记残值。

企业财务人员应对在产品盘存表进行认真审核，并报经有关部门审批，同时按照报告表上的数字调整账面记录，对在产品盘盈盘亏进行账务处理。

在产品发生盘盈时，按计划成本或定额成本计入“基本生产成本”科目的借方和“待处理财产损溢”科目的贷方；按照管理权限报经批准进行处理时，则计入“待处理财产损溢”科目的借方和“管理费用”科目的贷方，冲减管理费用。

在产品发生盘亏和毁损时，计入“待处理财产损溢”科目的借方和“基本生产成本”科目的贷方，冲减在产品的账面价值。毁损在产品的残值，计入“原材料”“银行存款”等科目的借方和“待处理财产损溢”科目的贷方，冲减其损失。按规定核销时，应根据不同情况分别将损失从“待处理财产损溢”科目的贷方转入有关科目的借方，其中，准予计入成本费用的损失应转入“管理费用”科目的借方；由于自然灾害造成的非常损失中应由保险公司赔款的部分，计入“银行存款”科目或“其他应收款”科目的借方，其余损失计入“营业外支出”科目的借方；应由过失单位或过失人员赔偿的计入“其他应收款”科目的借方，要求赔偿。

为了正确归集和分配生产成本，在产品盘盈盘亏的账务处理应该在生产成本结账前进行。

【例 5-1】某企业基本生产车间在产品清查结果：甲产品的在产品盘盈 5 件，单位定额成本 120 元；乙产品的在产品盘亏 9 件，单位定额成本 80 元，过失人赔款 100 元；丙产品的在产品毁损 150 件，单位定额成本 42 元，残料入库作价 520 元。丙产品的毁损属于自然灾害损失造成，应由保险公司赔偿 4 300 元（款项尚未收到）。上述清查结果已经批准转账。

（1）在产品盘盈的核算

① 盘盈时

借：基本生产成本——甲产品　　600

　　贷：待处理财产损溢　　600

② 批准后转账

借：待处理财产损溢　　600

　　贷：管理费用　　600

（2）在产品盘亏的核算

① 盘亏时

借：待处理财产损溢　　720

　　贷：基本生产成本——乙产品　　720

② 批准后转账

借：其他应收款　　620

　　管理费用　　100

　　贷：待处理财产损滥　　720

（3）在产品毁损的核算

① 毁损转账

借：待处理财产损溢　　6 300

　　贷：基本生产成本——丙产品　　6 300

② 残料入库

借：原材料　　520

　　贷：待处理财产损溢　　520

③ 批准后转账

借：其他应收款　　4 300

　　营业外支出　　1 480

　　贷：待处理财产损溢　　6 300

对于库存半成品和辅助生产的在产品的数量和清查的核算，与基本生产的基本相同。

第二节 完工产品与在产品之间分配费用的方法

一、生产费用在完工产品与在产品之间的分配原理

企业生产过程中发生的生产费用，经过一系列的分配、汇总后，应计入产品成本的各项生产费用已按成本项目全部归集在“基本生产成本”账户及其明细账中。为了计算产品成本，还需加上月初在产品成本，然后将其在本月完工产品和月末在产品之间进行分配，计算出本月完工产品成本和月末在产品成本。如果产品全部完工，所归集的生产费用就是完工产品成本。如果没有完工产品，所归集的生产费用就是月末在产品成本。如果既有完工产品，又有在产品，就需将月初在产品成本与本月发生的生产费用之和，在本月完工产品与月末在产品之间进行分配，以计算本月完工产品成本和月末在产品成本。

月初在产品成本、本月生产费用、本月完工产品成本和月末在产品成本之间的关系可用下列公式表示。

月初在产品成本＋本月生产费用＝本月完工产品成本＋期末在产品费用

不难看出，在掌握等式前两项资料的情况下，确定完工产品成本有两种方法。

（1）先确定月末在产品成本，再计算求得完工产品成本。

（2）将前两项费用之和采用一定的分配方法在本月完工产品和月末在产品之间进行分配后，同时求得完工产品成本和月末在产品成本。

分配完工产品和月末在产品之间的费用是成本计算工作中一个重要而复杂的问题。在产品结构复杂、零部件种类和加工工序较多的情况下更是这样。企业应该根据在产品数量的多少、各月在产品数量变化的大小、各项费用比重的大小，以及定额管理基础的好坏等具体条件，选择既合理又较简便的分配方法，划分完工产品成本和月末在产品成本。

完工产品和月末在产品之间分配费用通常采用的分配方法有：在产品不计价法、在产品按年初

成本计价法、在产品按所耗直接材料费用计价法、约当产量比例法、在产品按完工产品计价法、在产品按定额成本计价法、定额比例法。

二、在产品不计价法

在产品不计价法是指虽然月末有在产品，但不计算在产品成本。这种方法适用于各月末在产品数量很少、价值较低且各月在产品数量比较稳定的情况。从上面的公式可以看出，本月完工产品成本的多少，取决于本月生产费用与月初和月末在产品成本的差额。如果各月末在产品的数量很小，那么，月初和月末在产品的成本就很小，月初在产品成本与月末在产品成本的差额就更小。在这种情况下，无论是否计算在产品成本，对于完工产品成本的影响很小，管理上不要求计算在产品成本。为了简化成本核算，可以不计算在产品成本，即某种产品本月归集的全部生产费用就是其完工产品成本。

三、在产品按年初成本计价法

在产品按年初成本计价法是指在产品成本按年初固定成本计算，各月末在产品的成本固定不变。这种方法适用于在产品数量较小，或者在产品数量虽大，但各月之间在产品数量变动不大的情况。这种情况下，月初、月末在产品成本的差额不大，算不算各月在产品成本的差额，对完工产品成本的影响不大。为了简化核算工作，同时又反映在产品占用的资金，各月在产品成本可以按年初数固定计算。例如，炼铁厂、化工厂或其他有固定容器装置的在产品的数量都较稳定，可以采用这种方法。采用该方法，本月发生的生产费用就是本月完工产品的成本。

应当注意的是，采用在产品按年初成本计价法，每年年末，应根据实际盘点的在产品数量，重新调整计算确定 12 月末在产品的实际成本，并将算出的年末在产品成本作为下一年度各月固定的在产品成本，以免按年初成本计价的在产品成本与实际出入过大，影响成本计算的正确性。

四、在产品按所耗直接材料费用计价法

在产品按所耗直接材料费用计价法是指在产品只负担其所耗材料费用，而直接人工和制造费用等加工费用项目由完工产品成本负担。这种方法适用于各月末在产品数量较多、变化较大及直接材料费用占产品成本比重较大的产品，例如，造纸、酿酒等行业的产品的直接材料费用占产品成本比重较大。采用这种方法时，月末在产品只计算其耗用的直接材料费用，不计算其耗用的加工费用，产品的加工费用全部计入完工产品成本，因此，某种产品的全部生产费用，扣减其月末在产品的直接材料费用，就是其完工产品的成本。

【例 5-2】某企业生产甲产品，直接材料费用在产品成本中所占比重较大，在产品按所耗直接材料费用计价法。甲产品月初在产品直接材料费用（即月初在产品成本）为 26 000 元。本月发生：直接材料费用 390 000 元，直接燃料和动力费用 3 400 元，直接人工费用 4 100 元，制造费用 5 230 元；完工产品 650 件，月末在产品 150 件。该种产品的直接材料费用是在生产开始时一次投入的，直接材料费用按完工产品和在产品的数量比例分配。分配计算如下。

（1）直接材料费用分配率$=\dfrac{26\ 000+390\ 000}{650+150}=520$

（2）完工产品直接材料费用＝520×650＝338 000（元）

（3）月末在产品直接材料费用（月末在产品成本）＝520×150＝78 000（元）

（4）完工产品成本＝338 000＋3 400＋4 100＋5 230＝350 730

或　　　　　　　＝26 000＋（390 000＋3 400＋4 100＋5 230）-78 000

　　　　　　　　＝350 730

五、约当产量比例法

约当产量比例法是指按照完工产品数量与月末在产品约当产量的比例分配生产费用，计算完工产品成本和月末在产品成本的一种方法。所谓约当产量是指将月末在产品数量按其投料程度和加工程度折算为相当于完工产品的数量。约当产量比例法适用范围较广泛。当月末在产品数量较大，各月末在产品数量变化也较大，不宜采用其他方法时，采用此种方法尤为合适。

约当产量比例法的计算公式如下。

月末在产品约当产量＝月末在产品数量×在产品加工程度（或投料程度）

$$约当产量单位成本（分配率）=\frac{月初在产品成本+本月生产费用}{完工产品产量+在产品约当产量}$$

完工产品成本＝完工产品产量×费用分配率

月末在产品成本＝月末在产品约当产量×费用分配率

　　　　　　　＝月初在产品成本＋本月生产费用-本月完工产品成本

值得注意的是，使用上述公式计算分配时，通常需要先分别对每个成本项目进行计算分配，然后加总即可得到完工产品成本和月末在产品成本。

【例 5-3】某基本生产车间生产甲产品，本月完工产品产量为 380 件，月末在产品数量为 120 件。原材料在生产开始时一次投入，其他费用在产品完工程度为 50%，月初在产品成本和本月发生的生产费用见表 5-2。

表 5-2　月初在产品成本和本月发生的生产费用表

单位：元

项目	月初在产品成本	本月生产费用	合计
直接材料	13 800	101 200	115 000
直接人工	9 200	17 200	26 400
制造费用	11 000	13 640	24 640
合计	34 000	132 040	166 040

（1）在产品约当产量的计算

材料费用在产品约当产量：120×100%＝120（件）

加工费在产品约当产量：120×50%＝60（件）

（2）直接材料的分配

$$直接材料分配率：\frac{115\ 000}{380+120}=230$$

在产品应负担的直接材料＝120×230＝27 600（元）

完工产品应负担的直接材料＝380×230＝87 400（元）

（3）直接人工的分配

$$直接人工分配率=\frac{26\ 400}{380+60}=60$$

在产品应负担的直接人工：60×60＝3 600（元）

完工产品应负担的直接人工：380×60＝22 800（元）

（4）制造费用的分配

$$制造费用分配率=\frac{24\ 640}{380+60}=56$$

在产品应负担的制造费用＝60×56＝3 360（元）

完工产品应负担的制造费用＝380×56＝21 280（元）

（5）完工产品成本和在产品成本的计算

月末在产品总成本＝27 600＋3 600＋3 360＝34 560（元）

完工产品总成本＝87 400＋22 800＋21 280＝131 480（元）

采用约当产量比例法，必须正确计算在产品的约当产量，而在产品约当产量正确与否，主要取决于在产品投料程度和完工程度的测定是否正确。这对于费用分配的正确性影响很大。在实际工作中，材料投入和产品加工情况千差万别，需要根据具体情况分别计算投料程度和完工程度。

1. 投料程度的测定

（1）原材料在生产开始时一次投入，则每件在产品与每件完工产品的原材料消耗相同，其在产品投料程度也为100%，直接材料成本项目不需要计算月末在产品约当产量，可按照完工产品数量与在产品数量的比例进行分配。

（2）原材料分工序投入，并在每一道工序始时一次投入。在产品投料程度的计算公式如下。

$$某道工序在产品投料程度=\frac{到本工序止的累计材料消耗（费用）定额}{完工产品材料消耗（费用）定额}\times100\%$$

【例5-4】某产品的生产经三道工序制成，直接材料消耗定额为2 000千克，其中，第一工序直接材料消耗定额800千克，第二工序直接材料消耗定额600千克，第三工序直接材料消耗定额600千克。月末在产品数量：第一道工序为200台，第二道工序为300台，第三道工序为350台。完工产品2 300台，月初在产品和本月发生的直接材料成本为12 348元。计算过程和结果见表5-3。

表5-3 按投料程度折算的在产品约当产量计算表

工序	材料消耗定额（千克）	在产品数量（台）	在产品投料程度（%）	在产品约当产量（台）	完工产品（台）	合计
1	800	200	800/2 000×100%＝40%	200×40%＝80	—	—
2	600	300	（800＋600）/2 000×100%＝70%	300×70%＝210	—	—
3	600	350	（800＋600＋600）/2 000×100%＝100%	350×100%＝350	—	—
合计	2 000	—	—	640	2 300	2 940

$$直接材料成本分配率=\frac{12\ 348}{2\ 940}=4.2$$

完工产品所耗直接材料成本＝4.2×2 300＝9 660（元）

月末在产品所耗直接材料成本＝4.2×640＝2 688（元）

（3）原材料在生产过程中随生产加工进度陆续投入，且投料程度与加工程度完全或基本一致，使分配直接材料费用的月末在产品约当产量可以与分配加工费用所采用的在产品约当产量一致，即月末在产品的投料程度可以采用加工费的完工程度。

（4）原材料在生产过程中随生产加工进度陆续投入，且投料程度与加工程度不一致，则应按工序分别分别确定各工序的投料程度。在确定各工序的投料程度时，一般以各工序的直接材料消耗定额为依据，投料程度按完成本工序的50%计算确定，其计算公式如下。

$$某工序在产品投料程度=\frac{前面各工序消耗定额之和+本工序消耗定额\times 50\%}{产品消耗定额}\times 100\%$$

【例5-5】沿用【例5-4】资料，假定直接材料分三道工序，并在每道工序开始时一次投入。计算过程和结果见表5-4。

表5-4 按投料程度折算的在产品约当产量计算表

工序	材料消耗定额（千克）	在产品数量（台）	在产品投料程度（%）	在产品约当产量（台）	完工产品（台）	合计
1	800	200	800×50%/2 000×100%=20%	200×20%=40	—	—
2	600	300	（800+600×50%）/2 000×100%=55%	300×55%=165	—	—
3	600	350	（1 400+600×50%）/2 000×100%=85%	350×85%=297.5	—	—
合计	2 000	—	—	502.5	2 300	2 802.5

$$直接材料成本分配率=\frac{12\ 348}{2802.5}\approx 4.41$$

完工产品所耗直接材料成本≈4.41×2 300=10 143（元）

月末在产品所耗直接材料成本≈12 348-10 143=2 205（元）

2. 加工程度的测定

（1）平均计算，即一律按50%作为各工序在产品的完工程度。在生产进度比较均衡、各工序在产品数量和单位产品在各工序的加工量都相差不多的情况下，由于后面各工序在产品多加工的程度可以抵补前面各工序少加工的程度，所以全部在产品的加工程度均可以按50%平均计算。

（2）各工序分别测定加工程度。为了提高成本计算的正确性，加速成本的计算工作，可以按照各工序累计工时定额占完工产品工时定额的比率，即各工序在产品的加工程度，事前确定各工序在产品的完工程度，其计算公式如下。

$$某道工序在产品完工程度=\frac{前工序累计工时定额+本工序工时定额\times 50\%}{单位产品工时定额}\times 100\%$$

公式中，本工序（即在产品所在工序）工时定额乘以50%，是因为该工序中各件在产品的完工程度不同，为了简化加工程度的测算工作，在本工序一律按平均加工程度50%计算。在产品从上一道工序转入下一道工序时，因上一道工序已经完工，所以前面各道工序的工时定额应按100%计算。

【例5-6】沿用【例5-4】资料，假定该产品工时消耗定额为20工时，其中，第一工序工时消耗定额8工时，第二工序工时消耗定额8工时，第三工序工时消耗定额4工时。加工程度和约当产量的计算过程和结果见表5-5。

表5-5 按加工程度折算的在产品约当产量计算表

工序	工时消耗定额（工时）	在产品数量（台）	在产品加工程度（%）	在产品约当产量（台）	完工产品（台）	合计
1	8	200	8×50%/20×100%=20%	200×20%=40	—	—
2	8	300	（8+8×50%）/20×100%=60%	300×60%=18	—	—
3	4	350	（8+8+4×50%）/20×100%=90%	350×90%=315	—	—
合计	20	—	—	535	2 300	2 835

假定该产品月初在产品和本月耗用直接人工成本累计数和耗用制造费用累计数分别为10 773元和7 371元。

$$直接人工成本分配率=\frac{10\ 773}{2\ 835}=3.8$$

完工产品应负担的直接人工成本＝3.8×2 300＝8 740（元）

月末在产品应负担的直接人工成本＝3.8×535＝2 033（元）

$$制造费用分配率=\frac{7\ 371}{2\ 835}=2.6$$

完工产品应负担的制造费用＝2.6×2 300＝5 980（元）

月末在产品应负担的制造费用＝2.6×535＝1 391（元）

六、在产品按完工产品计价法

在产品按完工产品计价法是指将在产品视同完工产品分配费用。这种方法适用于月末在产品已经接近完工，或者产品已经加工完毕，但尚未验收或包装入库的产品。在这种情况下，因为在产品成本已接近完工产品成本，为了简化核算工作，将月末在产品视同完工产品，按完工产品与在产品的数量比例分配生产费用，计算完工产品成本和月末在产品成本。

【例5-7】沿用【例5-4】、【例5-6】产量和成本资料，假定该产品已接近完工，采用月末在产品按完工产品计价法计算成本，其计算分配结果见表5-6。

表5-6　产品成本明细账

产品名称：某产品　　20××年×月　　单位：元

成本项目	本月生产费用合计	费用分配率	完工产品成本	月末在产品成本
直接材料	12 348	3.92	9 016	3 332
直接人工	10 773	3.42	7 866	2 907
制造费用	7 371	2.34	5 382	1 989
合计	30 492	9.68	22 264	8 228

表中，各项费用分配率是根据各该生产费用的累计数除以完工产品数量与月末在产品数量之和计算而得；各该费用分配率分别乘以完工产品数量和月末在产品数量，可求得完工产品与月末在产品分配的各项费用。

七、在产品按定额成本计价法

在产品按定额成本计算法是根据月末实际结存的在产品数量和各项费用的单位定额，计算出月末在产品定额成本，再将月初在产品成本加上本月生产费用，减去按定额成本计算的月末在产品成本，即为完工产品成本。按定额成本计算在产品成本时，月末在产品成本脱离定额的差异全部由完工产品成本负担。因此，这种方法适用于定额管理基础较好，各项消耗定额比较准确、稳定，且各月在产品数量变动不大的情况。计算公式如下。

月末在产品直接材料定额成本＝月末在产品数量×单位在产品材料消耗定额×材料计划单价

月末在产品直接人工定额成本＝月末在产品数量×单位在产品工时定额×单位定额工时的人工费用

月末在产品制造费用定额成本＝月末在产品数量×单位在产品工时定额×单位定额工时的制造费用

月末在产品定额成本＝月末在产品直接材料定额成本＋月末在产品直接人工定额成本
＋月末在产品制造费用定额成本

完工产品成本＝月初在产品成本＋本月生产费用-月末在产品定额成本

【例 5-8】某产品所耗直接材料在生产开始时一次投入，单位产品直接材料费用的定额为 185 元；月末在产品 200 件，定额工时共计 900 小时，单位定额工时的直接人工定额为 6.15 元，制造费用定额为 4.35 元。月初在产品和本月生产费用累计为：直接材料费用为 99 450 元，直接人工费用为 32 000 元，制造费用为 18 580 元。按定额成本计算法分配如下。

（1）月末在产品定额成本

月末在产品直接材料定额成本＝200×185＝37 000（元）

月末在产品直接人工定额成本＝900×6.15＝5 535（元）

月末在产品制造费用定额成本＝900×4.35＝3 915（元）

月末在产品定额成本＝37 000＋5 535＋3 915＝46 450（元）

（2）完工产品成本

完工产品直接材料成本＝99 450-37 000＝62 450（元）

完工产品直接人工成本＝32 000-5 535＝26 465（元）

完工产品制造费用＝18 580-3 915＝14 665（元）

完工产品成本＝62 450＋26 465＋14 665＝103 580（元）

采用这种方法，应根据各种在产品有关定额资料及在产品月末结存数量，计算各种月末在产品的定额成本。

【例 5-9】假设大华公司所生产的甲、乙产品的生产费用在完工产品与月末在产品之间的分配均采用在产品按定额成本计价的方法。甲产品月末在产品 100 件，单件原材料费用定额为 300 元（原材料在生产开始时一次投入），在产品定额工时 1 000 小时。乙产品月末在产品 200 件，单件原材料费用定额为 320 元（原材料在生产开始时一次投入），在产品定额工时 2 000 小时。其他有关资料及月末在产品定额成本的计算结果见表 5-7。

表 5-7　月末在产品定额成本计算表

车间　　　　　　　　　　　　20××年 9 月

产品名称	在产品数量（件）	直接材料定额费用（元）	定额工时（小时）	燃料和动力（每工时 4.5 元）	直接人工（每工时 15 元）	制造费用（每工时 9.2 元）	定额成本合计（元）
甲产品	100	30 000	1 000	4 500	15 000	9 200	58 700
乙产品	200	64 000	2 000	9 000	30 000	18 400	121 400
合计	—	94 000	—	13 500	45 000	27 600	180 100

采用这种分配方法，月末在产品定额成本与实际成本之间的差异（脱离定额差异），全部由完工产品负担不尽合理。如前所述，在各项消耗定额或费用定额比较准确、稳定，又不需要经常修订定额的条件下，采用这种分配方法能够比较准确而又较简便地解决完工产品与月末在产品之间分配费用的问题，否则会影响产品成本计算的正确性。

此外，使用该方法，如果产品成本中直接材料费用所占比重较大，为了进一步简化成本计算工作，月末在产品成本可以只按定额原材料费用计算，其他生产实际费用全部计入完工产品成本。也就是把前述在产品按所耗直接材料费用计价法，与在产品按定额成本计价法相结合应用，即在产品按定额直接材料费用计价法，月末在产品只计算所耗直接材料费用，而直接材料又是按定额计算的。

八、定额比例法

定额比例法是产品的生产费用按照完工产品和月末在产品的定额消耗量或定额费用的比例分配计算完工产品成本和月末在产品成本的方法，其中，直接材料费用按照直接材料定额消耗量或直接材料定额费用比例分配；直接人工、制造费用等各项加工费，可以按定额工时比例分配，也可以按定额费用比例分配。

这种分配方法适用于定额管理基础较好、各项消耗定额或费用定额比较准确和稳定及各月末在产品数量变动较大的产品。因为该方法月初和月末在产品费用之间脱离定额的差异，要在完工产品与月末在产品之间按比例分配，从而提高了产品成本计算的正确性。

定额比例法计算公式（公式Ⅰ）如下。

$$消耗量分配率=\frac{月初在产品实际消耗量+本月实际消耗量}{完工产品定额消耗量（定额费用）+月末在产品定额消耗量（定额费用）}\times100\%$$

完工产品实际消耗量＝消耗量分配率×完工产品定额消耗量（定额费用）

完工产品实际成本＝完工产品实际消耗量×单价（材料、人工、制造费用的）

月末在产品实际消耗量＝消耗量分配率×月末在产品定额消耗量（定额费用）

＝月初在产品实际消耗量＋本月实际消耗量-完工产品实际消耗量

月末在产品实际成本＝月末在产品实际消耗量×单价（材料、人工、制造费用的）

按照上列公式计算分配，既可以提供完工产品和月末在产品的实际费用资料，还可以提供实际消耗量资料，便于考核和分析各项消耗定额的执行情况。但是，在各产品所耗原材料的品种较多的情况下，采用这种分配方法工作量较大。为了简化核算工作，也可以采用下列公式（公式Ⅱ）计算分配。

$$费用分配率=\frac{月初在产品成本+本月生产费用}{完工产品定额消耗量（定额费用）+月末在产品定额消耗量（定额费用）}\times100\%$$

完工产品实际成本＝完工产品定额消耗量（定额费用）×费用分配率

月末在产品实际成本＝月末在产品定额消耗量（定额费用）×费用分配率

【例 5-10】丙产品月初在产品费用为：直接材料 2 100 元，直接人工 9 000 元，制造费用 60 000 元。本月生产费用为：直接材料 12 300 元，直接人工 45 000 元，制造费用 30 000 元。完工产品 4 000 件，直接材料定额费用 8 000 元，定额工时 5 000 小时。月末在产品 1 000 件，直接材料定额费用 2 000 元，定额工时 1 000 小时。完工产品与月末在产品之间，直接材料费用按照直接材料定额费用比例分配，其他费用按定额工时比例分配。各项费用分配计算结果见表 5-8。

表 5-8 产品成本明细账

产品名称：丙产品　　20××年×月　　单位：元

成本项目	月初在产品费用	本月费用	生产费用合计	费用分配率	完工产品费用		月末在产品费用	
					定额	实际费用	定额	实际费用
①	②	③	④=②+③	⑤=④/（⑥+⑧）	⑥	⑦=⑥×⑤	⑧	⑨=⑧×⑤
直接材料	2 100	12 300	14 400	1.44	8 000	11 520	2 000	2 880
直接人工	9 000	45 000	54 000	9	5 000	45 000	1 000	9 000
制造费用	60 000	30 000	90 000	15	5 000	75 000	1 000	15 000
合计	71 100	87 300	158 400	—	—	131 520	—	26 880

按照上列公式计算分配费用，必须取得完工产品和月末在产品的定额消耗量或定额费用资料。完工产品和月末在产品的原材料定额消耗量和工时定额消耗量，是根据完工产品和月末在产品的实际数量乘以单位原材料消耗定额和工时消耗定额计算求得。完工产品和月末在产品的定额费用是根据完工产品和月末在产品的原材料、定额消耗量和工时定额消耗量乘以原材料计划单价或单位小时计划工资、费用计算求得。采用这种方法，在在产品的种类和生产工序繁多时，核算工作量繁重。因此，月末在产品定额消耗量可采用简化的方法计算（倒挤的方法），其计算公式如下。

月末在产品定额消耗量＝月初在产品定额消耗量＋本月投入的定额消耗量-本月完工产品定额消耗量

上列公式中，月初在产品定额消耗量来自上月成本计算资料；本月投入的定额消耗量中的原材料定额消耗量根据领料凭证所列原材料定额消耗量等数据计算求得；本月投入的工时定额消耗量根据有关定额工时的原始记录计算求得。按照上列倒挤方法计算月末在产品的定额数据，可以简化计算工作，但是，在发生在产品盘盈、盘亏的情况下，计算求得的成本资料，不能如实反映产品成本的水平。为了提高成本计算的正确性，需要每隔一定时期对在产品进行一次实地盘点，以根据在产品的实存数计算定额消耗量。

在具备了月初在产品的定额消耗量（或定额费用）和定额工时、本月投入的定额消耗量（或定额费用）和定额工时及本月完工产品定额消耗量（或定额费用）和定额工时资料的情况下，倒挤求出月末在产品的定额资料。可以按下列公式（公式Ⅲ）分配费用。

$$费用分配率=\frac{月初在产品实际费用+本月实际费用}{月初在产品定额费用（定额工时）+本月投入定额费用（定额工时）}\times 100\%$$

完工产品和月末在产品费用的计算公式同前。

【例 5-11】承**【例 5-10】**资料，丙产品月初定额直接材料费用 1 500 元；定额工时 1 500 小时。本月投入定额直接材料费用 8 500 元，定额工时 4 500 小时。本月实际发生的费用和完工产品定额资料同**【例 5-10】**。各项费用分配计算结果见表 5-9。

表 5-9　产品成本明细账

产品名称：丙产品　　　　20××年×月　　　　单位：元

成本项目	月初在产品		本月投入		合计		费用分配率	完工产品		月末在产品	
	定额	实际	定额	实际	定额	实际		定额	实际	定额	实际
①	②	③	④	⑤	⑥=②+④	⑦=③+⑤	⑧=⑦/⑥	⑨	⑩=⑨×⑧	⑪=⑥-⑨	⑫=×⑧
直接材料	1 500	2 100	8 500	12 300	10 000	14 400	1.44	8 000	11 520	2 000	2 880
直接人工	1 500	9 000	4 500	45 000	6 000	54 000	9	5 000	45 000	1 000	9 000
制造费用	1 500	60 000	4 500	30 000	6 000	90 000	15	5 000	75 000	1 000	15 000
合计	—	71 100	—	87 300	—	158 400	—	—	131 520	—	26 880

根据公式Ⅲ计算分配的结果与公式Ⅱ计算分配的结果是相同的，这是因为月初在产品定额消耗量（定额费用）＋本月投产定额消耗量（定额费用）＝完工产品定额消耗量（定额费用）＋月末在产品定额消耗量（定额费用）。

采用定额比例法分配完工产品与月末在产品费用，分配结果比较正确，同时还便于将实际费用与定额费用进行比较，分析和考核定额的执行情况。

通过以上所述生产费用在各种产品之间及在同种产品的完工产品与月末在产品之间分配和归集以后，分别计算出各种产品的总成本和单位成本，借以考核和分析各该种产品成本计划的执行情况。

根据第三、四、五章大华公司的各种费用分配表及有关凭证，登记其甲、乙产品的“基本生产成本明细账”。详见表5-10、表5-11。

表5-10　基本生产成本明细账

产量：2 000件

产品名称：甲产品　　20××年9月　　单位：元

摘要		直接材料	燃料和动力	直接人工	制造费用	废品损失	合计
月初在产品成本		27 900	1 500	57 000	11 265		97 665
本月生产费用		697 800	22 200	483 000	195 075		1 398 075
生产费用合计		725 700	23 700	540 000	206 340		1 495 740
产成品成本	总成本	695 700	19 200	525 000	197 140		1 437 040
	单位成本	347.85	9.60	262.50	98.57		718.52
月末在产品成本		30 000	4 500	15 000	9 200		58 700

表5-11　基本生产成本明细账

产量：950件

产品名称：乙产品　　20××年9月　　单位：元

摘要		直接材料	燃料和动力	直接人工	制造费用	废品损失	合计
月初在产品成本		81 000	1 701	36 450	19 440		138 591
本月生产费用		401 100	12 000	294 000	117 064		824 164
减：不可修复废品成本		6 000	800	3 400	1 400		11 600
废品净损失						11 400	11 400
生产费用净额		476 100	12 901	327 050	135 104	11 400	962 555
产成品成本	总成本	412 100	3 901	297 050	116 704	11 400	841 155
	单位成本	433.79	4.11	312.68	122.85	12	855.43
月末在产品成本		64 000	9 000	30 000	18 400		121 400

第三节　完工产品成本的核算

通过前述章节的核算，制造业企业发生的各项生产费用已在各种产品之间进行了分配。在此基础上，又在同种产品的在完工产品和月末在产品之间进行了分配，计算出了完工产品成本，应将完工产品成本从有关“产品成本计算单”中转出，并根据从“产品成本计算单”中转出的完工产品成本编制“产成品成本汇总表”，详见表5-12。

完工产品的成本，应从“基本生产成本”科目及其所属明细科目贷方转出，计入有关科目的借方。完工入库的产成品成本，借记“库存商品”科目；完工的自制材料、工具、模具等的成本，分别借记“原材料”“周转材料”等科目，贷记“基本生产成本”科目。“基本生产成本”科目月末借方余额就是基本生产在产品的成本，即占用在基本生产过程中的资金。

【例 5-12】大华公司的完工产品包括产成品、工具、模具等。根据表 5-10、表 5-11 所列甲、乙产品的基本生产成本明细账，汇总编制产成品成本汇总表，见表 5-12。

表 5-12　产成品成本汇总表

20××年 9 月

单位：元

产品名称	直接材料	燃料和动力	直接人工	制造费用	废品损失	合计
甲产品	695 700	19 200	525 000	197 140	—	1 437 040
乙产品	412 100	3 901	297 050	116 704	11 400	841 155
合计	1 107 800	23 101	822 050	313 844	11 400	2 278 195

借：库存商品——甲产品　　1 437 040

　　　　　——乙产品　　841 155

　贷：基本生产成本——甲产品　　1 437 040

　　　　　　　——乙产品　　841 155

练习与思考

一、判断题

1. 狭义在产品是指正在某车间或某步骤加工中的在产品。（　　）

2. 各月末在产品数量变化不大的产品，可以不计算月末在产品成本。（　　）

3. 某种产品采用在产品按年初数固定成本计算法分配生产费用，则其生产费用等于其完工产品成本。（　　）

4. 采用在产品按所耗直接材料计价时，月末在产品只计算其所耗的直接材料费用，不计算其加工费用，加工费用全部计入完工产品成本。（　　）

5. 约当产量是指月末在产品数量按照完工程度折算的相当于完工产品的产量。（　　）

二、单项选择题

1. 下列各项中，不应列入在产品的是（　　）。

A. 已验收入库的对外销售的自制半成品

B. 已验收入库的仍需加工的自制半成品

C. 正在车间加工中的合格产品

D. 正在车间返修的废品

2. 对于定额管理基础较好，各项消耗定额较准确、稳定，且各月末在产品数量变化较大的企业，生产费用在完工产品与在产品之间的分配方法适宜采用（　　）。

A. 约当产量比例法　　B. 在产品按所耗原材料费用计价法

C. 在产品按定额成本计价法　　D. 定额比例法

3. 原材料在每到工序开始时一次投料的情况下，分配原材料费用的在产品投料程度，等于原材料的（　　）与完工产品消耗定额的比率。

A．所在工序消耗定额　　B．所在工序累计消耗定额

C．所在工序累计消耗定额之半　　D．所在工序消耗定额之半

4．某种产品经三道工序加工而成。各工序的工时定额分别为 10 小时、20 小时、20 小时。各工序在本工序的加工程度按 50%计算。第三工序的加工程度为（　　）。

A．40%　　B．50%　　C．80%　　D．100%

5．某种产品经三道工序加工而成，每道工序开始时一次投料，各工序的材料消耗定额分别为 20 kg、20kg、10 kg，第三工序的投料程度为（　　）。

A．60%　　B．80%　　C．95%　　D．100%

三、多项选择题

1．广义的在产品是指（　　）。

A．尚在本步骤加工中的在产品

B．转入各半成品库等待继续加工的半成品

C．未经验收入库的产成品

D．等待返修的废品

2．选择生产费用在完工产品与在产品之间分配的方法时，应考虑的因素有（　　）。

A．在产品数量的多少

B．各月在产品数量变化的大小

C．各项费用比重的大小

D．定额管理基础的好坏

3．在某种产品月初、月末在产品数量不同的情况下，9 月份计算产品成本时，能够使本月生产费用等于本月完工产品成本的方法是（　　）。

A．不计算在产品成本法

B．在产品按年初成本计价法

C．在产品按定额成本计价法

D．约当产量比例法

4．某基本生产车间完工产品转出时，可能借记的科目有（　　）。

A．基本生产成本　　B．辅助生产成本

C．自制半成品　　D．库存商品

5．采用在产品按定额成本计价法分配完工产品与在产品费用，应具备的条件是（　　）。

A．定额管理基础较好

B．各项消耗定额变动较大

C．各月末在产品数量变化较小

D．各月末在产品数量变化较大

四、简答题

1．如何理解在产品的含义？

2．试述在产品清查结果的账务处理。

3. 生产费用在完工产品与在产品之间分配费用的方法有哪几种？如何根据企业的具体情况选择适当的分配方法？

4．试述在产品按所耗直接材料费用计价法的特点和适用范围。

5．试述约当产量比例法的特点和适用范围。

6．约当产量比例法下，如何测定在产品生产过程中的投料程度和加工程度？

7．试述在产品按定额成本计价法的特点和适用范围。

8．试述定额比例法的特点和适用范围。

9．试说明定额比例法与在产品按定额成本计价法的区别。

10．如何组织完工产品成本核算？

五、业务题

1．某企业甲产品所耗原材料在生产开始时一次投入，月末在产品按所耗直接材料费用计价。7月初在产品成本为16 000元，8月份生产费用如下：原材料134 000元，燃料和动力费4 000元，人工费8 000元，制造费用11 000元。本月完工产品500件，月末在产品100件。

要求：分配计算甲产品完工产品成本和月末在产品成本。

2．某企业20××年8月A种产品成本明细账部分数据见表5-13。

该种产品采用定额比例法分配费用，其中，原材料费用按定额费用比例分配，其他费用按定额工时比例分配。

要求：计算填列A种产品成本明细账。

表5-13　产品成本明细账

产品名称：A产品　　20××年8月　　单位：元

<table>
<tr><th>月</th><th>日</th><th colspan="2">摘要</th><th>直接材料</th><th>直接人工</th><th>制造费用</th><th>合计</th></tr>
<tr><td>8</td><td>31</td><td colspan="2">余额</td><td>11 200</td><td>9 500</td><td>8 300</td><td>29 000</td></tr>
<tr><td>9</td><td>30</td><td colspan="2">本月生产费用</td><td>88 900</td><td>76 600</td><td>66 320</td><td>231 820</td></tr>
<tr><td>9</td><td>30</td><td colspan="2">累计</td><td></td><td></td><td></td><td></td></tr>
<tr><td>9</td><td>30</td><td colspan="2">分配率</td><td></td><td></td><td></td><td></td></tr>
<tr><td rowspan="2">9</td><td rowspan="2">30</td><td rowspan="2">完工产品</td><td>定额</td><td>5 800</td><td>3 760</td><td></td><td></td></tr>
<tr><td>实际</td><td></td><td></td><td></td><td></td></tr>
<tr><td rowspan="2">9</td><td rowspan="2">30</td><td rowspan="2">月末在产品</td><td>定额</td><td>3 300</td><td>1 980</td><td></td><td></td></tr>
<tr><td>实际</td><td></td><td></td><td></td><td></td></tr>
</table>

3．某种产品经三道工序完成，其材料在每到工序开始时分别一次投入，其各工序的材料消耗定额和9月末在产品数量见表5-14。

表5-14　材料消耗定额和在产品数量表

工序	本工序材料消耗定额（公斤）	9月末在产品数量（件）
1	180	200
2	108	150
3	72	230
合计	360	—

该种产品9月初在产品直接材料费用17 300元，9月份直接材料费用23 200元，该月完工产品900件。

要求：根据上述数据完成下列题目。

（1）计算各工序的投料程度。

（2）计算9月末在产品约当产量。

（3）分配计算完工产品和月末在产品的直接材料费用。

4. 某产品各项消耗定额比较准确稳定，各月末在产品数量变化不大，月末在产品按定额成本计价。该产品月初在产品成本及本月生产费用合计为：原材料费用48 020元，直接人工费用15 250元，制造费用12 000元。原材料生产开始时一次投料，单位产品直接材料费用定额70元。完工产品产量420件。月末在产品100件，定额工时共计1 300小时。每小时费用定额：人工费用2.05元，制造费用2.40元。

要求：采用在产品按定额成本计价法分配计算完工产品成本和月末在产品成本。

5. 某企业生产甲产品由三道工序制成，原材料在生产开始时一次投入。单位产品工时定额为40小时，第一工序工时定额8小时，第二工序工时定额16小时，第三工序工时定额16小时，各道工序在产品加工程度均按50%计算。本月甲产品完工200件，各工序在产品数量：第一工序20件，第二工序40件，第三工序60件。月初在产品成本及本月生产费用累计为：直接材料16 000元，直接人工7 980元，制造费用8 512元。

要求：根据上述数据完成下列题目。

（1）分工序计算在产品加工程度。

（2）分工序计算在产品约当产量。

（3）计算费用分配率。

（4）计算完工产品成本和月末在产品成本。

（5）编制完工产品入库的会计分录。

第六章 产品成本计算的基本方法

【学习目标】

1. 了解产品成本计算方法的形成。
2. 理解产品成本计算基本方法的特点和适用范围。
3. 熟悉产品成本计算基本方法的核算原理和核算程序。
4. 掌握产品成本计算的基本方法及账务处理。

【关键词】

基本方法　成本计算对象　成本计算期　品种法　分批法　分步法　成本还原

【引例】

王玲大学毕业后应聘到一家纺织企业做成本核算员。该纺织企业规模较大，财务部老李向王玲介绍情况称，企业设有三个纺纱车间，两个织布车间，另外还有三个为其服务的辅助车间。第一纺纱车间的纱全部外销，第二纺纱车间的纱供第一织布车间使用，第三纺纱车间的纱供第二织布车间使用。各工序半成品全部供下一工序使用，不经过半成品库。现行的成本核算模式是，第一纺纱车间采用品种法计算成本，第二纺纱车间和第一织布车间采用品种法计算成本，第三纺纱车间和第二织布车间采用逐步结转分步法计算成本。老李问王玲，成本计算方法的选择是否合理？如果不合理，那如何改进？同时，老李还提供了生产车间的生产成本资料供王玲熟悉企业成本计算过程。

第一节 产品成本计算方法概述

一、企业生产类型的分类

产品成本是在生产过程中形成的，因此生产的特点在很大程度上影响着成本计算方法的特点。另外，成本计算是为成本管理提供资料的，因此采用什么方法，提供哪些资料，要考虑成本管理的要求。当然，成本管理的要求也脱离不开生产的特点。以上两个方面的关系说明，企业在确定产品成本计算方法时，必须从企业的具体情况出发，同时考虑企业的生产特点和成本管理的要求。生产特点和管理要求对产品成本计算的影响主要表现在成本计算对象的确定上。成本计算对象是指企业为了计算产品成本而确定的归集和分配生产费用的对象，通俗地讲，就是计算什么的成本。成本计算对象可以是一种产品、一项服务、一项作业。具体到工业产品生产，根据管理的需要，可以是产品的品种，也可以是产品的批别或者是产品的生产步骤。计算产品成本，首先要确定成本计算对象，然后在各个成本计算对象之间分配和归集生产费用，计算各个成本计算对象的完工产品成本和月末在产品成本。

企业的生产类型及其不同生产类型的特点，对企业选择成本计算方法有着重要的影响。企业的生产类型，可按生产工艺过程的特点和生产组织的特点进行划分。

（一）生产按工艺过程特点分类

工业企业的生产，按其生产工艺过程的特点，可以分为单步骤生产和多步骤生产两种类型。

1. 单步骤生产

单步骤生产也称简单生产，是指生产工艺过程不能间断、不可能或不需要划分为几个生产步骤的生产，如发电、采掘等工业生产。这类生产由于技术上的不可间断（如发电），或受工作地点的限制（如采煤），通常只能由一个企业整体进行，而不能由几个企业协作进行。属于单步骤生产的企业，其产品的生产周期一般比较短，通常没有自制半成品或其他中间产品。

2. 多步骤生产

多步骤生产也称复杂生产，是指产品的生产工艺技术过程由可以间断的若干生产步骤所组成的生产。它既可以在一个企业或车间内独立进行，也可以由几个企业或车间在不同的工作地点协作进行。属于多步骤生产的企业，其产品的生产周期一般较长，产品品种不是单一的，有半成品或中间产品，例如纺织、钢铁、机械、造纸、服装等工业生产。

多步骤生产按其产品的加工方式又可分为连续加工式生产和装配式生产。连续加工式生产是指原材料投入生产后，要依次经过各生产步骤的连续加工，才能成为产品的生产，例如纺织、钢铁等工业生产。装配式生产是指先将原材料分别在各个加工车间平行加工为零件、部件，然后再将零件、部件装配为产品的生产，例如机械、车辆、仪表制造等工业生产。

（二）生产按生产组织特点分类

生产组织是指保证生产过程各个环节、各个因素相互协调的生产工作方式。工业企业的生产，按其生产组织的特点，可以分为大量生产、成批生产和单件生产等三种类型。

1. 大量生产

大量生产是指不断地重复生产相同产品的生产。在这种生产的企业或车间中，产品的品种较少，而且比较稳定，采用专业设备不断重复进行生产，专业化水平较高，例如采掘、纺织、面粉、化肥的生产。

2. 成批生产

成批生产是指按照事先规定的产品批别和数量进行的生产。在这种生产的企业或车间中，产品的品种较多，而且具有一定的重复性，例如服装、机械的生产。成批生产按照产品批量的大小，又可以分为大批生产和小批生产。大批生产，由于产品批量大，往往在几个月内不断地重复生产一种或几种产品，因而性质近于大量生产；小批生产，由于生产产品的批量小，一批产品一般可以同时完工，因而其性质近于单件生产。

3. 单件生产

单件生产类似小批生产，是指根据订货单位的要求，生产个别的、特殊的产品的生产，例如重型机器制造和船舶制造等。这种类型生产的主要特点是品种多，每一订单产品数量少，一般不重复或不定期重复生产，专业化程度不高，通常采用通用设备进行加工。

单步骤生产和连续加工式的多步骤生产的生产组织多为大量生产。装配式的多步骤生产的生产组织，则有大量生产、成批生产和单件生产的区别。

二、生产特点和成本管理要求对产品成本计算的影响

（一）对产品成本计算对象的影响

生产特点和成本管理要求必然对产品成本计算产生影响。这一影响主要表现在成本计算对象的确定上。

从产品生产工艺过程看，单步骤生产只有一个生产步骤，其工艺过程不能间断，只能按照生产产品的品种计算成本。而在多步骤生产中，为了加强各个生产步骤的成本管理，往往不仅要求按照

产品的品种或批别计算成本，而且还要求按照产品生产的步骤计算成本。但是，如果企业的规模较小，管理上不要求按照生产步骤考核生产费用、计算产品成本，也可以不按照生产步骤计算成本，而只按照产品品种或批别计算成本。

从产品生产组织特点看，在大量生产情况下，一种或若干种产品连续不断地重复生产，一方面，同样的原材料不断投入；另一方面，相同的产品不断产出，因而管理上只要求按照产品的品种计算成本。大批生产往往集中投料，生产一批零部件供几批产品耗用；耗用量较多的零部件也可以另行分批生产。在这种情况下，零部件生产的批别与产品生产的批别往往是不一致的，因而也就不能按照产品的批别计算成本，而只能按照产品的品种计算成本。小批、单件生产，由于其生产的产品批量小，一批产品一般可以同时完工，所以有可能按照产品的批别或件别归集生产费用，以计算产品成本。从管理要求看，为了分析和考核各批产品成本水平，也要求按照产品批别或件别计算成本。

综上所述，在产品成本计算工作中有着三种不同的成本计算对象。

（1）以产品品种为成本计算对象。

（2）以产品批别为成本计算对象。

（3）以产品生产步骤为成本计算对象。

成本计算对象的确定是设置产品成本明细账、归集生产费用、计算产品成本的前提，是构成成本计算方法的主要标志，也是区别各种成本计算基本方法的主要标志。

（二）对产品成本计算期的影响

产品成本计算既包括完工产品成本的计算，也包括在产品成本的计算，一般情况下都是定期于每月月末进行的。但在不同生产类型中也不完全一样，这主要取决于生产组织的特点。在大量、大批生产中，由于生产活动连续不断地进行着，月末一般都有完工产品和未完工的在产品，因而产品成本计算都是定期于每月月末进行，而与产品的生产周期不相一致。但在小批、单件生产中，每月不一定都有产品完工，完工产品成本有可能在某批或某件产品完工以后计算，因而完工产品成本的计算是不定期的，而与生产周期相一致。

（三）对完工产品与在产品之间费用分配的影响

生产类型的特点还影响到月末在进行成本计算时有没有在产品、是否需要在完工产品与在产品之间分配费用的问题。在单步骤生产中，生产过程不能间断，生产周期也短，一般没有在产品，或者在产品数量很少，因而计算产品成本时，生产费用不必在完工产品与在产品之间进行分配。在多步骤生产中，是否需要在完工产品与在产品之间分配费用，在很大程度上取决于生产组织的特点。在大量、大批生产中，生产连续不断地进行，而且经常存在在产品，因而在计算成本时，就需要采用适当的方法，将生产费用在完工产品与在产品之间进行分配。在小批、单件生产中，一批产品一般可以同时完工，在每批、每件产品完工前，产品成本明细账中所记的生产费用就是在产品的成本，完工后其所记的费用就是完工产品的成本，因而不存在在完工产品与在产品之间分配费用的问题。

三、产品成本计算的方法

产品成本计算就是按照成本计算对象分配和归集生产费用计算其总成本和单位成本的过程。

（一）产品成本计算的基本方法

为了适应不同类型生产特点和成本管理的要求，在产品成本计算工作中有着三种不同的成本计算对象：产品品种、产品批别和产品的生产步骤。以成本计算对象为主要标志的产品成本计算基本方法有三种。

（1）以产品品种为成本计算对象的产品成本计算方法称为品种法。该方法一般适用于单步骤的大量生产，如发电、采掘等，也可用于不需要分步骤计算成本的多步骤的大量、大批生产，如小型造纸厂、水泥厂等。

（2）以产品批别为成本计算对象的产品成本计算方法称为分批法，适用于单件、小批的单步骤生产或管理上不要求分步骤计算成本的多步骤生产，如修理作业、专用工具模具制造、重型机器制造、船舶制造等。

（3）以产品生产步骤为成本计算对象的产品成本计算方法称为分步法，适用于大量、大批的多步骤生产，如纺织、冶金、机械制造等。

这三种方法是产品成本计算的基本方法，与不同生产类型的特点有着直接联系，涉及成本计算对象的确定，是计算产品实际成本必不可少的方法。所有工业企业，不论哪一种生产类型，进行成本计算所采用的基本方法只有这三种。

表 6-1　成本计算方法与各种类型生产的关系

成本计算方法	生产组织	生产工艺过程和管理要求	成本计算对象
品种法	大量大批生产	单步骤生产或管理上不要求分步骤计算成本的多步骤生产	产品品种
分批法	单件小批生产	单步骤生产或管理上不要求分步骤计算成本的多步骤生产	产品批别
分步法	大量大批生产	管理上要求分步骤计算成本的多步骤生产	产品生产步骤

（二）产品成本计算的辅助方法

在实际工作中，除了采用上述三种成本计算基本方法外，还采用其他成本计算方法，如定额法、分类法等。但这些成本计算方法都不是独立的成本计算方法，不能单独使用，在进行成本计算时，必须结合各种基本方法使用。这些方法都是为了解决成本计算或成本管理过程中的某一方面的问题而采用的。在产品品种规格繁多的企业，为简化成本计算工作，可采用分类法计算产品成本。在定额管理基础较好的企业，为了配合和加强定额管理，加强成本控制，可采用定额法来进行成本计算。分类法和定额法与生产特点无直接联系，不涉及成本计算对象，主要与简化成本计算工作和加强成本管理有联系，只有具备这种条件才能采用，从计算产品实际成本角度来说，不是必不可少的成本计算方法。因此，分类法和定额法也称为产品成本计算的辅助方法。

在工业企业中，根据生产特点和管理要求采用不同的成本计算方法，主要是为了正确提供成本核算资料以加强成本管理。但是，不论哪种生产类型，采用哪种成本计算方法，最终都必须按照产品品种计算出产品成本。因此，品种法又是基本方法中最基本的产品成本计算方法。

第二节　产品成本计算的品种法

一、品种法概述

（一）品种法的含义

产品成本计算的品种法也称简单法，是按照产品品种归集生产费用，计算产品成本的一种方法。

（二）品种法的适用范围

品种法主要适用于大量、大批的单步骤生产，例如发电、采掘等生产。在大量、大批的多步骤生产中，如果企业或车间的规模较小，或者车间是封闭式的（即从原材料投入到产品产出的全过程，都是在一个车间内进行的），或者生产是按流水线组织的，管理上不要求按照生产步骤计算产品成本，也可以采用品种法计算产品成本，例如小型水泥厂、织布厂以及辅助生产的供水、供电、蒸汽车间等。

（三）品种法的特点

1. 成本计算对象

在采用品种法计算产品成本的企业或车间里，成本计算对象就是产品品种。

如果只生产一种产品，那么计算产品成本时，只需要为这种产品开设一本产品成本明细账，账内按成本项目设立专栏或专行。在这种情况下，所发生的全部生产费用都是直接计入费用，可以直接计入该产品成本明细账的有关成本项目，而不存在在各成本计算对象之间分配费用的问题。

如果是生产多种产品，产品成本明细账就要按照产品品种分别设置。在发生的生产费用中，能分得清是哪种产品耗用的，可以直接计入各该产品成本明细账的有关成本项目；分不清的则要采用适当的分配方法，在各成本计算对象之间进行分配，然后分别计入各产品成本明细账的有关成本项目。

2. 成本计算期

在大量、大批的单步骤生产中，由于是不断地重复生产一种或几种产品，不能在产品制造完工时立即计算它的成本，所以成本计算一般是定期于每月月末进行。在多步骤生产中，如采用品种法计算成本，成本计算一般也是定期于每月月末进行。

3. 费用在完工产品与在产品之间的分配

在单步骤生产中，月末计算成本时，一般不存在尚未完工的在产品，或者在产品数量很小，因而可以不计算在产品成本。在这种情况下，产品成本明细账中按成本项目归集的生产费用，就是该产品的总成本。

在一些规模较小，而且管理上又不要求按照生产步骤计算成本的大量、大批的多步骤生产中，月末一般都有在产品，而且数量较多。这就需要将产品成本明细账中归集的生产费用，选择适当的分配方法，在完工产品与月末在产品之间进行分配，以便计算完工产品成本和月末在产品成本。

（四）品种法的成本核算程序

品种法是产品成本计算方法中的最基本方法，因而品种法的计算程序体现着产品成本计算的一般程序。

1. 按产品的品种设置基本生产成本明细账

在基本生产成本账中按成本项目设置专栏。对于有月初在产品成本的产品，还应在产品成本明细账中登记月初在产品的成本。

2. 本月费用的横向分配，确定各产品的本月生产费用

（1）根据生产过程中发生的各项要素费用的原始凭证和有关资料，编制本月各种要素费用分配表，根据各种要素费用分配表登记基本生产成本、辅助生产成本、制造费用等明细账。

（2）将辅助生产成本明细账所归集的费用，按各种产品和各受益单位的耗用量，编制本月辅助

生产费用分配表，分配辅助生产费用。根据辅助生产费用分配表登记基本生产成本、制造费用等明细账。

（3）将制造费用明细账所归集的费用，采用一定的方法，在本月生产的各种产品之间进行分配，编制本月制造费用分配表，并登记基本生产成本明细账。

3. 基本生产成本明细账所归集的生产费用纵向分配

月末如果没有在产品，则本月发生的生产费用就是完工产品成本。如果有月末在产品，而且数量很大时，则应采用一定的分配方法，将基本生产成本明细账所归集的生产费用在本月完工产品和月末在产品之间进行分配，从而计算出本月完工产品成本。

根据各成本明细账中计算出的本月完工产品成本，汇总编制产品成本汇总表，计算出完工产品总成本和单位成本，并在基本生产明细账中转出。

品种法成本核算程序如图 6-1 所示。

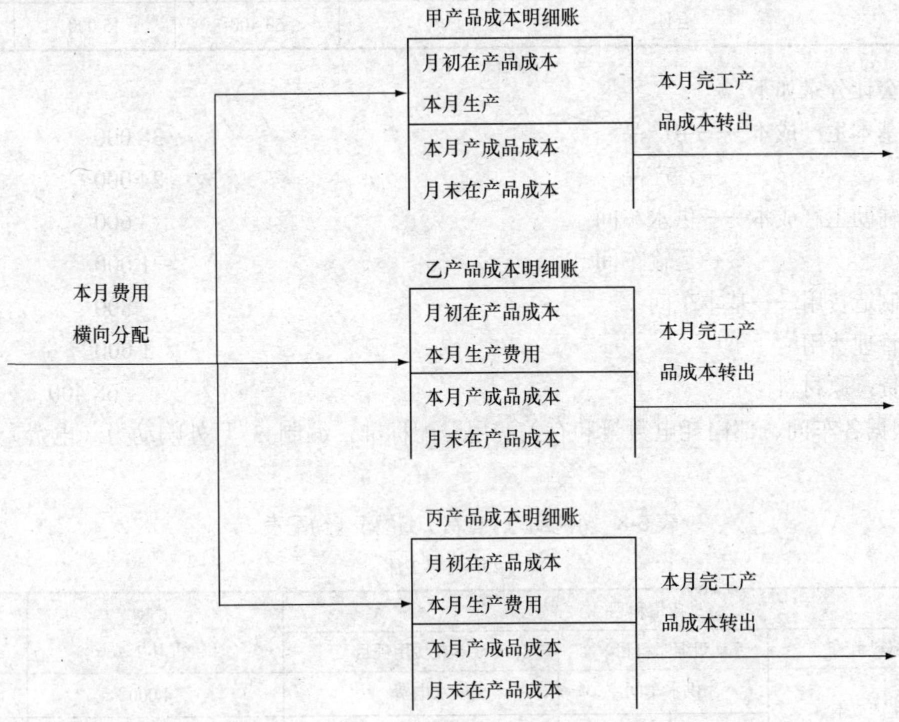

图 6-1　品种法的成本核算程序图

二、品种法的成本核算举例

【例 6-1】假定某工业企业设有一个基本生产车间，大量生产甲、乙两种产品，其生产工艺过程属于多步骤生产，管理上又不要求按照生产步骤计算成本，根据生产特点和管理要求，确定采用品种法计算产品成本。该企业还设有供水和运输两个辅助生产车间，辅助生产车间的制造费用不通过制造费用科目核算。该企业不单独核算废品损失，产品成本设置直接材料、直接人工和制造费用等三个成本项目。以下以该企业 20××年 3 月各项费用资料为例，介绍说明品种法的产品成本计算及其账务处理。

（1）根据各项费用的原始凭证和其他有关资料，编制各种要素费用分配表，分配各种要素费用。

① 根据按材料用途归类的领退料凭证和有关的分配标准，编制3月材料费用分配表，见表6-2。

表6-2 材料费用分配表（分配表1）

20××年3月　　单位：元

应借科目			主要材料	其他材料	合计
总账科目	明细账科目	成本或费用项目			
基本生产成本	甲产品	直接材料	30 000	8 000	38 000
	乙产品	直接材料	20 000	4 000	24 000
辅助生产成本	供水车间	原材料	3 000	600	3 600
	运输车间	原材料	400	600	1 000
制造费用	基本车间	机物料		800	800
管理费用		物料		1 000	1 000
合计			53 400	15 000	68 400

编制会计分录如下。

借：基本生产成本——甲产品　　38 000
　　　　　　　——乙产品　　24 000
　　辅助生产成本——供水车间　　3 600
　　　　　　　——运输车间　　1 000
　　制造费用——基本车间　　800
　　管理费用　　1 000
　　贷：原材料　　68 400

② 根据各车间、部门耗电数量和有关费用分配标准，编制3月外购动力（电费）分配表，见表6-3。

表6-3 外购动力（电费）分配表（分配表2）

20××年3月　　单位：元

应借科目			度数（单价0.5元）	金额（元）
总账科目	明细账科目	成本或费用项目		
辅助生产成本	供水车间	水电费	4 000	2 000
	运输车间	水电费	2 000	1 000
制造费用	基本车间	水电费	30 000	15 000
管理费用		水电费	4 000	2 000
合计			40 000	20 000

编制会计分录如下。

借：辅助生产成本——供水车间　　2 000
　　　　　　　——运输车间　　1 000
　　制造费用　　15 000
　　管理费用　　2 000
　　贷：应付账款　　20 000

③ 根据各车间、部门的工资薪酬计提办法，编制 3 月职工薪酬分配表，见表 6-4。

表 6-4　职工薪酬分配表（分配表 3）

20××年 3 月　　单位：元

应借科目			工资	其他薪酬（比例 40%）	合计
总账科目	明细账科目	成本或费用项目			
基本生产成本	甲产品	直接人工	20 000	8 000	28 000
	乙产品	直接人工	10 000	4 000	14 000
辅助生产成本	供水车间	职工薪酬	5 000	2 000	7 000
	运输车间	职工薪酬	4 000	1 600	5 600
制造费用	基本车间	职工薪酬	2 000	800	2 800
管理费用		职工薪酬	5 000	2 000	7 000
合计			46 000	18 400	64 400

编制会计分录如下。

借：基本生产成本——甲产品　28 000
　　　　　　　——乙产品　14 000
　　辅助生产成本——供水车间　7 000
　　　　　　　——运输车间　5 600
　　制造费用　2 800
　　管理费用　7 000
　　贷：应付职工薪酬　64 400

④ 根据本月应计提固定资产原价和月折旧率，计算本月应计提固定资产折旧，并编制 3 月折旧费用分配表，见表 6-5。

表 6-5　固定资产折旧费用分配表（分配表 4）

20××年 3 月　　单位：元

应借科目			折旧费用
总账科目	明细账科目	成本或费用项目	
辅助生产成本	供水车间	折旧费	8 000
	运输车间	折旧费	6 000
制造费用	基本车间	折旧费	16 000
管理费用		折旧费	4 000
合计			34 000

编制会计分录如下。

借：辅助生产成本——供水车间　8 000
　　　　　　　——运输车间　6 000
　　制造费用　16 000
　　管理费用　4 000
　　贷：累计折旧　34 000

⑤ 根据 3 月银行存款付款凭证汇总的货币支出编制付款凭证汇总表，见表 6-6。

表 6-6 银行存款付款凭证汇总表（分配表 5）

20××年 3 月　　　　单位：元

应借科目			金额
总账科目	明细账科目	成本或费用项目	
辅助生产成本	供水车间	办公费	2 400
		其他	1 000
	运输车间	办公费	3 000
		其他	1 400
制造费用	基本车间	办公费	5 000
		其他	1 400
管理费用		办公费	20 000
		其他	2 000
合计			36 200

编制会计分录如下。

借：辅助生产成本——供水车间　　3 400
　　　　　　　——运输车间　　4 400
　　制造费用　　6 400
　　管理费用　　22 000
　　贷：银行存款　　36 200

（2）根据上述各种费用分配表和其他有关资料，登记辅助生产成本明细账，归集和分配辅助生产费用。

① 登记辅助生产成本明细账，见表 6-7、表 6-8。

表 6-7 辅助生产成本明细账

车间名称：供水车间　　20××年 3 月　　单位：元

月	日	摘要	原材料	水电费	职工薪酬	折旧费	办公费	其他	合计	转出	余额
4	30	分配表 1	3 600						3 00		
4	30	分配表 2		2 000					2 000		
4	30	分配表 3			7 000				7 000		
4	30	分配表 4				8 000			8 000		
4	30	分配表 5					2 400	1 000	3 400		
4	30	小计	3 600	2 000	7 000	8 000	2 400	1 000	24 000		24 000
4	30	分配表 6								24 000	
4	30	合计	3 600	2 000	7 000	2 000	2 400	1 000	24 000	24 000	0

表 6-8 辅助生产成本明细账

车间名称：运输车间　　　　20××年 3 月　　　　单位：元

月	日	摘要	原材料	水电费	职工薪酬	折旧费	办公费	其他	合计	转出	余额
4	30	分配表 1	1 000						1 000		
4	30	分配表 2		1 000					1 000		
4	30	分配表 3			5 600				5 600		
4	30	分配表 4				6 000			6 000		
4	30	分配表 5					3 000	1 400	4 400		
4	30	小计	1 000	1 000	5 600	6 000	3 000	1 400	18 000		18 000
4	30	分配表 6								18 000	
4	30	合计	1 000	1 000	5 600	1 000	3 000	1 400	18 000	18 000	0

② 根据辅助生产成本明细账归集的费用以及各辅助车间所提供的劳务数量，采用直接分配法分配辅助生产成本。3 月辅助生产费用分配表见表 6-10。

表 6-9 辅助车间劳务数量表

受益对象	辅助车间（单位）	
	供水车间（吨）	运输车间（公里）
供水车间		5 000
运输车间	10 000	
基本生产车间	20 000	10 000
企管部门	4 000	10 000
合计	34 000	25 000

表 6-10 辅助生产费用分配表（分配表 6）

20××年 3 月　　　　单位：元

项目		供水车间	运输车间	合计
待分配费用		24 000	18 000	
辅助生产之外受益劳务总量		24 000	20 000	
辅助生产费用分配率		1	0.9	
基本生产车间	受益数量	20 000	10 000	
	受益金额	20 000	9 000	29 000
企管部门	受益数量	4 000	10 000	
	受益金额	4 000	9 000	13 000
合计		24 000	18 000	42 000

编制会计分录如下。

借：制造费用　　29 000
　　管理费用　　13 000
　　贷：辅助生产成本——供水车间　　24 000
　　　　　　　　　——运输车间　　18 000

（3）归集和分配基本生产车间的制造费用的步骤如下。

① 根据上述各种费用分配表，登记制造费用明细账，见表 6-11。

表 6-11 制造费用明细账

车间名称：基本生产车间　　　　20××年 3 月　　　　单位：元

月	日	摘要	机物料	水电费	职工薪酬	折旧费	办公费	其他	合计	转出	余额
4	30	分配表 1	800						800		
4	30	分配表 2		15 000					15 000		
4	30	分配表 3			2 800				2 800		
4	30	分配表 4				16 000			16 000		
4	30	分配表 5					5 000	1 400	6 400		
4	30	分配表 6		20 000				9 000	29 000		
4	30	小计	800	35 000	2 800	16 000	5 000	10 400	70 000		70 000
4	30	分配表 6								70 000	
4	30	合计	800	35 000	2 800	16 000	5 000	10 400	70 000	70 000	0

② 根据制造费用明细账归集的费用金额和甲、乙产品的实际生产工时比例分配制造费用，编制 3 月制造费用分配表，见表 6-12。

表 6-12 制造费用分配表（分配表 7）

车间名称：基本生产车间　　　　20××年 3 月　　　　单位：元

应借科目			生产工时	分配率	应分金额
总账科目	明细账科目	成本或费用项目			
基本生产成本	甲产品	制造费用	5 000	10	50 000
	乙产品	制造费用	2 000	10	20 000
合计			7 000	10	70 000

编制会计分录如下。

借：基本生产成本——甲产品　　　　50 000

　　　　　　　　——乙产品　　　　20 000

　贷：制造费用　　　　　　　　　　　70 000

（4）根据各种费用分配表和其他有关资料，登记产品成本明细账，分别归集甲、乙两种产品成本，并计算完工产品和月末在产品成本。

甲产品完工 900 件，月末在产品 200 件。要求按约当产量法在完工产品和月末在产品之间进行分配。原材料在生产开始时一次性投入，月末在产品完工程度为 50%。

乙产品月初在产品 20 件，本月投产 80 件，完工 100 件，月末无在产品。

① 根据上月产品成本明细账和本月各种费用分配表，登记产品成本明细账的月初产品成本和本月生产费用发生额。甲、乙两种产品成本明细账分别见表 6-13、表 6-14。

表 6-13 产品成本明细账

产品名称：甲产品　　　　20××年 3 月　　　　单位：元

月	日	摘要	直接材料	直接人工	制造费用	合计
4	30	月初在产品成本	6 000	2 000	4 000	12 000
4	30	分配表 1	38 000			38 000
4	30	分配表 3		28 000		28 000
4	30	分配表 7			50 000	50 000

续表

月	日	摘要	直接材料	直接人工	制造费用	合计
4	30	生产费用累计	44 000	30 000	54 000	128 000
4	30	完工产品数量	900	900	900	—
4	30	月末在产品约当产量	200	100	100	—
4	30	约当总产量	1 100	1 000	1 000	
4	30	完工产品单位成本	40	30	54	124
4	30	完工产品总成本	36 000	27 000	48 600	111 600
4	30	月末在产品成本	8 000	3 000	5 400	16 400

表 6-14　产品成本明细账

产品名称：乙产品　　　　20××年 3 月　　　　单位：元

月	日	摘要	直接材料	直接人工	制造费用	合计
4	30	月初在产品成本	4 000	2 000	3 000	9 000
4	30	分配表 1	24 000			24 000
4	30	分配表 3		14 000		14 000
4	30	分配表 7			20 000	20 000
4	30	生产费用累计	28 000	16 000	23 000	67 000
4	30	完工产品总成本	28 000	16 000	23 000	67 000
4	30	完工产品单位成本	280	160	230	670
4	30	月末在产品成本	—	—	—	—

② 根据各成本明细账中计算出的本月完工产品成本，汇总编制 3 月产品成本汇总表，在基本生产明细账中转出该品种本月完工产品成本，见表 6-15。

表 6-15　产品成本汇总表

20××年 3 月　　　　单位：元

产品名称	产品数量	直接材料	直接人工	制造费用	合计
甲产品	900	36 000	27 000	48 600	111 600
乙产品	100	28 000	16 000	23 000	67 000
合计		64 000	43 000	71 600	178 600

编制会计分录如下。

借：库存商品——甲产品　　　　111 600

　　　　　——乙产品　　　　67 000

　贷：基本生产成本——甲产品　　　　111 600

　　　　　　　——乙产品　　　　67 000

产品成本计算实际上就是会计核算中成本费用科目的明细核算。为了正确地计算各种产品成本，必须正确地编制各种费用分配表和分配、归集各项费用的会计分录，并且按照平行登记的规则，既登记有关的总账科目，又登记各该总账科目所属的明细账。最后，将各种生产费用分配、归集到基本生产成本科目及其所属的各种产品成本明细账中，计算各种产品的总成本和单位成本。

第三节 产品成本计算的分批法

一、分批法概述

（一）分批法的含义

产品成本计算的分批法是按照产品的批别归集生产费用，计算产品成本的一种方法。在这种生产类型企业中，由于生产多是根据购货单位的订货单组织的，因此，分批法也称订单法。

（二）分批法的适用范围

分批法主要适用于小批、单件及管理上不要求分步骤计算成本的多步骤生产，具体有下列几种情况。

（1）根据客户定单生产的企业，例如造船厂、重型机械厂等，接受的客户定单往往是单件或几件产品，且每件产品一般都有特殊规格或特殊性能要求，因而在使用的原材料及加工工艺上有区别，所以要分批计算产品成本。

（2）产品种类经常变化的企业，例如制药厂、食品罐头厂、服装厂、印刷厂等，由于产品种类经常变换或品种固定但由于生产规模小，一般不可能按产品设置流水线大量生产，所以也要按投产批次分批计算产品成本。

（3）以修理业务为主，需要分别计算修理业务成本的企业。

（4）新产品试制车间及内部工具、模具制造车间等。

（三）分批法的特点

1. 成本计算对象

成本计算对象就是产品的批别（单件生产为件别）。在小批和单件生产中，产品的种类和每批产品的批量，大多是根据购买单位的订单确定，因而按批、按件计算产品成本，往往也就是按照订单计算产品成本。

如果在一张订单中规定有几种产品，或虽然只有一种产品但其数量较大而又要求分批交货时，按订货单位的订单组织生产，就不利于按产品品种考核、分析成本计划的完成情况，从生产管理上也不便于集中一次投料，或满足不了分批交货的要求。针对这一情况，企业生产计划部门可以将上述订单按照产品品种划分批别组织生产，或将同类产品划分数批组织生产，计算成本。如果在一张订单中只规定一件产品，但其属于大型复杂的产品，价值较大，生产周期较长，如大型船舶制造，也可以按照产品的组成部分分批组织生产，计算成本。

如果在同一时期内，企业接到不同购货单位的生产同一产品的几张订单，则为了经济合理地组织生产，企业生产计划部门也可以将其合并为一批组织生产，计算成本。在这种情况下，分批法的成本计算对象，就不是购货单位的订货单，而是企业生产计划部门签发下达的生产任务通知单，单内应对该批生产任务进行编号，称为产品批号或生产令号。

会计部门应根据产品批号设立产品成本明细账。生产费用发生后，就按产品批别进行归集，直接计入费用直接计入，间接计入费用则要合理选择分配标准采用适当的分配方法，在各批产品之间进行分配，然后计入各批别产品成本明细账。

2. 成本计算期

由于分批法下存在多个成本计算对象，为了保证各批产品成本计算的正确性，各批产品成本明细账的设立和结算，应与生产任务通知单的签发和结束密切配合，协调一致，即各批或各订单产品的成本总额，在其完工以后（完工月份的月末）计算确定。因此，完工产品成本计算是不定期的，其成本计算期与产品的生产周期基本一致，而与核算报告期不一致。

3. 费用在完工产品与在产品之间的分配

在小批、单件生产下，由于完工产品成本计算期与产品的生产周期一致，所以，在月末计算产品成本时，一般不存在完工产品与在产品之间分配费用的问题。

在单件生产中，产品完工前，产品成本明细账所记的生产费用，都是在产品成本；产品完工时，产品成本明细账所记的生产费用就是完工产品的成本，因而在月末计算成本时，不存在完工产品与在产品之间费用分配的问题。

在小批生产中，由于产品批量较小，批内产品一般都能同时完工，或者在相距不久的时间周期内全部完工。月末计算成本时，或是全部已经完工，或是全都没有完工，因而一般也不存在完工产品与在产品之间费用分配的问题。

但在小批生产中，如批内产品有跨月陆续完工的情况，在月末计算成本时，一部分产品已完工，另一部分产品尚未完工，这时就有必要在完工产品与在产品之间分配费用，以便计算完工产品成本和月末在产品成本。如果跨月陆续完工的情况不多，月末完工产品数量占批量比重较小，可以采用按计划单位成本、定额单位成本或近期相同产品的实际单位成本计算完工产品成本，从产品成本明细账中转出，剩余数额即为在产品成本。在该批产品全部完工时，还应计算该批产品的实际总成本和单位成本，但对已经转账的完工产品成本，不作账面调整。这样做主要是为了计算先交货的成本。这种分配方法核算工作虽简单，但分配结果不甚正确。因此，在批内产品跨月陆续完工情况较多，月末完工产品数量占批量比重较大时，为了提高成本计算的正确性，则应采用适当的方法，在完工产品与月末在产品之间分配费用，计算完工产品成本和月末在产品成本。为了使同一批产品尽量同时完工，避免跨月陆续完工的情况，减少完工产品与月末在产品之间分配费用的工作，可在合理组织生产的前提下，适当缩小产品的批量。

（四）分批法的成本核算程序

1. 按产品的批别设置基本生产成本明细账

在基本生产成本账中按成本项目设置专栏。对于有月初在产品成本的产品，还应在产品成本明细账中登记月初在产品的成本。

2. 本月费用的横向分配，确定各批别的本月生产费用

编制本月各种费用分配表，并登记相关的成本、费用明细账。生产费用的分配归集包括要素费用、辅助生产费用、制造费用等。在分批法下，应特别强调按定单（或批别）归集成本费用。因此，凡能分清属于某一定单（或批别）产品所耗的单设成本项目的直接计入费用，直接计入各成本计算对象；对于那些不能分清楚属于哪一张定单（或批别）消耗的单设成本项目的间接计入费用，单独分配后计入各成本计算对象；不单设成本项目的费用，一般是先按车间、部门或者费用用途，归集为综合费用，月末再直接计入或者分配计入各成本计算对象。

3. 基本生产成本明细账所归集的生产费用纵向分配

若批内产品同时完工，那产品成本明细账所记的生产费用就是完工产品的成本。如批内产品有跨月陆续完工的情况，在该批别本月完工产品与该批别月末在产品之间分配费用，并在基本生产明

细账中转出该批别本月完工产品成本。

分批法成本核算程序见图 6-2。

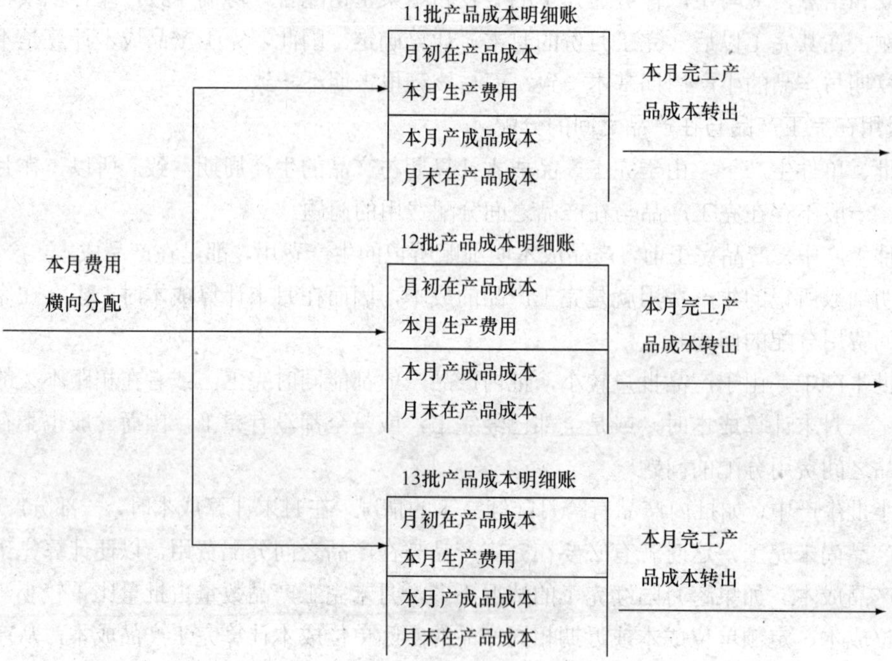

图 6-2　分批法的成本核算程序图

二、分批法成本核算程序举例

【例 6-2】某企业属于单件小批多步骤生产的企业，只有一个生产车间。按购货单位要求分批生产甲、乙种产品，采用分批法计算成本。该企业 20××年 6 月份有关资料如下。

4110 号甲产品 8 件，4 月份投产，材料是在生产开始时一次投入，本月全部完工。

4120 号甲产品 10 件，5 月份投产，本月完工 6 件，月末未完工 4 件。要求按约当产量法在完工产品和月末在产品之间分配费用。原材料在生产开始时一次性投入，月末在产品完工程度为 50%。

4122 号乙产品 8 件，5 月份投产，材料是在生产开始时一次投入，本月完工 2 件结转，为简化核算，完工产品按定额成本结转。

（1）根据本月各种费用分配表和其他有关资料，将各批别的本月生产费用按成本项目登记产品成本明细账。

各批产品在 6 月发生的直接计入费用直接计入，间接计入费用在各批产品之间分配后登记产品成本明细账，登记结果见表 6-16。

表 6-16　各批别本月生产费用

20××年 6 月

单位：元

批号	直接材料	直接人工	制造费用	合计
4110	0	2 800	4 600	7 400
4120	0	4 000	6 000	10 000
4122	0	5 000	8 000	13 000
合计	0	11 800	18 600	30 400

（2）根据上月产品成本明细账和本月各种费用分配表，登记产品成本明细账的月初产品成本和本月生产费用发生额。4110、4120、4122 批号产品成本明细账分别见表 6-17～表 6-19。

表 6-17　产品成本明细账

批号：4110　　　　　　　　　　　　　　　　　　　　　　　　投产月份：4 月

产品名称：甲产品　　　　　　　　　　　　　　　　　　　　　完工月份：6 月

购货单位：________　　　　　　　批量：8 件　　　　　　　　　单位：元

月	日	摘要	直接材料	直接人工	制造费用	合计
4	30	4 月生产费用	7 800	1 200	1 800	10 800
5	31	5 月生产费用	0	1 800	3 200	5 000
5	31	小计	7 800	3 000	5 000	15 800
6	30	6 月生产费用	0	2 800	4 600	7 400
6	30	生产费用累计	7 800	5 800	9 600	23 200
6	30	完工产品总成本	7 800	5 800	9 600	23 200
6	30	完工产品单位成本	975	725	1 200	2 900

表 6-18　产品成本明细账

批号：4120　　　　　　　　　　　　　　　　　　　　　　　　投产月份：5 月

产品名称：甲产品　　　　　　　　　　　　　　　　　　完工月份：6 月完工 6 件

购货单位：________　　　　　　　批量：10 件　　　　　　　　　单位：元

月	日	摘要	直接材料	直接人工	制造费用	合计
5	31	5 月生产费用	10 000	2 000	4 000	16 000
6	30	6 月生产费用	0	4 000	6 000	10 000
6	30	生产费用累计	10 000	6 000	10 000	26 000
6	30	完工产品数量	6	6	6	—
6	30	月末在产品约当产量	4	2	2	—
6	30	约当总产量	10	8	8	
6	30	完工产品单位成本	1 00	750	1 250	3 000
6	30	完工产品总成本	6 000	4 500	7 500	18 000
6	30	月末在产品成本	4 000	1 500	2 500	8 000

4120 在产品分配直接材料的约当产量＝4×100%＝4

4120 分配直接材料的总约当产量＝6＋4＝10

4120 单位产成品直接材料费用＝$\frac{10\,000}{10}$＝1 000

4120 产成品分配直接材料费用＝6×1 000＝6 000

4120 在产品分配直接材料费用＝4×1 000＝4 000

4120 在产品分配加工费的约当产量＝4×50%＝2

4120 分配加工费的总约当产量＝6＋2＝8

4120 单位产成品直接人工费用＝$\frac{2\,000+4\,000}{8}$＝750

4120 产成品分配直接人工费用＝6×750＝4 500

4120 在产品分配直接人工费用＝2×750＝1 500

$$4120\text{ 单位产成品制造费用}=\frac{4\,000+6\,000}{8}=1\,250$$

4120 产成品分配制造费用＝6×1 250＝7 500

4120 在产品分配制造费用＝2×1 250＝2 500

表 6-19 产品成本明细账

批号：4122　　　　投产月份：5 月

产品名称：乙产品　　　　完工月份：6 月完工 2 件

购货单位：________　　　　批量：8 件　　　　单位：元

月	日	摘要	直接材料	直接人工	制造费用	合计
5	31	5 月生产费用	16 000	4 000	6 000	26 000
6	30	6 月生产费用	0	5 000	8 000	13 000
6	30	生产费用累计	16 000	9 000	14 000	39 000
6	30	产品单位定额成本	2 000	1 800	3 000	6 800
6	30	完工产品总成本	4 000	3 600	6 000	13 600
6	30	月末在产品成本	12 000	5 400	8 000	25 400

（3）根据各成本明细账中计算出的本月完工产品成本，汇总编制 6 月产品成本汇总表，在基本生产明细账中转出该品种本月完工产品成本，见表 6-20。

表 6-20 产品成本汇总表

20××年 6 月　　　　单位：元

批号	产品名称	产品数量	直接材料	直接人工	制造费用	合计
4110	甲产品	8	7 800	5 800	9 600	23 200
4120	甲产品	6	6 000	4 500	7 500	18 000
4122	乙产品	2	4 000	3 600	6 000	13 600
—	合计	—	17 800	13 900	23 100	54 800

编制会计分录如下。

借：库存商品——甲产品　　41 200

　　　　　　——乙产品　　13 600

　贷：基本生产成本——4110　　23 200

　　　　　　　　　——4120　　18 000

　　　　　　　　　——4122　　13 600

三、简化的分批法

（一）简化分批法概述

在小批、单件生产的企业或车间中，如果同一月份投产的产品批数很多，且月末未完工的批数也较多，例如机械制造厂或修配厂就属于这种情况。在这种情况下，如果将当月发生的间接计入费用全部分配给各批产品，而不管各批产品是否已经完工，费用分配的核算工作将非常繁重。因此，在这类企业或车间中还采用一种简化的分批法。

简化分批法又称为累计间接计入费用分配法，也称为累计分批法。采用这种方法，仍应按照产品批别设立产品成本明细账，但在各批产品完工之前，账内只需按月登记直接计入费用（例如直接材料费用）和生产工时。每月发生的间接计入费用，不是按月在各批产品之间进行分配，而是先将其计入基本生产成本二级账中，按成本项目分别累计起来；只有在有产品完工的那个月份，才按二级账累计间接计入费用除以累计工时总数，计算二级账累计间接计入费用分配率，再乘以完工产品生产工时，即可计算完工产品负担的间接计入费用；而全部产品的在产品应负担的间接计入费用，则以总数反映在基本生产成本二级账中，不进行分配，不分批计算在产品成本。因此，这种方法可称之为不分批计算在产品成本的分批法。

简化分批法的材料成本核算程序与分批法完全相同。材料成本核算程序见图 6-3。

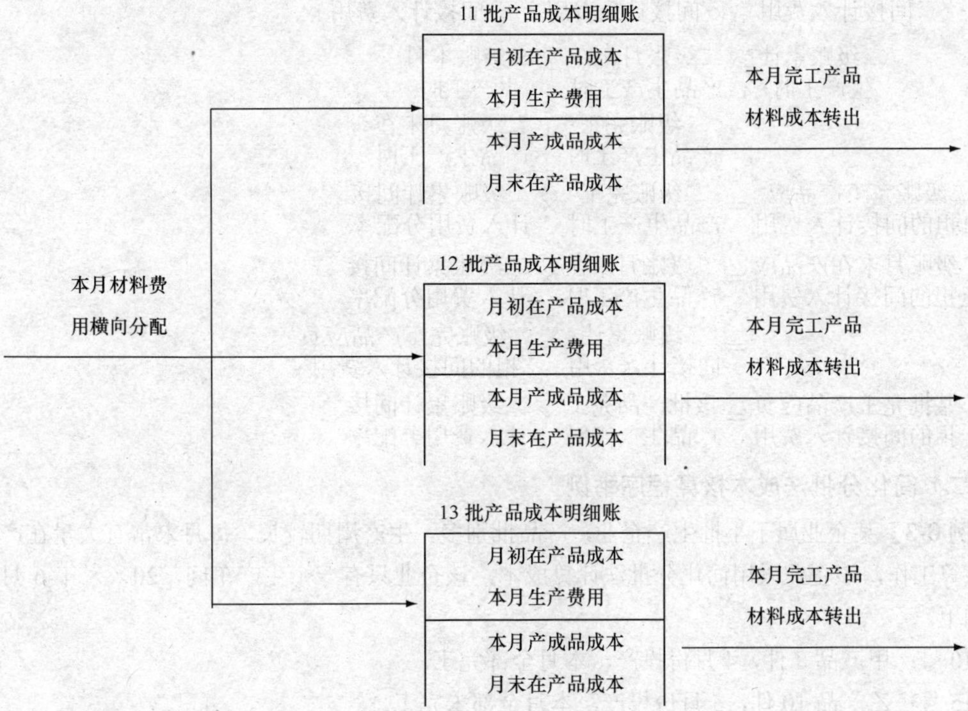

图 6-3　简化分批法的材料成本核算程序图

简化分批法的加工费成本核算程序与分批法不同，加工费成本核算程序见图 6-4。

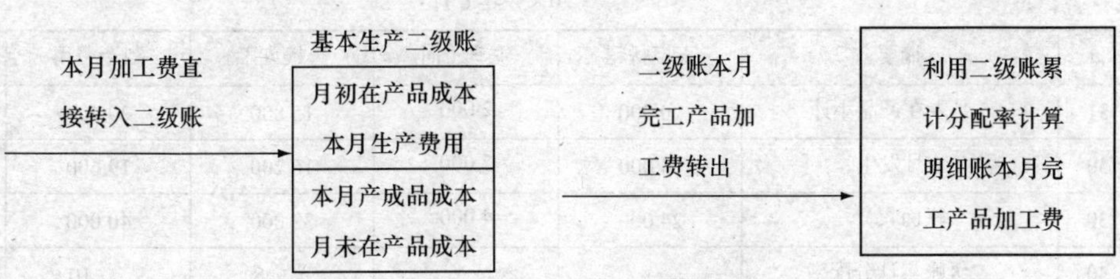

图 6-4　简化分批法加工费成本核算程序图

简化分批法的生产工时登记图见图 6-5。

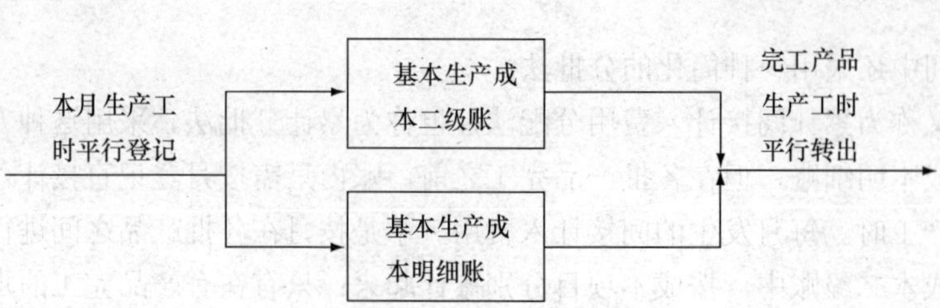

图 6-5　简化分批法的生产工时登记图

简化分批法涉及的计算公式如下。

$$\text{二级账累计间接计入费用分配率}=\frac{\text{二级账累计间接计入费用}}{\text{二级账累计生产工时}}$$

$$\text{二级账累计间接计入费用}=\text{二级账月初在产品间接计入费用}+\text{二级账本月间接计入费用}$$

$$\text{二级账累计生产工时}=\text{二级账月初在产品生产工时}+\text{二级账本月生产工时}$$

或

$$=\text{二级账完工产品生产工时}+\text{二级账月末在产品生产工时}$$

$$\text{二级账完工产品应负担的间接计入费用}=\text{二级账完工产品生产工时}\times\text{二级账累计间接计入费用分配率}$$

$$\text{二级账月末在产品应负担的间接计入费用}=\text{二级账月末在产品生产工时}\times\text{二级账累计间接计入费用分配率}$$

或

$$=\text{二级账累计间接计入费用}-\text{二级账完工产品应负担的间接计入费用}$$

$$\text{某批完工产品应负担的间接计入费用}=\text{该批产品完工产品生产工时}\times\text{二级账累计间接计入费用分配率}$$

（二）简化分批法成本核算程序举例

【例 6-3】某企业属于小批生产企业，产品批别多，生产周期较长，每月末常有大量在产品。为简化核算工作，该企业采用简化分批法计算成本，该企业只有一个生产车间，20××年 6 月份有关资料如下。

410 号：甲产品 8 件，4 月份投产，本月全部完工。

415 号：乙产品 10 件，5 月份投产，本月全部未完工。

416 号：丙产品 10 件，5 月份投产，本月完工 4 件。材料是在生产开始时一次投入。

该企业的基本生产成本二级账登记的各项生产费用、生产工时见表 6-21。

表 6-21　基本生产成本二级账

20××年 6 月

单位：元

月	日	摘要	直接材料	生产工时	直接人工	制造费用	合计
5	31	5 月末在产品小计	20 000	2 000	15 800	20 400	56 200
6	30	6 月发生	4 000	2 000	16 200	19 600	39 800
6	30	账面累计	24 000	4 000	32 000	40 000	96 000
6	30	二级账累计分配率	—	—	8	10	—
6	30	完工产品总成本	12 000	2 020	16 160	20 200	48 360
6	30	6 月末在产品小计	12 000	1 980	15 840	19 800	47 640

在基本生产成本二级账中，5 月 31 日在产品的生产工时和各项费用系上月末根据上月的生产工时和生产费用资料计算登记；本月发生的原材料费用和生产工时，应根据本月原材料费用分配表、生产工时记录，与各批产品成本明细账平行登记；本月发生的各项间接计入费用，应根据各该费用分配表汇总登记。

二级账累计间接计入费用分配率，其计算如下。

累计直接人工分配率＝32 000÷4 000＝8

累计制造费用分配率＝40 000÷4 000＝10

本月完工转出产品的原材料费用和生产工时，应根据各批产品的产品成本明细账中完工产品的原材料费用和生产工时汇总登记；各项间接计入费用可以根据账中完工产品工时分别乘以各项费用的累计分配率计算登记，也可以根据各批产品成本明细账中完工产品的各该费用汇总登记。以账中累计行的各栏数字分别减去本月完工产品转出数即为 6 月末在产品的原材料费用、生产工时和各项间接计入费用。月末在产品的原材料费用和生产工时，也可以根据后列各批产品成本明细账中月末在产品的原材料费用和生产工时分别汇总登记；各项间接计入费用也可以根据其生产工时分别乘以各该费用累计分配率计算登记。两者计算结果应该相符。

该企业设立的各批产品成本明细账详见表 6-22～表 6-24。

表 6-22　产品成本明细账

批号：410　　投产月份：4 月

产品名称：甲产品　　完工月份：6 月完工

购货单位：________　　批量：8 件　　单位：元

月	日	摘要	直接材料	生产工时	直接人工	制造费用	合计
4	30	4 月发生	4 000	400			
5	31	5 月发生	2 000	600			
5	31	5 月末在产品小计	6 000	1 000			
6	30	6 月发生	2 000	200			
6	30	账面累计	8 000	1 200			
6	30	二级账累计分配率	—	—	8	10	—
6	30	完工产品总成本	8 000	1 200	9 600	12 000	29 600
6	30	完工产品单位成本	1 000	—	1 200	1 500	3 700

表 6-23　产品成本明细账

批号：415　　投产月份：5 月

产品名称：乙产品　　完工月份：

购货单位：________　　批量：10 件　　单位：元

月	日	摘要	直接材料	生产工时	直接人工	制造费用	合计
5	31	5 月发生	4 000	400			
6	30	6 月发生	2 000	400			
6	30	6 月末在产品小计	6 000	800			

表 6-24　产品成本明细账

批号：416　　　　　　　　　　　　　　　　　　　　　　　　投产月份：5 月
产品名称：丙产品　　　　　　　　　　　　　　　　　　　　完工月份：6 月完工 4 件
购货单位：__________　　　　　　　　批量：10 件　　　　　　　　单位：元

月	日	摘要	直接材料	生产工时	直接人工	制造费用	合计
5	31	5 月发生	10 000	600	—	—	—
6	30	6 月发生	0	1 400	—	—	—
6	30	账面累计	10 000	2 000	—	—	—
6	30	二级账累计分配率	—	—	8	10	—
6	30	完工产品总成本	4 000	820	6 560	8 200	18 760
6	30	完工产品单位成本	1 000	—	1 640	2 050	4 690
6	30	6 月末在产品小计	6 000	1 180	—	—	—

上述各批产品成本明细账中，凡没有完工产品的月份只登记直接材料和生产工时以及它们的累计数；凡是有完工产品的月份，不论批内是全部完工还是部分完工，除了登记直接材料、生产工时及累计数，还要根据基本生产成本二级账登记各项累计间接计入费用的累计分配率，并乘以完工产品生产工时计算登记完工产品应分配的间接计入费用，最终计算出完工产品总成本和单位成本。

第 410 批产品，月末全部完工，因而其产品成本明细账中累计的原材料费用和生产工时；就是完工产品的原材料费用和生产工时。第 416 批产品，月末部分完工、部分在产，因而还应在完工产品与在产品之间分配费用。该种产品所耗原材料在生产开始时一次投入，因而原材料费用按完工产品与在产品的数量比例分配。完工产品工时根据丙产品单位定额工时 205 小时计算。

根据各成本明细账中计算出的本月完工产品成本，汇总编制 6 月产品成本汇总表，在基本生产明细账和二级账中转出该品种本月完工产品成本，详见表 6-25。

表 6-25　产品成本汇总表

20××年 6 月

单位：元

批号	产品名称	产品数量	直接材料	直接人工	制造费用	合计
410	甲产品	8	8 000	9 600	12 000	29 600
416	丙产品	10	4 000	6 560	8 200	18 760
—	合计	—	12 000	16 160	20 200	48 360

（三）简化分批法的特点

综上所述，简化分批法与一般的分批法相比较，具有以下特点：

（1）采用简化的分批法必须设立基本生产成本二级账。从计算产品实际成本的角度来说，采用其他成本计算方法，可以不设立基本生产成本二级账，但采用简化的分批法，则必须设立这种二级账，其作用在于：按月提供企业或车间全部产品的累计生产费用（包括直接计入费用和间接计入费用）和生产工时资料；在有产品完工的月份，按照公式计算和登记全部产品累计间接计入费用分配率；根据完工产品生产工时和累计间接计入费用分配率，计算和登记完工产品应负担的累计间接计入费用，并计算完工产品总成本；以全部产品累计生产费用减去本月完工产品总成本，计算和登记月末各批在产品总成本。

（2）每月发生的间接计入费用，不是按月在各批产品之间进行分配，而是先在基本生产成本二级账中累计起来，在有产品完工的月份，才按公式在各批完工产品之间进行分配，计算完工产品成本。未完工的在产品不分配间接计入费用，只以总数反映在二级账中，即不分批计算在产品成本。显然，采用这种分批法，可以简化费用的分配和登记工作。月末未完工产品的批数越多，核算工作就越简化。

（3）采用这种方法，各批产品之间分配间接计入费用的工作及完工产品与月末在产品之间分配间接计入费用的工作，即间接计入费用的横向分配和纵向分配工作，都是利用累计间接计入费用分配率到产品完工时合并在一起进行。也就是说，各项累计间接计入费用分配率，既是在各批完工产品之间，也是在某批产品的完工产品与月末在产品之间分配各该费用的依据。

（四）简化分批法的适用范围

简化分批法适用于同一月份投产的产品批数很多，且月末未完工的批数也较多的企业。因为简化分批法简化了各项间接计入费用的横向分配，同一月份投产的产品批数越多，核算工作就越简化。简化分批法也简化了各项间接计入费用的纵向分配工作，月末未完工产品的批数越多，核算工作就越简化。

另外，由于这种方法需要计算累计间接计入费用分配率，所以这种方法在各月间接计入费用水平相差悬殊的情况下不宜采用。例如，前几个月的间接计入费用水平低，而本月高，若某批产品本月投产，当月完工，用本月累计间接计入费用分配率分配计算该批完工产品成本，就会发生不应有的偏低。

第四节 产品成本计算的分步法

一、分步法概述

（一）分步法的含义

产品成本计算的分步法是按照产品的生产步骤归集生产费用来计算产品成本的一种方法。

（二）分步法的适用范围

这种方法主要适用于大量、大批的多步骤生产，因为在这些企业中，产品生产可以划分为若干个生产步骤进行。例如，纺织企业生产可分为纺纱、织布等步骤，冶金企业生产可分为炼铁、炼钢、轧钢等步骤，机器制造企业生产可分为铸造、加工、装配等步骤。为了加强成本管理，不仅要求按照产品品种归集生产费用，计算产品成本，而且要求按照产品的生产步骤归集生产费用，计算各步骤产品成本，提供反映各种产品及其各生产步骤成本计划执行情况的资料。

（三）分步法的特点

1. 成本计算对象

成本计算对象就是各种产品的生产步骤。因此，在计算产品成本时，应按照产品的生产步骤设立产品成本明细账。如果只生产一种产品，成本计算对象就是该种产成品及其所经过的各生产步骤，产品成本明细账应该按照产品的生产步骤开立。如果生产多种产品，成本计算对象则应是各种产成品及其所经过的各生产步骤，产品成本明细账应该按照每种产品的各个步骤开立。在进行成本计算时，应按步骤分产品分配和归集生产费用，单设成本项目的直接计入费用，直接计入各成本计算对象；单设成本项目的间接计入费用，单独分配计入各成本计算对象；不单设成本项目的费用，一般是先按车间、部门或者费用用途，归集为综合费用，月末再直接计入或者分配计入各成本计算对象。

需要指出的是，在实际工作中，产品成本计算的分步与产品生产步骤的划分不一定完全一致。例如，在按生产步骤设立车间的企业中，一般讲，分步计算成本也就是分车间计算成本。如果企业生产规模很大，车间内又分成几个生产步骤，而管理上又要求分步计算成本，也可以在车间内再分步计算成本。

2. 成本计算期

在大量、大批的多步骤生产中，生产过程较长，可以间断，而且往往都是跨月陆续完工，因此，成本计算一般都是按月、定期地进行，而与产品的生产周期不相一致。

3. 费用在完工产品与在产品之间的分配

大量、大批多步骤生产的产品往往跨月陆续完工，月末各步骤一般都存在未完工的在产品。因此，在计算成本时，还需要采用适当的分配方法，将汇集在各种产品、各生产步骤产品成本明细账中的生产费用，在完工产品与在产品之间进行分配。计算各该产品、各该生产步骤的完工产品成本和在产品成本。

4. 各步骤之间成本的结转

产品生产是分步骤进行的，上一步骤生产的半成品是下一步骤的加工对象。因此，为了计算各种产品的产成品成本，还需要按照产品品种，结转各步骤成本。也就是说，与其他成本计算方法不同，在采用分步法计算产品成本时，各步骤之间还存在成本结转问题。这是分步法的一个重要特点。

（四）分步法的种类

由于各个企业生产工艺过程的特点和成本管理对各步骤成本资料的要求（要不要计算半成品成本）不同，以及对简化成本计算工作的考虑，产品成本计算的分步法分为逐步结转分步法和平行结转分步法两种。

二、逐步结转分步法

在采用分步法计算成本的大量、大批多步骤生产中，有的产品制造步骤过程是由一系列循序渐进的、性质不同的加工步骤所组成。在这类生产中，从原料投入到产品制成，中间要经过几个生产步骤的逐步加工，前面各步骤生产的都是半成品，只有最后步骤生产的才是产成品。与这类生产工艺过程特点相联系，为了加强对各生产步骤成本的管理，往往要求不仅计算各种产成品成本，而且要求计算各步骤半成品成本。这是成本计算的需要。有一些半成品为本企业几种产品共同耗用，为了分别计算各种产成品的成本，也先要计算这些半成品的成本。成本控制也要求计算各步骤半成品成本。实行厂内经济责任制的企业，为了有效地控制各生产步骤内部的生产耗费和资金占用水平，也要求计算并在各生产步骤之间结转半成品成本。另外，计算各步骤成本也是对外销售的需要。有些企业生产的半成品不完全为企业自用，还经常作为商品对外销售。为了计算外售半成品成本，全面考核和分析其成本计划的执行情况，也要求计算这些半成品的成本。

（一）逐步结转分步法概述

1. 逐步结转分步法的含义

逐步结转分步法又称计算半成品成本的分步法，是指按照产品加工的步骤，计算各步骤半成品成本，并随着各步骤半成品实物的转移而转移，将各步骤半成品成本逐步结转至下一步骤产品成本明细账，逐步计算各步骤的半成品成本，直至最后步骤计算出产成品成本的方法。

2. 逐步结转分步法的分类

按照结转的半成品成本在下一步骤产品成本明细账中的反映方法不同，逐步结转分步法又可分为综合结转分步法和分项结转分步法。

（1）综合结转分步法是指各步骤将本步骤生产的半成品成本汇总后结转至下一步骤产品成本明细账的“半成品”成本项目的分步法。

（2）分项结转分步法是指各步骤将本步骤生产的半成品成本分不同的成本项目分别结转至下一步骤产品成本明细账的“半成品”成本项目的分步法。

3. 逐步结转分步法的适用范围

逐步结转分步法适用于大量大批多步骤生产，特别是连续式多步骤生产。该方法一般应在半成品种类不多、逐步结转半成品成本的工作量不大、管理上要求提供各生产步骤半成品成本资料的情况下采用。

4. 逐步结转分步法的特点

（1）以产品的生产步骤为成本计算对象，设置生产成本明细账，归集各步骤的生产费用，计算每步骤的半成品成本及最终的产成品成本。

（2）各步骤半成品成本随着各步骤半成品实物的转移而转移。在逐步结转分步法下，除第一步骤外，以后每步骤的生产成本明细账中要增设“半成品”成本项目，反映上步骤转入的半成品成本。如果各步骤半成品是通过半成品库转移的，则要设置“自制半成品”账户核算入库、出库半成品成本。在综合结转法下，明细账结构同一般财产物资明细账一样，采用数量金额式；但在分项结转分步法下，就需采用多栏式明细账格式，按成本项目设专栏。如果各步骤半成品在步骤之间直接移交，则无需设置“自制半成品”账户。

（3）按月计算成本。月末，各步骤生产费用需要在本步骤完工半成品和月末本步骤狭义在产品之间进行分配。

5. 逐步结转分步法的成本核算程序

（1）按产品的生产步骤设置基本生产成本明细账。在基本生产成本账中按成本项目设置专栏；除第一步骤外，以后每步骤的生产成本明细账中要增设“半成品”成本项目，反映上步骤转入的半成品成本。对于有月初在产品成本的产品，还应在产品成本明细账中登记月初在产品的成本。

（2）本月费用的横向分配，确定产品的各生产步骤的本月生产费用。编制本月各种费用分配表，并登记相关的成本、费用明细账。生产费用的分配归集包括要素费用、辅助生产费用、制造费用等。在进行成本计算时，应按产品的生产步骤分配和归集生产费用，单设成本项目的直接计入费用，直接计入各成本计算对象；单设成本项目的间接计入费用，单独分配后记入各成本计算对象；不单设成本项目的费用，一般是先按车间、部门或者费用用途，归集为综合费用，月末再直接计入或者分配计入各成本计算对象。

（3）基本生产成本明细账所归集的生产费用纵向分配。月末，各步骤生产费用需要在本步骤完工半成品和月末本步骤狭义在产品之间进行分配。采用约当产量法时，首先需要计算该步骤月末狭义在产品的约当产量（相当于该步骤半成品数量）。月末狭义在产品数量按照本步骤完工程度折算月末狭义在产品分配加工费的约当产量，按照本步骤投料程度折算分配直接材料的约当产量，其计算公式参见本书第五章内容。

（4）各步骤半成品成本随着各步骤半成品实物的转移而转移。在逐步结转分步法下，各步骤所耗用的上一步骤半成品的成本，要随着半成品实物的转移，从上一步骤的产品成本明细账转入相同产品的下一步骤产品成本明细账的“半成品”成本项目，以便逐步计算各步骤的半成品成本和最后步骤的产成品成本。

直接移交方式下的逐步结转分步法的成本核算程序如图 6-6 所示。

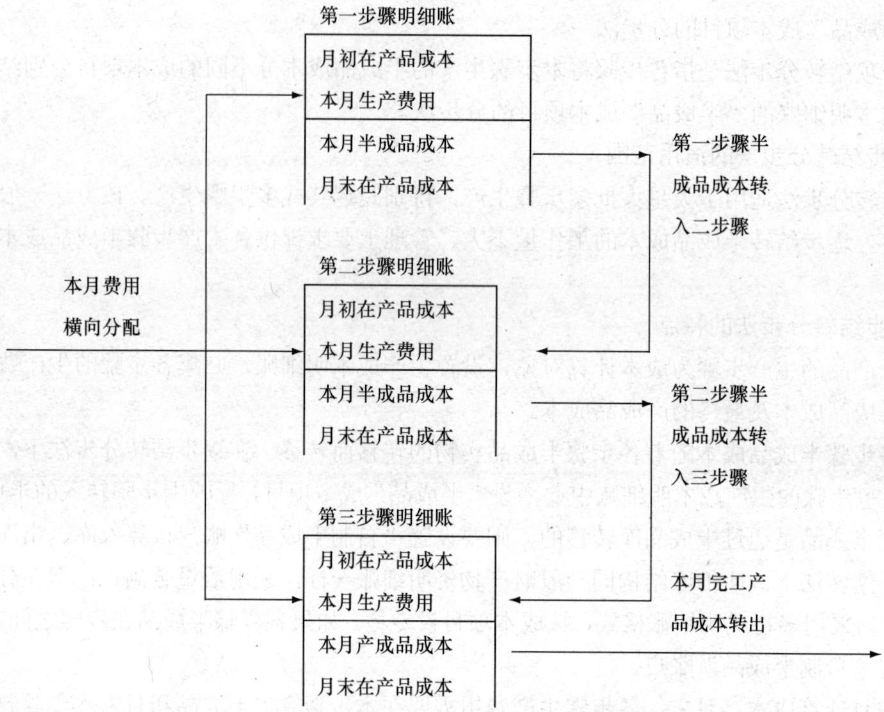

图 6-6　直接移交方式下的逐步结转分步法的成本核算程序图

半成品库收发方式下的逐步结转分步法的成本核算程序如图 6-7 所示。

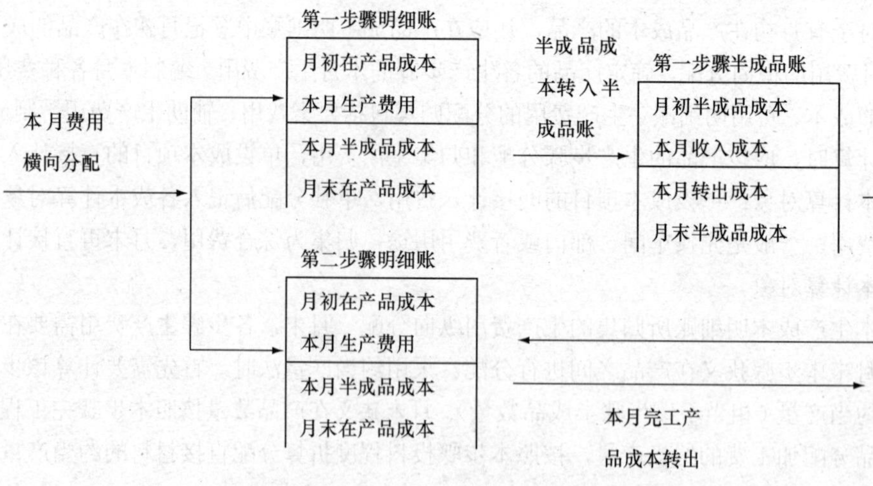

图 6-7　半成品库收发方式下的逐步结转分步法的成本核算程序图

第一步骤完工半成品在验收入库时，应根据完工转出的半成品成本编制借记“自制半成品”科目，贷记“基本生产成本”科目的会计分录；第二步骤领用时，再编制相反的会计分录。如果半成品完工后不通过半成品库收发，而直接转入下一步骤，半成品成本应在各步骤的产品成本明细账之间直接结转。

采用逐步结转分步法，每月月末，各项生产费用（包括所耗上一步骤半成品成本)在各步骤产品成本明细账中归集以后，如果该步骤既有完工的半成品（最后步骤为产成品），又有正在加工中的在产品，为了计算完工的半成品（最后步骤为产成品）和正在加工中在产品的成本，还应将各步骤产品成本明细账中归集的生产费用，在完工半成品（最后步骤为产成品）与正在加工中的在产品之间进行分配。然后，通过半成品的逐步结转，在最后一个步骤的产品成本明细账中，计算出完工产成品成本。上述计算程序表明，每一个步骤都是一个品种法，逐步结转分步法实际上是品种法的多次连接应用。

（二）综合结转法

综合结转法的特点是将各步骤所耗用的上一步骤半成品成本，以专设的“半成品”项目，综合计入各该步骤的产品成本明细账中。各步骤产品成本明细账的半成品成本项目，反映上步骤转入的半成品成本。

综合结转可以按照半成品的实际成本结转，也可以按照半成品的计划成本（或定额成本）结转。

1. 半成品按实际成本综合结转

采用这种结转方法时，各步骤所耗上一步骤的半成品费用，应根据所耗半成品的实际数量乘以半成品的实际单位成本计算。

各月所产半成品的实际单位成本不同，因而所耗半成品实际单位成本的计算，可根据企业的实际情况，选择使用先进先出法、加权平均法及个别计价法等存货计价方法计价。

为了提高各步骤成本计算的及时性，在半成品月初余额较大、本月所耗半成品全部或者大部分是以前月份所产的情况下，本月所耗半成品费用也可按上月末的加权平均单位成本计算。

月末，各步骤生产费用需要在本步骤完工半成品和月末本步骤狭义在产品之间进行分配。

【例 6-4】某公司甲产品生产属于大量大批连续式多步骤生产，由三个车间分三个步骤加工而成。第一车间加工的 A 半成品为第二车间所用，第二车间加工的 B 半成品为第三车间所用，第三车间加工制成甲产成品。原材料系生产开始时一次投入，单位各步骤产品耗用上步骤一件半成品，各步骤半成品在步骤之间直接移交，各步骤狭义在产品的本步骤加工程度为 50%，基本生产成本账面费用分配采用约当产量法分配。20××年 6 月份有关生产资料见表 6-26。

表 6-26　各步骤生产数量记录

单位：件

甲产品	一步骤	二步骤	三步骤
月初在产品数	40	60	20
本月投产数	160	140	180
本月完工数	140	180	160
月末在产品数	60	20	40

根据本月各种费用分配表和其他有关资料，将甲产品各步骤的本月生产费用按成本项目登记产品成本明细账。

甲产品各步骤在 6 月发生的直接计入费用直接计入，间接计入费用在甲产品各步骤之间分配后登记产品成本明细账，登记结果见表 6-27。

表 6-27　各步骤本月生产费用

单位：元

步骤	直接材料	直接人工	制造费用	合计
一步骤	1 600	730	1 500	3 830
二步骤	—	780	1 600	2 380
三步骤	—	1 340	1 680	3 020
合计	1 600	2 850	4 780	9 230

根据上月产品成本明细账和本月各种费用分配表，登记产品成本明细账的月初在产品成本和本月生产费用发生额。甲产品各步骤产品成本明细账分别见表 6-28、表 6-29、表 6-30。

表 6-28　第一步骤产品成本明细账

20××年 6 月　　单位：元

摘要	直接材料	直接人工	制造费用	合计
月初在产品成本	400	120	200	720
本月本步骤发生费用	1 600	730	1 500	3 830
账面累计费用	2 000	850	1 700	4 550
完工半成品数量	140	140	140	—
月末在产品约当产量	60	30	30	—
约当总产量	200	170	170	—
完工半成品单位成本	10	5	10	25
完工半成品成本	1 400	700	1 400	3 500
月末在产品成本	600	150	300	1 050

一步骤在产品分配直接材料的约当产量＝60×100%＝60（件）

一步骤分配直接材料的总约当产量＝60＋140＝200（件）

一步骤单位半成品直接材料费用＝$\dfrac{400+1\,600}{200}$＝10（元）

一步骤半成品分配直接材料费用＝140×10＝1 400（元）

一步骤在产品分配直接材料费用＝60×10＝600（元）

一步骤在产品分配加工费的约当产量＝60×50%＝30（件）

一步骤分配加工费的总约当产量＝30＋140＝170（件）

一步骤单位半成品直接人工费用＝$\dfrac{120+730}{170}$＝5（元）

一步骤半成品分配直接人工费用＝140×5＝700（元）

一步骤在产品分配直接人工费用＝30×5＝150（元）

一步骤单位半成品制造费用＝$\dfrac{200+1\,500}{170}$＝10（元）

一步骤半成品分配制造费用＝140×10＝1 400（元）

一步骤在产品分配制造费用＝30×10＝300（元）

根据第一车间的半成品移交单（单中列示移交数量和第一车间产品成本明细账中完工转出的 A 半成品单位成本），编制结转 A 半成品的成本会计分录如下。

借：基本生产成本——第二步骤　　3 500

　贷：基本生产成本——第一步骤　　3 500

表 6-29　第二步骤产品成本明细账

20××年 6 月　　单位：元

摘要	A 半成品	直接人工	制造费用	合计
月初在产品成本	1 700	170	300	2 170
本月本步骤发生费用	—	780	1 600	2 380
上步骤半成品成本转入	3 500	—	—	3 500
账面累计费用	5 200	950	1 900	8 050
完工半成品数量	180	180	180	—
月末在产品约当产量	20	10	10	—
约当总产量	200	190	190	—
完工半成品单位成本	26	5	10	41
完工半成品成本	4 680	900	1 800	7 380
月末在产品成本	520	50	100	670

第二步骤生产成本明细账全部成本项目采用约当产量法分配。“A 半成品”成本项目分配时，月末在产品应按第二步骤月末在产品的 A 半成品投料程度 100%计算约当产量。加工费成本项目分配时，月末在产品应按第二步骤月末在产品的第二步骤加工程度 50%计算约当产量。

二步骤在产品分配 A 半成品的约当产量＝20×100%＝20（件）

二步骤分配 A 半成品的总约当产量＝20＋180＝200（件）

二步骤在产品分配加工费的约当产量＝20×50%＝10（元）

二步骤分配加工费的总约当产量＝10＋180＝190（件）

根据第二车间的半成品移交单（单中列示移交数量和第二车间产品成本明细账中完工转出的 B 半成品单位成本），编制结转 B 半成品的成本会计分录如下。

借：基本生产成本——第三步骤　　7 380

　贷：基本生产成本——第二步骤　　7 380

表 6-30　第三步骤产品成本明细账

20××年 6 月　　单位：元

摘要	B 半成品	直接人工	制造费用	合计
月初在产品成本	820	100	120	1 040
本月本步骤发生费用	—	1 340	1 680	3 020
上步骤半成品成本转入	7 380	—	—	7 380
账面累计费用	8 200	1 440	1 800	11 440
完工产品数量	160	160	160	—
月末在产品约当产量	40	20	20	—

续表

摘要	B半成品	直接人工	制造费用	合计
约当总产量	200	180	180	—
完工产品单位成本	41	8	10	59
完工产品成本	6 560	1 280	1 600	9 440
月末在产品成本	1 640	160	200	2 000

三步骤在产品分配B半成品的约当产量＝40×100%＝40（件）

三步骤分配B半成品的总约当产量＝40＋160＝200（件）

三步骤在产品分配加工费的约当产量＝40×50%＝20（件）

三步骤分配加工费的总约当产量＝20＋160＝180（件）

根据第三车间的完工产品交库单（单中列示交库数量和第三车间产品成本明细账中完工转出的甲产品单位成本），编制结转甲产品完工产品的成本会计分录如下。

借：库存商品——甲产品　　　　9 440

　　贷：基本生产成本——第二步骤　　　　9 440

2. 半成品按计划成本综合结转

采用这种结转方法，半成品日常收发的明细核算均按计划成本计价；在半成品实际成本计算出来后，再计算半成品成本差异额和差异率，调整领用半成品的计划成本。而半成品收发的总分类核算则按实际成本计价。

半成品按计划成本综合结转所用账表的特点。

（1）自制半成品明细账要反映半成品收发和结存的数量和计划成本。同时，自制半成品成本差异明细账要反映自制半成品成本差异额和成本差异率。

（2）在产品成本明细账中，对于所耗用半成品的成本，可以直接按照调整成本差异后的实际成本登记，也可以按照计划成本和成本差异分别登记，以便于分析上一步骤半成品成本差异对本步骤成本的影响。如采用后一种做法，产品成本明细账中的“半成品”项目，应分设“计划成本”“成本差异”“实际成本”三栏。

【例 6-5】某公司甲产品生产属于大量大批连续式多步骤生产。甲产品生产分两个步骤，分别由两个车间进行。第一车间生产A半成品，交A半成品库验收，第二车间按照所需数量向A半成品库领用。A半成品按计划成本结转，所耗A半成品成本差异率按全月一次加权平均法计算。原材料系生产开始时一次投入，单位各步骤产品耗用上步骤一件半成品，各步骤狭义在产品的本步骤加工程度为50%，基本生产成本账面费用分配采用约当产量法分配。20××年6月份有关生产资料见表6-31。

表 6-31　各步骤生产数量记录

单位：件

甲产品	一步骤	A半成品库	二步骤
月初数	40	60	20
本月投入数	160	140	180
本月转出数	140	180	160
月末数	60	20	40

根据本月各种费用分配表和其他有关资料，将甲产品各步骤的本月生产费用按成本项目登记产品成本明细账。甲产品各步骤在 6 月发生的直接计入费用直接计入，间接计入费用在甲产品各步骤之间分配后登记产品成本明细账（登记过程从略）。

根据上月产品成本明细账和本月各种费用分配表，登记产品成本明细账的月初产品成本和本月生产费用发生额。

甲产品一步骤产品成本明细账同【例 6-4】表 6-28 所示。

A 半成品的计划单位成本为 24 元，根据第一车间的半成品入库单（单中列示入库数量和第一车间产品成本明细账中完工转出的 A 半成品单位成本），编制 A 半成品成本入库会计分录如下。

借：自制半成品——A 半成品　　3 360
　　材料成本差异——A 半成品　　140
　　贷：基本生产成本——第一步骤　　3 500

根据计价后的半成品交库单和第二车间领用半成品的领用单，登记自制半成品明细账，详见表 6-32。

表 6-32　A 半成品明细账

20××年 6 月　　单位：元

A 半成品	数量	计划成本	成本差异	实际成本
月初数	60	1 440	−44	1 396
本月收入数	140	3 360	140	3 500
账面累计	200	4 800	96	4 896
本月发出数	180	4 320	86.40	4 406.40
月末数	20	480	9.60	489.60

$$半成品成本差异率=\frac{月初半成品成本差异+本月收入半成品成本差异}{月初半成品计划成本+本月收入半成品计划成本}$$

$$=\frac{-44+140}{1\,440+3\,360}=\frac{96}{4\,800}=2\%$$

发出半成品成本差异＝发出半成品计划成本×半成品成本差异率

＝4 320×2%＝86.40

根据第二车间领用半成品的领用单，编制第二车间领用 A 半成品成本会计分录如下。

借：基本生产成本——第二步骤　　4 406.40
　　贷：自制半成品——A 半成品　　4 320
　　　　材料成本差异——A 半成品　　86.40

甲产品二步骤产品成本明细账见表 6-33，其中，“A 半成品”成本项目采用在产品按定额成本计价法，加工费成本项目采用约当产量法分配。

表 6-33　第二步骤产品成本明细账

20××年 6 月　　单位：元

摘要	A 半成品			直接人工	制造费用	合计
	计划成本	成本差异	实际成本			
月初在产品成本	480	—	480	100	120	700
本月本步骤发生费用	—	—	—	1 340	1 680	3 020

续表

摘要	A 半成品			直接人工	制造费用	合计
	计划成本	成本差异	实际成本			
上步骤半成品成本转入	4 320	86.4	4 406.40	—	—	4 406.40
账面累计费用	4 800	86.4	4 886.40	1 440	1 800	8 126.40
完工产品数量	—	—	—	160	160	—
月末在产品约当产量	—	—	—	20	20	—
约当总产量	—	—	—	180	180	—
完工产品单位成本	24	0.54	24.54	8	10	42.54
完工产品成本	3 840	86.4	3 926.40	1 280	1 600	6 806.40
月末在产品成本	960	—	960	160	200	1 320

根据第二车间的完工产品交库单（单中列示交库数量和第二车间产品成本明细账中完工转出的甲产品单位成本），编制结转甲产品完工产品成本会计分录如下。

借：库存商品——甲产品　　　　　　　　　　　　6 806.4

　　贷：基本生产成本——第二步骤　　　　　　　　　　6 806.4

与按实际成本综合结转半成品成本方法相比较，按计划成本综合结转半成品成本具有以下优点。

（1）可以简化和加速半成品核算和产品成本计算工作。按计划成本结转半成品成本，可以简化和加速半成品收发的凭证计价和记账工作；半成品成本差异率如果不是按半成品品种，而是按类计算，更可以省去大量的计算工作；如果月初半成品存量较大，本月耗用的半成品大部分甚至全部是以前月份生产的，本月所耗半成品成本差异调整也可以根据上月半成品成本差异率计算。这样，不仅简化了计算工作，各步骤的成本计算也可以同时进行，从而加速产品成本的计算工作。

（2）便于各步骤进行成本的考核和分析。按计划成本结转半成品成本，在各步骤的产品成本明细账中，可以分别反映所耗半成品的计划成本、成本差异和实际成本，因而在分析各步骤产品成本时，可以剔除上一步骤半成品成本变动对本步骤产品成本的影响，有利于分清经济责任，考核各步骤的经济效益。如果各步骤所耗半成品的成本差异，不调整计入各步骤的产品成本，而是直接调整计入最后的产成品成本，可以进一步简化和加速各步骤的成本计算工作。另外，由于各步骤产品成本中不包括上一步骤半成品成本变动的影响，所以直接调整计入最后的产成品成本更便于分清各步骤的经济责任，更便于各步骤产品成本的考核和分析。

3. 综合结转的成本还原

从半成品按实际成本综合结转举例的第三步骤产品成本明细账中可以看出，采用综合结转法的结果，表现在产成品成本中的绝大部分费用是所耗第二步骤半成品的费用，而直接人工、制造费用只是第三步骤发生的费用，在产品成本中所占比重很小。显然，这不符合产品成本构成的实际情况，因而不能据以从整个企业角度分析和考核产品成本的构成和水平。因此，在管理上要求从整个企业角度考核和分析产品成本的构成和水平时，还应将综合结转算出的产成品成本进行成本还原。

成本还原就是从最后一个步骤起，把本月产成品成本中所耗上一步骤半成品的综合成本还原为直接材料、直接人工、制造费用等原始成本项目，从而求得按原始成本项目反映的产成品成本资料。还原标准通常是：本月上步骤完工半成品各成本项目结构。上步骤完工半成品各成本项目结构只在上步骤产品成本明细账中找到，因为是综合结转，所以在上步骤自制半成品明细账中找不到上步骤完工半成品各成本项目结构。

成本还原的一般程序如下。

（1）计算产成品所耗某步骤半成品项目成本还原分配率，相关计算公式如下。

$$\text{产成品所耗某步骤半成品项目成本还原分配率}=\frac{\text{产成品所耗该步骤半成品项目成本}}{\text{本月所产该步骤半成品总成本}}$$

（2）将产成品所耗某步骤半成品的综合成本进行成本还原。以还原分配率分别乘以本月所产该种半成品各个成本项目的费用来进行分解，即将本月产成品所耗半成品的综合成本，按照本月所产该种半成品的成本构成进行成本还原。

$$\text{产成品所耗该步骤某成本项目成本}=\text{本月所产该步骤半成品某成本项目成本}\times\text{产成品所耗该步骤半成品项目成本还原分配率}$$

（3）计算还原后，即按该步骤产品成本明细账的成本项目反映的产成品成本。但还原后还会有未还原尽的综合费用项目，即第二步骤生产的半成品成本中消耗的第一步骤半成品的综合成本，因此还应将产成品所耗一步骤半成品的综合成本按照本月第一步骤生产的该种半成品成本构成再进行一次还原，直至产成品成本还原为原始成本项目时为止。如果成本计算是经两个以上的步骤，则重复进行成本还原。

【例 6-6】 接 **【例 6-4】** 要求进行成本还原。成本还原计算表见表 6-34（还原分配率保留五位小数，还原费用取整数，小数点后四舍五入）。

表 6-34 成本还原计算表

单位：元

摘要	A 半成品	B 半成品	直接材料	直接人工	制造费用	合计
完工产品成本	—	6 560	—	1 280	1 600	9 440
二步骤 B 半成品成本	4 680	—	—	900	1 800	7 380
B 半成品项目还原费用	4 160	-6 560	—	800	1 600	0
一步骤 A 半成品成本	—	—	1 400	700	1 400	3 500
A 半成品项目还原费用	-4 160	—	1 664	832	1 664	0
还原后的产品总成本	0	0	1 664	2 912	4 864	9 440

产成品所耗 B 步骤半成品项目成本还原分配率＝6 560/7 380≈0.888 89

产成品所耗 A 步骤半成品项目成本还原分配率＝4 160/3 500≈1.188 57

将表中第①③⑤行相加即为第⑥行按原始成本项目反映的还原后的产成品总成本。第①行为产成品所耗三步骤原始成本项目费用。第③行为产成品所耗二步骤原始成本项目费用。第⑤行为产成品所耗一步骤原始成本项目费用。显然，以第⑥行与第①行数字相比较，产成品总成本相同，但各项费用构成不同。

由于以前月份所产半成品的成本构成与本月所产半成品的成本构成不可能完全一致，因此，在各月所产半成品的成本构成变动较大的情况下，按照上述方法进行成本还原，对还原结果的正确性就会有较大影响。在这种情况下，如果半成品的定额成本或计划成本比较准确，为了提高还原结果的正确性，产成品所耗半成品费用可以按定额成本或计划成本的成本构成进行还原。如果采用这样做法，上述成本还原计算表第③⑤行按成本项目分列的本月所产半成品的总成本，应改为按成本项目分列的半成品定额的或计划的单位成本，以便更准确地反映各成本项目的构成比例。

综上所述，采用综合结转法逐步结转产成品成本，从各步骤的产品成本明细账中可以看出各步骤产品所耗上一步骤半成品费用的水平和本步骤加工费用的水平，从而有利于各生产步骤的管理。但如果管理上要求提供按原始成本项目反映的产成品成本资料，就需要进行成本还原。如果生产多种产品，成本还原工作繁重。因此，这种结转方法只宜在管理上要求计算各步骤完工产品所耗半成品费用，而不要求进行成本还原的情况下采用。

（三）分项结转法

分项结转法的特点是将各步骤所耗用的上一步骤半成品成本，按照成本项目分项转入各该步骤产品成本明细账的“半成品”成本项目下的各分成本项目中。如果半成品通过半成品库收发，在自制半成品明细账中登记半成品成本时，也要按照各成本项目分别登记。

分项结转可以按照半成品的实际成本结转，也可以按照半成品的计划成本结转，然后按成本项目分项调整成本差异。由于后一种做法计算工作量较大，因而一般多采用按实际成本分项结转的方法。

【例 6-7】某公司甲产品生产属于大量大批连续式多步骤生产。甲产品生产分两个步骤，分别由两个车间进行。第一车间生产 A 半成品，交 A 半成品库验收，第二车间按照所需数量向 A 半成品库领用。A 半成品按实际成本分项结转，所耗 A 半成品成本按全月一次加权平均法计算。原材料系生产开始时一次投入，单位各步骤产品耗用上步骤一件半成品，各步骤狭义在产品的本步骤加工程度为 50%，基本生产成本账面费用分配采用约当产量法分配。20××年 6 月有关生产资料见表 6-35。

表 6-35　各步骤生产数量记录

单位：件

甲产品	一步骤	A 半成品库	二步骤
月初数	40	60	20
本月投入数	160	140	180
本月转出数	140	180	160
月末数	60	20	40

根据本月各种费用分配表和其他有关资料，将甲产品各步骤的本月生产费用按成本项目登记产品成本明细账。甲产品各步骤在 6 月发生的直接计入费用直接计入，间接计入费用在甲产品各步骤之间分配后登记产品成本明细账（登记过程从略）。

根据上月产品成本明细账和本月各种费用分配表，登记产品成本明细账的月初产品成本和本月生产费用发生额。

甲产品一步骤产品成本明细账同【例 6-4】，详见表 6-28。

根据第一车间的半成品入库单（单中列示入库数量和第一车间产品成本明细账中完工转出的 A 半成品单位成本），编制 A 半成品成本入库会计分录如下。

借：自制半成品——A 半成品　　　　　　　　　　3 500

　　贷：基本生产成本——第一步骤　　　　　　　　　　3 500

根据计价后的半成品交库单和第二车间领用半成品的领用单，登记自制半成品明细账，详见表 6-36。

表 6-36 A 半成品明细账

20××年 6 月

单位：元

A 半成品	数量	直接材料	直接人工	制造费用	合计
月初成本	60	640	300	600	1 540
本月收入成本	140	1 400	700	1 400	3 500
账面累计成本	200	2 040	1 000	2 000	5 040
平均单位成本	—	10.2	5	10	25.2
本月发出成本	180	1 836	900	1 800	4 536
月末成本	20	204	100	200	504

$$平均单位成本=\frac{月初半成品成本+本月收入半成品成本}{月初半成品数量+本月收入半成品数量}=\frac{账面累计成本}{账面累计数量}$$

$$直接材料平均单位成本=\frac{2\,040}{200}=10.2（元）$$

$$直接人工平均单位成本=\frac{1\,000}{200}=5（元）$$

$$制造费用平均单位成本=\frac{2\,000}{200}=10（元）$$

根据第二车间领用半成品的领用单，编制第二车间领用 A 半成品成本会计分录如下。

借：基本生产成本——第二步骤　　4 536

　　贷：自制半成品——A 半成品　　4 536

甲产品二步骤产品成本明细账见表 6-37。全部成本项目采用约当产量法分配。“A 半成品”成本项目分配时，月末在产品应按二步骤月末在产品的 A 半成品投料程度 100%计算约当产量。二步骤加工费成本项目分配时，月末在产品应按二步骤月末在产品的二步骤加工程度为 50%计算约当产量。

表 6-37 第二步骤产品成本明细账

20××年 6 月

单位：元

摘要	A 半成品			直接人工	制造费用	合计
	直接材料	直接人工	制造费用			
月初在产品成本	204	120	220	100	120	764
本月本步骤发生费用	—	—	—	1 340	1 680	3 020
上步骤半成品成本转入	1 836	900	1 800	—	—	4 536
账面累计费用	2 040	1 020	2 020	1 440	1 800	8 320
完工产品数量	160	160	160	160	160	—
月末在产品约当产量	40	40	40	20	20	—
约当总产量	200	200	200	180	180	—
完工产品单位成本	10.2	5.1	10.1	8	10	43.4
完工产品成本	1 632	816	1 616	1 280	1 600	6 944
月末在产品成本	408	204	404	160	200	1 376

根据甲产品二步骤产品成本明细账中计算出的本月完工产品成本，汇总编制 6 月甲产品原始成本项目结构表，在基本生产明细账中转出该品种本月完工产品成本，详见表 6-38。

表 6-38　甲产品原始成本项目结构表

单位：元

成本结构	直接材料	直接人工	制造费用	合计
二步骤费用	—	1 280	1 600	2 880
A 半成品费用	1 632	816	1 616	4 064
完工产品总成本	1 632	2 096	3 216	6 944
完工产品单位成本	10.2	13.1	20.1	43.4

根据第二车间的完工产品交库单（单中列示交库数量和第二车间产品成本明细账中完工转出的甲产品单位成本），编制结转甲产品完工产品成本会计分录如下。

借：库存商品——甲产品　　6 944

　　贷：基本生产成本——第二步骤　　6 944

综上所述，采用分项结转法逐步结转半成品成本，可以直接、正确地提供按原始成本项目反映的产成品成本资料，便于从整个企业角度考核和分析产品成本计划的执行情况，不需要进行成本还原；各步骤完工产品成本可以反映所耗上一步骤半成品的费用和本步骤加工费用的水平，便于进行完工产品成本分析。但是，这种方法的成本结转工作比较复杂。

（四）逐步结转分步法的优缺点

逐步结转分步法的优点如下。

（1）能够提供各个生产步骤的半成品成本资料。逐步结转分步法的成本计算对象是企业产成品及其各步骤的半成品。这就为分析和考核企业产品成本计划和各生产步骤半成品成本计划的执行情况及正确计算半成品销售成本提供了资料。

（2）不论是综合结转还是分项结转，半成品成本都是随着半成品实物的转移而结转，各生产步骤产品成本明细账中的生产费用余额，反映着留存在各个生产步骤的在产品成本，因而还能为在产品的实物管理和生产资金管理提供资料。

（3）不论是综合结转还是分项结转，由于各生产步骤产品成本中包括所耗上一步骤半成品成本，从而能全面反映各步骤完工产品中所耗上一步骤半成品费用水平和本步骤加工费用水平，能够较好地满足这些生产步骤成本管理的要求。采用分项结转法结转半成品成本时，可以直接提供按原始成本项目反映的产品成本，满足企业分析和考核产品构成和水平的需要，而不必进行成本还原。

逐步结转分步法的缺点如下。

（1）成本核算工作比较复杂。如果采用综合结转法，需要进行成本还原。如果采用分项结转法，结转的核算工作量大。如果半成品按计划成本结转，还要计算和调整半成品成本差异。

（2）成本核算工作的及时性也较差。半成品成本都是随着半成品实物的转移而结转，各步骤则不能同时计算成本。

因此，应用这一方法时，必须从实际出发，根据管理要求，权衡利弊，做到既满足管理要求、提供所需的各种资料，又能简化核算工作。

三、平行结转分步法

（一）平行结转分步法概述

1. 平行结转分步法的含义

平行结转分步法又称不计算半成品成本的分步法，是指产品的各生产步骤只归集本步骤发生的生产费用和本步骤生产费用应计入产成品成本的份额，而后将各步骤应计入产成品成本的份额汇总计算产成品成本的方法。

2. 平行结转分步法的适用范围

平行结转分步法适用于大量大批多步骤生产，特别是装配式多步骤生产，也适用于连续式多步骤生产。该方法一般应在半成品种类较多、逐步结转半成品成本的工作量较大、管理上又不要求提供各步骤半成品成本资料的情况下采用。

在采用分步法计算成本的大量、大批多步骤生产中，有的产品生产过程，首先是对各种原材料平行地进行连续加工，成为各种半成品（零件和部件），然后再装配成各种产成品。例如，机械制造企业的车间一般按生产工艺过程设置，设有铸工、锻工、加工、装配等车间，其中，铸工车间利用生铁、钢、铜等各种原料熔铸各种铸件；锻工车间利用各种外购钢材锻造各种锻件，而铸件和锻件都是用来进一步加工的毛坯；加工车间对各种铸件、锻件、外购半成品和外购材料进行加工，制造各种产品的零件和部件；然后转入装配车间进行装配，生产各种机械产品。在这类生产企业中，各生产步骤所产半成品的种类很多，但半成品外售的情况却较少，在管理上不要求计算半成品成本。因此，为了简化和加速成本计算工作，在计算产品成本时，可以不计算各步骤所产半成品成本，也不计算各步骤所耗上一步骤的半成品成本（即各步骤之间不结转半成品成本）。

3. 平行结转分步法的特点

（1）采用这一方法，各生产步骤不计算半成品成本，只计算本步骤所发生的生产费用。除第一步骤生产费用中包括所耗用的原材料和各项加工费用外，其他各步骤只计算本步骤发生的各项加工费用。

（2）采用这一方法，各步骤之间不结转半成品成本。不论半成品实物是在各生产步骤之间直接转移，还是通过半成品库收发，都不进行总分类核算。也就是说，半成品成本不随半成品实物转移而结转。

（3）为了计算各生产步骤发生的费用中应计入产成品成本的份额，必须将每一生产步骤发生的费用划分为耗用于产成品的部分和尚未最后制成的在产品部分。这里的在产品包括尚在本步骤加工中的在产品；本步骤已完工转入半成品库的半成品；已从半成品库转到以后各步骤进一步加工、尚未最后制成的半成品。这是就该生产步骤的广义在产品。

（4）将各步骤费用中应计入产成品的份额平行结转、汇总计算该种产成品的总成本和单位成本。

4. 平行结转分步法的成本核算程序

（1）按产品的生产步骤设置基本生产成本明细账。在基本生产成本账中，按成本项目设置专栏。对于有月初在产品成本的产品，还应在产品成本明细账中登记月初在产品的成本。

（2）本月费用的横向分配，确定产品的各生产步骤的本月生产费用。编制本月各种费用分配表，并登记相关的成本、费用明细账。生产费用的分配归集包括要素费用、辅助生产费用、制造费用等。在进行成本计算时，应按产品的生产步骤分配和归集生产费用，单设成本项目的直接计入费用，直接计入各成本计算对象；单设成本项目的间接计入费用，单独分配后记入各成本计算对象；不单设成本项目的费用，一般是先按车间、部门或者费用用途，归集为综合费用，月末再直接计入或者分配计入各成本计算对象。

（3）基本生产成本明细账所归集的生产费用纵向分配。月末，各步骤生产费用需要在完工产成品和该步骤广义在产品之间进行分配。在实际工作中，通常是采用在产品按定额成本计价法或定额比例法。这是因为这两种方法的分配费用标准的定额资料比较容易取得。例如，产成品的定额消耗量或定额费用，可以根据产成品数量乘以消耗定额或费用定额计算；由于广义在产品的实物分散在各生产步骤和半成品库，在产品的定额消耗量或定额费用具体的盘存、计算工作比较复杂，但可以采用倒挤法计算，所以也较简便。如果消耗定额或费用定额准确，这种方法的分配结果也比较合理。在实务操作中，也有企业采用约当产量法计算分配。

（4）将各步骤费用中应计入产成品的份额平行结转、汇总计算该种产成品的总成本和单位成本。

平行结转分步法的成本核算程序见图 6-8。

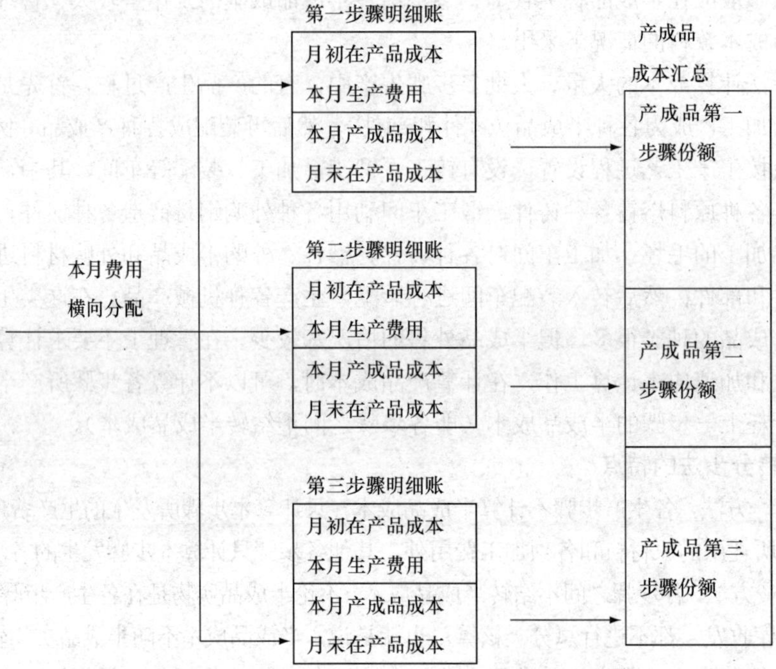

图 6-8　平行结转分步法的成本核算程序图

（二）平行结转分步法的成本核算举例

1. 举例一（约当产量法）

平行结转法下，各步骤生产费用需要在完工产成品和该步骤广义在产品之间进行分配。由于使用的在产品为广义在产品，所以约当产量计算与前面章节不同。采用约当产量法时，首先需要计算完工产成品和该步骤广义在产品的约当产量（相当于该步骤半成品数量），其中，计算该步骤月末狭义在产品的约当产量，月末狭义在产品数量按照本步骤完工程度折算分配加工费的约当产量，按照本步骤投料程度折算分配直接材料的约当产量，计算公式如下。

$$\text{产成品某步骤约当产量}=\text{产成品数量}\times\text{单位产成品耗用本步骤半成品数量}$$

$$\begin{array}{c}\text{某步骤月末广义}\\\text{在产品约当产量}\end{array}=\begin{array}{c}\text{本步骤月末狭义}\\\text{在产品约当产量}\end{array}+\begin{array}{c}\text{本步骤以后某步骤}\\\text{月末在产品约当产量}\end{array}+\begin{array}{c}\text{本步骤及以后某步骤}\\\text{月末半成品约当产量}\end{array}$$

$$\begin{array}{c}\text{本步骤月末狭义}\\\text{在产品约当产量}\end{array}=\begin{array}{c}\text{本步骤月末}\\\text{在产品数量}\end{array}\times\begin{array}{c}\text{在产品本步}\\\text{骤完工程度}\end{array}$$

$$\begin{array}{c}\text{本步骤以后某步骤}\\\text{月末在产品约当产量}\end{array}=\sum\left(\begin{array}{c}\text{本步骤以后某步骤}\\\text{月末在产品数量}\end{array}\times\begin{array}{c}\text{单位该步骤产品耗用}\\\text{本步骤半成品数量}\end{array}\right)$$

$$\begin{array}{c}\text{本步骤及以后某步骤}\\\text{月末半成品约当产量}\end{array}=\sum\left(\begin{array}{c}\text{本步骤及以后步骤}\\\text{月末半成品数量}\end{array}\times\begin{array}{c}\text{单位该步骤半成品耗}\\\text{用本步骤半成品数量}\end{array}\right)$$

$$\text{某步骤总约当产量}=\text{产成品该步骤约当产量}+\text{该步骤月末广义在产品约当产量}$$

$$\begin{array}{c}\text{某步骤单位半成品}\\\text{某成本项目费用}\end{array}=\frac{\text{该步骤月初在产品该成本项目费用}+\text{该步骤本月该成本项目费用}}{\text{该步骤总约当产量}}$$

$$\text{某步骤应计入产成品成本的某成本项目费用} = \text{产成品该步骤约当产量} \times \text{该步骤单位半成品该成本项目费用}$$

$$\text{某步骤月末广义在产品的某成本项目费用} = \text{该步骤月末广义在产品约当产量} \times \text{该步骤单位半成品该成本项目费用}$$

这种计算约当数量的方法也称为月末法，还可以采用月初法来计算某步骤总约当数量。相关计算公式如下。

$$\text{本步骤以后某步骤月初在产品约当产量} = \sum\left(\text{本步骤以后某步骤月初在产品数量} \times \text{单位该步骤产品耗用本步骤半成品数量}\right)$$

$$\text{本步骤及以后某步骤月初半成品约当产量} = \sum\left(\text{本步骤及以后步骤月初半成品数量} \times \text{单位该步骤半成品耗用本步骤半成品数量}\right)$$

$$\text{某步骤总约当产量} = \text{本步骤以后某步骤月初在产品约当产量} + \text{本步骤及以后某步骤月初半成品约当产量} + \text{本步骤月末狭义在产品约当产量} + \text{本步骤本月半成品数量}$$

【例 6-8】某公司甲产品生产属于大量大批连续式多步骤生产，由三个车间分三个步骤加工而成。第一车间加工的 A 半成品为第二车间所用，第二车间加工的 B 半成品为第三车间所用，第三车间加工制成甲产成品。原材料系生产开始时一次投入，单位各步骤产品耗用上步骤一件半成品，各步骤半成品在步骤之间直接移交，各步骤狭义在产品的本步骤加工程度为 50%，基本生产成本账面费用分配采用约当产量法分配。20××年 6 月有关生产资料见表 6-39。

表 6-39 各步骤生产数量记录

单位：件

甲产品	一步骤	二步骤	三步骤
月初在产品数	40	60	20
本月投产数	160	140	180
本月完工数	140	180	160
月末在产品数	60	20	40

根据本月各种费用分配表和其他有关资料，将甲产品各步骤的本月生产费用按成本项目登记产品成本明细账。

甲产品各步骤在 6 月发生的直接计入费用直接计入，间接计入费用在甲产品各步骤之间分配后登记产品成本明细账，登记结果见【例 6-4】中的表 6-27。

根据上月产品成本明细账和本月各种费用分配表，登记产品成本明细账的月初在产品成本和本月生产费用发生额。甲产品各步骤产品成本明细账分别见表 6-40～表 6-42。

表 6-40 第一步骤产品成本明细账

20××年 6 月

单位：元

摘要	直接材料	直接人工	制造费用	合计
月初在产品成本	1 200	520	1 000	2 720
本月本步骤发生费用	1 600	730	1 500	3 830
账面累计费用	2 800	1 250	2 500	6 550
完工产品数量	160	160	160	—

续表

摘要	直接材料	直接人工	制造费用	合计
月末在产品约当产量	120	90	90	—
约当总产量	280	250	250	—
完工半成品单位成本	10	5	10	25
计入完工产品成本的份额	1 600	800	1 600	4 000
月末在产品成本	1 200	450	900	2 550

一步骤广义在产品分配直接材料的约当产量＝60×100%＋20＋40＝120（件）

一步骤月末分配直接材料的总约当产量＝120＋160＝280（件）

一步骤月初分配直接材料的总约当产量＝（60＋20）＋140＋60×100%＝280（件）

一步骤单位半成品直接材料费用＝$\frac{1\,200+1\,600}{280}$＝10（元）

一步骤应计入产成品成本的直接材料费用＝160×10＝1 600（元）

一步骤广义在产品分配直接材料费用＝120×10＝1 200（元）

一步骤广义在产品分配加工费的约当产量＝60×50%＋20＋40＝90（件）

一步骤月末分配加工费的总约当产量＝90＋160＝250（件）

一步骤月初分配加工费的总约当产量＝（60＋20）＋140＋60×50%＝250（件）

一步骤单位半成品直接人工费用＝$\frac{520+730}{250}$＝5（元）

一步骤应计入产成品成本的直接人工费用＝160×5＝800（元）

一步骤广义在产品分配直接人工费用＝90×5＝450（元）

一步骤单位半成品制造费用＝$\frac{1\,000+1\,500}{250}$＝10（元）

一步骤应计入产成品成本的制造费用＝160×10＝1 600（元）

一步骤广义在产品分配制造费用＝90×10＝900（元）

表6-41　第二步骤产品成本明细账

20××年6月　　　　单位：元

摘要	直接材料	直接人工	制造费用	合计
月初在产品成本	—	270	500	770
本月本步骤发生费用	—	780	1 600	2 380
账面累计费用	—	1 050	2 100	3 150
完工产品数量	—	160	160	—
月末在产品约当产量	—	50	50	—
约当总产量	—	210	210	—
完工半成品单位成本	—	5	10	15
计入完工产品成本的份额	—	800	1 600	2 400
月末在产品成本	—	250	500	750

二步骤广义在产品分配加工费的约当产量＝20×50%＋40＝50（件）

二步骤月末分配加工费的总约当产量＝50＋160＝210（件）

二步骤月初分配加工费的总约当产量＝20＋180＋20×50%＝210（件）

表 6-42　第三步骤产品成本明细账

20××年 6 月

单位：元

摘要	B 半成品	直接人工	制造费用	合计
月初在产品成本	—	100	120	220
本月本步骤发生费用	—	1 340	1 680	3 020
账面累计费用	—	1 440	1 800	3 240
完工产品数量	—	160	160	—
月末在产品约当产量	—	20	20	—
约当总产量	—	180	180	—
完工产品单位成本	—	8	10	18
计入完工产品成本的份额	—	1 280	1 600	2 880
月末在产品成本	—	160	200	360

三步骤广义在产品分配加工费的约当产量＝40×50%＝20（件）

三步骤分配加工费的总约当产量＝20＋160＝180（件）

根据甲产品三个步骤产品成本明细账中计算出的本月完工产品成本，汇总编制 6 月甲产品成本汇总表，在基本生产明细账中转出该品种本月完工产品成本，详见表 6-43。

表 6-43　甲产品成本汇总表

20××年 6 月

单位：元

成本结构	直接材料	直接人工	制造费用	合计
第一步骤转入费用	1 600	800	1 600	4 000
第二步骤转入费用	—	800	1 600	2 400
第三步骤转入费用	—	1 280	1 600	2 880
完工产品总成本	1 600	2 880	4 800	9 280
完工产品单位成本	10	18	30	58

根据第三车间的完工产品交库单（单中列示交库数量和第三车间产品成本明细账中完工转出的甲产品单位成本），编制结转甲产品完工产品成本会计分录如下。

借：库存商品——甲产品　　9 280

　贷：基本生产成本——第一步骤　　4 000

　　　　　　　　——第二步骤　　2 400

　　　　　　　　——第三步骤　　2 880

2. 举例二（定额比例法）

采用定额比例分配完工产品的份额与月末广义在产品的生产费用，作为分配标准的定额资料的来源是完工产品的定额资料，可以根据完工产品数量乘以单位定额资料求得，月末在产品的定额消耗资料，则可以倒挤计算。具体方法如下。

$$\text{月末在产品总定额}=\text{月初在产品总定额}+\text{本月投入定额}-\text{本月完工产品定额}$$

$$\text{某成本项目费用分配率}=\frac{\text{月初在产品该成本项目费用}+\text{本月发生该成本项目费用}}{\text{月初在产品总定额}+\text{本月投入总定额}}$$

$$\text{本月完工产品应分某成本项目费用}=\text{本月完工产品定额}\times\text{该成本项目费用分配率}$$

$$\text{月末在产品应分某成本项目费用}=\text{月末在产品总定额}\times\text{该成本项目费用分配率}$$

【例 6-9】某企业生产的乙产品由经过两个生产步骤连续加工制成。第一步骤为第二步骤直接移交半成品，第二步骤将半成品加工为产成品 100 件。各步骤计入产成品成本的费用采用定额比例法计算。直接材料费用按定额费用比例分配，其他费用按定额工时比例分配。有关定额资料见表 6-44。

表 6-44　乙产品定额资料

产品	步骤	定额直接材料费用（元）	定额工时（小时）
月初在产品	一步骤	20 000	1 600
	二步骤	—	600
本月投入	一步骤	60 000	3 000
	二步骤	—	3 400
本月产成品	一步骤	500	28
	二步骤	—	30
	产量	100	100
	一步骤	50 000	2 800
	二步骤	—	3 000

根据上述资料登记第一车间的产品成本明细账，详见表 6-45。

表 6-45　第一步骤产品成本明细账

20××年 6 月　　单位：元

摘要	直接材料		定额工时	直接人工	制造费用	合计
	定额	实际				
月初在产品成本	20 000	23 000	1 600	15 800	13 000	51 800
本月发生费用	60 000	65 000	3 000	30 200	23 800	119 000
账面累计费用	80 000	88 000	4 600	46 000	36 800	170 800
累计各费用分配率	—	1.1	—	10	8	—
计入完工产品成本的份额	50 000	55 000	2 800	28 000	22 400	105 400
月末在产品成本	30 000	33 000	1 800	18 000	14 400	65 400

根据上述资料登记第二车间的产品成本明细账，详见表 6-46。

表6-46 第二步骤产品成本明细账

20××年6月

单位：元

摘要	直接材料		定额工时	直接人工	制造费用	合计
	定额	实际				
月初在产品成本			600	5 800	5 600	11 400
本月发生费用			3 400	34 200	30 400	64 600
账面累计费用			4 000	40 000	36 000	76 000
累计各费用分配率			—	10	9	—
计入完工产品成本的份额			3 000	30 000	27 000	57 000
月末在产品成本			1 000	10 000	9 000	19 000

根据乙产品两个步骤产品成本明细账中计算出的本月完工产品成本，汇总编制6月乙产品成本汇总表，在基本生产明细账中转出该品种本月完工产品成本，详见表6-47。

表6-47 乙产品成本汇总表

20××年6月

单位：元

成本结构	直接材料	直接人工	制造费用	合计
第一步骤转入费用	55 000	28 000	22 400	105 400
第二步骤转入费用	—	30 000	27 000	57 000
完工产品总成本	55 000	58 000	49 400	162 400
完工产品单位成本	550	580	494	1 624

（三）平行结转分步法的优缺点

平行结转分步法与逐步结转分步法相比较，具有以下优点。

（1）采用这一方法，各步骤可以同时计算产品成本，然后将应计入完工产品成本的份额平行结转、汇总计入产成品成本，不必逐步结转半成品成本，从而可以简化和加速成本计算工作。

（2）采用这一方法，一般是按成本项目平行结转、汇总各步骤成本中应计入产成品成本的份额，因而能够直接提供按原始成本项目反映的产成品成本资料。不必进行成本还原，省去了大量繁琐的计算工作。

但是，由于采用这一方法各步骤不计算、不结转半成品成本，所以存在以下缺点。

（1）不能提供各步骤半成品成本资料及各步骤所耗上一步骤半成品费用资料，因而不能全面地反映各步骤生产耗费的水平，不利于各步骤的成本管理。

（2）由于各步骤间不结转半成品成本，使半成品实物转移与费用结转脱节，因而不能为各步骤在产品的实物管理和资金管理提供资料。

从以上对比分析中可以看出，平行结转分步法的优缺点正好与逐步结转分步法的优缺点相反。在采用平行结转分步法时，应注意以下两点。

（1）加强各步骤在产品收发结存的数量核算，以便为在产品的实物管理和资金管理提供资料。

（2）加强各步骤废品损失的核算和在产品的清查工作，以便及时发现在产品的报废、短缺、毁损情况，进而及时反映在产品加工报废、盘亏、毁损造成的损失，以弥补平行结转分步法由于在产品费用结转与实物转移脱节所产生的缺点。

四、逐步结转分步法与平行结转分步法的比较

逐步结转分步法与平行结转分步法虽都属于分步法，但两者之间有许多不同之处，主要表现在

以下几方面。

（1）成本计算程序不同。逐步结转分步法在计算成本时是按产品的生产过程逐步计算并结转半成品成本，直至最后步骤计算出完工产成品成本。平行结转分步法各步骤只计算该步骤应计入产成品成本的份额，将各步骤应计入产成品成本的份额平行汇总，计算出完工产成品的成本。

（2）各步骤所计算的费用不同。逐步结转分步法下，每一步骤的费用中既包括本步骤发生的加工费用，也包括上一步骤转入的半成品的成本。平行结转分步法下，各步骤的费用中，除第一步骤外，只包括本步骤发生的加工费用。

（3）完工产品的概念不同。逐步结转分步法下的完工产品不仅包括最后步骤完工的产成品，还包括各步骤完工的半成品。平行结转分步法下的完工产品只包括最后步骤完工的产成品。

（4）在产品的概念不同。逐步结转分步法下的在产品是狭义的在产品。平行结转分步法下的在产品是广义的在产品。

（5）成本与实物关系体现不同。在逐步结转分步法下，成本的结转与实物的转移是相一致的，即半成品实物转入某个步骤，其成本也转入某个步骤。平行结转分步法下，成本的结转与实物的转移是脱节的，当半成品转入下一步骤加工时，其成本并不转入下一步骤。

练习与思考

一、判断题

1. 在所有的成本计算方法中，品种法是最基本的方法，计算出每种产品的完工产品成本是企业进行成本计算的最终目的。（　　）

2. 分类法和定额法是成本计算的辅助方法，可以单独应用于各种类型的生产。（　　）

3. 采用平行结转分步法，不论半成品是在各生产步骤之间直接结转还是通过半成品库收发，都不通过自制半成品科目进行总分类核算。（　　）

4. 采用简化的分批法进行成本核算的企业，为了核算累计间接计入费用，一般要求必须设置基本生产成本二级账。（　　）

5. 采用逐步结转分步法计算成本时，各步骤的费用由两部分组成，一部分是本步骤发生的费用，另一部分是上一步骤转入的半成品成本。（　　）

二、单项选择题

1. 工业企业的生产组织类型和管理要求对产品成本计算的影响，主要表现在（　　）

　　A. 完工产品与在产品之间分配费用的方法

　　B. 成本计算期的确定

　　C. 间接费用分配方法的确定

　　D. 成本计算对象的确定

2. 成本还原的对象是（　　）。

　　A. 产成品成本

　　B. 半成品所耗上步骤半成品的综合成本

　　C. 产成品所耗上步骤半成品的综合成本

　　D. 产成品所耗各步骤半成品的综合成本

3. 在逐步结转分步法下，其完工产品与在产品之间的费用分配，是指在（　　）之间的费用分配。

A. 产成品与该步骤月末广义在产品

B. 半成品与月末广义在产品

C. 产成品与该步骤月末狭义在产品

D. 前面各步骤是半成品与月末狭义在产品，最后步骤是产成品与月末狭义在产品

4. 在平行结转分步法下，其完工产品与在产品之间的费用分配，是指下列两者之间的费用分配（　　）

A. 半成品与月末广义在产品　　B. 半成品与月末狭义在产品

C. 产成品与月末广义在产品　　D. 产成品与月末狭义在产品

5. 采用简化的分批法进行成本计算，适用的情况是（　　）。

A. 投产批数繁多，而且月末未完工批数较多

B. 投产批数较少，而且月末未完工批数较少

C. 投产批数繁多，而且本月完工批数较多

D. 投产批数较少，而且月末未完工批数较多

三、多项选择题

1. 成本计算方法应根据（　　）来确定。

A. 生产组织的特点　B. 成本管理要求　C. 生产工艺的特点　D. 生产规模要求

2. 下列产品成本计算方法中，属于产品成本计算的基本方法有（　　）

A. 定额法　　B. 分批法　　C. 分步法

D. 品种法　　E. 分类法

3. 品种法可以适用于（　　）。

A. 大量生产

B. 单步骤生产

C. 单件小批生产

D. 管理上不要求分步骤计算成本的多步骤生产

4. 平行结转分步法的适用情况是（　　）。

A. 半成品对外销售

B. 半成品不对外销售

C. 管理上不要求提供各步骤半成品资料

D. 半成品种类较多，逐步结转半成品成本工作量较大

5. 采用简化分批法，要求（　　）。

A. 必须设立基本生产二级账　　B. 不分批计算在产品成本

C. 必须计算累计间接计入费用分配率　　D. 分批计算在产品成本

四、简答题

1. 企业生产特点和管理要求对产品成本计算的影响，主要表现在哪些方面？

2. 产品成本计算的基本方法和辅助方法有哪些，各自特点是什么？

3. 什么是产品成本计算的品种法，其特点和适用范围是什么？

4. 试述品种法的产品成本核算程序。

5．什么是产品成本计算的分批法，其特点和适用范围是什么？

6．试述简化的分批法的特点和适用范围。

7．什么是产品成本计算的分步法，其特点和适用范围是什么？

8．逐步结转分步法的特点、优缺点和适用范围是什么？

9．什么是成本还原？如何进行成本还原？

10．什么是分项结转分步法，其优缺点和适用范围是什么？

11．平行结转分步法的特点、计算程序、适用范围和优缺点是什么？

12．简述逐步结转分步法与平行结转分步法的比较。

五、业务题

1．某企业按照客户要求，小批生产甲、乙两种产品。该企业本月份（5月）各批产品的资料见表6-48和表6-49。

表6-48 生产记录

批号	产品名称	产量	开工日期	完工日期
#408	甲	20件	4月	本月全部完工
#409	乙	8件	5月	本月完工5件，其定额工时3 200小时

表6-49 本月生产费用和生产工时

批号	产品名称	直接材料（元）	生产工时（小时）	直接人工（元）	制造费用（元）
#408	甲	4 000	1 000		
#409	乙	14 000	4 000		
合计			5 000	30 000	60 000

乙产品月末在产品的直接材料按定额成本计价，假设乙产品的月末在产品直接材料定额成本2 000元，乙产品月末在产品耗用定额工时800小时。直接人工和制造费用按定额工时比例分配。甲产品月初累计费用见表6-50和表6-51。

根据上述数据，完成下列各题。

（1）计算本月直接人工和制造费用分配率（列出计算式）。

（2）登记各批产品成本明细账，计算各批完工产品成本。

表6-50 产品成本明细账

工作批号：#408　　　　开工时期：20××年4月

产品名称：甲产品　　　　批量：20件　　　　完工日期：20××年5月

月	日	摘要	直接材料	直接人工	制造费用	合计
4	30	月末在产品费用	1 000	8 000	4 000	13 000
5	31	本月生产费用	4 000			
5	31	生产费用累计	5 000			
5	31	完工转出产成品成本（20件）	5 000			
5	31	完工产品单位成本				

表 6-51　产品成本明细账

工作批号：#409　　　　开工时期：20××年 5 月

产品名称：乙产品　　　　批量：8 件　　　　完工日期：20××年 5 月完工 5 件

月	日	摘要	直接材料	直接人工	制造费用	合计
5	31	本月生产费用	14 000			
5	31	完工转出产成品成本（5 件）				
5	31	完工产品单位成本				
5	31	月末在产品费用	2 000			

2．某企业成批生产多种产品，为简化核算，采用简化的分批法进行成本计算。6 月有关成本计算资料见表 6-52。

表 6-52　成本计算资料表

批号	产品	批量	投产日期	完工日期
9801	A 产品	100	1 月 6 日	6 月 20 日
9802	B 产品	40	2 月 24 日	6 月 25 日
9803	C 产品	200	3 月 5 日	未完工
9804	D 产品	20	4 月 6 日	未完工
9806	E 产品	80	6 月 10 日	未完工

6 月初在产品成本为 1 340 000 元，其中，直接材料 800 000 元（9801 批次 400 000 元，9802 批次 160 000 元，9803 批次 200 000 元，9804 批次 40 000 元），直接人工 295 000 元，制造费用 245 000 元。月初在产品累计生产工时为 100 000 小时，其中，9801 批次 34 000 小时，9802 批次 28 000 小时，9803 批次 32 000 小时，9804 批次 6 000 小时。

本月发生直接材料费 200 000 元，全部为 9806 批次 E 产品所耗用。本月发生直接人工 84 200 元，制造费用 59 624 元。本月实际生产工时为 26 400 小时，其中，9801 批次 6 000 小时，9802 批次 4 000 小时，9803 批次 7 000 小时，9804 批次 5 000 小时，9806 批次 4 400 小时。

要求：开设基本生产二级账和按产品批次设置的产品成本明细账并登记。

3．某工业企业大量生产甲产品。生产分为两个步骤，分别由两个车间进行。第一车间生产甲半成品 1 000 件，交半成品库验收。第二车间将甲半成品加工成为甲产成品。第二车间所耗半成品费用按全月一次加权平均单位成本计算。月末在产品按定额成本计价。该厂为加强成本管理，采用逐步结转分步法计算产品成本，有关产量和费用资料见表 6-53、表 6-54 和表 6-55。

要求：根据所提供的资料，登记产品成本明细账和自制半成品明细账，按实际成本综合结转半成品成本，计算产成品成本。

表 6-53　产品成本明细账

第一车间 甲半成品　　　　20××年 4 月　　　　产量：1 000 件

	直接材料	直接人工	制造费用	合计
月初在产品成本（定额成本）	3 800	2 200	4 600	
本月生产费用	12 600	6 000	12 200	
合计				
完工转出半成品成本				
月末在产品成本（定额成本）	5 600	3 000	6 600	

表 6-54 自制半成品明细账（甲半成品）

月份	月初余额		本月增加		合 计			本月减少	
	数量	实际成本	数量	实际成本	数量	实际成本	单位成本	数量	实际成本
4	800	20 600						1 400	
5	400								

表 6-55 产品成本明细账

第二车间 甲产成品　　　　20××年 4 月　　　　产量：700 件

	直接材料	直接人工	制造费用	合 计
月初在产品成本（定额成本）	12 000	2 400	5 000	
本月生产费用		7 400	17 700	
合计				
产成品成本				
月末在产品成本（定额成本）	5 200	1 000	2 800	

4. 某厂生产的甲产品顺序经过第一、第二和第三等三个基本生产车间加工，第一车间完工产品为 A 半成品，完工后全部交第二车间继续加工。第二车间完工产品为 B 半成品，完工后全部交第三车间继续加工。第三车间完工产品为甲产品产成品。甲产品原材料在第一车间生产开始时一次投入，各车间的工资和费用发生比较均衡，月末在产品完工程度均为50%。本月有关成本计算资料见表 6-56 和表 6-57。

表 6-56 生产数量资料

项目	第一车间	第二车间	第三车间
月初在产品	50	100	200
本月投入或上步转入	550	500	500
本月完工转入下步或交库	500	500	550
月末在产品	100	100	150

表 6-57 生产费用资料

项目	第一车间	第二车间	第三车间
月初在产品成本	36 250	130 000	400 000
其中：直接材料（半成品）	25 000	95 000	330 000
直接人工	6 250	20 000	40 000
制造费用	5 000	15 000	30 000
本月本步发生生产费用	511 250	350 000	367 500
其中：直接材料	275 000		
直接人工	131 250	200 000	210 000
制造费用	105 000	150 000	157 500

根据上述数据完成下列题目。

（1）根据资料采用逐步结转分步法（综合结转方式）计算甲产品及其 A 半成品、B 半成品成本（月末在产品成本按约当产量法计算），编制结转完工产成品的会计分录。

（2）进行成本还原。

5．某企业生产的甲产品顺序经过第一、第二和第三等三个基本生产车间加工，原材料在第一车间生产开始时一次性投入，各车间工资和费用发生比较均衡，月末本车间在产品完工程度均为 50%。本月有关成本计算资料见表 6-58 和表 6-59。

表 6-58　生产数量资料

项目	第一车间	第二车间	第三车间
月初在产品	50	100	200
本月投入或上步转入	550	500	500
本月完工转入下步或交库	500	500	550
月末在产品	100	100	150

表 6-59　生产费用资料

项目	第一车间	第二车间	第三车间
月初在产品成本	321 250	175 000	70 000
其中：直接材料（半成品）	175 000		
直接人工	81 250	100 000	40 000
制造费用	65 000	75 000	30 000
本月本步发生生产费用	511 250	350 000	367 500
其中：直接材料	275 000		
直接人工	131 250	200 000	210 000
制造费用	105 000	150 000	157 500

要求：根据资料采用平行结转分步法计算甲产品成本，并根据产品成本计算汇总表编制会计分录。

6．某企业生产的 A 产品，经过两个生产步骤连续加工制成。第一步骤为第二步骤提供半成品，第二步骤将半成品加工为产成品 1 000 件。各步骤计入产成品成本的费用采用定额比例法计算。直接材料费用按定额费用比例分配，其他费用按定额工时比例分配。有关资料见表 6-60、表 6-61。

要求：采用平行结转分步法计算 A 产品成本，完成产品成本明细账和产品成本汇总表的编制，并编制完工产品入库的会计分录。

表 6-60　第一步骤产品成本明细账

产量：1 000 件

项目	直接材料		定额工时	直接人工	制造费用	合计
	定额	实际				
月初在产品费用		35 500		8 500	9 500	
本月生产费用		52 000		11 500	18 500	
合计						
分配率						
产成品成本中本步份额	20 400		2 500			
月末在产品费用	14 600		1 500			

表 6-61 第二步骤产品成本明细账

产量：1 000 件

项目	直接材料		定额工时	直接人工	制造费用	合计
	定额	实际				
月初在产品费用				6 500	7 800	
本月生产费用				9 100	13 000	
合计						
分配率						
产成品成本中本步份额			2 000			
月末在产品费用			600			

表 6-62 A 产品成本汇总表

	产量	直接材料	直接人工	制造费用	合计
第一步骤					
第二步骤					
合计					
单位成本					

第七章 产品成本计算的辅助方法

【学习目标】

1. 了解联产品、副产品和等级产品的成本计算。
2. 理解产品成本计算的各种方法的综合运用。
3. 熟悉分类法及定额法的特点和适用范围。
4. 掌握分类法及定额法的成本核算程序。

【关键词】

辅助方法　分类法　定额法　脱离定额差异　直接材料成本差异　定额变动差异

【引例】

河北邯郸钢铁厂（现河北邯郸钢铁集团公司，简称邯钢）是一家 1958 年建厂的老厂。1990 年，钢铁企业普遍不景气，邯钢在内部成本上升、外部市场疲软的双重压力下，经济效益大幅滑坡。钢铁企业属于大批量、多流程的行业，其生产过程的高度计划性决定了必须对生产工艺各环节实行高度集中管理。为严格成本管理，通常采取将整个生产线划分为不同的作业单元，在各个作业单元之间锁定转移价格的做法。1991 年，为突破困局，邯钢在钢铁行业率先引入了市场手段，实行“模拟市场核算，实行成本否决”的内部管理体制，当年实现利润 5 000 万元。邯钢的“成本否决”中的成本为何种成本？在钢铁企业再次进入“寒冬”的今天，我们旧话重提，多年前的“邯钢经验”有何借鉴意义？

第一节 产品成本计算的分类法

一、分类法概述

（一）分类法的含义

产品成本计算的分类法是按产品类别归集生产费用，计算产品成本的一种方法。

在一些工业企业中，生产的产品品种、规格繁多，若按产品的品种、规格归集生产费用，计算产品成本，则成本计算工作极为繁重。在这种情况下，如果不同品种、规格的产品可以按照一定标准进行分类，为了简化成本计算工作，就可以采用分类法来计算产品成本。

（二）分类法的适用范围

分类法与生产的类型无直接关系，其可以在各种类型的生产中应用，即凡是产品品种、规格繁多，又可以按照一定标准划分为若干类别的企业或车间，均可用分类法计算成本。例如，钢铁厂生产的各种型号和规格的生铁、钢锭和钢材；针织厂生产的各种不同种类和规格的针织品；灯泡厂生产的各种不同类别和瓦数的灯泡；食品厂生产的各种饼干和面包等。它们的生产类型有所不同，但都可以采用分类法计算成本。

有些工业企业，特别是化工企业，对同一原料进行加工，可以同时生产出几种主要产品。例如，原油经过提炼，可以同时生产出各种汽油、煤油和柴油等产品。这些联产品，所用原料和工艺技术过程相同，因而最宜于归为一类，采用分类法计算成本。

此外，企业可能生产一些零星产品，例如，为协作单位生产少量的零部件，或自制少量材料和工具等。这些零星产品，虽然所用原材料和工艺过程不一定完全相近，但其品种规格多，且数量少，费用比重小。为了简化核算工作，也可以把它们归为几类，采用分类法计算成本。

应当指出的是，有些工业企业，特别是轻工企业，有时可能生产出品种相同，但质量不同的产品。如果这些产品所用的原材料和工艺技术过程完全相同，质量上的差别是由于工人操作所造成的，那么，这些质量等级不同的产品的单位成本应该相同，而不能把分类法原理应用到这些产品的成本计算中去。也就是说，不能按照它们的不同售价分配费用，为不同等级的产品确定不同的单位成本，否则，就会掩盖次级产品由于售价较低造成的损失，不利于企业加强成本管理和产品质量的提高。如果不同质量的产品，是由于所用原材料的质量或工艺技术上的要求不同而产生的，那么，这些产品应是同一品种不同规格的产品，可归为一类，采用分类法计算成本。

（三）分类法的特点

（1）按照产品的类别归集生产费用，计算该类产品成本。

（2）分类法也以月份作为成本计算期，计算类别成本时同样存在着将费用在完工产品和在产品之间进行分配的问题。

（3）类内不同品种（或规格）完工产品的成本按照一定的分配方法分配确定。

（4）类别账所归集的生产费用纵向分配和类内各种完工产品的成本分配均根据类别账累计各成本项目费用分配率进行分配。

（5）类别的在产品应负担的费用，则以总数反映在类别基本生产成本明细账中，不进行分配，不分品种计算在产品成本。

二、分类法的成本核算

（一）分类法的成本核算程序

分类法的成本核算程序主要有以下几个步骤。

1. 按产品的类别设置基本生产成本明细账

根据产品所用原材料和工艺技术过程的不同，将产品划分为若干类，并按照产品的类别开立基本生产成本明细账，在基本生产成本账中按成本项目设置专栏。对于有类别月初在产品成本的产品，还应在产品成本明细账中登记类别月初在产品的成本。

2. 本月费用的横向分配，确定各类别的本月生产费用

编制本月各种费用分配表，并登记相关的成本、费用明细账。生产费用的分配归集包括要素费用、辅助生产费用、制造费用等。在分类法下，应特别强调按照产品的类别归集成本费用。因此，凡能分清属于某一类别产品所耗的单设成本项目的直接计入费用，直接计入各成本计算对象；对于那些不能分清楚属于哪一类别消耗的单设成本项目的间接计入费用，单独分配后记入各成本计算对象；不单设成本项目的费用，一般是先按车间、部门或者费用用途，归集为综合费用，月末再直接计入或者分配计入各成本计算对象。

3. 类别基本生产成本明细账所归集的生产费用纵向分配

应采用一定的分配方法，将类别基本生产成本明细账所归集的生产费用在类别本月完工产品和类别月末在产品之间进行分配，从而计算出类别本月完工产品成本。

实际工作中，通常是采用在产品按定额成本计价法或定额比例法。这是因为采用这两种方法，作为分配费用标准的定额资料比较容易取得。例如，产成品的定额消耗量或定额费用，可以根据产成品数量乘以消耗定额或费用定额计算；在产品的定额消耗量或定额费用，由于在产品的实物分散，具体的盘存、计算工作比较复杂，但可以采用倒挤方法计算，因而也较简便。

$$\text{类别月末在产品总定额}=\text{类别月初在产品总定额}+\text{类别本月发生总定额}-\text{类别本月完工产品总定额}$$

$$\text{类别账累计某成本项目费用分配率}=\frac{\text{类别月初在产品该成本项目费用}+\text{类别本月发生该成本项目费用}}{\text{类别月初在产品总定额}+\text{类别本月发生总定额}}$$

$$\text{类别本月完工产品应分某成本项目费用}=\text{类别本月完工产品总定额}\times\text{类别账累计该成本项目费用分配率}$$

$$\text{类别月末在产品应分某成本项目费用}=\text{类别月末在产品总定额}\times\text{类别账累计该成本项目费用分配率}$$

4. 类内分配计算各种产品成本

选择合理的分配标准，分别将类别本月完工产品成本，在类内的各种产品进行分配，进而计算每类产品内各种本月完工产品成本。

同类产品内各种产品之间分配费用的标准，一般有定额消耗量、定额工时、定额费用，及产品的体积、长度和重量等。在选择费用的分配标准时，主要应考虑与产品生产耗费的关系，即应选择与产品各项耗费有密切联系的分配标准。

在类内各种产品之间分配费用时，各成本项目可以按同一个分配标准进行分配。为了使分配结果更为合理，也可以根据各成本项目的性质，分别按照不同的分配标准进行分配。例如，直接材料费用可以按照原材料定额消耗量或原材料定额费用比例进行分配，其他项目费用可以按照定额工时比例进行分配。

用定额比例法进行类别基本生产成本明细账所归集的生产费用纵向分配时，计算的类别账累计各成本项目费用分配率仍然适用于类内的各种产品进行分配。

$$\text{本月某完工产品应分某成本项目费用}=\text{本月该完工产品总定额}\times\text{类别账累计该成本项目费用分配率}$$

分类法的成本核算程序见图 7-1 所示。

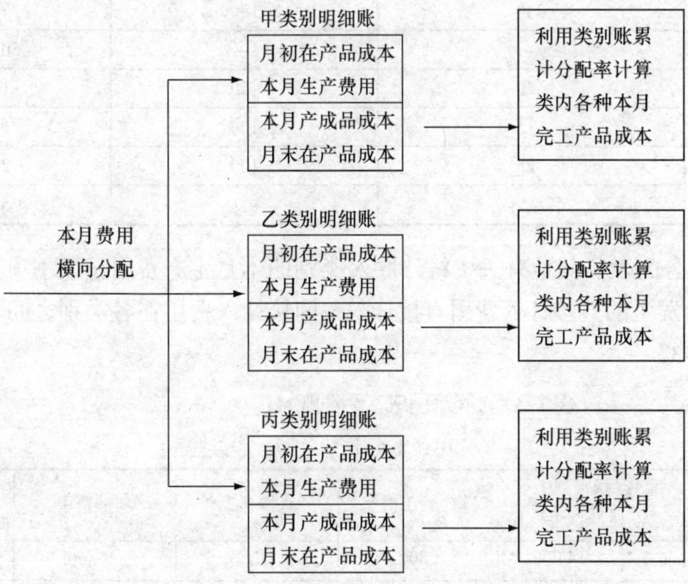

图 7-1 分类法的成本核算程序图

（二）分类法的成本核算举例

1. 举例一（定额比例法）

【例 7-1】某企业生产的甲、乙、丙三种产品的结构、所用原材料和工艺过程基本相同，合并为一类（A 类），采用分类法计算成本。A 类别基本生产成本明细账所归集的生产费用纵向分配，类内的各种产品成本分配采用定额比例法进行分配。20××年 6 月与甲、乙、丙三种产品成本计算有关的数据以及成本计算过程如下。

（1）计算单位产品原材料费用定额，详见表 7-1。

表 7-1 原材料费用定额表

单位：元

产品名称	单位产品定额直接材料费用			
	材料编号	消耗定额	计划单价	费用定额
甲	120	20	5	100
	122	10	10	100
	小计	—	—	200
乙	120	10	5	50
	122	11	10	110
	小计	—	—	160
丙	120	20	5	100
	122	14	10	140
	小计	—	—	240

（2）计算 A 类别本月完工产品定额，详见表 7-2。

表 7-2 A 类别本月完工产品定额表

项目	产品名称	本月完工产品		
		单位定额（元/件）	产品数量（件）	总定额（元）
定额直接材料	甲	200	50	10 000
	乙	160	100	16 000
	丙	240	100	24 000
	合计	—	—	50 000
定额工时	甲	20	50	1 000
	乙	15	100	1 500
	丙	25	100	2 500
	合计		—	5 000

（3）根据本月各种费用分配表和其他有关资料，将 A 类别的本月生产费用按成本项目登记产品成本明细账。A 类别在 6 月发生的直接计入费用直接计入，间接计入费用在各类别之间分配后登记产品成本明细账，详见表 7-3。

表 7-3 A 类产品成本明细账

20××年 6 月

单位：元

摘要	直接材料		定额工时	直接人工	制造费用	合计
	定额	实际				
月初在产品成本	12 000	14 000	800	6 000	7 600	27 600
本月发生费用	48 000	52 000	4 700	38 000	47 400	137 400

续表

摘要	直接材料		定额工时	直接人工	制造费用	合计
	定额	实际				
账面累计费用	60 000	66 000	5 500	44 000	55 000	165 000
累计各费用分配率	—	1.1	—	8	10	—
完工产品成本	50 000	55 000	5 000	40 000	50 000	145 000
月末在产品成本	10 000	11 000	500	4 000	5 000	20 000

编制本月生产费用分配会计分录如下。

借：基本生产成本——A 类别　　52 000
　贷：原材料　　52 000
借：基本生产成本——A 类别　　38 000
　贷：应付职工薪酬　　38 000
借：基本生产成本——A 类别　　47 400
　贷：制造费用　　47 400

A 类别账累计直接材料分配率＝66 000÷60 000＝1.1

A 类别账累计直接人工分配率＝44 000÷5 500＝8

A 类别账累计制造费用分配率＝55 000÷5 500＝10

（4）分配计算甲、乙、丙三种产品的产成品成本。用定额比例法进行类别基本生产成本明细账所归集的生产费用纵向分配时，计算得出的各成本项目费用累计分配率仍然适用于类内的各种产品进行分配。根据各种产品的原材料费用定额和工时消耗定额，分配计算 A 类甲、乙、丙三种产品的产成品成本，详见表 7-4。

表 7-4　A 类 6 月产品成本汇总表

20××年 6 月　　单位：元

摘要	直接材料		定额工时	直接人工	制造费用	合计
	定额	实际				
累计费用分配率	—	1.1	—	8	10	—
甲产品	10 000	11 000	1 000	8 000	10 000	29 000
乙产品	16 000	17 600	1 00	12 000	15 000	44 600
丙产品	24 000	26 400	2 500	20 000	25 000	71 400
合计	50 000	55 000	5 000	40 000	50 000	145 000

编制会计分录如下。

借：库存商品——甲产品　　29 000
　　　　　——乙产品　　44 600
　　　　　——丙产品　　71 400
　贷：基本生产成本——A 类别　　145 000

2. 举例二（系数法）

分类法下，为了简化分配工作，可以将分配标准折算成相对固定的系数，进而根据固定的系数在类内各种产品之间分配费用。确定系数时，一般是在类内选择一种产量较大、生产比较稳定或规格折中的产品作为标准产品，将这种产品的系数定为 1。再用其他各种产品的分配标准额分别与标准产品的分配标准额相比较，计算出其他各种产品的分配标准额与标准产品的分配标准额的比率，即系数。在分类法中，按照系数分配类内各种产品成本的方法，也叫系数法。系数一经确定，在一定时期内应相对稳定。在实际工作中，也有按照标准产品产量比例分配类内各种产品成本的方法，即将各种产品的产量按照系数进行折算，折算成为标准产品产量，然后，按照标准产品产量的比例分配类内各种产品成本。这也是一种系数分配法。

下面举例介绍分类法下，采用系数法进行类内各种产品成本的分配问题。

【例 7-2】 接【例 7-1】某企业生产的甲、乙、丙三种产品的结构、所用原材料和工艺过程基本相同，合并为一类（A 类），采用分类法计算成本。A 类别基本生产成本明细账所归集的生产费用纵向分配和类内的各种产品成本分配采用系数法进行分配。

甲产品为标准产品。直接材料系数按直接材料费用定额确定。加工费用系数按各种产品的定额工时确定。各产品的原材料在生产开始时一次性投入，月末在产品完工程度为 50%。20××年 6 月与甲、乙、丙三种产品成本计算有关的数据及成本计算过程如下。

（1）根据单位产品直接材料费用定额计算各产品的直接材料系数，详见表 7-5。

表 7-5　A 类 6 月产品直接材料系数表

产品名称	单位定额直接材料	直接材料系数	完工产品		月末在产品	
			数量（件）	直接材料总系数	数量（件）	直接材料总系数
甲	200	1	50	50	30	30
乙	160	160÷200 = 0.8	100	80	10	8
丙	240	240÷200 = 1.2	100	120	10	12
合计	—	—	—	250	—	50
A 类产品直接材料总系数合计			300			

（2）根据单位产品的定额工时计算各产品的加工费用系数，详见表 7-6。

表 7-6　A 类 6 月产品加工费用系数表

产品名称	单位定额工时	加工费用系数	完工产品		月末在产品	
			数量	加工费用总系数	数量	加工费用总系数
甲	20	1	50	50	30	15
乙	15	15÷20 = 0.75	100	75	10	3.75
丙	25	25÷20 = 1.25	100	125	10	6.25
合计	—	—	—	250	—	25
A 类产品加工费用总系数合计			275			

（3）根据本月各种费用分配表和其他有关资料，将 A 类别的本月生产费用按成本项目登记产品成本明细账。A 类别在 6 月发生的直接计入费用直接计入，间接计入费用在各类别之间分配后登记产品成本明细账。A 类别产品成本明细账见表 7-7。

表 7-7 A 类产品成本明细账

20××年 6 月 单位：元

摘要	直接材料	直接人工	制造费用	合计
月初在产品成本	14 000	6 000	7 600	27 600
本月发生费用	52 000	38 000	47 400	137 400
账面累计费用	66 000	44 000	55 000	165 000
类别完工产品总系数	250	250	250	—
类别月末在产品总系数	50	25	25	—
类别产品总系数合计	300	275	275	—
类别产品费用分配率	220	160	200	580
类别完工产品成本	55 000	40 000	50 000	145 000
类别月末在产品成本	11 000	4 000	5 000	20 000

类别产品直接材料分配率＝66 000÷300＝220

类别完工产品应分直接材料＝250×220＝55 000（元）

类别月末在产品应分直接材料＝50×220＝11 000（元）

类别产品直接人工分配率＝44 000÷275＝160

类别完工产品应分直接人工＝250×160＝40 000（元）

类别月末在产品应分直接人工＝25×160＝4 000（元）

类别产品制造费用分配率＝55 000÷275＝200

类别完工产品应分制造费用＝250×200＝50 000（元）

类别月末在产品应分制造费用＝25×200＝5 000（元）

（4）分配计算甲、乙、丙三种产品的产成品成本。各种完工产品的直接材料总系数、加工费用总系数比例分配计算 A 类甲、乙、丙三种产品的产成品成本，详见表 7-8。

表 7-8 A 类 6 月产品成本汇总表

单位：元

摘要	直接材料		加工费用总系数	直接人工	制造费用	合计
	总系数	实际成本				
费用分配率	—	220	—	160	200	580
甲产品	50	11 000	50	8 000	10 000	29 000
乙产品	80	17 600	75	12 000	15 000	44 600
丙产品	120	26 400	125	20 000	25 000	71 400
合计	250	55 000	250	40 000	50 000	145 000

三、分类法的优缺点和应用条件

（一）分类法的优缺点

采用分类法计算产品成本，领料单、工时记录等原始凭证和原始记录可以只按产品类别填列，在各种费用分配表中可以只按产品类别分配费用，产品成本明细账可以只按产品类别开立。这样，不仅能简化成本计算工作，而且还能够在产品品种、规格繁多的情况下，分类掌握产品成本的情况。但是，由于在类内各种产品成本的计算中，不论是间接计入费用还是可以直接计入的费用，都是按一定的分配标准按比例进行分配的，所以计算结果有一定的假定性。因此，在分类法下，产品的分类和分配标准（或系数）的选定是否适当，是一个关键性的问题。

（二）分类法的应用条件

在产品的分类上，应以所耗原材料和工艺技术过程是否相近为标准。这主要是因为所耗原材料和工艺技术过程相近的各种产品的成本水平也往往接近。在对产品分类时，类距既不能定得过小，防止成本计算工作复杂化；也不能定得过大，防止成本计算上的盲目简化，避免影响成本计算的正确性。在产品结构、所耗原材料或工艺技术发生较大变动时，应及时修订分配系数，或另选分配标准，以保证成本计算的正确性。

因此，在使用时，应注意这两个问题。

（1）分类要合适。划分的类别要依据产品的结构、所用原材料、工艺过程相近与否。否则，会影响成本计算结果的准确性。

（2）分配标准选择要符合实际。应选择那些与费用的高低有密切联系的指标作为分配标准，在选择分配标准时，可以采用所有的成本项目选择一个分配标准进行分配，也可以对不同的成本项目选择不同的分配标准。

四、联产品、副产品和等级产品的成本计算

在许多企业里，使用同一种原料，经过同一生产工艺过程会生产出数种不同的产品。也会因为机器操作等方面的原因，使同一生产过程生产出不同等级的产品。这时就发生了联合成本。

（一）联产品的成本计算

联产品是指用同样的原材料，在同一个生产过程同时生产出几种性质不同、用途不同的主要产品。这些产品虽然使用价值不同，但都是企业生产的主要目的，在经济上具有重要意义。如原木可以制成木材、木屑板和纸浆。又如食物油厂可以大豆为原料，在同一加工过程中，生产出豆油和豆饼。这些都是从单一投入中产出几种联产品。

在投入相同的原材料，经过同一生产过程，在某一个加工阶段上分离为各种联产品。这个加工阶段通常叫做分离点。在分离点以后产出的联产品，有的可以直接出售，有的还需进一步加工。在分离点以前所发生的加工成本就叫联合成本或共同成本，在分离点以后所发生的加工成本称为可归属成本或可分成本。

联产品的生产是联合生产。在同一生产过程中产出的各种联产品，有的自始至终都在同一生产过程中进行生产，最后才分离出来；有的则是在同一生产过程的某一步骤分离出来，分离后的产品，有的需要进一步加工，有的则可直接出售。但不管是在全部加工过程结束后分离，还是在加工过程中分离，在分离前所发生的联合成本都不可能按联产品中的每一种产品来归集和计算其生产成本。因此，必须把它作为一类产品来综合归集所发生的各种费用，然后按生产特点，选择适当的成本计算方法算出联合成本，最后再根据适当的标准，将联合成本分配给各联产品，从而计算出各种联产品的成本。由此可见，联产品的成本计算与一般产品的成本计算有很大差别，要分三个部分进行，即联产品分离点联合成本的计算、联合成本的分配和分离点后加工成本的计算。联产品的成本计算、分离点的确定是关键问题。分离点前联合成本的计算，选用分类法计算。分离点后的成本计算与一

般产品的成本计算相同。

需要解决的主要问题是将联合成本分配给每种联产品。需要指出的是，联合生产过程事实上决定了无法准确找出联合成本发生和每种联产品产出之间的因果关系，所以，从理论上讲联合成本是不可分的。在会计实务中，分配联合成本及分配方法的合理选择，目的在于对各种联产品存货进行估价，以确定当期净损益。这与产品生产决策无关。联合成本摊入某种联产品的多少不能作为该联产品的定价基础。对联产品成本的分析，也只能按其全部产品的联合成本进行综合的分析。

联合成本的分配方法很多，常用的有系数分配法、实物量比例分配法、可实现收入比例分配法等。

【例 7-3】某企业用同样的原材料，在同一个生产过程同时生产出甲、乙、丙三种联产品，合并为一类（A 类），采用分类法计算成本。A 类别基本生产成本明细账所归集的生产费用纵向分配采用在产品按定额成本计价法。已计算出 20××年 6 月 A 类别本月完工产品的直接材料 15 000 元、直接人工 10 000 元、制造费用 12 000 元。类内的各种产品成本分配采用可实现收入比例分配法进行分配。分离后的丙产品，可以进一步加工为丁产品，也可以直接出售。丙产品的收发经过自制半成品库进行。丙产品发出的计价按全月一次加权平均法计算。20××年 6 月与甲、乙、丙、丁四种产品成本计算有关的数据详见表 7-9、表 7-10 和表 7-11。

表 7-9　A 类 6 月产品可实现收入表

产品名称	完工数量（件）	单价（元）	可实现收入（元）
甲产品	100	100	10 000
乙产品	200	50	10 000
丙产品	200	150	30 000
合计	—	—	50 000

表 7-10　联合成本分配表

产品名称	可实现收入	直接材料		直接人工		制造费用		合计（元）
		分配率	应分额（元）	分配率	应分额（元）	分配率	应分额（元）	
甲	10 000		3 000		2 000		2 400	7 400
乙	10 000		3 000		2 000		2 400	7 400
丙	30 000		9 000		6 000		7 200	22 200
合计	50 000	0.3	15 000	0.2	10 000	0.24	12 000	37 000

编制会计分录如下。

借：库存商品——甲产品　　　　7 400
　　　　　　——乙产品　　　　7 400
　　自制半成品——丙半成品　　22 200
　　贷：基本生产成本——A 类别　　37 000

登记丙半成品成本明细账见表 7-11。

表 7-11　丙半成品成本明细账

20××年 6 月　　　　单位：元

丙半成品	数量（件）	合计
月初成本	50	5 300
本月收入成本	200	22 200
账面累计成本	250	27 500

续表

丙半成品	数量（件）	合计
平均单位成本	—	110
本月发出成本	180	19 800
月末成本	70	7 700

编制领用丙半成品成本会计分录如下。

借：基本生产成本——丁产品　　19 800

　　贷：自制半成品——丙半成品　　19 800

登记丁产品成本明细账见表 7-12。丁产品基本生产成本明细账所归集的生产费用纵向分配采用在产品按定额成本计价法。丁产品本月完工数量 200 件。

表 7-12　丁产品成本明细账

单位：元

摘要	丙半成品	直接人工	制造费用	合计
月初在产品成本	7 200	1 400	1 680	10 280
本月发生费用	19 800	6 600	7 760	34 160
账面累计费用	27 000	8 000	9 440	44 440
完工产品成本	21 000	6 800	8 000	35 800
完工产品单位成本	105	34	40	179
月末在产品成本	6 000	1 200	1 440	8 640

编制结转丁产品完工产品成本会计分录如下。

借：库存商品——丁产品　　35 800

　　贷：基本生产成本——丁产品　　35 800

（二）副产品成本的计算

有些工业企业，在生产主要产品的过程中，还会附带生产出一些非主要产品。这些非主要产品可称为副产品，例如，在原油的加工过程中产生的渣油、石油焦，制皂过程中产生的甘油等。

副产品虽然不是企业的主要产品，所占的费用比重不大，但它也有一定的经济价值，因而也应该加强管理和核算。为了简化核算工作，对副产品，可以不单独计算成本，而采用与分类法相类似的方法计算成本：将副产品与主产品合为一类开立成本计算单，归集它们所发生的各项生产费用，计算该类产品的总成本；然后，将副产品按照一定的方法计价，从总成本中扣除（一般是在总成本的原材料项目中扣除），以扣除后的成本作为主产成品的成本。

副产品成本可以按照售价减去税金和按正常利润率计算的销售利润后的余额计价，也可以在此基础上确定固定的单价，以固定的单价计价。副产品成本的合理计价，对于正确计算主、副产品的成本是十分重要的。副产品成本的计价既不能过高，也不能过低，否则不仅不能正确反映副产品的成本，而且会影响主产品成本的正确性。

有的副产品与主产品分离后，还需要单独进行加工。例如，在制皂过程中产生的含有甘油的盐水，在与主产品分离后，还要加入某些辅助材料，经进一步加工，才能生产出甘油。在这种情况下，还应根据副产品加工生产的特点和管理的要求单独计算成本。

【例 7-4】某企业用同样的原材料，在同一个生产过程同时生产出甲主要产品和乙副产品，合并为一类（A 类），采用分类法计算成本。A 类别基本生产成本明细账所归集的生产费用纵向分配采用在产品按直接材料定额成本计价法。乙副产品固定计价每千克 0.8 元，本月生产甲产品 1 000 千克，乙副产品 10 000 千克。分离后的乙副产品，全部被企业进一步加工为丙产品。本月生产丙产品 2 000 千克。丙产品基本生产成本明细账所归集的生产费用纵向分配也采用在产品按直接材料定额成本计价法。20××年 6 月与甲、乙、丙三种产品成本计算有关的数据见表 7-13 和表 7-14，相关成本过程如下。

表 7-13　A 类产品成本明细账

20××年 6 月　　单位：元

摘要	直接材料	直接人工	制造费用	合计
月初在产品成本	16 000	—	—	16 000
本月发生费用	172 000	4 000	6 000	182 000
扣减乙副产品成本	-8 000	—	—	-8 000
账面累计费用	180 000	4 000	6 000	190 000
完工产品成本	160 000	4 000	6 000	170 000
完工产品单位成本	160	4	6	170
月末在产品成本	20 000	—	—	20 000

编制会计分录如下。

借：库存商品——甲产品　　170 000

　　基本生产成本——丙产品　　8 000

　　贷：基本生产成本——A 类别　　178 000

表 7-14　丙产品成本明细账

20××年 6 月　　单位：元

摘要	乙副产品	直接人工	制造费用	合计
月初在产品成本	600	—	—	600
本月发生费用	8 000	300	400	8 700
账面累计费用	8 600	300	400	9 300
完工产品成本	8 200	300	400	8 900
完工产品单位成本	4.1	0.15	0.2	4.45
月末在产品成本	400	—	—	400

编制结转丙产品完工产品成本会计分录如下。

借：库存商品——丙产品　　8 900

　　贷：基本生产成本——丙产品　　8 900

（三）等级产品的成本计算

等级产品是指使用相同材料经过同一生产过程生产出来的同一产品由于质量上的差别而划分为不同等级的产品。等级产品与联产品和副产品的相同之处在于都是同源产品，经过同一生产过程而产生出来的，不同之处在于：联产品和副产品之间产品性质不同，属不同种类的产品，而等级产品在产品性质上完全相同，属同种产品；在联产品和副产品中，质量比较一致、售价大致相同；而等级产品质量各异、售价也相差甚多。等级产品与非合格品是两个不同的概念。等级产品的质量差异在允许的设计范围之内，这些差异不缩短产品的使用寿命，而非合格品的质量达不到设计的要求，属废品范围。

等级产品形成的原因可能是自然环境、工艺条件、经营管理技术操作等。由于等级产品的成因不同，对其成本计算的要求和采用的方法也不尽相同。如果等级产品是由于操作不当、技术不熟练等主观原因造成的，可以采用实物量分配法，以使各等级产品的单位成本相同。因各等级产品虽等级不同，但使用原材料、加工过程相同，所以各等级产品的单位成本理应一致。有的等级产品是由于原材料质量或技术水平有限而造成的，即客观原因造成。如电子元件，由于当前技术水平的限制难以控制其质量，致使质差较大、售价相差也很大。由于客观原因产出的等级产品，可视为联产品计算其成本。这时，一般采用系数法计算，系数按单位售价比例确定，然后再按总系数的比例计算出不同等级产品应负担的联合成本。

【例 7-5】某企业 20××年 6 月生产毛巾 60 000 条，由于原材料质量不同，生产一等品 10 000 条，二等品 20 000 条，三等品 30 000 条，采用分类法计算成本。A 类别基本生产成本明细账所归集的生产费用纵向分配采用在产品按定额成本计价法。已计算出 20××年 6 月该类别毛巾本月完工产品的直接材料 25 000 元、直接人工 20 000 元、制造费用 15 000 元，总成本 60 000 元。类内的各种产品成本采用系数法进行分配。20××年 6 月有关产品成本计算有关的数据见表 7-15。

表 7-15　等级产品成本计算表

等级产品	产量	单价	系数	总系数	分配率	总成本	单位成本
一等品	10 000	4	1	10 000		15 000	1.5
二等品	20 000	3	0.75	15 000		22 500	1.125
三等品	30 000	2	0.5	15 000		22 500	0.75
合计	60 000	—	—	40 000	1.5	60 000	—

成本分配率＝等级产品总成本÷等级产品总系数

＝60 000÷40 000＝1.5

第二节　产品成本计算的定额法

一、定额法的特点

在前述的各种成本计算方法（品种法、分批法、分步法和分类法）下，生产费用的日常核算，都是按照其实际发生额进行，产品的实际成本也都是根据实际生产费用计算的。因此，生产费用和产品成本脱离定额的差异及其发生的原因，只有在月末时通过实际资料与定额资料的对比、分析才能得到反映，而不能在月份内生产费用发生的当时就得到反映。这便不利于更好地加强定额管理，不利于及时对产品成本进行控制和管理，不能更有效地发挥成本核算对于节约费用、降低成本的作用。

产品成本计算的定额法，就是为了克服上述几种成本计算方法的弱点，解决及时反映和监督生产费用和产品成本脱离定额的差异，把产品成本的计划、控制、核算和分析结合在一起，以便加强成本管理，而采用的一种成本计算方法。成本计算的定额法的主要特点如下。

（1）事前制定产品的消耗定额、费用定额和定额成本作为降低成本的目标。

（2）在生产费用发生的当时，就将符合定额的费用和发生的差异分别核算，以加强对成本差异的日常核算、分析和控制。

（3）月末，在定额成本的基础上，加减各种成本差异，计算产品的实际成本，为成本的定期考核和分析提供数据。

二、定额法的成本核算程序

现将定额法的一般计算程序说明如下。

（一）定额成本的计算

采用定额法计算产品成本，必须首先制定产品的原材料、动力、工时等消耗定额，并根据各项消耗定额和原材料的计划单价、计划的薪酬率（计划每小时职工薪酬）或计件工资单价、制造费用率（计划每小时制造费用）等资料，计算产品的各项费用定额和产品的单位定额成本。

产品的定额成本与计划成本既有相同之处，又有不同之处。相同之处是：两者都是以生产耗费的消耗定额和计划单价为根据确定的目标成本。例如，生产工人薪酬和制造费用通常是按生产工时比例分配计入产品成本的，因而相应的计划单价通常是计划的每小时各项费用额。各项费用定额的合计数，就是单位产品的定额成本或计划成本。

两者的不同之处是：计算计划成本所依据的消耗定额是计划期（一般为一年）内平均消耗定额，也称计划定额，在计划期内通常是不变的；而计算定额成本所依据的消耗定额是现行的定额，是企业在当时生产技术条件下，在各项消耗上应达到的标准，应随着生产技术的进步、劳动生产率的提高不断修订。此外，计算计划成本所依据的原材料等的计划单价，在计划期内通常也是不变的；计算定额成本所依据的生产薪酬和制造费用的计划单价，则可能变动。因此，计划成本在计划期内通常是不变的，定额成本在计划期内则可能是变动的。

由上述可知，所谓产品的定额成本，也就是根据各种有关的现行定额计算的成本。制定定额成本，可以使企业的成本控制和考核更加有效，更加符合实际，从而保证成本计划的完成。

产品的单位定额成本的制定，应包括零件、部件的定额成本和产成品的定额成本，通常由计划、会计等部门共同制定。一般是先制定零件的定额成本，然后汇总计算部件和产成品的定额成本。如果产品的零、部件较多，为了简化计算工作，可以不计算零件的定额成本，而直接根据零件定额卡所列的零件的原材料消耗定额、工序计划和工时消耗定额，以及原材料的计划单价、计划的薪酬率和计划的制造费用率等，计算部件定额成本，然后汇总计算产成品定额成本；或者根据零、部件定额卡和原材料计划单价、计划的薪酬率和计划的制造费用率等，直接计算产成品定额成本。

需要指出的是，编制定额成本计算表时，所采用的成本项目和成本计算方法，应与编制计划成本、计算实际成本时所采用的成本项目和成本计算方法一致，以便于成本考核和成本分析工作的进行。

零件定额卡、部件定额成本卡和产品定额成本计算卡的格式分别见表 7-16、表 7-17 和表 7-18。

表 7-16 零件定额卡

零件编号：510　　　　单位：件

<table>
<tr><th colspan="3">材料消耗</th><th colspan="3">工时</th></tr>
<tr><th>材料编号</th><th>计量单位</th><th>材料消耗定额</th><th>工序编号</th><th>工时定额</th><th>累计工时定额</th></tr>
<tr><td>1 210</td><td>千克</td><td>4</td><td>1</td><td>4</td><td>4</td></tr>
<tr><td></td><td></td><td></td><td>2</td><td>2</td><td>6</td></tr>
</table>

表 7-17 部件定额成本卡

部件编号：210　　　　单位：元

<table>
<tr><th rowspan="2">零件编号</th><th rowspan="2">零件数量</th><th colspan="4">直接材料</th><th rowspan="2">工时定额</th><th rowspan="2">直接人工</th><th rowspan="2">制造费用</th><th rowspan="2">定额成本合计</th></tr>
<tr><th>材料编号</th><th>数量</th><th>计划单价</th><th>金额</th></tr>
<tr><td>510</td><td>3</td><td>1 210</td><td>12</td><td>10</td><td>120</td><td>18</td><td rowspan="3">计划费用率 6</td><td rowspan="3">计划费用率 4</td><td rowspan="3"></td></tr>
<tr><td>512</td><td>2</td><td>1 220</td><td>10</td><td>8</td><td>80</td><td>8</td></tr>
<tr><td>装配</td><td></td><td></td><td></td><td></td><td></td><td>4</td></tr>
<tr><td>合计</td><td></td><td></td><td></td><td></td><td>200</td><td>30</td><td>180</td><td>120</td><td>500</td></tr>
</table>

表 7-18 产品定额成本卡

产品编号：20　　　　单位：元

<table>
<tr><th rowspan="2">部件编号</th><th rowspan="2">部件数量</th><th colspan="2">直接材料</th><th colspan="2">工时定额</th><th rowspan="2">直接人工</th><th rowspan="2">制造费用</th><th rowspan="2">定额成本合计</th></tr>
<tr><th>部件</th><th>产品</th><th>部件</th><th>产品</th></tr>
<tr><td>210</td><td>2</td><td>200</td><td>400</td><td>30</td><td>60</td><td rowspan="3">计划费用率 6</td><td rowspan="3">计划费用率 4</td><td rowspan="3"></td></tr>
<tr><td>212</td><td>2</td><td>100</td><td>200</td><td>15</td><td>30</td></tr>
<tr><td>装配</td><td></td><td></td><td></td><td></td><td>10</td></tr>
<tr><td>合计</td><td></td><td></td><td>600</td><td></td><td>100</td><td>600</td><td>400</td><td>1 600</td></tr>
</table>

（二）脱离定额差异的核算

脱离定额差异是指生产过程中的各项生产费用的实际支出脱离现行定额或预算的数额。脱离定额差异的核算，就是在发生生产费用时，为符合定额的费用和脱离定额的差异，分别编制定额凭证和差异凭证，并在有关的费用分配表和明细分类账中分别予以登记。这样，就能及时正确地核算和分析生产费用脱离定额的差异，控制生产费用支出。因此，对定额差异的核算是实行定额法的重要内容。为了防止生产费用的超支，避免浪费和损失，差异凭证填制以后，还必须按照规定办理审批手续。在有条件的企业，可以将脱离定额差异的日常核算同车间或班组经济责任制结合起来，依靠各生产环节的职工，控制生产费用。

1. 直接材料脱离定额差异的核算

在各成本项目中，直接材料费用（包括自制半成品费用）一般占有较大比重，且属于直接计入费用，因而更有必要在费用发生的当时就按产品核算定额费用和脱离定额的差异，并以不同的凭证予以反映。

定额法下，材料发出采用计划成本发出。

$$\text{本月某产品某材料定额成本}=\text{本月该产品该材料定额消耗量}\times\text{该材料计划单价}$$

$$\begin{matrix}\text{本月某产品某材料}\\\text{实耗量计划成本}\end{matrix}=\begin{matrix}\text{本月该产品该}\\\text{材料实际消耗量}\end{matrix}\times\begin{matrix}\text{该材料}\\\text{计划单价}\end{matrix}$$

$$\begin{matrix}\text{本月某产品某材料}\\\text{脱离定额数量差异}\end{matrix}=\begin{matrix}\text{本月该产品该}\\\text{材料实际消耗量}\end{matrix}-\begin{matrix}\text{本月该产品该}\\\text{材料定额消耗量}\end{matrix}$$

$$\begin{matrix}\text{本月某产品某材料}\\\text{脱离定额成本差异}\end{matrix}=\begin{matrix}\text{本月该产品该材料}\\\text{实耗量计划成本}\end{matrix}-\begin{matrix}\text{本月该产品该}\\\text{材料定额成本}\end{matrix}$$

$$=\left(\begin{matrix}\text{本月该产品该}\\\text{材料实际消耗量}\end{matrix}-\begin{matrix}\text{本月该产品该}\\\text{材料定额消耗量}\end{matrix}\right)\times\begin{matrix}\text{该材料}\\\text{计划单价}\end{matrix}$$

$$\begin{matrix}\text{本月某产品直接}\\\text{材料定额成本}\end{matrix}=\sum\left(\begin{matrix}\text{本月该产品该}\\\text{材料定额消耗量}\end{matrix}\times\begin{matrix}\text{该材料}\\\text{计划单价}\end{matrix}\right)$$

$$\begin{matrix}\text{本月某产品直接材}\\\text{料实耗量计划成本}\end{matrix}=\sum\left(\begin{matrix}\text{本月该产品该}\\\text{材料实际消耗量}\end{matrix}\times\begin{matrix}\text{该材料}\\\text{计划单价}\end{matrix}\right)$$

$$\begin{matrix}\text{本月某产品直接}\\\text{材料脱离定额差异}\end{matrix}=\begin{matrix}\text{本月该产品直接材}\\\text{料实耗量计划成本}\end{matrix}-\begin{matrix}\text{本月该产品直接}\\\text{材料定额成本}\end{matrix}$$

$$=\sum\left[\left(\begin{matrix}\text{本月该产品该}\\\text{材料实际消耗量}\end{matrix}-\begin{matrix}\text{本月该产品该}\\\text{材料定额消耗量}\end{matrix}\right)\times\begin{matrix}\text{该材料}\\\text{计划单价}\end{matrix}\right]$$

直接材料脱离定额差异的核算方法一般有限额法、切割核算法和盘存法三种。下面分别加以介绍。

（1）限额法

为了控制材料的领用，在定额法下，材料的领用应该实行限额领料（或定额发料）制度，符合定额的材料应根据限额领料单等定额凭证领发。因为增加产量，需要增加用料时，在追加限额手续后，也可以根据定额凭证领发。由于其他原因发生的超额用料或代用材料的用料，则应填制专设的超额领料单、代用材料领料单等差异凭证，经过一定的审批手续后领发。为了减少凭证的种类，这些差异凭证也可用普通领料单代替，但应以不同的颜色或加盖专用的戳记，以示区别。在差异凭证中，应填写差异的数量、金额及发生差异的原因。差异凭证的签发，须经过一定的审批手续，其中，由于采用代用材料、利用废料和材料质量低劣等原因而引起的脱离定额差异，通常由技术部门审批。对于采用代用材料和废料利用，还应在有关的限额领料单中注明，并从原定的限额中扣除。

在每批生产任务完成以后，应根据车间余料编制退料手续。退料单也是一种差异凭证。退料单中的材料数额和限额领料单中的材料余额，都是原材料脱离定额的节约差异。

应当指出的是，直接材料脱离定额差异是产品生产中实际用料脱离现行定额而形成的成本差异，而限额法并不能完全控制用料，上述差异凭证所反映的差异往往只是领料差异，而不一定是用料差异。这是因为，投产的产品数量不一定等于规定的产品数量，所领原材料的数量也不一定等于原材料的实际消耗量，即期初、期末车间可能有余料。

【例 7-6】某限额领料单规定的产品数量为 1 000 件，每件产品的材料消耗定额为 6 千克，则领料限额为 6 000 千克。本月实际领料 5 800 千克，领料差异为少领 200 千克。现假定有以下三种情况。

第一种情况：本期投产产品数量符合限额领料单规定的产品数量，即 1 000 件，且车间期初、期末均无余料，则上述少领 200 千克的领料差异就是用料脱离定额的节约差异。

脱离定额数量差异＝5 800－6 000＝-200（千克）

第二种情况：本期投产产品数量仍为 1 000 件，但车间期初余料为 300 千克，期末余料为 50 千克。

实际消耗量＝5 800＋300－50＝6 050（千克）

定额消耗量＝1 000×6＝6 000（千克）

脱离定额数量差异＝6 050－6 000＝50（千克）

第三种情况：本期投产产品数量为 1 010 件，车间期初余料为 300 千克，期末余料为 50 千克。

实际消耗量＝5 800＋300－50＝6 050（千克）

定额消耗量＝1 010×6＝6 060（千克）

脱离定额数量差异＝6 050－6 060＝-10（千克）

由此可见，只有投产产品数量等于规定的产品批量，且车间期初、期末均无余料或期初、期末余料数量相等时，领料（或发料）差异才是用料脱离定额的差异。

（2）切割核算法

对于某些贵重材料或经常大量使用的，且又需要经过在准备车间或下料工段切割后才能进一步进行加工的材料，例如，板材、棒材等，还应采用材料切割核算单。通过材料切割核算单，核算用料差异，控制用料。

材料切割核算单，应按切割材料的批别开立，在单中要填明发交切割材料的种类、数额、消耗定额和应切割成的毛坯数量。切割完毕后，要填写实际切割成的毛坯数量和材料的实际耗量；然后根据实际切割成的毛坯数量和消耗定额，即可求得材料定额消耗量，再将此与材料实际消耗量相比较，即可确定脱离定额差异。材料定额消耗量、脱离定额的差异均应填入单中，并由主管人员签证。

【例 7-7】本月为生产一批甲产品需要切割 A 材料。该批甲产品本月领用 A 材料 200 千克，完工退回 A 材料 8 千克，因此该批甲产品 A 材料的实际消耗量为 192 千克。单件甲产品 A 材料消耗定额为 10 千克，应切割成的毛坯数量为 19 件，实际切割成的毛坯数量为 18 件。单件甲产品废料回收定额为 2 千克，废料实际回收数量为 46 千克。编制材料切割核算单的格式详见表 7-19。

表 7-19　材料切割核算单

材料名称：A 材料　　　　产品名称：甲产品

材料单位：千克　　　　切割人：王五

应切割成的毛坯数量：19 件　　　　机床编号：130

发交切割日期：20××年 6 月 10 日　　　　完工日期：20××年 6 月 18 日

材料种类	实际数量	实割毛坯数量	定额消耗量		脱离定额差异		
			单位	总定额	数量	计划单价	金额（元）
	①	②	③	④=②×③	⑤=①-④	⑥	⑦=⑤×⑥
A 材料	192	18	10	180	12	6	72
废料	46		2	36	10	1.1	11
A 材料脱离定额成本差异－废料脱离定额成本差异＝							61

采用材料切割核算单进行材料切割的核算，能及时反映材料的使用情况和发生差异的具体原因，有利于加强对材料消耗的控制和监督。在有条件的情况下，如与车间或班组的经济核算结合起来，则可以收到更好的效果。

（3）盘存法

在大量生产不能按照上述分批核算直接材料脱离定额差异的情况下，除仍要使用限额领料单等定额凭证和超额领料单等差异凭证、以便控制日常材料的实际消耗外，应定期（按工作班、工作日或按周、旬等）通过盘存的方法核算差异。具体内容如下。

① 根据完工产品数量和在产品盘存（实地盘存或账面结存）数量算出投产产品数量，再乘以材料消耗定额，算出原材料定额消耗量。投产产品数量的计算公式如下。

本月投产数量 ＝本月完工数量＋期末在产品数量－期初在产品数量

② 根据限额领料单、超额领料单、退料单等材料凭证及车间余料的盘存数量，计算材料实际消耗量。

③ 将材料实际消耗量与定额消耗量进行比较，进而确定直接材料脱离定额的差异。

本月某产品某材料定额消耗量 ＝该产品本月投产数量×该产品该材料单位定额消耗量

应当指出的是，按照上列公式计算本期投产产品数量，必须具备下述条件：材料在生产开始时一次投入，期初和期末在产品都不再耗用原材料。如果材料是随着生产的进行陆续投入，在产品还要耗用材料，那么上列公式中的期初和期末在产品数量应改为按材料消耗定额计算的期初和期末在产品的约当产量。

【例 7-8】生产乙产品耗用 A 材料。乙产品期初在产品为 100 件，本期完工产品为 1 000 件，期末在产品为 200 件。生产乙产品的原材料系在生产开始时一次投入，乙产品的原材料消耗定额为每件 2 千克，原材料的计划单价为每千克 5 元。限额领料单中注明的本期实际领料数量为 2 200 千克。车间期初余料为 100 千克，期末余料为 150 千克。有关数据计算如下。

投产产品数量＝1 000＋200－100＝1 100（件）

A 材料定额消耗量＝1 100×2＝2 200（千克）

A 材料实际消耗量＝2 200＋100－150＝2 150（千克）

A 材料脱离定额差异（数量）＝2 150－2 200＝－50（千克）（节约）

A 材料脱离定额差异（金额）＝－50×5＝－250（元）（节约）

对于直接材料的定额消耗量和脱离定额的差异，应分批或定期地按照成本计算对象进行汇总，并编制直接材料定额费用和脱离定额差异汇总表。表中应填明该批或该种产品所耗各种材料的定额消耗量、定额费用和脱离定额的差异。该表既可以用来汇总反映和分析材料消耗定额的执行情况，又可代替直接材料费用分配表登记产品成本明细账。

【例 7-9】现以泰山公司甲产品为例，列示其 6 月原材料定额费用和脱离定额差异汇总表，详见表 7-20。

表 7-20　直接材料定额成本和脱离定额差异汇总表

产品名称：甲　　单位：元

材料类别	材料编号	单位	计划单位成本	定额费用		计划价格费用		脱离定额差异	
				数量	金额	数量	金额	数量	金额
原料	2 100	千克	6	4 000	24 000	3 900	23 400	-100	-600
主要材料	2 210	千克	5	2 000	10 000	2 100	10 500	100	500
辅助材料	2 520	千克	4	3 000	12 000	2 950	11 800	-50	-200
合计					46 000		45 700		-300

编制会计分录如下。

借：基本生产成本——甲（直接材料定额成本）　　46 000
　　　　　　　　　　（直接材料脱离定额差异）　　-300
　贷：原材料　　45 700

2. 直接人工脱离定额差异的核算

在计件工资形式下，生产工资属于直接计入费用，因而其脱离定额差异的核算与直接材料脱离定额差异的核算相类似。凡符合定额的生产工资都可反映在工票、工作班产量记录、工序进程单等产量记录中。脱离定额的差异部分，应设置“工资补付单”等差异凭证，予以反映，单中也应填明差异发生的原因，并要经过一定的审批手续。

在计时工资形式下，实际工资总额到月终才能确定，因此，生产工资脱离定额的差异不能在平时按照产品直接计算，只有在月末实际生产工资总额确定以后，才能计算。如果生产工资属于直接计入费用，则某种产品的直接人工脱离定额差异可按下式计算。

本月某产品直接人工定额成本＝本月该产品实际产量定额工时×计划小时人工费用率

本月某产品实际产量定额工时＝本月该产品实际数量×该产品单位定额工时

$$计划小时人工费用率=\frac{该车间计划产量直接人工定额成本}{该车间计划产量定额生产工时}$$

本月某产品直接人工实际成本＝本月该产品实际工时×本月实际小时人工费用率

$$本月实际小时人工费用率=\frac{该车间本月直接人工实际成本}{该车间本月实际生产工时}$$

$$\begin{array}{c}本月某产品直接\\人工脱离定额差异\end{array}=\begin{array}{c}本月该产品直接\\人工实际成本\end{array}-\begin{array}{c}本月该产品直接\\人工定额成本\end{array}$$

从以上计算公式可以看出，要降低单位产品的计时工资，必须降低单位小时的职工薪酬和单位产品的生产工时。为此，企业不仅要严格控制工资总额，使之不超过计划，还要充分利用工时，使生产工时总额不低于计划，并且要控制单位产品的工时耗费，使之不超过工时定额。为了降低单位产品的计时工资费用，在定额法下，应加强日常控制，通过核算工时脱离定额差异的方法，监督生产工时的利用情况和工时消耗定额的执行情况。为此，在日常核算中，要按照产品核算定额工时、实际工时和工时脱离定额的差异。

【例 7-10】泰山公司 A 车间（该车间生产甲产品和其他产品）6 月计划产量的定额直接人工费用为 30 000 元，计划产量的定额生产工时为 3 000 小时；本月实际直接人工费用为 34 100 元，实际生产工时为 3 100 小时；本月甲产品定额工时为 1 800 小时，实际生产工时为 1 820 小时。甲产品本月定额直接人工成本和直接人工脱离定额差异，计算如下。

$$计划小时人工费用率=\frac{30\,000}{3\,000}=10$$

$$本月实际小时人工费用率=\frac{34\,100}{3\,100}=11$$

甲产品本月定额直接人工＝1 800×10＝18 000（元）

甲产品本月实际直接人工＝1 820×11＝20 020（元）

甲产品本月直接人工脱离定额差异＝20 020－18 000＝2 020（元）

编制会计分录如下。

借：基本生产成本——甲产品（直接人工定额成本）	18 000	
（直接人工脱离定额差异）	2 020	
贷：应付职工薪酬		20 020

在定额法下，不论采用哪一种工资形式，都应根据上述核算资料，按照成本计算对象汇总编制定额直接人工和脱离定额差异汇总表。该表中，汇总反映产品的定额直接人工、实际直接人工、直接人工脱离定额的差异等资料，以考核和分析各种产品直接人工定额的执行情况，并据以计算产品

的直接人工费用。

3. 制造费用脱离定额差异的核算

一般来说，制造费用属于间接计入费用，在日常核算中不能按照产品直接确定费用脱离定额的差异，而只能根据月份的费用计划，按照费用的发生地点和费用项目，核算脱离计划的差异，据以对费用的发生进行控制和监督。对于其中的材料费用，也可以采用限额领料单、超额领料单等定额凭证和差异凭证进行控制。对生产工具、零星费用，则可采用领用手册、费用定额卡等凭证进行控制。在这些凭证中，先要填明领用的计划数，然后登记实际发生数和脱离计划的差异。对于超计划领用，也要经过一定的审批手续。

由上述可知，制造费用差异的日常核算，通常是指脱离费用计划的差异核算。各种产品应负担的制造费用脱离定额的差异，只有到月末实际费用分配给各种产品以后，才能以其实际费用与定额费用相比较加以确定，其计算确定方法与计时工资脱离定额差异的计算确定方法相类似。有关计算公式如下。

$$\text{本月某产品制造费用定额成本}=\text{本月该产品实际产量定额工时}\times\text{计划小时制造费用率}$$

$$\text{计划小时制造费用率}=\frac{\text{该车间计划制造费用定额成本}}{\text{该车间计划产量定额生产工时}}$$

$$\text{本月某产品制造费用实际成本}=\text{本月该产品实际工时}\times\text{本月实际小时制造费用率}$$

$$\text{本月实际小时制造费用率}=\frac{\text{该车间本月制造费用实际成本}}{\text{该车间本月实际生产工时}}$$

$$\text{本月某产品制造费用脱离定额差异}=\text{本月该产品制造费用实际成本}-\text{本月该产品制造费用定额成本}$$

【例 7-11】泰山公司 A 车间（该车间生产甲产品和其他产品）6 月计划产量的定额制造费用为 33 000 元，计划产量的定额生产工时为 3 000 小时；本月实际制造费用为 31 000 元，实际生产工时为 3 100 小时；本月甲产品定额工时为 1 800 小时，实际生产工时为 1 820 小时。甲产品本月定额制造费用和制造费用脱离定额差异，计算如下。

$$\text{计划小时制造费用率}=\frac{33\,000}{3\,000}=11$$

$$\text{本月实际小时制造费用率}=\frac{31\,000}{3100}=10$$

甲产品本月定额制造费用＝1 800×11＝19 800（元）

甲产品本月实际制造费用＝1 820×10＝18 200（元）

甲产品本月制造费用脱离定额差异＝18 200－19 800＝-1 600（元）

编制会计分录如下。

借：基本生产成本——甲产品（制造费用定额成本）	19 800
（制造费用脱离定额差异）	-1 600
贷：制造费用	18 200

对于废品损失，应采用废品通知单和废品损失计算表单独反映，其中，不可修复废品的成本应按照定额成本计算。产品定额成本中一般不包括废品损失，因而发生的废品损失通常作为脱离定额差异来处理。

通过将产品的各项生产费用都分别计算出符合定额费用的部分和脱离定额差异的部分，在产品的定额成本上，加上脱离定额的差异，即可求得产品的实际成本。计算公式如下。

产品实际成本 = 产品定额成本 + 产品脱离定额差异

为了计算完工产品的实际成本，上述脱离定额的差异，还应在完工产品和月末在产品之间进行分配。由于采用定额法计算产品成本的企业，都有现成的定额成本资料，所以脱离定额差异在完工产品与月末在产品之间的分配，大多采用定额比例法进行。如果各月在产品的数量比较稳定，也可以采用按定额成本计算在产品成本的方法，将全部差异计入完工产品成本，月末在产品不负担差异。

（三）材料成本差异的分配

在采用定额法计算产品成本的企业中，为了便于对产品成本的考核和分析，材料的日常核算都应按计划成本进行。因此，日常所发生的原材料费用，包括原材料定额费用和原材料脱离定额的差异，都是按照原材料的计划单位成本计算的。原材料定额费用是定额消耗量乘以计划单位成本。原材料脱离定额的差异是消耗量差异乘以计划单位成本。也就是说，前述的原材料脱离定额的差异，是按计划单位成本反映的数量差异，即量差。因此，在月末计算产品的实际原材料费用时，还必须考虑所耗原材料应负担的成本差异问题，即所耗原材料的价差。计算公式如下。

$$\begin{aligned}\text{本月某产品直接材料成本差异} &= \text{本月该产品直接材料实耗量计划成本} \times \text{本月材料成本差异率} \\ &= \left(\text{本月该产品直接材料定额成本} + \text{本月该产品直接材料脱离定额差异}\right) \times \text{本月材料成本差异率}\end{aligned}$$

【例 7-12】泰山公司甲产品 6 月所耗直接材料定额成本 46 000 元. 脱离定额差异为节约 300 元，本月材料成本差异率节约 1%。该产品应分配的材料成本差异计算如下。

（46 000-300）×（-1%）=-457

编制会计分录为：

借：基本生产成本——甲（直接材料成本差异）　　　　-457

　　贷：材料成本差异　　　　-457

各种产品应分配的材料成本差异，一般均由各该产品的完工产品成本负担，月末在产品不再负担。

在多步骤生产中采用定额法的情况下，若逐步结转半成品成本，则半成品的日常核算也应按计划成本或定额成本进行。在月末计算产品实际成本时，也应比照原材料成本差异的分配方法，计算产品所耗半成品的成本差异。

这时，产品实际成本的计算公式如下。

产品实际成本=产品定额成本+产品脱离定额差异+产品材料成本差异

在定额法下，为了便于考核和分析各生产步骤的产品成本，简化成本计算工作各步骤所耗原材料和半成品的成本差异应尽量由厂部分配调整，不计入各生产步骤产品的成本。

（四）定额变动差异的核算

定额变动差异是指因修订消耗定额或生产耗费的计划价格而产生的新旧定额之间的差额。定额变动差异与脱离定额差异是不同的。定额变动差异是定额本身变动的结果，与生产中费用支出的节约或浪费无关，而脱离定额差异则反映生产费用支出符合定额的程度。

随着经济的发展、生产技术条件的变化、劳动生产率的提高等，企业的各项消耗定额、生产耗费的计划价格，也应随之加以修订，以保证各项定额能够准确有效地对生产经营活动进行控制和监督。在消耗定额或计划价格修订以后，定额成本也应随之及时修订。

消耗定额和定额成本一般是在月初、季初或年初定期进行修订。在定额变动的月份，其月初在产品的定额成本并未修订，仍然按照旧定额计算。因此，为了将按旧定额计算的月初在产品定额成本和按新定额计算的本月投入产品的定额成本，在新定额的同一基础上相加起来，应该计算月初在产品的定额变动差异，以调整月初在产品的定额成本。

月初在产品定额变动差异，可以根据定额发生变动的在产品盘存数量或在产品账面结存数量和修订前后的消耗定额，计算出月初在产品消耗定额修订前和修订后的定额消耗量，进而确定定额变动差异。在构成产品的零部件种类较多的情况下，采用这种方法按照零部件和工序进行计算，工作量就会很大。为了简化计算工作，也可以按照单位产品费用的折算系数进行计算：将按新旧定额所计算出的单位产品费用进行对比，求出系数，然后根据系数，进行计算。计算公式如下。

$$系数=\frac{按新定额计算的单位产品定额成本}{按旧定额计算的单位产品定额成本}$$

月初在产品定额变动差异＝按旧定额计算的月初在产品定额成本 ×（1－系数）

月初在产品定额成本调整＝－月初在产品定额变动差异

$$\begin{array}{c}按新定额计算的月\\初在产品定额成本\end{array}=\begin{array}{c}按旧定额计算的月\\初在产品定额成本\end{array}+\begin{array}{c}月初在产品\\定额成本调整\end{array}$$

$$=\begin{array}{c}按旧定额计算的月\\初在产品定额成本\end{array}\times 系数$$

【例 7-13】甲产品的一些零件从本月 1 日起实行新的直接材料料消耗定额，单位产品旧的直接材料费用定额为 120 元，新的直接材料费用定额为 132 元。该产品月初在产品按旧定额计算的直接材料定额成本为 12 000。月初在产品定额变动差异计算结果如下。

系数＝132÷120＝1.1

月初在产品定额变动差异＝12 000×（1-1.1）＝-1 200（元）

月初在产品定额成本调整＝1 200（元）

按新定额计算的月初在产品直接材料定额成本＝12 000＋1 200＝13 200（元）

或

＝12 000×1.1＝13 200（元）

编制会计分录如下。

借：基本生产成本——甲（直接材料定额成本）　　1 200

　　贷：基本生产成本——甲（直接材料定额变动差异）　　1 200

采用系数法来计算月初在产品定额变动差异虽然较为简便，但由于系数是按照单位产品计算，而不是按照产品的零、部件计算的，因而它只宜于在零、部件成套生产或零、部件成套性较大的情况下采用。也就是说，在零、部件生产不成套或成套性较差的情况下，采用系数法，就会影响计算结果的正确性。例如，某产品只是部分零、部件的消耗定额做了修订，如果零、部件生产不成套，月初在产品所包括的零、部件又都不是消耗定额发生变动的零、部件。这时，采用上述方法计算，则会使本来不应有定额变动差异的月初在产品定额成本，不正确地做了调整。

各种消耗定额的变动，一般表现为不断下降的趋势，因而月初在产品定额变动差异，通常表现为月初在产品定额成本的降低。在这种情况下，一方面应从月初在产品定额成本中扣除该项差异；另一方面，由于该项差异是月初在产品生产费用的实际支出，所以还应将该项差异计入本月产品成本。相反，若消耗定额不是下降，而是提高，那么，在计算出定额变动差异后，应将此差项加入月初在产品定额成本之中，同时从本月产品成本中予以扣除，因为实际上并未发生这部分支出。

在有月初在产品定额变动差异时，产品实际成本的计算公式应做如下补充。

$$\text{产品实际成本} = \text{产品定额成本} + \text{产品脱离定额差异} + \text{产品材料成本差异} + \text{月初在产品定额变动差异}$$

定额变动差异一般全部由完工产品负担，月末在产品不负担。因为月末在产品在定额法下应该按定额成本计价。

在定额法下，产品实际成本的计算，也应在产品成本明细账中按照成本项目分别进行。但为了适应定额法的要求，所采用的产品成本明细账及各种费用分配表或汇总表，都应按照定额消耗量、定额成本和各种差异分设专栏或专行，以便按照前述方式，以定额成本为基础，加上各种差异来计算产品实际成本。

（五）定额法举例

本处涉及的公式如下。

$$\text{某成本项目脱离定额差异分配率} = \frac{\text{生产成本账累计该成本项目脱离定额差异}}{\text{生产成本账累计该成本项目定额成本}}$$

$$\text{本月完工产品应分某成本项目脱离定额差异} = \text{本月完工产品该成本项目定额成本} \times \text{该成本项目脱离定额差异分配率}$$

$$\text{月末在产品应分某成本项目脱离定额差异} = \text{月末在产品该成本项目定额成本} \times \text{该成本项目脱离定额差异分配率}$$

【例 7-14】假设前述的泰山公司大批量生产甲产品，各项规章制度比较健全，定额管理工作做得比较好。该产品各项消耗定额比较准确、稳定，为了加强定额管理和成本控制，采用定额法计算产品成本。甲产品由一个封闭式车间（A 车间）生产，不分步计算成本。该企业规定，该产品的定额变动差异和材料成本差异由完工产品成本负担；脱离定额差异按定额成本比例，在完工产品与月末在产品之间进行分配。

现列示泰山公司采用定额法计算甲产品成本所登记的产品成本明细账，详见表 7-21。

表 7-21　产品成本明细账

单位：元

成本项目	明细项目	月初在产品	定额调整	本月发生	累计	差异率	完工产品	月末在产品
直接材料	定额成本	12 000	1 200	46 000	59 200		50 000	9 200
	脱离定额差异	−292	—	−300	−592	−1%	−500	−92
	定额变动差异	—	−1 200	—	−1 200		−1 200	—
	材料成本差异	—	—	−457	−457		−457	—
	小计	11 708	0	45 243	56 951		47 843	9 108
直接人工	定额成本	4 000		18 000	22 000		19 800	2 200
	脱离定额差异	400		2 020	2 420	11%	2 178	242
	小计	4 400		20 020	24 420		21 978	2 442
制造费用	定额成本	4 400		19 800	24 200		21 780	2 420
	脱离定额差异	390		−1 600	−1 210	−5%	−1 089	−121
	小计	4 790		18 200	22 990		20 691	2 299
合计		20 898	0	83 463	104 361	—	90 512	13 849

编制会计分录如下。

科目	借方	贷方
借：库存商品——甲产品	90 512	
贷：基本生产成本——甲（直接材料定额成本）		50 000
（直接材料脱离定额差异）		500
（直接材料定额变动差异）		1 200
（直接材料成本差异）		457
（直接人工定额成本）		19 800
（直接人工脱离定额差异）		2 178
（制造费用定额成本）		21 780
（制造费用脱离定额差异）		1 089

所列产品成本明细账是在对生产耗费脱离定额差异进行日常核算和控制的基础上，根据有关资料登记的。

（1）月初在产品成本资料，根据上月末在产品成本资料登记。

（2）月初在产品定额变动资料，根据前述的丰华工厂甲产品月初在产品定额变动差异的计算资料登记。其中定额成本调整数，是用来调整按旧定额计算的月初在产品定额成本的（定额降低时为负数，定额提高时为正数）；定额变动差异数，是应该由本月产品成本负担的月初在产品定额变动的差异（定额降低时为正数，定额提高时为负数）。两者数额相等，但正负号相反。

（3）本月生产费用中的定额成本和脱离定额差异，是根据前列的原材料定额费用和脱离定额差异汇总表和其他有关汇总表、分配表进行登记的。

（4）材料成本差异，是根据前列原材料成本差异分配计算资料登记的。

（5）由于脱离定额差异要在完工产品和月末在产品之间按照定额成本比例进行分配，所以要计算脱离定额差异分配率，并据以计算登记完工产品和月末在产品应负担的差异额。

（6）完工产品的定额成本，根据产成品入库单列示的产成品数量和单位定额成本计算登记；月末在产品的定额成本，可以根据该种产品各工序各种在产品的盘存数量或账面结存数量，乘以各该新的费用定额计算登记，也可以根据定额成本累计数减去本月产成品定额成本，即按倒挤的方法计算登记，两者计算的结果应相等。

（7）在将上述各项的计算结果登记入成本明细账后，即可计算出完工产品的实际成本。

三、定额法的优缺点和应用条件

通过上述内容可知，定额法是将产品成本的计划工作、核算工作和分析工作有机结合起来，将事前、事中、事后反映和监督融为一体的一种产品成本计算方法和成本管理制度。

（一）定额法的主要优点

（1）通过生产耗费及其脱离定额和计划的日常核算，能够在生产耗费发生的当时反映和监督脱离定额（或计划）的差异，从而有利于加强成本控制，可以及时、有效地促进生产耗费的节约，降低产品成本。

（2）由于产品实际成本是按照定额成本和各种差异分别核算的，所以便于对各项生产耗费和产品成本进行定期分析，有利于进一步挖掘降低成本的潜力。

（3）通过脱离定额差异和定额变动差异的核算，还有利于提高成本的定额管理和计划管理工作的水平。

（4）由于有着现成的定额成本资料，所以能够较为合理、简便地解决完工产品和月末在产品之间分配费用的问题。

（二）定额法的主要缺点

采用定额法计算产品成本要比采用其他方法核算工作量要大。因为采用定额法必须制定定额成本，单独核算脱离定额差异，在定额变动时还必须修订定额成本，计算定额变动差异。

（三）定额法的应用条件

为了充分发挥定额法的作用，并简化核算工作，采用定额法计算产品成本，应具备以下条件。

（1）定额管理制度比较健全，定额管理工作的基础比较好。

（2）产品的生产已经定型，消耗定额比较准确、稳定。

第三节 各种成本计算方法的实际应用

以上介绍了三种产品成本计算的基本方法——品种法、分批法和分步法，以及为了简化成本计算工作而采用的分类法和为加强定额管理而采用的定额法。这些是几种典型的成本计算方法。

在实际工作中，一个企业可能有若干个车间，一个车间也可能生产若干种产品。这些车间或产品的生产类型和管理的要求并不一定相同，因而在一个企业或车间中，就有可能同时应用几种不同的产品成本计算方法。即使是一种产品，在该产品的各个生产步骤、各种半成品和各个成本项目之间的生产类型或管理的要求也不一定相同，因而在一种产品的成本计算中，也有可能将几种成本计算方法结合起来应用。

一、几种产品成本计算方法同时应用

一个企业或车间，在下列情况下，往往同时采用几种成本计算方法。

（1）一个企业的各个生产车间的生产类型不同，可以采用不同的成本计算方法。例如，基本生产车间和辅助生产车间的生产类型不同：基本生产车间大批量多步骤生产某种产品，而辅助生产车间大批量单步骤生产水、电、汽等，在这种情况下，对基本生产车间可以采用分步法计算产品成本，而对辅助生产车间则可以采用品种法计算产品成本。即使同为基本生产车间，若生产类型不同，对之也可以采用不同的成本计算方法。例如，第一、第二车间为两个封闭式的基本生产车间，第一车间大批量单步骤生产 A 产品，第二车间小批单件生产 B 产品。在这种情况下，可以采用品种法计算 A 产品成本，采用分批法计算 B 产品成本。

（2）一个企业的各生产车间的生产类型相同，但管理上的要求不同，可以采用不同的成本计算方法。例如，第一、第二两个基本生产车间分别大批量多步骤生产 A、B 两种产品，管理上要求分步骤计算 A 产品成本，而对 B 产品则并不要求分步骤计算成本。在这种情况，A 产品应采用分步法计算其成本，而对 B 产品则可以采用品种法计算其成本。

（3）一个车间生产多种产品，由于各种产品的生产类型或管理上的要求不同，可以采用不同的成本计算方法。例如，一个基本生产车间生产 A、B 两种产品，A 产品已经定型，大批量进行生产，而 B 产品正处于小批试制阶段。在这种情况下，A 产品可以采用品种法计算产品成本，B 产品则应采用分批法计算产品成本。

二、几种产品成本计算方法结合应用

计算一种产品的成本，在下列情况下，往往结合采用几种成本计算方法。

（1）一种产品的不同生产步骤，由于生产特点和管理要求不同，可以采用不同的成本计算方法。例如，在小批、单件生产的机械厂，最终产品是经过铸造、机械加工、装配等相互关联的生产阶段完成的。就其最终产品来看，产品成本的计算应采用分批法，但从其产品生产的各阶段来看，铸造车间可以采用品种法计算铸件的成本；加工、装配车间则可采用分批法计算各批产品的成本；而铸造和加工、装配车间之间，则可采用逐步结转分步法结转铸件的成本；如果在加工和装配车间之间要求分步骤计算成本，但加工车间所产半成品种类较多，又不外售，不需要计算半成品成本，则在加工和装配车间之间可以采用平行结转分步法结转成本。这样，该厂就在分批法的基础上，结合采用了品种法和分步法，在分步法中还结合采用了逐步结转和平行结转的方法。

（2）在一种产品的不同零部件之间，由于管理上的要求不同，也可以采用不同的成本计算方法。例如，某种产品由若干种零部件组装而成，其中不外售的零部件，一般不要求单独计算成本；经常外售的零部件，管理上要求计算零部件成本，则应按照这些零部件的生产类型和管理的要求，采用适当的成本计算方法单独计算成本。

（3）一种产品的不同成本项目，可以采用不同的成本计算方法。例如，在大批量多步骤生产某种产品且该产品原材料费用比重较大的情况下，则原材料费用可以采用逐步结转分步法，分步骤计算该产品的原材料费用。若其他成本项目的比重较小，则可以采用品种法等适当的成本计算方法，不分步计算该产品的其他成本项目的费用。

另外，分类法和定额法是为了简化成本计算工作和加强定额管理而采用的两种辅助方法，与生产类型的特点没有直接联系，在各种类型的生产中都可以应用，但必须与基本的成本计算方法，即将品种法、分批法、分步法结合起来使用。

总之，在实际工作中，应根据企业不同的生产特点和管理的要求，并考虑到企业的规模和管理水平等具体条件，从实际出发，对各种成本计算法加以灵活运用。

练习与思考

一、判断题

1．用分类法计算出的类内各种产品的成本带有一定的假定性。（　　）

2．同类产品内各种产品之间分配费用时，所有的成本项目要选择相同的分配标准。（　　）

3．定额法是在完工产品与在产品之间分配费用的方法。（　　）

4．工业企业的副产品如果加工处理所需时间不长，费用不大，为了简化成本计算工作，可按计划单位成本计价，而不计算副产品的实际成本。（　　）

5．分类法和定额法是成本计算的辅助方法，可以应用于各种类型的生产。（　　）

二、单项选择题

1．产品成本计算的分类法适用于（　　）。

A．可以按照一定的标准分类的产品

B．品种、规格繁多的产品

C．品种、规格繁多，而且可以按照一定标准分类的产品

D．大量大批生产的产品

2．定额成本法下，在消耗定额降低时，月初在产品的定额成本调整数和定额变动差异数（　　）。

A．两者都是正数　　B．两者都是负数

C．前者是正数，后者是负数　　D．前者是负数，后者是正数

3．定额法的主要缺点是（　　）。

A．只适用于大批量生产的机械制造企业

B．较其他成本计算方法核算工作量大

C．不能合理简便地解决完工产品与在产品之间的费用分配问题

D．不便于成本分析工作

4．采用定额法时，产品实际所消耗材料应分配的材料成本差异的计算方法是（　　）。

A．材料定额费用×材料成本差异率

B．（材料定额费用＋材料脱离定额差异）×材料成本差异率

C．材料实际消耗量×材料成本差异率

D．材料定额消耗量×材料计划单价×材料成本差异率

5．在计算一种产品成本时（　　）。

A．可能结合采用几种成本计算方法　　B．不可能结合采用几种成本计算方法

C．可能同时采用几种成本计算方法　　D．必须结合采用几种成本计算方法

三、多项选择题

1．在分类法下，选择作为同类产品中的标准产品的条件主要包括（　　）。

A．产量较大　　B．产量较小

C．销量稳定　　D．产品生产比较稳定或规格折中

E．产品价格比较稳定

2．分类法进行成本计算适用于（　　）。

A．某些零星产品的成本计算　　B．工业企业的联产品的成本计算

C．工业企业的副产品的成本计算　　D．某些等级产品的成本计算

3．常用的核算原材料定额差异的方法有（　　）。

A．切割核算法　　B．盘存法　　C．差异凭证法　　D．差额法

E．限额法

4．定额法的主要优点包括（　　）。

A．促进节约生产消耗，降低产品成本

B．便于进行产品成本的定期分析，挖掘降低成本的潜力

C．有利于提高成本的定额管理和计划管理工作的水平

D．能合理简便地解决完工产品和在产品之间分配费用问题

E．产品成本核算工作量小

5．指明以下属于几种产品成本计算方法同时应用的有（　　）。

A．基本生产车间采用分步法，场内供电车间采用品种法

B．发电厂的发电车间采用品种法，供水车间不单独计算供水成本

C．大量生产产品时采用分步法，小批生产产品时采用分批法

D．毛坯生产采用品种法，加工装配采用分步法

E．大量大批多步骤生产，管理上要求计算步骤成本，各步骤成本按定额法计算

四、简答题

1．简要说明产品成本计算的分类法的特点及其优缺点。

2．简述分类法的基本核算程序。

3．简述分类法的适用范围。

4．简要说明产品成本计算的定额法的特点。

5．采用定额法如何计算产品实际成本？

6．怎样理解实务中产品成本计算的各种方法的综合运用？

五、业务题

1．某公司大量生产 A、B、C 三种产品。这三种产品的原材料和工艺过程相近，因而归为甲类产品采用分类法计算成本，月末在产品按定额成本计价。7 月初、月末在产品的定额总成本及生产费用见该类产品成本明细账数据。

该公司类内各种产品成本的分配方法是：直接材料费用按用料系数比例分配，其他各项费用按定额工时比例分配。公司规定以 A 产品为标准产品。A 产品用料系数为 1，B 产品用料系数为 0.6，C 产品用料系数为 1.52。工时消耗定额为：A 产品 10 小时，B 产品 12 小时，C 产品 18 小时。本月完工产品的产量为：A 产品 200 件，B 产品 400 件，C 产品 500 件。

根据上述资料完成下列题目。

（1）登记该类产品成本明细账见表 7-22。

（2）编制类内各种产品成本计算见表 7-23。

表 7-22　甲类产品成本明细账

单位：元

月	日	摘要	直接材料	直接人工	制造费用	合计
7	1	月初在产品成本（定额成本）	3 000	4 000	4 400	11 400
7	31	本月生产费用	35 400	36 000	45 600	117 000
7	31	生产费用累计				
7	31	完工转出产成品成本				
7	31	月末在产品成本（定额成本）	2 400	8 400	2 600	13 400

表 7-23　甲类产品内各种产品成本计算表

项目	产量	直接材料费用系数	直接材料费用总系数	单位工时定额	定额工时	直接材料	直接人工	制造费用	成本合计
费用分配率									
产品 A									
产品 B									
产品 C									
合计									

2．某企业对甲原料进行分离加工，生产出 A、B、C 三种产品，产量分别为：A 产品 100 公斤，B 产品 500 公斤，C 产品 400 公斤。本月生产费用合计为：直接材料 25 550 元，直接人工 13 160 元，制造费用 11 620 元。产品本月全部完工。单位销售价格：A 产品 100 元，B 产品 80 元，C 产品 50 元。

要求：以 A 产品为标准产品，采用系数法分配计算三种产品成本（按售价折算系数）（写出计算过程）。

3．甲种产品采用定额法计算产品成本，本月份该种产品的直接材料费用资料如下。

（1）月初在产品定额费用为 900 元，月初在产品脱离定额差异为超支 50 元，月初在产品定额费用调整降低 40 元，定额变动差异由完工产品成本负担。

（2）本月定额费用为 4 140 元，本月脱离定额差异为节约 140 元，本月原材料成本差异率为超支 2.5%，材料成本差异由完工产品成本负担。

（3）本月完工产品定额费用为 4 600 元。

根据上述资料完成下列题目。

（1）计算月末在产品的直接材料定额费用。

（2）计算本月完工产品和月末在产品的直接材料实际费用（脱离定额差异在完工产品和月末在产品之间分配）。

第八章 其他行业成本核算

【学习目标】

1. 了解其他行业的生产经营特点。
2. 理解不同行业企业成本核算的共通思路。
3. 熟悉物流、建筑施工、房地产开发和商品流通企业成本核算的特点。
4. 掌握物流、建筑施工、房地产开发和商品流通企业成本核算的方法。

【关键词】

物流成本　工程成本　房地产开发成本　商品采购成本　成本核算

【引例】

工作两年的小张偶遇同班同学小王，小王问其在哪儿高就，小张说在一家施工企业负责成本核算。小王好奇地问："我们会计专业的学生，在校学习的是制造业企业会计核算，你怎么在施工企业算成本呢，在校学习的成本核算知识能满足施工企业成本核算的需要吗？"

第一节 物流企业成本核算

一、物流企业概述

物流行业是指物品从供应地向接受地的实体流动过程中，根据需要，将运输、仓储、装卸、搬运、包装、流通加工、配送、信息处理等基本功能有机结合，形成完整的供应链，为用户提供多功能、一体化的综合性服务的行业。运输业务是物流行业的核心，仓储业务、包装业务、装卸业务、配送业务等也是物流行业的重要组成部分。

与制造业企业相比，物流企业的生产经营活动具有如下特点。

（1）不改变劳动对象的属性和形态，不创造新的物质产品，只使劳动对象（旅客和货物）发生位移（位置的变化）。

（2）在运输生产过程中只消耗劳动手段（运输工具及设备），不消耗劳动对象。

（3）运输生产和消费同时进行，即生产过程与销售过程是统一的。

（4）运输生产过程具有流动性、分散性的特点。

（5）各种运输方式之间的替代性和协作性比较强。

（6）运输生产中所需固定资产比重大，流动资产比重小。

物流企业为了完成运输生产也需要发生各项运营成本。物流企业的运营成本中，多是与运输工具使用有关的费用，如燃料、折旧等成本，不存在制造业产品成本那样构成产品实体并占相当高比重的直接材料项目。

二、运输成本的核算

由于运输有多种方式，所以运输业务包括汽车运输业务、火车运输业务、飞机运输业务、轮船运输业务等。我们以汽车运输业务的成本核算为例，阐述运输成本的核算。

（一）运输成本的特点

1. 成本计算对象

物流企业汽车运输业务的营运车辆的车型较为复杂，为了反映不同车型的运输经济效益，通常以不同燃料和不同厂牌的营运车辆所提供的运输服务作为成本计算对象。对于以特种大型车、集装箱车、零担车、冷藏车、油罐车从事运输业务的物流企业，还应以不同类型、不同用途车辆所提供的运输服务分别作为单独的成本计算对象。

2. 成本计算单位

企业运输业务的成本计算单位是以汽车运输工作量的计量单位为依据的，货物运输工作量通常称为货物周转量，其计量单位为吨公里。这是实际运输货物的吨数与距离的乘积。在实际工作中，通常以千吨公里作为成本计算单位。集装箱车辆的成本计算单位为千标准箱公里。

3. 成本计算期

汽车运输业务的成本应按月、季、半年和年计算从年初至各月末的累计成本。营运车辆在经营跨月运输业务时，通常以行车路单签发日期所归属的月份计算其运输成本。

（二）直接材料的核算

1. 燃料费用的核算

物流企业各种车辆耗用的燃料应根据领料单位进行汇总，编制燃料耗用汇总表，以便于对燃料费用进行归集和分配。物流企业确定各月燃料实际耗用数的方法有满油箱制和实地盘存制两种。实行满油箱制的物流企业，在月初、月末油箱加满的前提下，车辆当月加油的数量即为当月燃料的实际耗用数。实行实地盘存制的物流企业，应在月末实地测量车辆油箱的存油数，并根据当月的领用数，计算车辆当月实际耗用的燃料数。计算公式如下。

当月实际耗用数＝月初车存数＋本月领用数－月末车存数

如燃料采用计划成本法时，还要相应地摊销材料成本差异。若车辆在本企业以外的油库加油，其费用应根据加油车辆所属的部门，直接计入相关的成本费用科目。

2. 轮胎费用的核算

物流企业各种车辆领用的轮胎外胎、内胎和垫带，应根据各月的领料单进行汇总，编制轮胎领用汇总表，以便于对轮胎费用进行归集和分配。

对于外胎采用一次性摊销法的物流企业，在外胎领用时，应根据外胎的领用部门计入“主营业务成本”或“营运间接费用”“管理费用”等相关科目。对于外胎采用按行程摊提法的企业，则应根据外胎行驶里程的原始记录和外胎里程摊提率，编制外胎摊提费用计算表，以便于对外胎费用进行归集和分配。

（三）直接人工的核算

直接人工主要指车辆司机和助手的职工薪酬费用，包括工资费用和其他薪酬费用。

对于有固定车辆的司机和助手的工资，可以根据工资汇总表直接列入各成本计算对象的明细科目；对于没有固定车辆的司机和助手的工资、后备司机和助手的工资，则应按一定的标准通过分配后计入各成本计算对象的明细科目。分配标准主要有按营运货物吨位或按营运车日两种。计算公式如下。

$$\text{职工工资费用分配率}=\frac{\text{应分配的司机及助手的工资额}}{\text{总运营货物千吨公里（或总营运车日）}}$$

相应的职工福利费用等其他薪酬费用直接列入各成本计算对象的明细科目。

（四）其他直接费用的核算

1. 折旧费。物流企业中车辆的固定资产折旧一般采用工作量法计提。此时，由于外胎费用核算有两种不同的方法，所以车辆折旧的计算也有两种方法。如采用外胎价值一次摊销计入成本的方法，计提折旧时，外胎价值不必从车辆原值中扣减。如采用按行驶公里数摊提计入成本的方法，则计算折旧时，外胎价值就应从车辆原值中扣减，否则会出现重复摊提的现象。

2. 其他费用。营运车辆的公路运输管理费，一般按运输收入的规定比例计算缴纳。企业缴纳的车辆运输管理费可以根据缴款凭证直接计入各类运输成本。

营运车辆在营运过程中因种种行车事故所发生的救援和善后费用，以及支付外单位人员的医药费、丧葬费、抚恤费、生活费等支出，扣除向保险公司收回的赔偿收入及事故对方或过失人的赔偿款后，净损失根据付款、收款凭证直接计入各类运输成本。

车辆牌照和检验费、车船税、洗车费、过桥费、轮渡费、司机途中住宿费、行车杂费等费用发生时都可以根据付款凭证直接计入各类运输成本。此外，领用随车工具及其他低值易耗品，可以根据领用凭证，一次或分次摊入各类运输成本。

（五）营运间接费用的核算

物流企业运输业务的营运间接费用是运输分公司、车场、车站等部门为组织与管理运输业务过程中所发生的各种间接费用，包括职工薪酬、折旧费、保险费、差旅费、水电费、办公费、取暖费等。在实际工作中，营运间接费用应分运输分公司、车场、车站等部门进行明细分类核算。

以上费用一般通过“营运间接费用”科目进行核算。该科目是成本类科目，用以核算企业在物流营运过程中所发生的不能直接计入成本计算对象的各种间接费用，发生时计入借方，期末从贷方分配转入各成本计算对象，结转后该科目无余额。

期末各部门归集的营运间接费用应按照一定标准在各成本计算对象间进行分配。分配的标准主要有直接费用或营运车日等。分配率的计算公式如下。

$$\text{营运间接费用分配率}=\text{直接费受益单位的用额}\times\frac{\text{营运间接费用总额}}{\text{营运直接费用总额}}$$

（六）单位运输成本的计算

物流企业汽车运输业务应负担的直接材料、直接人工、其他直接费用和营运间接费用构成了汽车运输总成本。汽车运输总成本除以运输周转量即为运输单位成本，计算公式如下。

单位运输成本（元/千吨公里）＝运输总成本/运输周转量（千吨公里）

物流企业月末应根据“主营业务成本——运输支出”明细账所归集的运输成本和该月实际完成的运输周转量编制汽车运输成本计算表，以反映运输总成本和单位成本。

【例 8-1】某物流企业有甲、乙两个车队。20××年 9 月的有关资料如下。

（1）企业对燃料耗用数采用盘存制计算。甲、乙两车队月初车存汽油分别为 900 升和 1 100 升，当月分别领用汽油 10 000 升和 5 000 升，月末车存汽油分别为 600 升和 500 升。汽油的计划成本为每升 6.4 元，成本差异率为 1%。

（2）企业对轮胎采用一次摊销法。甲、乙两车队当月各领用外胎 4 个和 2 个，每个外胎的成本为 800 元。

（3）甲车队司机和助手的工资为 40 000 元，乙车队司机和助手的工资为 25 000 元。两个车队机动司机和助手的工资为 9 000 元。其他职工薪酬按工资总额的 40%提取。甲车队当月营运货物 1 000 千吨公里，乙车队当月营运货物 500 千吨公里。

（4）甲车队计提车辆折旧费 120 000 元，乙车队计提车辆折旧费 80 000 元。

（5）甲车队发生洗车费、过桥过路费等杂费 25 600 元，乙车队发生杂费 13 400 元。

（6）企业发生营运间接费 32 000 元。

20××年 9 月，该企业相关会计计算及编制的会计分录如下。

（1）甲车队耗用燃料的计划成本＝6.4×（900＋10 000－600）＝65 920（元）

甲车队耗用燃料的成本差异＝65 920×1%＝659.2（元）

乙车队耗用燃料的计划成本＝6.4×（1 100＋5 000－500）＝35 840（元）

乙车队耗用燃料的成本差异＝35 840×1%＝358.4（元）

借：主营业务成本——运输支出——甲车队（燃料）　　65 920
　　　　　　　　——运输支出——乙车队（燃料）　　35 840
　贷：原材料——燃料　　101 760

借：主营业务成本——运输支出——甲车队（燃料）　　659.2
　　　　　　　　——运输支出——乙车队（燃料）　　358.4
　贷：材料成本差异——燃料　　1 017.6

（2）借：主营业务成本——运输支出——甲车队（轮胎）　　3 200
　　　　　　　　　　——运输支出——乙车队（轮胎）　　1 600
　　贷：原材料——轮胎　　4 800

（3）应付薪酬

甲车队分摊机动司机和助手工资＝9 000/（1 000＋500）×1 000＝6 000（元）

乙车队分摊机动司机和助手工资＝9 000/（1 000＋500）×500＝3 000（元）

借：主营业务成本——运输支出——甲车队（工资）　　46 000
　　　　　　　　——运输支出——甲车队（其他薪酬）　　18 400
　　　　　　　　——运输支出——乙车队（工资）　　28 000
　　　　　　　　——运输支出——乙车队（其他薪酬）　　11 200
　贷：应付职工薪酬　　103 600

（4）累计折旧

借：主营业务成本——运输支出——甲车队（折旧费）　　120 000
　　　　　　　　——运输支出——乙车队（折旧费）　　80 000
　贷：累计折旧　　200 000

（5）银行存款

借：主营业务成本——运输支出——甲车队（其他费用）　　25 600
　　　　　　　　——运输支出——乙车队（其他费用）　　13 400
　贷：银行存款等　　39 000

（6）间接费用

甲车队当月直接费用＝65 920＋659.2＋3 200＋46 000＋18 400＋120 000＋25 600
＝279 779.2（元）

乙车队当月直接费用＝35 840＋358.4＋1 600＋28 000＋11 200＋80 000＋13 400
＝170 398.4（元）

甲车队分配的营运间接费用＝［32 000/（279 779.2＋170 398.4）］×279 779.2
≈19 887.56（元）

乙车队分配的营运间接费用＝［32 000/（279 779.2＋170 398.4）］×170 398.4
≈12 112.44（元）

借：主营业务成本——运输支出——甲车队（营运间接费用）　　19 887.56
　　　　　　　　——运输支出——乙车队（营运间接费用）　　12 112.44
　　贷：营运间接费用　　32 000

根据上述情况计算甲、乙两车队的单位运输成本如下。

甲车队单位运输成本＝（279 779.2＋19 887.56）/1 000
＝299.66（元/千吨公里）

乙车队单位运输成本＝（170 398.4＋12 112.44）/500
＝365.02（元/千吨公里）

三、包装成本的核算

包装是指为在流通过程中保护产品、方便运输、促进销售，按一定技术方法而采用的容器、材料及辅助物等的总体名称，也指为了达到上述目的而采用容器、材料和辅助物的过程中施加一定技术方法等的操作活动。

（一）包装成本的构成

在物流过程中，多数商品都必须经过一定的包装后才能进行流转。因而，为了方便商品的正常流转，企业通常都会发生一定的包装成本。物流企业的包装成本一般包含如下几项。

（1）包装材料费用，是指各类物资在实施包装过程中耗费在材料支出上的费用。

（2）包装机械费用，是指使用包装机械（或工具）所发生的购置费用、日常维护保养费用以及折旧费用等。

（3）包装技术费用，是指设计、实施缓冲包装、防潮包装、防霉包装等技术所支出的费用。

（4）包装人工费用，是指对实施包装作业的人员发放的计时工资、计件工资、奖金、津贴和补贴等各项费用支出。

（5）其他辅助费用，是指除上述主要费用以外，物流企业发生的如包装标记、包装标志的印刷、拴挂物费用的支出。

（二）包装成本的核算

包装费用可能发生在不同的物流环节，也可能发生在不同的企业。根据不同的具体情况，包装费用的核算有以下几种方式可供选择。

（1）如果企业的包装收入单独核算，对于包装业务中产生的各项费用，凡是可以和包装收入配比的，直接计入“主营业务成本——包装成本”科目，不能直接配比的则应该记入“营业费用”

科目。

（2）如果企业的包装收入未能单独核算，对于发生于物流环节的包装费用应区分费用的性质和项目计入“营业费用”总账科目及其明细科目。

四、仓储成本的核算

（一）仓储成本的特点

1. 仓储成本项目

仓储成本项目分为堆存直接费用和营运间接费用两项。

（1）堆存直接费用是指仓库因仓储、保管货物而发生的直接费用，包含工资、职工福利费、材料费、低值易耗品摊销、动力及照明费、折旧费、劳动保护费、事故损失、保险费等明细项目。

（2）营运间接费用。仓储业务和装卸业务是密不可分的，仓储与装卸业务往往与客户合签一份合同。营运间接费用是指企业的仓储装卸营运部或分公司为管理和组织仓储和装卸的营运生产所发生的管理费用和业务费用。

2. 成本计算对象

物流企业经营仓储业务的仓库类型复杂多样，按建筑构可分为露天仓库、简易仓库、平房仓库、楼房仓库、立体仓库和罐式仓库等；按保管货物的特性可分为普通仓库、冷藏仓库、恒温仓库、特种危险品仓库等。仓储业务的成本计算对象为各种类型的仓库。

3. 成本计算单位

仓储业务的成本计算单位是以货物堆存量的计量单位为依据的。货物堆存量通常以重量作为成本计量单位，用堆存吨天表示。它是实际堆存货物的吨数与货物堆存天数的乘积。货物堆存量也能以面积作为成本计量单位，用堆存平方米天表示。它是实际堆存货物的面积与堆存货物天数的乘积。在实际工作中，通常用堆存千吨天或堆存千平方米天作为仓储业务的成本计算单位。

4. 成本计算期

仓储业务的成本应按月、季、半年、年计算从年初至各月末的累计成本。

（二）堆存成本的核算

由于仓储业务是堆存货物，所以习惯上把仓储成本称为堆存成本。仓储业务应负担的堆存直接费用和营运间接费用构成了堆存总成本。堆存总成本除以货物堆存量即为堆存单位成本。物流企业月末应根据“主营业务成本——堆存支出”明细科目所归集的堆存成本和该月实际完成的堆存量编制堆存成本计算表，以反映堆存总成本和单位成本。

1. 堆存直接费用的核算

物流企业仓储货物所发生的堆存直接费用，应根据职工薪酬分配表、耗用材料汇总表、固定资产折旧费用计算表及各种发票、单据等，直接列入所属仓库或库区的成本，借记“主营业务成本——堆存支出”科目，贷记“应付职工薪酬”“原材料”“累计折旧”“银行存款”等相关科目。

2. 堆存间接费用的核算

物流企业的营运间接费用应按营运部或分公司设明细分类账，归集营运部或分公司发生的营运间接费用，期末按营运部或分公司的堆存直接费用和装卸直接费用的比例进行分配。

五、装卸成本的核算

广义的装卸业务是指物流企业运用机械设备和人力为客户提供改变货物在物流同一节点内的存在状态和空间位置的服务，包括狭义的装卸和搬运。狭义的装卸是指在指定地点以人力或机械将货物装入或卸下运输设备。搬运则是指在同一场所内对货物进行水平的移动，其结果是货物横向或斜向的位移。

（一）装卸成本的特点

1. 成本计算对象

物流企业以运输业务或仓储业务为主的，在经营装卸业务时，可以机械作业和人工作业分别作为成本计算对象。以机械作业为主、人工作业为辅的作业活动，可不单独计算人工装卸成本。以人工作业为主、机械作业为辅的作业活动，也可以不单独计算机械装卸成本。

物流企业经营港口业务的，为了加强成本管理，可以装卸作业的主要货种作为成本计算对象。主要货种可分为石油、煤炭、矿石、木材、粮食、集装箱、杂货等。

2. 成本计算单位

装卸成本的计算单位以货物装卸量的计量单位为依据，货物装卸量通常以重量作为成本计算单位，用装卸吨表示。集装箱装卸成本的计算单位可采用标准箱，也可采用装卸吨，两者的换算比例为：1 标准箱＝10 装卸吨。

3. 成本计算期

装卸成本应按月、季、半年和年计算从年初至各月末止的累计成本。

（二）装卸成本的归集和分配

物流企业的装卸费用通过“主营业务成本——装卸支出”科目进行归集与分配。该科目可按成本计算对象设置明细账，并按成本项目进行明细核算。

1. 直接材料

（1）燃料及动力。对于燃料及动力，企业可于每月终了根据油库转来的装卸机械领用燃料凭证计算实际消耗数量计入成本。企业耗用的电力可根据供电部门的收费凭证或企业的分配凭证直接计入各类装卸成本。

（2）轮胎。物流企业装卸机械的轮胎损耗是在装卸场地操作过程中发生的，因此其轮胎费用不宜采用胎公里摊提方法处理，一般可于领用新胎时将其价值一次直接计入各类装卸成本。如一次集中领换轮胎数量较多，为均衡各期成本负担，可将其作为待摊费用按月份分摊计入装卸成本。装卸机械轮胎的翻新和零星修补费用，一般在费用发生和支付时，直接计入各类装卸成本。装卸队配属各种车辆所领用新胎及翻新和零星修补的费用，也可按上述方法计入成本。

2. 直接人工

企业的直接人工成本可根据工资结算表等有关资料，编制职工薪酬费用汇总表，据以直接计入各类装卸成本。

3. 其他直接费用

（1）折旧费。物流企业装卸机械的折旧应按规定的折旧率计提，根据固定资产折旧计算表直接计入各类装卸成本。装卸机械计提折旧适宜采用工作量法，一般按其工作时间（以台班表示）计提。

（2）其他费用。装卸机械领用的随机工具、劳保用品和装卸过程中耗用的工具，在领用时根据领用凭证可将其价值一次直接计入各类装卸成本。一次领用数额过大时，可作为待摊费用处理。工具的修理费用及防暑、防寒、保健饮料、劳动保护安全措施等费用，在费用发生和支付时，可根据费用支付凭证或其他有关凭证，一次直接计入各类装卸成本。物流企业对外发生和支付装卸费时，可根据支付凭证直接计入各类装卸成本。事故损失一般于实际发生时直接计入有关装卸成本，或先通过“其他应收款——暂付赔款”账户归集，然后于月终将应由本期装卸成本负担的事故净损失结转计入有关装卸成本。

4. 营运间接费用

装卸队直接开支的管理费和业务费，可在发生和支付时，直接列入装卸成本。当按机械装卸和人工装卸分别计算成本时，可先通过“营运间接费用”账户汇集，月终再按直接费用比例分配计入各类装卸成本。

六、配送成本的核算

配送业务是指物流企业根据客户的要求，对货物进行储存、拣选、包装、组配等作业，并按时将组配的货物以最合理的方式送交收货人的服务。配送是物流系统中一种特殊的综合的活动形式，集装卸、储存、包装、运输等活动于一身。

（一）配送成本的特点

1. 成本计算对象

配送的各个环节都有各自的成本计算对象。物流保管环节的成本计算对象是仓库，分拣及配货环节的成本计算对象是分拣及配备的货物，配送发运环节的成本计算对象是货运车辆。

2. 成本计算单位

由于配送业务有多个成本计算对象，因此也就有多个成本计算单位。货物保管环节的成本计算单位为堆存量，用千吨天表示。分拣配货环节的成本计算单位为分拣配货量，用千吨或千件表示。配装环节的成本计算单位为配装量，用千吨表示。运送环节的成本计算单位为货物周转量，用千吨公里表示。

3. 成本计算期

配送业务的成本应按月、季、半年和年计算从年初至各期末止的累计成本。

（二）配送成本的归集和分配

1. 配送直接费用的归集

物流企业配送货物所发生的配送直接费用，应根据职工薪酬分配表、耗用材料汇总表、固定资产折旧费用计算表及各种发票、单据等，直接列入各个环节的成本。届时借记“主营业务成本——配送支出——堆存费用”“主营业务成本——配送支出——分拣配货费用”“主营业务成本——配送支出——配装费用”“主营业务成本——配送支出——运输费用”等科目，贷记“应付职工薪酬”“原材料”“累计折旧”“银行存款”等相关科目。

2. 营运间接费用的归集和分配

物流企业配送业务各个环节的营运间接费用，先在组织和管理这些业务的营运部门或分公司的明细账中归集。届时借记“营运间接费用——配送营运部”科目，贷记“应付职工薪酬”“累计折旧”等相关科目。期末再将归集的营运间接费用按堆存、分拣及配货、配装和运输四项业务的直接费用的比例进行分配。

第二节 建筑施工企业成本核算

一、建筑施工企业概述

建筑施工企业是指从事建筑安装工程和其他专业工程施工的生产经营性企业，是国民经济中一个重要的物质生产部门，也是从事基本建设、建筑安装施工活动的基层生产单位。由于从事行业的特殊性，所以建筑施工企业的生产经营有着不同于其他行业的特点。

（1）建筑产品具有固定性、单件性、多样性、形体庞大和使用寿命长等特点。

（2）建筑施工过程具有流动性、长期性、综合协作性等特点。流动性具体表现在两个方面，一是生产人员和机具，甚至整个施工机构，都要随施工对象坐落位置的变化而迁徙流动；二是单件产品的生产过程中，施工人员和机具又要随施工部位的不同而沿着施工对象上、下、左、右流动，不断地变换操作场所。长期性体现在工程的工期常以年计，施工准备也需要较长时间，生产中长期占用大量的人力、物力和资金，工程价款结算往往采取按工程进度分期付款的办法。

（3）生产经营管理具有生产经营业务不稳定、管理环境多变、机构人员变动大等特点。露天和高空作业多，受自然条件的影响大，质量和安全问题突出。

二、工程成本的计算对象

工程成本的计算对象是指在工程成本计算时，应该选择什么样的工程作为目标，来归集和分配生产费用，确定实际成本。工程成本计算的对象既可以根据企业施工组织特点、所承包工程实际情况和工程价款结算办法来确定，也可以根据与施工图预算相适应的原则来确定。施工企业成本核算方法，类似于制造业企业成本核算的分批法。

一般来说，施工企业应该以每一个单位工程作为成本计算对象。但是，一个施工企业要承包多个建设项目，每个建设项目的具体情况往往很不相同：有的工程规模很大、工期很长；有的是一些规模小、工期短的零星改扩建工程；有时一个工地上有若干个结构类型相同的单位工程同时施工、交叉作业，共同耗用现场堆放的大堆材料等。因此，一般要根据与施工图预算相适应的原则，以每一个独立编制施工图预算的单位工程为依据，根据承包工程的规模大小、结构类型、工期长短及现场施工条件等具体情况，结合企业施工组织的特点和加强成本管理的要求，确定建筑安装工程成本计算对象。具体来讲，主要有以下几种划分方法。

（1）建筑安装工程一般应以每一独立编制施工预算图的单位工程为成本计算对象。

（2）一个单位工程由几个施工单位共同施工时，各施工单位都应以同一单位工程为成本计算对象，各自核算自行完成的部分。

（3）规模大、工期长的单位工程，可以将工程划分为若干部位，以分部工程作为成本计算对象。

（4）同一建设项目中，同一施工单位、同一施工地点、同一结构类型、开竣工时间相近的若干个单位工程，可以合并作为一个成本计算对象。

（5）改建、扩建零星工程，可以将开竣工时间相近、属于同一建设项目的各个单位工程合并作为一个成本计算对象。

（6）土石方工程、打桩工程，可以根据实际情况和管理需要，以一个单位工程为成本计算对象，或将同一施工地点的若干个工程量较小的单项工程合并，作为一个成本计算对象。

（7）独立施工的装饰工程的成本计算对象应与土建工程成本计算对象一致。

（8）工业设备安装工程，可按单位工程或专业项目，如机械设备、管道、通风设备、工业筑炉的安装等作为工程成本计算对象。变电所、配电站、锅炉房等可按所、站、房等安装工程作为成本计算对象。

工程成本计算对象一经确定，在一定期限内不能随意更改，若要更改应及时通知施工企业内部相关部门，以统一工程成本的核算口径，减少因此造成的成本分析和考核上的潜在矛盾。为了集中反映各个工程成本计算对象的成本发生情况，财务部门应当为每一个成本计算对象分别设置工程成本明细账（卡），并按照成本项目设置专栏来组织核算。所有的原始记录都必须按照规定的成本计算对象写清楚，以便于归集和分配成本费用。

三、工程成本核算的会计科目

施工企业为核算和监督施工过程中各项施工费用的发生、归集和分配情况，正确计算工程成本，要设置下列总分类会计科目，在此基础上还要进行明细分类核算，以利于成本管理。

（一）“工程成本”科目

“工程施工”科目核算施工企业（建造承包商）实际发生的合同成本和合同毛利。该科目可按建造合同，分别以“合同成本”“间接费用”“合同毛利”进行明细核算。

企业进行合同建造时发生的人工费、材料费、机械使用费及施工现场材料的二次搬运费、生产工具和用具使用费、检验试验费、临时设施折旧费等其他直接费用，借记该科目（合同成本），贷记“应付职工薪酬”“原材料”等科目。发生的施工生产单位管理人员职工薪酬、固定资产折旧费、财产保险费、工程保修费、排污费等间接费用，借记本科目（间接费用），贷记“应付职工薪酬”“累计折旧”“银行存款”等科目。期末，将间接费用分配计入有关合同成本，借记本科目（合同成本），贷记本科目（间接费用）。

确认合同收入、合同费用时，借记“主营业务成本”科目，贷记“主营业务收入”科目，按其差额借记或贷记本科目（合同毛利）。

合同完工时，应将该科目余额与相关工程施工合同的“工程结算”科目对冲，借记“工程结算”科目，贷记本科目。

该科目期末借方余额，反映企业尚未完工的建造合同成本和合同毛利。

（二）“工程结算”科目

“工程结算”科目核算施工企业（建造承包商）根据合同约定向业主办理结算的累计金额。该科目可按建造合同进行明细核算。

企业向业主办理工程价款结算，按应结算的金额，借记“应收账款”等科目，贷记本科目。合同完工时，应将该科目余额与相关工程施工合同的“工程施工”科目对冲，借记本科目，贷记“工程施工”科目。

本科目期末贷方余额，反映企业尚未完工建造合同已办理结算的金额。

（三）“机械作业”科目

“机械作业”科目核算施工企业（建造承包商）及其内部独立核算的施工单位、机械站和运输队使用自有施工机械和运输设备进行机械作业（包括机械化施工和运输作业等）所发生的各项费用。企业及其内部独立核算的施工单位，从外单位或本企业其他内部独立核算的机械站租入施工机械发生的机械租赁费，直接在“工程施工”科目核算。

“机械作业”科目可按施工机械或运输设备的种类等进行明细核算。施工企业内部独立核算的机械施工、运输单位使用自有施工机械或运输设备进行机械作业所发生的各项费用，可按成本计算对象和成本项目进行归集。

企业发生机械作业支出时，借记本科目，贷记“原材料”“应付职工薪酬”“累计折旧”等科目。

会计期末，企业及其内部独立核算的施工单位、机械站和运输队为本单位承包的工程进行机械化施工和运输作业的成本，应转入承包工程的成本，借记“工程施工”科目，贷记本科目。对外单位、专项工程等提供机械作业（包括运输设备）的成本，借记“劳务成本”科目，贷记本科目。本科目期末应无余额。

（四）“长期待摊费用”科目

“长期待摊费用”科目用来核算施工企业已经发生但应由本期和以后各期分别负担的分摊期限在一年以上的各项费用，如以经营方式租入的固定资产发生的改良支出等。该科目可按费用项目进行明细核算。企业发生的长期待摊费用，借记本科目，贷记“银行存款”等科目。摊销长期待摊费用，借记“管理费用”等科目，贷记本科目。本科目期末余额反映尚未摊销的待摊费用。

四、工程成本的核算

（一）直接材料的归集和分配

施工企业建筑安装活动中需要耗费大量的材料，材料品种多，大堆材料比重大。材料费应按照材料领用的不同情况进行归集分配。

（1）凡能点清数量和分清材料对象的、能直接用于工程的材料，如钢材、木材、水泥，通常都可分别按成本计算对象直接计入各工程成本的材料费项目中。

（2）凡能点清数量、集中配料或统一下料的，如油漆、玻璃、木材等，应在领料凭证上注明“工程集中配料”字样，月末由材料管理人员或领用部门，根据用料情况，结合材料消耗定额，编制“集中配料耗用分配表”，在各成本计算对象之间分配。

（3）凡不能点清数量也很难立即分清用料对象的一些大堆材料，如砖、瓦、白灰、砂石等，几个单位工程共同使用，则先由材料员或领料部门验收保管，月末实地盘点结存数量，然后根据月初结存数量与本月进料数量，倒轧本月实际数量，结合材料耗用定额，编制大堆材料耗用计算单，据以计入各成本计算对象。

（4）对于其他不能点清数量的材料，也需要采用适当的方法分配计入各工程成本材料费项目。用于辅助生产部门、机械作业部门的各种材料应分别记入“辅助生产”“机械作业”科目的借方。

（5）实行材料节约奖的，应按材料节约的数额，直接计入各成本计算对象。

（6）成本计算期内已办理领料手续，但没有全部耗用的材料，应在期末进行盘点，填制退料单，作为办理退料的凭证，据以冲减本期材料费。工程施工后的剩余材料，应填制退料单，办理退料手续。施工过程中发生的残次料和包装物等，应尽量回收利用，并填制“废料交库单”估价入账，并冲减工程材料费。

（7）周转材料应根据各个工程成本计算对象在用的数量，按照规定的摊销方法计提当月的摊销额，并编制周转材料摊销计算表。

月末，财会部门必须严格审核各种领退料凭证，并根据各种领料凭证、退料凭证及材料成本差异，编制材料费分配表，计算受益对象应分配的材料费。

（二）直接人工的归集和分配

直接人工费用计入成本的方法，一般应根据企业实行的具体工资制度确定。

（1）如果施工企业采用的是计件工资制度，那么人工费的受益对象容易确定这时需根据工程任务单和工程结算汇总表，将所归集的人工费用直接计入工程成本中去。

（2）施工企业采用计时工资制度时，如果能够正确区分工人劳动的服务对象，就可以采用和计件工资制度下同样的方法，直接将人工费计入工程成本。如果建筑安装工人同时为多项工程工作，就需要将发生的工资在各个计算对象之间进行分配。分配的方法是，用当月工资总额除以工人的出勤日计算出平均日工资，然后用平均日工资乘以各工程当月实际用工数得到各工程应负担的人工费。

（三）机械使用费的归集和分配

施工企业使用的施工机械可分为租赁机械和自有机械两种。施工企业各工程项目租赁施工机械而支出的租赁费和进出场费，应根据结算账单直接计入各工程成本机械使用费项目，不用通过“机械作业”明细账户进行核算。自有施工机械使用过程中发生的费用应首先按机组或单机归集，计算每台班的实际成本，然后根据各个成本计算对象的使用台班数，确定应计入各成本计算对象的机械使用费。进行机械作业所发生的各项费用的归集和分配，通过“机械作业”账户进行，并按照机械设备的类别设置明细账户，按规定的成本项目归集费用。费用项目的确定通常应和机械台班预算定额的构成内容一致，以便计算出来的台班实际成本与定额相比较。费用发生时计入“机械作业”的借方，月末根据归集的费用和设备作业时间，计算各类机械的台班成本，或按适当的标准分配计入各项工程成本的“机械使用费”科目，同时贷记“机械作业”科目。

分配机械使用费可以采用如下方法。

（1）按施工机械的实际台时（或完成工程量）分配机械使用费。月末，根据各类机械明细账借方发生额及实际作业台班数计算台班成本，编制机械使用费分配表并计入“工程施工——合同成本”借方及工程成本计算单的“机械使用费”项目内，同时贷记“机械作业”账户贷方。当月“机械作业”账户发生的费用一般当月分配完毕，月末没有余额。

（2）先按施工机械的计划台时费对机械使用费进行分配，然后依据计划机械使用费与实际机械使用费之间的比值调整为实际机械使用费。为了简化计算手续，对于各种中型机械的机械使用费，可在月终先根据机械使用月报中各种机械的工作台时（或完成工作量）合计和该种机械台时费计划数，算出当月机械使用费计划数，再计算实际机械使用费占机械使用费计划数的百分比，然后将各个成本计算对象按台时费计划数计算的机械使用费计划数按照算得的百分比进行调整。计算公式如下。

机械使用费计划数＝机械工作台时合计×机械台时费计划数

$$\text{某项工程应分配的机械使用费}=\text{该项工程使用的机械工作台时}\times\text{机械台时费计划数}\times\frac{\text{机械使用费实际数}}{\text{机械使用费计划数}}$$

（四）辅助生产费用的归集和分配

施工企业一般都设置若干个非独立核算的辅助生产部门。辅助生产部门主要为工程施工服务，包括木工车间、供水站、供电站、混凝土搅拌站、运输队等。

辅助生产部门所发生的各项费用，通过“生产成本——辅助生产成本”科目进行归集，并按辅助生产车间或单位、产品或劳务的品种设置二级明细账，按规定的成本科目归集费用。月末根据归集的费用计算产品、劳务的总成本和单位成本，然后按各工程和部门的受益数量分配计入各项工程成本、机械作业成本以及其他费用项目中。期末借方余额为在产品成本。

（五）其他直接生产费用的归集和分配

其他直接费用包括材料二次搬运费、临时设施摊销费、生产工具用具使用费、检验试验费、工程定位复测费、工程点交费及场地清理费等。

施工企业发生的其他直接费用，凡是能分清成本对象的，应直接计入各受益工程成本计算对象下的“其他直接费用”项目中。如果是几个工程共同发生的，不能直接确定成本计算对象的其他直接费用，可以先行汇总在“其他直接费用”明细账中归集，然后以定额用量预算费用或工程的工料成本作为分配基数，月末或竣工时编制其他直接费用分配表分配计入各成本计算对象。

（六）间接费用的归集和分配

建筑安装工程成本中除各项直接费用外，还包括企业所属各施工单位，如工程处、施工队、项目经理部，为施工准备、组织和管理所发生的各项费用。

间接费用属于共同费用，难以分清受益对象。为了归集和分配间接费用，企业应在“制造费用”科目下进行核算，汇总本期发生的各种间接费用，并按费用项目进行明细核算。当间接费用发生时，计入“制造费用”科目的借方；月末将归集的费用采用一定的标准全数分配，借记相应的工程成本项目，贷记“制造费用”科目。“制造费用”科目月末应没有余额。

制造费用的分配标准因工程类别不同而有所不同，土建工程一般以工程成本的直接费用为分配标准，安装工程以人工费用为分配标准。在实际工作中，施工单位的工程往往既有土建工程，又有安装工程，有时辅助生产单位生产的产品或劳务还会对外销售。因此，施工单位的间接费用一般要经过两次分配。

间接费用的第一次分配是将发生的全部间接费用在不同类的工程、劳务和作业间进行分配。这次分配一般以各类工程、劳务和作业中的人工费为基础进行。计算公式如下。

$$间接费用分配率=\frac{间接费用总额}{某类工程（劳务·作业）成本中人工费总额}\times 100\%$$

某类工程（劳务、作业）应分配的间接费用＝该类工程（劳务、作业）成本中人工费×间接费用分配率

间接费用的第二次分配是将分配到各类工程、劳务和作业的间接费用在本类工程、劳务和作业中进行分配。这次分配一般以各个工程、劳务和作业中的直接费用或人工费用为基础进行。土建工程以工程的直接费用实际金额或已完工程直接费用预算金额为标准进行分配。安装工程以工程的人工费用实际金额或已完工程人工费用预算金额为标准进行分配。

另外，在实际核算工作中，对于间接费用的分配，若已给出间接费用定额，也可先计算本月实际间接费用与间接费用定额的百分比，再用该百分比对各项工程按定额计算的间接费用进行调整。

五、月末已完工程和未完工程的分配

施工企业的各项生产费用，在各成本对象之间进行归集和分配以后，应计入本月各成本计算对象的生产费用，归集在“工程施工——合同成本”科目借方和有关成本计算单中。这些生产费用月

末应在已完工程和未完工程之间进行分配。已完工程包括已全部竣工、不再需要进行任何施工活动的工程，即竣工工程，也包括已经完成预算定额所规定的全部工序、在本企业不再需要进行任何加工的分部分项工程。

（一）未完工程成本的计算

未完工程成本的计算，通常是由统计人员月末到施工现场实地丈量盘点未完施工实物量，并按其完成施工的程度折合为已完工程数量，根据预算单价计算未完工程成本。计算公式如下。

未完工程成本＝预算单价×未完工程实物量×完工程度

＝未完工程预算造价×完工程度

期末未完工程成本一般不负担管理费。如果未完施工工程量占当期全部工程量的比重很小或期初与期末数量相差不大，可以不计算未完工程成本。根据计算结果填制未完施工盘点单，并记入工程成本计算单，即可据以结转未完工程实际成本。

（二）已完工程实际成本的计算

月末未完工程成本确定后，即可根据如下公式确定当月各个成本计算对象已完工程的实际成本。

已完工程实际成本＝月初未完工程成本＋本月生产费用－月末未完工程成本

根据各成本计算对象成本计算单的实际成本，填写已完工程成本表中实际成本栏。据此结转本月已完工程实际成本，将已完工程的实际成本从“工程施工——合同成本”的贷方转入“主营业务成本”科目的借方。

【例 8-2】某建筑安装工程公司的第二工程处目前有甲、乙两项工程。20××年 10 月的有关资料如下。

（1）材料费用分配表如表 8-1 所示。

表 8-1　材料费用分配表

工程成本核算对象	主要材料						水泥预制件		其他材料	
	钢材		水泥		合计					
	计划成本（元）	成本差异 6%	计划成本	成本差异 2%	计划成本（元）	成本差异（元）	计划成本（元）	成本差异 1%	计划成本（元）	成本差异 －4%
甲工程	300 000	18 000	90 000	1 800	390 000	19 800	400 000	4 000	9 000	－360
乙工程	120 000	7 200	45 000	900	165 000	8 100	120 000	1 200	5 000	－200
合计	420 000	25 200	135 000	2 700	555 000	27 900	520 000	5 200	13 000	－560

（2）第二工程处发生计时工资 120 000 元，其中，甲工程耗用 3 000 工时，乙工程耗用 2 000 工时。

（3）按施工机械的实际台时分配机械使用费。第一工程处的一台吊车和一台挖土机分别对甲、乙两工程实施了机械作业。当月吊车的机械使用费为 41 040 元，甲工程使用吊车 94 小时，乙工程使用吊车 58 小时。当月挖土机的机械使用费为 54 725 元，甲工程使用挖土机 82 小时，乙工程使用挖土机 117 小时。

（4）公司运输队本月发生各种费用共计 247 800 元。本月运输队总共提供 206 500 吨公里的运输服务，其中，为甲工程提供 82 000 吨公里的运输服务，为乙工程提供 56 000 吨公里的运输服务。

（5）第二工程处本月发生其他直接费用 20 400 元，其中，分配给甲工程 11 250 元，分配给乙工程 9 150 元。

（6）按各工程的直接成本实际数分配间接费用。第二工程处本月发生间接费用 42 000 元。

（7）甲工程包含 A、B 两个分项工程。甲工程月初未完工程成本为 415 200 元。A 工程在本月全部完工，B 工程完工 40%，B 工程的预算造价为 600 000 元。乙工程为木月新动工工程，尚未完工。

20××年 10 月，第二工程处计算并编制会计分录如下。

（1）材料耗用

甲工程耗用的材料计划成本：390 000＋400 000＋9 000＝799 000（元）

甲工程耗用材料的成本差异＝19 800＋4 000－360＝23 440（元）

乙工程耗用的材料计划成本＝165 000＋120 000＋5 000＝290 000（元）

乙工程耗用材料的成本差异＝8 100＋1 200－200＝9 100（元）

借：工程施工——合同成本——甲工程（直接材料）　799 000
　　　　　　——合同成本——乙工程（直接材料）　290 000
　贷：原材料——主要材料　555 000
　　　　　　——结构件　520 000
　　　　　　——其他材料　13 000

借：工程施工——合同成本——甲工程（直接材料）　23 440
　　　　　　——合同成本——乙工程（直接材料）　9 100
　贷：材料成本差异——主要材料　27 900
　　　　　　　　　——结构件　5 200
　　　　　　　　　——其他材料　560

（2）薪酬

甲工程分摊人工费＝120 000/（3 000＋2 000）×3 000＝72 000（元）

乙工程分摊人工费＝120 000/（3 000＋2 000）×2 000＝48 000（元）

借：工程施工——合同成本——甲工程（直接人工）　72 000
　　　　　　——合同成本——乙工程（直接人工）　48 000
　贷：应付职工薪酬　120 000

（3）吊车费用和挖土机费用

甲工程分摊吊车费用＝41 040÷（94＋58）×94＝25 380（元）

乙工程分摊吊车费用＝41 040÷（94＋58）×58＝15 660（元）

甲工程分摊挖土机费用＝54 725÷（82＋117）×82＝22 550（元）

乙工程分摊挖土机费用＝54 725÷（82＋117）×117＝37 125（元）

甲工程分摊机械使用费＝25 380＋22 550＝47 930（元）

乙工程分摊机械使用费＝15 660＋37 125＝52 785（元）

借：工程施工——合同成本——甲工程（机械使用费）　47 930
　　　　　　——合同成本——乙工程（机械使用费）　52 785
　贷：机械作业——吊车　41 040
　　　　　　　——挖土机　54 725

（4）运输费用

运输费用分配率＝247 800/206 500＝1.2

甲工程分配的运输费用＝1.2×82 000＝98 400（元）

乙工程分配的运输费用＝1.2×56 000＝67 200（元）

借：工程施工——合同成本——甲工程（辅助生产费用） 98 400

——合同成本——乙工程（辅助生产费用） 67 200

贷：生产成本——辅助生产成本 247 800

（5）其他直接费用

借：工程施工——合同成本——甲工程（其他直接费用） 11 250

——合同成本——乙工程（其他直接费用） 9 150

贷：工程施工——合同成本——其他直接费用 20 400

（6）间接费用

甲工程当月直接成本＝799 000＋23 440＋72 000＋47 930＋98 400＋11 250

＝1 052 020（元）

乙工程当月直接成本＝290 000＋9 100＋48 000＋52 785＋67 200＋9 150

＝476 235（元）

甲工程分配的间接费用＝42 000÷（1 052 020＋476 235）×1 052 020＝28 911.96（元）

乙工程分配的间接费用＝42 000－28 911.96＝13 088.04（元）

借：工程施工——合同成本——甲工程（间接费用） 28 911.96

——合同成本——乙工程（间接费用） 13 088.04

贷：制造费用 42 000

（7）未完成部分

甲工程中未完工程成本＝600 000×（1－40%）＝360 000（元）

甲工程中已完工程成本＝415 200＋1 052 020＋28 911.96－360 000

＝1 136 131.96（元）

借：主营业务成本 1 136 131.96

贷：工程施工——合同成本——甲工程 1 136 131.96

第三节 房地产开发企业成本核算

一、房地产开发企业概述

房地产开发企业是指专业从事土地开发、不动产开发等经营活动的经济单位。与其他行业相比，房地产企业的业务活动有其自身特点。该类企业的最终产品是不动产，开发过程一般必须经历规划设计、征地拆迁、组织施工、竣工验收和产品销售五个阶段。因此，房地产开发企业的成本核算与管理工作也必须围绕其开发产品的经营过程展开。

二、房地产开发企业成本核算流程

房地产开发成本核算是指企业将开发过程中所支出的全部费用按成本项目进行归集和分配，最终计算出开发项目总成本和单位建筑面积成本的过程。

（一）开发成本项目的组成

房地产开发成本按其用途可分为下列成本项目。

（1）土地费用，即土地征用及拆迁补偿费，是指开发项目的土地征用费、耕地占用税、劳动力安置费及有关地上、地下附着物拆迁补偿的净支出、安置动迁用房支出等。

（2）前期费用，是指开发项目的设计规划费、可行性研究费、水文地质勘察费、测绘费、“三通一平”等前期费用。

（3）建筑安装成本，是指企业以出包方式支付给承包单位或以自营方式发生的列入开发项目建筑安装工程施工图预算内的各项费用。

（4）基础设施费用，是指开发项目的道路、供水、供电、供气、排污、排洪、通信、照明、绿化、环卫等设施在建设开发过程中发生的各项费用。

（5）开发间接费用，是指企业在开发项目现场设立的管理机构为组织和管理工程建设而发生的薪酬、折旧费、办公费、水电费、劳动保护费、周转房摊销等费用。

（6）公共配套设施费用，其中，这里的设施主要包括：开发项目外服务性的给排水、供电、供气的增容增压、道路交通；开发小区内属营业性的商店、银行、邮局等公共配套设施；非营业性的中小学、医院、居委会、派出所等公共配套设施。

（7）筹资成本，是指房地产开发企业为开发土地而借入的资金所发生的利息等借款费用。

（二）成本核算对象的确定

房地产开发企业进行成本核算时，首先应当确定成本归集对象，即成本核算单位。对于小规模的开发，如单幢或几幢房屋的开发，可以将全部开发量作为成本归集对象，设立一个成本核算单位。但是，对于大规模的开发，如街道改造或小区开发，既不能过细增加核算工作量，也不能过粗因工程周期长而致使成本核算资料滞后影响成本管理，应以房地产开发项目的工程内容和工期进度作为确定成本归集对象的主要依据。对大的开发项目应适当分块，例如，将一个小区不同类型的商品房按不同的开发期进行分块，便于费用的归集和分配。这样才能发挥成本核算的作用。

（三）会计科目设置与账务处理

1. “开发成本”科目

房地产开发企业可以将“开发成本”作为一级成本核算科目，用于核算企业在土地、房屋、配套设施和代建工程开发过程中发生的各项费用。本科目借方核算发生的各项开发成本，其中，直接费用可以直接计入该科目，应由多种开发产品共同负担的间接费用，先归集在“开发间接费用”科目，再按一定的分配标准分配计入有关的开发产品成本，转入本科目；贷方核算结转已开发完成并验收合格的土地、房屋、配套设施和代建工程的实际成本；期末余额为在建开发项目的实际成本。本科目应按开发成本的种类，设置“土地开发”“房屋开发”“配套设施开发”“代建工程开发”等明细科目，并在明细科目下，按照成本项目分设专栏进行明细核算。

企业发生的土地征用及拆迁补偿费、前期工程费、基础设施费和建筑安装费属于直接费用的，可在发生时，直接借记“开发成本”科目。应由多个开发项目共同负担的间接费用，应先在“开发间接费用”科目进行归集，再按照一定的分配标准分配计入有关的开发项目成本。不能有偿转让的开发小区内配套设施发生的费用，应计入商品房等项目成本，在配套设施完工时，按一定的标准分配计入有关的房屋开发项目成本。如果配套设施和商品房建设不同步，也可在商品房竣工时，将配套设施费预提计入竣工商品房成本，待配套设施竣工后再进行结算。

2. “开发间接费用”科目

该科目核算企业内部用于独立核算单位为开发产品而发生的各项间接费用，包括职工薪酬、折旧费、修理费、办公费、水电费、劳动保护费、周转房摊销等。企业发生的各种间接费用，借记本科目，贷记有关科目。开发间接费用按成本核算办法的规定，分配计入有关的成本核算对象时，借记“开发成本”科目，贷记本科目。本科目期末结转后无余额。本科目按照企业内部不同单位、部门设置明细科目，进行明细核算。

3. 主要账务处理程序

开发项目采取不同的方式进行施工，成本费用核算的账务处理程序也不尽相同。一般情况下，企业发生的各项支出，凡是不应计入成本费用的，应分别计入“固定资产购建支出”“固定资产”“无形资产”“其他业务成本”“营业外支出”等科目。凡是应计入成本费用的各项支出，属于计入成本的直接费用，直接计入“开发成本”科目及其明细账相应的成本项目。属于计入成本的间接费用，则应先计入“开发间接费用”科目及其明细账，月末再分配计入各成本核算对象，计入“开发成本”科目及其明细账相应的成本项目。属于待摊费用或者预提费用的，先计入“长期待摊费用”“预提费用”等科目，再按照其具体内容及规定的程序和方法进行处理，最终计入有关成本费用科目。不属于计入成本的期间费用，则应分别计入“销售费用”“管理费用”“财务费用”科目，待期末再转入“本年利润”账户，结转后，“销售费用”“管理费用”“财务费用”科目均无余额。

房地产开发过程中发生的土地征用和拆迁补偿费、前期费用、建筑安装工程费用、基础设施费、公共配套设施费、开发间接费用等开发成本的归集与分配，在下文分别土地开发成本核算、房屋开发成本核算、配套设施开发成本核算和代建工程开发成本核算中介绍。

三、土地开发成本的核算

（一）土地开发成本的核算

企业开发的商品性建设场地的费用支出，直接计入“开发成本——土地开发”明细科目的成本项目中。企业开发的自用建设场地的费用支出，能够分清承担对象的，直接计入“开发成本——房屋开发”明细账户的成本项目中，不必单独核算土地开发成本。如果涉及两个或两个以上成本核算对象负担的，企业开发的自用建设场地的费用支出，先作为土地开发成本核算，计入“开发成本——土地开发”明细科目的成本项目中，待土地开发完成投入使用时，再按照一定的标准将其分配计入房屋建筑物等开发产品成本。

土地开发的费用支出中，属于直接费用，如土地征用及拆迁补偿费、前期工程费、基础设施费等，在发生时，借记“开发成本”及有关明细科目；属于间接费用，在发生时，应先通过“开发间接费用”科目进行归集，期末再按照一定的标准分配计入“开发成本”及有关明细账户，作为土地开发实际成本。

（二）土地开发成本分配的核算

对于已完工土地开发项目，应根据其用途采用不同的方法分配结转其成本。

（1）企业为销售或有偿转让的商品性建设场地，开发完工时，应将其实际成本转入“开发产品”科目，即借记“开发产品”科目，贷记“开发成本——土地开发”科目。

（2）企业自用的建设性场地，应在开发完成投入使用时，将其实际成本结转计入有关的商品房、周转房或出租房等开发产品成本，即借记“开发成本——房屋开发”科目，贷记“开发成本——土地开发”科目。

现举例说明土地开发成本的核算。

【例 8-3】广厦房地产开发企业 20××年 2 月共有甲、乙、丙三块土地开发项目，其中，甲土地为商品性土地开发；乙土地为综合性使用项目，开发完工后，3 000 平方米作为商品性建设用地对外销售，2 000 平方米供本企业建设商品房 1 号楼使用；丙土地为自用土地开发，开发完工后供建设商品房 2、3 号楼使用。企业确定甲、乙、丙三块土地作为土地开发成本核算对象，设置明细账进行成本核算。本期发生的经济业务有如下几项。

（1）用银行存款支付项目的可行性研究费用共 90 000 元，其中，甲土地 24 000 元，乙土地 36 000 元，丙土地 30 000 元。账务处理如下。

借：开发成本——土地开发（甲土地）　　24 000
　　　　　　——土地开发（乙土地）　　36 000
　　　　　　——土地开发（丙土地）　　30 000
　贷：银行存款　　90 000

（2）用银行存款支付甲土地的土地征用费 10 000 000 元，乙土地的土地征用费 9 000 000 元，支付丙土地的征用及拆迁补偿费 8 000 000 元。账务处理如下。

借：开发成本——土地开发（甲土地）　　10 000 000
　　　　　　——土地开发（乙土地）　　9 000 000
　　　　　　——土地开发（丙土地）　　8 000 000
　贷：银行存款　　27 000 000

（3）本期应付某施工企业基础设施费共 870 000 元，其中，甲土地 380 000 元，乙土地 200 000 元，丙土地 290 000 元，款项尚未支付。账务处理如下。

借：开发成本——土地开发（甲土地）　　380 000
　　　　　　——土地开发（乙土地）　　200 000
　　　　　　——土地开发（丙土地）　　290 000
　贷：应付账款　　870 000

（4）本期土地开发项目共发生的间接开发费用 220 000 元，其中，应付工资为 80 000 元，其他职工薪酬为 11 200 元，累计折旧 28 000 元，银行存款支付的其他费用 100 800 元。账务处理如下。

借：开发间接费用　　220 000
　贷：应付职工薪酬　　91 200
　　　累计折旧　　28 000
　　　银行存款　　100 800

（5）期末按照一定标准分配间接开发费用，其中，甲土地应负担的间接开发费用为 98 000 元，乙项目应负担的是 69 000 元，丙项目应负担的是 53 000 元。账务处理如下。

借：开发成本——土地开发（甲土地）　　98 000
　　　　　　——土地开发（乙土地）　　69 000
　　　　　　——土地开发（丙土地）　　53 000
　贷：开发间接费用　　220 000

（6）期末，甲、乙土地均已完工，结转其完工成本。已知乙土地 3 000 平方米用于商品性建设用地，

2 000 平方米用于商品房 1 号楼。因此，先应分别计算商品性建设用地和自用建设场地的实际成本。

商品性建设用地成本＝9 305 000×3 000÷（2 000＋3 000）＝5 583 000（元）

自用建设场地成本＝9 305 000×2 000÷（2 000＋3 000）＝3 722 000（元）

借：开发产品——土地（甲土地）　　10 502 000

　　　　　　——土地（乙土地）　　5 583 000

　　开发成本——房屋开发（1 号楼）　　3 722 000

　　贷：开发成本——土地开发（甲土地）　　10 502 000

　　　　　　　　——土地开发（乙土地）　　9 305 000

根据上述业务，列示的土地开发成本明细账参见表 8-2～表 8-4。

表 8-2　开发成本明细账

成本核算对象：甲土地　　20××年 2 月　　单位：元

摘要	土地征用及拆迁补偿费	前期工程费	基础设施费	建筑安装工程费	开发间接费用	合计
支付土地征用费	10 000 000					10 000 000
支付可行性研究费		24 000				24 000
支付基础设施费			380 000			380 000
分配开发间接费					98 000	98 000
本月合计	10 000 000	24 000	380 000		98 000	10 502 000
结转已完建设场地成本	10 000 000	24 000	380 000		98 000	10 502 000

表 8-3　开发成本明细账

成本核算对象：乙土地　　20××年 2 月　　单位：元

摘要	土地征用及拆迁补偿费	前期工程费	基础设施费	建筑安装工程费	开发间接费用	合计
支付土地征用费	9 000 000					9 000 000
支付可行性研究费		36 000				36 000
支付基础设施费			200 000			200 000
分配开发间接费					69 000	69 000
本月合计	9 000 000	36 000	200 000		69 000	9 305 000
结转已完建设场地成本	9 000 000	36 000	200 000		69 000	9 305 000

表 8-4　开发成本明细账

成本核算对象：丙土地　　20××年 2 月　　单位：元

摘要	土地征用及拆迁补偿费	前期工程费	基础设施费	建筑安装工程费	开发间接费用	合计
支付土地征用费	8 000 000					8 000 000
支付可行性研究费		30 000				30 000
支付基础设施费			290 000			290 000
分配开发间接费					53 000	53 000
本月合计	8 000 000	30 000	290 000		53 000	8 373 000
结转已完建设场地成本	8 000 000	30 000	290 000		53 000	8 373 000

四、房屋开发成本的核算

（一）房屋开发成本的内容

房屋开发是房地产开发企业的主要经济业务。房屋开发的目的和用途主要有以下四个方面：一是为了销售而开发建设的商品房；二是为了出租经营而开发建设的出租房；三是为了安置被拆迁居民周转使用而开发建设的周转房；四是企业接受其他单位委托代为开发建设的代建房。

房屋开发成本是指企业在进行房屋开发过程中所发生的各项开发直接费用和开发间接费用的总和，主要包括土地征用及拆迁补偿费、前期工程费、基础设施费、建筑安装工程费、公共配套设施费和开发间接费用等项目。

由于房屋开发的目的和用途各异，为了正确计算不同房屋建筑物的实际成本，全面分析不同房屋建筑物的预算成本或计划成本的执行情况，要求企业对上述四类房屋按照不同的成本核算对象进行成本核算。企业在确定房屋开发成本核算对象时，应结合房屋建设的特点和实际的开发情况来确定。一般的房屋建设项目，应以每一单位编制设计概（预）算或每一独立的施工图预算所列的单项工程，作为成本核算对象。对于同一建设地点、结构类型相同、用途相同的若干单项工程，如果由同一施工单位施工，开工、竣工时间又接近的，可以合并为一个成本核算对象。对于规模较大、工期较长的单位工程，可以将工程划分成若干部分或区域，以分部位、分区域的工程作为成本核算对象。

（二）房屋开发成本归集的核算

房屋开发的目的和用途各异，其在开发建设过程中费用的发生情况也有所不同，对房屋开发成本的归集，应采取相应的办法计入各成本项目。

1. 土地征用及拆迁补偿费

（1）在房屋开发建设过程中发生的土地征用及拆迁补偿费，能够分清负担对象的，应直接计入有关房屋成本核算对象的“土地征用及拆迁补偿费”成本项目，即借记“开发成本——房屋开发”科目，贷记“银行存款”等科目。

（2）在房屋开发建设过程中发生的土地征用及拆迁补偿费，不能够分清负担对象的，应先通过“开发成本——土地开发”科目进行归集，待土地开发完工时，再按照一定的标准分配计入有关房屋核算对象的“土地征用及拆迁补偿费”成本项目，即借记“开发成本——房屋开发”科目，贷记“开发成本——土地开发”科目。

（3）企业综合开发的土地，即开发完工后有一部分作为商品性的建设场地对外销售，一部分留作自用建设商品房使用时，其所发生的土地征用及拆迁补偿费，应先通过“开发成本——土地开发”科目进行归集，待土地开发完交付使用时，再将房屋开发应负担的土地征用及拆迁补偿费，从“开发成本——土地开发”科目转入“开发成本——房屋开发”有关明细账的“土地征用及拆迁补偿费”成本项目中。

2. 前期工程费

企业在房屋开发建设过程中发生的前期工程费，如果能够分清负担对象的，应直接计入房屋成本核算对象的“前期工程费用”成本项目，即借记“开发成本——房屋开发”科目，贷记“银行存款”等账户。如果是由两个或两个以上的成本核算对象共同负担的前期工程费用，在发生时，应按照一定的标准分配计入有关房屋成本核算对象的“前期工程费”成本项目。

3. 建筑安装工程费

企业在房屋开发建设过程中，其建筑安装施工方式一般有自营和出包两种方式。因此，在房屋开发建设过程中发生的各项建筑安装工程费用，应根据施工方式的不同而采用相应的归集和核算方法。

（1）自营方式，即企业自己组织施工力量进行房屋开发项目建筑安装工程的施工建设。该施工方式下所发生的建筑安装工程费用，如材料费、人工费、机械使用费等，均应按其实际发生数额计入有关房屋成本核算对象的“建筑安装工程费”成本项目，即借记“开发成本——房屋开发”科目，贷记“银行存款”“库存材料”“库存设备”“应付职工薪酬”等科目。如果企业自行施工的大型建筑安装工程，应增设“工程施工”和“施工间接费”科目，用于归集和核算企业发生的各项建筑安装工程费用，并定期转入“开发成本——房屋开发”明细科目有关房屋成本核算对象的“建筑安装工程费”成本项目。

（2）出包方式，即企业将房屋开发项目出包给承包单位进行施工建设。该施工方式发生的建筑安装工程费用，应根据企业承付给承包单位的建筑安装工程价款，直接计入有关房屋成本核算对象的“建筑安装工程费”成本项目，即借记“开发成本——房屋开发”科目，贷记“银行存款”“应付账款”等科目。

对于出包方式下的建筑安装工程费的核算，应注意两点：一是企业按照合同规定预付给承包单位的预付款和备料款，因支付时并未形成工作量，所以不能直接作为建筑安装工程费支出，在发生时应作为企业的预付账款进行核算；二是企业按合同规定拨付给承包单位抵作预付备料款和预付工程款的材料，应按照预算价格结算，预算价格与材料实际成本之间的差额，应计入有关房屋成本核算对象的“建筑安装工程费”成本项目。

4. 基础设施费

企业在房屋开发建设过程中发生的基础设施费，能够分清其负担对象的，应直接计入有关房屋成本核算对象的“基础设施费”成本项目，即借记“开发成本——房屋开发”科目，贷记“银行存款”等科目。对于应由两个或两个以上的成本核算对象共同负担的基础设施费，则应按照一定标准分配计入有关房屋的成本核算对象的“基础设施费”成本项目。

5. 公共配套设施费

企业在房屋开发建设过程中发生的公共配套设施费，是指不能有偿转让的开发小区内公共配套设施发生的支出。这些配套设施发生的支出，应根据其是否与房屋同步建设的不同情况，采用相应的归集和核算方法。

（1）配套设施与房屋同步建设。此时发生的配套设施费，能够分清负担对象的，应直接计入有关房屋成本核算对象的“公共配套设施费”成本项目。如果发生的配套设施费应由两个或两个以上的成本核算对象负担，则应先通过“开发成本——配套设施开发”明细科目进行归集，待配套设施竣工时，再按一定的标准分配计入有关房屋的成本核算对象的“公共配套设施费”成本项目，即借记“开发成本——房屋开发”科目，贷记“开发成本——配套设施”科目。

（2）配套设施与房屋非同步建设。这时，先建设房屋后建设配套设施或房屋已经建成待售，而配套设施尚未全部完工。为了及时结转房屋成本，可采取预提的方法，按一定的分配标准计算确定已完工房屋应负担的公共配套设施费，计入有关房屋成本核算对象的“公共配套设施费”成本项目。待配套设施竣工时，再其实际发生支出数，冲减预提的公共配套设施费；实际支出数与预提数的差额，应增加或减少有关项目成本。

6. 开发间接费用

企业在房屋开发建设过程中发生的各项间接费用，应先归集在“开发间接费用”科目，期末再按照一定的方法分配计入有关房屋的成本核算对象的“开发间接费用”成本项目，即借记“开发成本——房屋开发”科目，贷记“开发间接费用”科目。

（三）房屋开发成本分配的核算

“开发成本——房屋开发”明细科目中归集的自开始建设起至本月末止的全部开发费用，在建设项目尚未完工时，即为在建的房屋实际成本；在开发项目竣工验收时，即为已完工房屋开发项目的实际成本。对于已经完成全部开发过程，并已验收合乎设计标准的房屋，应及时分配结转其实际成本。

（1）对于已竣工验收的商品房、代建房，应将其实际成本转入“开发产品”科目，即借记“开发产品”相应的房屋、代建工程明细账户，贷记“开发成本——房屋开发”科目。

（2）对于开发完工的出租经营用房，竣工验收交付使用时，借记“出租开发产品”科目，贷记“开发成本——房屋开发”科目。竣工验收后不能直接交付使用时，应将其实际成本先转入“开发产品——房屋”科目，待实际投入使用时，再借记“出租开发产品”账户，贷记“开发成本——房屋”科目。

（3）对于开发完工的周转房，竣工验收后交付使用时，应将其实际成本转入“周转房”科目，借记“周转房”科目，贷记“开发成本——房屋开发”科目。竣工验收后不能直接交付使用时，应将其实际成本先转入“开发产品——房屋”科目，待实际投入使用时，再借记“周转房”科目，贷记“开发成本——房屋”科目。

现举例说明房屋开发成本的核算。

【例 8-4】广厦房地产开发企业在乙土地上进行商品房 1 号楼开发，在丙土地上进行 2 号楼、3 号楼开发。期初 1 号楼在建项目成本为 4 000 000 元，其中，土地征用及拆迁补偿费 3 722 000 元，前期工程费用 50 000 元，基础设施费用 228 000 元。6 月发生的与房屋开发有关的经济业务有如下几项。

（1）用银行存款支付商品房的设计费共 100 600 元，其中，2 号楼 50 100 元，3 号楼 50 500 元。账务处理如下。

借：开发成本——房屋开发（2 号楼）　　50 100
　　　　　　——房屋开发（3 号楼）　　50 500
　贷：银行存款　　100 600

（2）丙土地开发完工，已知其实际成本为 12 000 000 元，按照 2、3 号楼实际占用面积分配其土地征用及拆迁补偿费，其中，2 号楼为 5 000 000 元，3 号楼为 7 000 000 元。账务处理如下。

借：开发成本——房屋开发（2 号楼）　　5 000 000
　　　　　　——房屋开发（3 号楼）　　7 000 000
　贷：开发成本——土地开发（丙土地）　　12 000 000

（3）按合同规定，拨付承建 1 号楼的某施工企业材料一批，预算价格为 180 000 元，计划成本为 200 000 元，材料成本差异率为 2%。账务处理如下。

借：预付账款　　180 000
　　开发成本——房屋开发（1 号楼）　　20 000
　贷：库存材料　　200 000

同时，结转材料成本差异。

借：开发成本——房屋开发（1 号楼）　　4 000
　贷：材料成本差异　　4 000

（4）按合同规定，1 号楼所需的设备由房地产企业提供。1 号楼领用库存设备一台计 120 000 元，交付安装。账务处理如下。

借：开发成本——房屋开发（1 号楼） 120 000

贷：库存设备 120 000

（5）收回承包单位工程价款结算账单，应付 1 号楼工程进度款 400 000 元，2 号楼工程进度款 300 000 元，3 号楼工程进度款 200 000 元。账务处理如下。

借：开发成本——房屋开发（1 号楼） 400 000

——房屋开发（2 号楼） 300 000

——房屋开发（3 号楼） 200 000

贷：应付账款 900 000

（6）接承包单位的通知，要求支付已完建筑安装工程款。本次扣除预付备料款 180 000 元，工程款余额 720 000 元，用银行存款支付。账务处理如下。

借：应付账款 900 000

贷：银行存款 720 000

预付账款 180 000

（7）期末，分配间接费用，其中，1 号楼为 12 000 元，2 号楼为 17 000 元，3 号楼为 13 000 元。账务处理如下。

借：开发成本——房屋开发（1 号楼） 12 000

——房屋开发（2 号楼） 17 000

——房屋开发（3 号楼） 13 000

贷：开发间接费用 42 000

（8）期末，1 号楼全部竣工，但配套设施还正在建设过程中。该企业按照配套设施的预算成本（造价）和计划受益的建筑面积，预提配套设施费计入已经完工的房屋开发成本。已知配套设施的预算造价为 1 800 000 元，按照 1 号楼的建筑面积计算出其应负担的配套设施费为 600 000 元。账务处理如下。

借：开发成本——房屋开发（1 号楼） 600 000

贷：预付账款 600 000

（9）期末，1 号楼全部竣工，经验收合格，结转其实际成本。账务处理如下。

借：开发产品——房屋（1 号楼） 5 156 000

贷：开发成本——房屋开发（1 号楼） 5 156 000

根据上述业务列示的房屋开发成本明细账参见表 8-5、表 8-6 和表 8-7。

表 8-5　开发成本明细账

成本核算对象：1 号楼　　20××年 2 月　　单位：元

摘要	土地征用及拆迁补偿费	前期工程费	基础设施费	建筑装工程费	公共配套设施费	开发间接费用	合计
余额	3 722 000	50 000	228 000				4 000 000
拨付的材料费				24 000			24 000
领用设备				120 000			120 000
承付工程款				400 000			400 000

续表

摘要	土地征用及拆迁补偿费	前期工程费	基础设施费	建筑装工程费	公共配套设施费	开发间接费用	合计
分配开发间接费用						12 000	12 000
预提配套设施费					600 000		600 000
本月合计	3 722 000	50 000	228 000	544 000	600 000	12 000	5 156 000
结转完工实际成本	3 722 000	50 000	228 000	544 000	600 000	12 000	5 156 000

表 8-6 开发成本明细账

成本核算对象：2 号楼　　20××年 2 月　　单位：元

摘要	土地征用及拆迁补偿费	前期工程费	基础设施费	建筑装工程费	公共配套设施费	开发间接费用	合计
支付设计费		50 100					50 100
分配征地及补偿费	5 000 000						5 000 000
承付工程款				300 000			300 000
分配开发间接费用						17 000	17 000
本月合计	5 000 000	50 100		300 000		17 000	5 367 100
结转完工实际成本	5 000 000	50 100		300 000		17 000	5 367 100

表 8-7 开发成本明细账

成本核算对象：3 号楼　　20××年 2 月　　单位：元

摘要	土地征用及拆迁补偿费	前期工程费	基础设施费	建筑安装工程费	公共配套设施费	开发间接费用	合计
支付设计费		50 500					50 100
分配征地及补偿费	7 000 000						5 000 000
承付工程款				200 000			300 000
分配开发间接费用						13 000	13 000
本月合计	5 000 000	50 100		200 000		13 000	7 263 500
结转完工实际成本	5 000 000	50 100		200 000		13 000	7 263 500

五、配套设施开发成本的核算

（一）配套设施及其核算内容

配套设施是指企业根据城市建设规划的要求，或开发建设项目规划的要求，为满足居住的需要而与开发项目配套建设的各种服务性设施。

配套设施一般可以分为两类。

第一类是建成后能够有偿转让的公共配套设施。这类配套设施是房地产开发企业的商品产品，原则上不能将其成本计入商品房和商品性建设场地成本，必须确定成本核算对象进行成本核算。该类配套设施具体包括以下内容。

（1）根据城市建设规划，在开发项目以外，为开发项目的居民提供居住服务的排水、供水、供电、供气、供暖的增容、增压设施、交通道路等设施。它们建成后有偿转让给公用事业部门或市政建设部门。

（2）根据规划在小区内建设的商店、银行、邮局等公共配套设施。它们建成后有偿转让给接受的单位。

（3）根据规划，在小区内建设的非营利性的配套设施，如小学、文化站、医院等。

第二类是建成后不能有偿转让的应计入开发项目成本的配套设施，如根据规划在开发小区内建设的不能有偿转让的锅炉房、水塔、居委会、公厕、自行车棚等。第二类配套设施是附属于商品房和商品性建设场地，与商品房和商品性建设场地一并发挥效益，其成本应当摊入商品房等开发产品成本中。

一般而言，为全面掌握配套设施的实际支出及概预算的执行情况，不论配套设施的成本是否摊入开发产品成本，都应以每一独立编制有设计概算或施工图预算的配套设施项目作为成本核算对象，开设成本明细账，计算其实际成本。但为了简化核算手续，对于只为一个土地或开发项目服务的应摊入开发项目成本的配套设施，可以不单独设置配套设施成本明细账，待配套设施费用发生时直接计入该土地或开发项目成本。

配套设施作为开发产品的一部分，其开发的工作内容和费用构成与房屋开发相同。因此，也需要设置“土地征用及开发补偿费”“前期工程费”“基础设施费”“建筑安装工程费”“公共配套设施费”和“开发间接费用”成本项目进行核算。

（二）配套设施开发成本归集的核算

企业开发的配套设施，一般与开发产品在同一地点，并按照同一设计规划要求同时开发建设。对配套设施的开发成本的归集，应根据不同的情况，采取相应的办法计入各成本项目。

1. 土地征用及拆迁补偿费

企业配套设施占用的建设场地，一般属于商品房等开发项目建设场地的一部分。因此，对于配套设施占用建设场地而负担的土地征用及拆迁补偿费，应按照其实际占用土地面积的一定比例分配计入配套设施开发成本。计算公式如下。

$$\text{建设场地单位面积土地征用及拆迁补偿费}=\frac{\text{土地征用及拆迁补偿费}}{\text{各成本核算对象占用建设场地总面积}}$$

$$\begin{array}{c}\text{某配套设施工程应负担}\\\text{的土地征用及拆迁补偿费}\end{array}=\begin{array}{c}\text{建设场地单位面积}\\\text{土地征用及拆迁补偿费}\end{array}\times\begin{array}{c}\text{该配套设施工程}\\\text{占用建设场地面积}\end{array}$$

式中的各成本核算对象包括开发建设的商品房、出租经营房、周转房、代建房以及能够有偿转让的公共配套设施等。式中的占用建设场地的总面积是指以上建筑物占用的面积而不是指征用的土地或建设场地面积。

通过分配计算，将配套设施应负担的土地征用及拆迁补偿费，计入有关配套设施成本核算对象的“土地征用及拆迁补偿费”成本项目，即借记“开发成本——配套设施开发”科目，贷记“开发成本——土地开发”科目。

2. 前期工程费和基础设施费

由于企业开发建设配套设施的前期工程和基础设施工程，一般都是与商品房开发产品的前期工程和基础设施工程同时进行的，其发生的费用大多属于共同费用支出。因此，除能够分清应由某项配套设施工程负担的前期工程费和基础设施费，可直接计入有关配套设施开发成本核算对象的“前期工程费”“基础设施费”成本项目外，其余发生的前期工程费和基础设施费，应按照一定的标准分配计入有关配套设施成本核算对象的“前期工程费”和“基础设施费”成本项目，即借记“开发成本——配套设施开发”科目，贷记“银行存款”“应付账款”等科目。

3. 建筑安装工程费

企业开发建设配套设施所发生的建筑安装工程费，其核算方法与本节“房屋开发成本的核算”相同。无论采用自营方式，还是出包方式，对于开发建设的配套设施项目所发生的建筑安装工程费，均应计入有关配套设施成本核算对象的“建设安装工程费”成本项目。

4. 公共配套设施费

企业配套设施成本核算对象的“公共配套设施费”成本项目，核算的是能够有偿转让的配套设施负担的不能有偿转让的配套设施发生的费用支出。一般需将不能有偿转让的配套设施发生的费用支出，按一定的标准分配计入能够有偿转让的配套设施成本核算对象的“公共配套设施费”成本项目。

5. 开发间接费用

企业配套设施成本核算对象的“开发间接费用”成本项目，核算的是能够有偿转让的配套设施负担的开发间接费用。在发生时，先归集在“开发间接费用”科目，待期末按照一定的标准分配转入“开发成本——配套设施开发”成本核算对象的“开发间接费用”成本项目。

（三）配套设施成本分配的核算

企业对于已完工的配套设施工程，应根据其种类、用途的不同，采用相应的方法进行结转。

（1）对于按规定应计入商品房等开发项目成本不能有偿转让的配套设施，竣工验收后，应将其发生的实际成本，按照一定的标准分配计入“开发成本——房屋开发”等科目，即借记“开发成本——房屋开发”等科目，贷记“开发成本——配套设施开发”科目。

（2）对于采用预提方式计入有关商品房等开发项目成本的不能有偿转让的配套设施，竣工验收后，应将实际发生的成本冲减预提的配套设施费。即借记“预提费用——预提配套设施费”科目，贷记“开发成本——配套设施开发”科目。并将实际成本与预提数之间的差额，视其金额大小及项目建设进度进行相应处理：如果差额较小，则不再调整先行完工的有关商品房等开发项目成本，将其差额全部计入在建商品房项目成本，即实际成本大于预提数的差额，增加在建项目成本，反之则减少在建项目成本；如果差额较大，则应追加或冲减先行完工的有关商品房等开发项目成本。

（3）对于能够有偿转让的配套设施，竣工验收后，应将其实际成本转入“开发产品”科目。则借记“开发产品”科目，贷记“开发成本——配套设施开发”科目。

现举例说明配套设施开发成本的核算。

【例 8-5】广厦房地产开发企业 20××年开发建设住宅小区，根据设计规划需要建设甲、乙、丙三栋住宅楼，一个商店、一座锅炉房和一座水塔，其中，商店建成后有偿转让给市新华百货公司经营，锅炉房和水塔不能有偿转让，锅炉房和商品房同步建设，而水塔房与商品房不同步建设。

6 月初各配套设施开发成本明细账的余额分别为：商店为 104 000 元，锅炉房为 36 000 元，水塔为 20 000 元。明细资料见表 8-5、表 8-6 和表 8-7。本月份发生的与配套设施有关的经济业务有如下几项。

（1）锅炉房领用一台锅炉进行安装，锅炉的实际成本为 98 000 元，并用银行存款支付的安装费 6 000 元。账务处理如下。

借：开发成本——配套设施开发（锅炉房）　　104 000

　　贷：库存设备　　98 000

　　　　银行存款　　6 000

（2）收到承包工程的施工企业工程价款结算账单，应付工程价款为400 000元，其中，商店300 000元，锅炉房100 000元。账务处理如下。

借：开发成本——配套设施开发（商店） 300 000
——配套设施开发（锅炉房） 100 000
贷：应付账款 400 000

（3）锅炉房业已竣工，其实际成本240 000元，按各受益对象的计划成本进行分配。分配表见表8-8。账务处理如下。

表8-8 锅炉房成本分配计算表

受益对象	计划成本（元）	分配率（%）	分配金额（元）
商品房甲	15 000 000		72 000
商品房乙	17 000 000		81 600
商品房丙	12 000 000		57 600
商店	6 000 000		28 800
合计	50 000 000	0.48	240 000

借：开发成本——房屋开发（甲） 72 000
——房屋开发（乙） 81 600
——房屋开发（丙） 57 600
——配套设施开发（商店） 28 800
贷：开发成本——配套设施开发（锅炉房） 240 000

（4）用银行存款支付水塔的建筑安装工程费100 000元。账务处理如下。

借：开发成本——配套设施开发（水塔） 100 000
贷：银行存款 100 000

（5）月末，商品房甲、乙业已竣工，应结转其实际成本，但因水塔尚未竣工，按照规定先以水塔的预算成本100 000元，分配计入各受益对象，详见表8-9。账务处理如下。

表8-9 预提水塔成本分配计算表

受益对象	计划成本（元）	分配率（%）	分配金额（元）
商品房甲	15 000 000		30 000
商品房乙	17 000 000		34 000
商品房丙	12 000 000		24 000
商店	6 000 000		12 000
合计	50 000 000	0.20	100 000

借：开发成本——房屋开发（甲） 30 000
——房屋开发（乙） 34 000
——房屋开发（丙） 24 000
——配套设施开发（商店） 12 000
贷：预提费用——预提配套设施费 100 000

（6）用银行存款支付商店的其他开发间接费用 30 000 元。账务处理如下。

借：开发成本——配套设施开发（商店）　　30 000

　　贷：银行存款　　30 000

根据上述业务，列示的房屋开发成本明细账参见表 8-10～表 8-12。

表 8-10　开发成本明细账

成本核算对象：锅炉房　　20××年 6 月　　单位：元

摘要	土地征用及拆迁补偿费	前期工程费	基础设施费	建筑装工程费	公共配套设施费	开发间接费用	合计
月初余额	30 000	5 000	1 000				36 000
领用设备费				104 000			104 000
拨付的材料				100 000			100 000
本月合计	30 000	5 000	1 000	204 000			240 000
结转完工实际成本	30 000	5 000	1 000	204 000			240 000

表 8-11　开发成本明细账

成本核算对象：商店　　20××年 6 月　　单位：元

摘要	土地征用及拆迁补偿费	前期工程费	基础设施费	建筑安装工程费	公共配套设施费	开发间接费用	合计
月初余额	58 000	20 000	26 000				104 000
承付工程款				300 000			300 000
分配配套设施费					28 800		28 800
预提配套设施费					12 000		12 000
支付开发间接费用						30 000	30 000
本月合计	58 000	20 000	26 000	300 000	40 800	30 000	474 800
结转完工实际成本	58 000	20 000	26 000	300 000	40 800	30 000	474 800

表 8-12　开发成本明细账

成本核算对象：水塔　　20××年 6 月　　单位：元

摘要	土地征用及拆迁补偿费	前期工程费	基础设施费	建筑安工程费	公共配套设施费	开发间接费用	合计
月初余额	7 000	3 500	9 500				20 000
承付工程款				100 000			100 000
本月合计	7 000	3 500	9 500	100 000			120 000
结转完工实际成本	7 000	3 500	9 500	100 000			120 000

六、代建工程开发成本的核算

（一）代建工程开发成本的内容

代建工程是指开发企业接受其他单位委托，代为开发建设的各项工程，包括建设场地、房屋、市政工程等。由于代建工程种类较多，各种代建工程的开发内容和开发特点不同，应采取不同的计算和结转方法。

开发企业受托代为开发的建设场地和各种房屋，其开发内容和特点与自有房屋和土地开发相同。因此，可以在“开发成本——土地开发”科目和“开发成本——房屋开发”科目下分别按每个代建开发项目设置明细账，其核算方法参见本节前面有关内容。

开发企业受托代为开发的除建设场地和房屋以外的其他工程，例如，城市道路建设；旅游风景区建设，包括兴建公园、风景区以及景区内的各种服务设施；城市建设，包括兴建自来水厂、煤气站、城区供电、供汽、桥梁涵洞、公园绿化等。应根据实际情况确定代建工程的成本核算对象。一般可按照合同或委托单位的要求，以施工图预算所列的单位工程或单项工程作为成本核算对象。

代建工程作为开发产品的一部分，其成本项目具有与房屋开发相同的成本项目。但一般的市政工程不需要设置“公共配套设施费”成本项目。

（二）代建工程开发成本的归集和结转

企业发生的各项代建工程费用，应按照其成本核算对象和设置的成本项目进行归集，在费用发生时，应借记“开发成本——代建工程开发”科目，贷记“银行存款”等科目。

代建开发项目竣工时，应将其实际成本转入“开发产品”科目，即借记“开发产品——代建工程”科目，贷记“开发成本——代建工程开发”等科目。

现举例说明代建工程开发成本的核算。

【例 8-6】广厦房地产开发企业在 20××受市政管理部门委托，承接城北广场休闲工程，发生经济业务如下。

（1）用银行存款支付拆迁及补偿费 300 000 元，支付前期工程费 300 000 元。账务处理如下。

借：开发成本——代建工程开发　　600 000

　　贷：银行存款　　600 000

（2）用银行存款支付基础设施费 400 000 元。账务处理如下。

借：开发成本——代建工程开发　　400 000

　　贷：银行存款　　400 000

（3）应付建筑工程费 960 000 元。账务处理如下。

借：开发成本——代建工程开发　　960 000

　　贷：应付账款　　960 000

（4）城北休闲广场应负担的开发间接费用 100 000 元。账务处理如下。

借：开发成本——代建工程开发　　100 000

　　贷：开发间接费用　　100 000

（5）该代建工程竣工验收，结转其实际成本 2 060 000 元。账务处理如下。

借：开发产品——代建工程　　2 060 000

　　贷：开发成本——代建工程开发　　2 060 000

根据上述业务，列示的代建工程开发明细账参见表 8-13。

表 8-13　代建工程开发明细账

成本核算对象：城北休闲广场　　20××年 6 月　　单位：元

摘要	土地征用及拆迁补偿费	前期工程费	基础设施费	建筑安装工程费	公共配套设施费	开发间接费用	合计
支付土地征用及拆迁补偿费	300 000						300 000

续表

摘要	土地征用及拆迁补偿费	前期工程费	基础设施费	建筑安装工程费	公共配套设施费	开发间接费用	合计
支付前期工程费		300 000					300 000
支付基础设施费			400 000				400 000
承付工程款				960 000			960 000
分配开发间接费用						100 000	100 000
本月合计	300 000	300 000	400 000	960 000		100 000	2 060 000
结转完工实际成本	300 000	300 000	400 000	960 000		100 000	2 060 000

第四节 商品流通企业成本核算

一、商品流通企业概述

商品流通企业是指社会再生产过程中组织商品流通的企业，是各种经济性质和组织形式的商业、外贸、粮食、供销合作社、图书发行、物资供销企业及从事商品流通活动为主营业务的其他企业。该类企业的基本任务是将社会产品通过货币交换形式，从生产领域转移到消费领域，满足人们生活及其他方面消费的需要，并实现商品的价值，取得盈利。商品流通企业与制造业企业相比较，其生产经营活动有如下特点。

（1）商品流通企业的主要任务是实现商品的价值，而不是创造价值。

（2）商品流通企业的经济活动是“服务式”，属于第三产业，而制造业企业的经济活动则是“加工生产式”，属于第二产业。

（3）商品流通企业的资金是通过购进和销售两个阶段，依次变换存在形态，形成资金循环的；在购买阶段，货币资金转换为商品资金；在销售阶段，商品资金又转换为货币资金。资金循环过程较为简单。

商品流通企业的费用的归集与分配，与制造业企业相比，其成本主要是指商品成本和其他业务成本。商品成本又分为商品采购成本、商品存货成本、商品加工成本和商品销售成本。

二、商品流通企业的成本核算流程

（一）会计科目设置

1.“在途物资”科目

本科目用来核算采用实际成本（或进价）进行材料（或商品）日常核算时，货款已付尚未验收入库的购入材料或商品的采购成本。本科目按照供应单位进行明细核算。在途物资的主要账务处理如下。

企业购入材料、商品，按其应计入材料、商品采购成本的金额，借记本科目；按可抵扣的增值税额，借记“应交税费——应交增值税（进项税额）”科目；按实际支付或应付的款项，贷记“银行存款”“应付票据”等科目。所购材料、商品到达验收入库，借记“原材料”“库存商品——进价”等科目，贷记本科目。库存商品采用售价核算的，按售价借记“库存商品”科目，按进价贷记本科目，进价与售价之间的差额，借记或贷记“商品进销差价”科目。

本科目期末借方余额，反映企业已付款或已开出商业承兑汇票，但尚未验收入库的在途材料、商品的采购成本。

购入商品抵达仓库前发生的包装费、运杂费、运输存储过程中的保险费、装卸费、运输途中的合理损耗和入库前的挑选整理费用等采购费用金额小的，可以直接计入当期销售费用。

2.“库存商品”科目

本科目用来核算企业库存的各种商品的实际成本（或进价）或计划成本（或售价），包括库存产成品、外购商品、存放在门市部准备出售的商品、发出展览的商品以及寄存在外的商品等。本科目按照库存商品的种类、品种和规格进行明细核算，主要账务处理如下。

（1）购进商品采用进价核算的，在商品到达验收入库后，按商品进价，借记本科目，贷记“银行存款”“在途物资”等科目。企业委托外单位加工收回的商品，按商品进价，借记本科目，贷记“委托加工物资”科目。购入商品采用售价核算的，在商品到达验收入库后，按商品售价，借记本科目；按商品进价，贷记“银行存款”“在途物资”等科目；商品售价与进价的差额，贷记“商品进销差价”科目。企业委托外单位加工收回的商品，按商品售价，借记本科目；按委托商品的进价，贷记“委托加工物资”科目；按商品售价与进价的差额，贷记“商品进销差价”科目。

（2）采用进价进行商品日常核算的，发出商品的实际成本，可以采用先进先出法、加权平均法或个别认定法进行计算确定。对外销售商品，结转销售成本时，借记“主营业务成本”科目，贷记本科目。采用售价核算的，还应结转应分摊的商品进销差价，借记“商品进销差价”科目，贷记“主营业务成本”科目。

（3）本科目期末借方余额，反映企业库存商品的实际成本（或进价）或计划成本（或售价）。

3.“商品进销差价”科目

本科目核算企业库存商品采用售价进行日常核算的，商品售价与进价之间的差额。本科目应当按照商品类别或实物负责人进行明细核算，主要账务处理如下。

企业购入、加工收回及销售退回等增加的库存商品，按商品售价，借记“库存商品”科目；按商品进价，贷记“银行存款”“在途物资”等科目；商品售价与进价之间的差额，贷记本科目。

月末分摊已销商品的进销差价，借记本科目，贷记“主营业务成本”科目。应分摊的进销差价，按以下方法计算。

商品进销差价率＝月末分摊前本科目余额÷（“库存商品”科目月末余额
＋“委托代销商品”科目月末余额
＋“发出商品”科目月末余额
＋“主营业务收入”科目贷方发生额）×100%

$$\frac{\text{本月销售商品应分摊的}}{\text{商品进销差价}}=\frac{\text{本月“主营业务收入”}}{\text{科目贷方余额}}\times\text{商品进销差价率}$$

式中“主营业务收入”是指采用售价进行商品日常核算的销售商品所取得的收入。

企业商品进销差价率各月之间比较均衡的，也可以采用上月商品进销差价率计算分摊本月销售商品应分摊的商品进销差价。无论企业采用当月商品进销差价率，还是上月商品进销差价率计算分摊商品进销差价，均应在年度终了，对商品进销差价进行核实调整。

本科目期末贷方余额，反映企业库存商品的进销差价。

4.“发出商品”科目

本科目核算企业商品销售不满足收入确认条件但已发出商品的的实际成本（或进价）或计划

成本（或售价）。企业采用支付手续费方式委托其他单位代销的商品，也在本科目核算，并按照受托单位进行明细核算。本科目应当按照购货单位及商品类别和品种进行明细核算，主要账务处理如下。

（1）对于不满足收入确认条件的发出商品，应按商品的实际成本（或进价）或计划成本（或售价），借记本科目，贷记“库存商品”科目。发出商品满足收入确认条件时，应结转销售成本，借记“主营业务成本”科目，贷记本科目。采用计划成本或售价核算的，还应结转应分摊的产品成本产品成本差异或商品进销差价，借记“产品成本差异”或“商品进销差价”科目；实际成本大于计划成本的差异，作相反的会计分录。

（2）本科目期末借方余额，反映企业商品销售中，不满足收入确认条件的发出商品的实际成本（或进价）或计划成本（或售价）。

（二）各项费用计入成本的具体程序和方法

1. 商品采购成本的归集与分配

采用进价核算的商品，对于收到的商品，应按商品进价，借记“库存商品”科目，贷记“在途物资”科目。采用售价核算的商品，应按商品售价，借记“库存商品”科目；按商品进价，贷记“在途物资”科目；按商品售价与进价之间的差额，贷记“商品进销差价”科目。

【例 8-7】MG 百货公司向某服装厂购进衬衫 500 件，每件 200 元，供货单位代垫运杂费 400 元。已根据有关结算凭证承付货款，商品尚未运到。应编制会计分录如下。

借：在途物资　100 000
　　应交税费——应交增值税（进项税额）　17 000
　　销售费用　400
　　贷：银行存款　117 400

采购的衬衫到货，经验收合格入库。应编制如下会计分录。

借：库存商品　100 000
　　贷：在途物资　100 000

若商品采用售价核算方式，每件衬衫售价 300 元。应编制如下会计分录。

借：库存商品　150 000
　　贷：在途物资　100 000
　　　　商品进销差价　50 000

【例 8-8】MN 电器经销公司从某彩电企业采购电视 100 台，每台 4 000 元。采购合同约定，该批货款采用商业承兑汇票结算，期限 6 个月。该批商品由经销公司自行组织运输，共计支付运杂费 3 000 元。应编制如下会计分录。

借：在途物资　400 000
　　应交税费——应交增值税（进项税额）　68 000
　　销售费用　3 000
　　贷：应付票据　468 000
　　　　商品进销差价　3 000

2. 商品销售成本的归集与分配

在商品流通企业中，库存商品可以采取进价或售价进行核算。一般来说，商业批发企业应按商品进货原价记账，商业零售企业则应按商品的售价记账。与之相适应，在结转销售成本时，两种方法的成本计算方法也大有差异。

（1）进价核算。采用该方法核算，销售发出的商品，在结转销售成本时，可按先进先出法、加权平均法、移动加权平均法、个别计价法、毛利率法等计算以已销商品的销售成本，结转发出商品的成本，借记“主营业务成本”科目，贷记“库存商品”科目。

先进先出法、加权平均法、移动加权平均法、个别计价法在财务会计教材中已作详细介绍，下面主要介绍毛利率法。

毛利率法是根据本期销售收入乘以前期实际（或本月计划）毛利率匡算本期销售毛利，并计算发出存货成本的一种方法，其计算公式如下。

$$毛利率=\frac{销售毛利}{销售收入}\times 100\%$$

销售毛利＝毛利率×销售收入

销售成本＝销售收入－销售毛利

期末存货成本＝期初存货成本＋本期购货成本－本期销售成本

【例 8-9】某商场月初洗化商品存货 292 000 元，本期购货 1 700 000 元，销售收入为 2 400 000 元，上季度该类商品毛利率 25%。要求计算本月已销存货和月末存货的成本。

本月销售毛利＝2 400 000×25%＝600 000（元）

销售成本＝2 400 000－600 000＝1 800 000（元）

月末存货成本＝292 000＋1 700 000－1 800 000＝192 000（元）

上述销售成本的计算公式可以做如下简化

销售成本＝销售收入×（1－毛利率）

上例中销售成本＝2 400 000×（1－25%）＝1 800 000（元）

用毛利率法计算本期销售成本和期末存货成本，是商品流通企业较为常见的方法。特别是商品批发企业，若按每种商品计算并结转销售成本，工作量较为繁重，而且商品批发企业的同类商品毛利率大致相同，采用这种存货计价方法也比较接近于实际。

（2）售价核算。采用该方法核算，销售发出的商品，平时结转销售成本时，可按商品售价结转，借记“主营业务成本”科目，贷记“库存商品”科目。月度终了，应按商品进销差价率计算分摊本月已销商品应分摊的进销差价，借记“商品进销差价”科目，贷记“主营业务成本”科目。

下面分别介绍采用售价核算的两种具体核算形式。

（1）零售价法。该方法是用成本占零售价的百分比计算期末存货成本的方法。采用该方法的计算步骤。

第一步，期初存货和本期购货同时按成本和零售价记录，以便计算可供销售的存货成本和售价金额。

第二步，本期销货只按售价记录，从本期可供销售的存货售价总额中扣减本期销售的售价总额，计算出期末存货的售价总额。

第三步，计算存货成本占零售价的百分比，即成本率，公式如下。

$$成本率=\frac{期初存货成本+本期购货成本}{期初存货售价+本期购货售价}$$

第四步，计算期末存货成本，公式如下。

期末存货成本＝期末存货售价总额×成本率

第五步，计算本期销售成本，公式如下。

本期销售成本＝期初存货成本＋本期购货成本－期末存货成本

【例 8-10】某零售商店 20××年 7 月份的期初存货成本 200 000 元，售价总额为 250 000 元。本期购货成本 900 000 元，售价总额为 1 350 000 元。本期销售收入 1 280 000 元。计算期末存货成本和本期销售成本见表 8-14。

表 8-14　期末存货成本和本期销售成本

单位：元

项目	成本	售价
期初存货	200 000	250 000
本期购货	900 000	1 350 000
可供销售商品	1 100 000	1 600 000
成本率 = 1 100 00/1 600 000 × 100% = 68.75%		
减：销售收入		1 280 000
期末存货售价		320 000
期末存货成本（320 000 × 68.75%）	220 000	
本期销售成本	880 000	

零售价法主要适用于商品零售企业，如百货商或超市等。由于这类企业的商品都要标明零售价格，且商品的型号、品种、款式繁多，难于采用其他方法计价。

（2）售价金额核算法。在我国的会计实务中，商品零售企业广泛采用售价金额核算法。这种方法是通过设置“商品进销差价”科目进行处理的。平时商品存货的进、销、存均按售价记账，售价与进价的差额计入“商品进销差价”科目，期末通过计算进销差价率的办法计算本期已销商品应分摊的进销差价，并据以调整本期销售成本。进销差价率的计算公式如下。

$$进销差价率=\frac{期初库存商品进销差价+本期发生的商品进销差价}{期初库存商品售价+本期发生的商品售价}\times 100\%$$

本期已销商品应分摊的进销差价＝本期商品销售收入×进销差价率

商品进销差价率的计算方法主要有综合差价率计算法、分类（或柜组）差价率计算法。综合差价率计算法手续简便，但计算结果不够准确。分类（或柜组）差价率计算法计算工作量较大，计算结果相对准确。企业一般应按分类（或柜组）差价率计算法计算。

如上例，本期购销业务，编制如下会计分录（有关增值税的会计分录略）。

借：库存商品　　1 350 000

　　贷：在途物资　　900 000

　　　　商品进销差价　　450 000

记录本期销售收入的会计分录如下。

借：银行存款　　1 280 000

　　贷：主营业务收入　　1 280 000

平时结转商品销售成本的会计分录如下。

借：主营业务成本　　1 280 000

　　贷：库存商品　　1 280 000

进销差价率＝（50 000＋450 000）/（250 000＋1 350 000）＝31.25%

已销商品应分摊的进销差价＝1 280 000×31.25%＝400 000（元）

根据已销商品应分摊的进销差价冲转销售成本，应编制会计分录如下。

借：商品进销差价　　400 000

　　贷：主营业务成本　　400 000

将上述业务过账后，“库存商品”和“商品进销差价”科目的账面记录如下。

库存商品

期初余额	250 000	本期销售	1 280 000
本期购货	1 350 000		
期末余额	320 000		

商品进销差价

本期转销	400 000	期初余额	50 000
		本期增加	450 000
		期末余额	100 000

商品零售企业在会计期末编制资产负债表时，存货项目的商品存货部分，应根据“库存商品”科目的期末余额扣除“商品进销差价”科目的期末余额，按其差额列示。上述两个账户期末余额的差额 220 000 元（320 000－100 000），与按存货成本率计算的期末存货成本完全一致。实际上，售价金额计价法不是一种单独的存货计价法，而是零售价法的一种账务处理方式。

练习与思考

1．物流企业可能会涉及哪些成本？

2．商品流通企业如何计算商品采购成本？

3．商品流通企业如何计算商品销售成本？

4．汽车运输成本成本的计算对象是什么？汽车运输成本包括哪些主要项目？

5. 怎样确定施工企业工程成本计算对象？工程成本如何在已完工程和未完工程之间进行分配？

6．房地产开发企业开发成本包括哪些项目？如何计算分配开发成本？

第九章 成本报表的编制与成本分析

【学习目标】

1. 了解成本报表的作用、种类、特点和编制报表的要求。
2. 理解成本报表编制与成本分析的关系。
3. 熟悉成本报表的具体内容、格式与编制方法。
4. 掌握主要成本报表分析的方法。

【关键词】

成本报表　编制　分析　比较分析法　比率分析法　因素分析法

【引例】

TSKJ公司是一家刚成立不久的通信电子产品制造商，会计部门的小刘负责成本核算。由于公司业务刚刚起步，没有以前年度的资料可参考，对同行业先进水平的了解也不多，在编制成本报表时，小刘只能依据产品成本计算单和产品生产成本明细账的记录填列。但是最近她越来越发现，这样编制出来的成本报表缺乏可比性，实际运用性也不是很强。尽管她每月按时编制三类主要成本报表：全部产品生产成本表、主要产品单位成本表和各项费用报表，公司主管生产的李总还是经常抱怨，报表提供的信息不足以帮助管理者改进生产，降低成本。因为正在高速成长通道上的公司，经常不定期地发生一些新业务，而成本报表的信息披露总是滞后，发挥不了成本核算及时指导生产的作用。小刘很困惑，作为内部报表的成本报表的作用究竟是什么？还要不要编报，该如何编报呢？

第一节 成本报表概述

成本报表是根据企业日常成本核算资料，综合概括地反映企业在一定时期内产品成本水平、构成及其升降变动情况，以分析和考核费用预算和产品成本计划执行情况的报告文件。根据我国现行会计制度规定，成本报表不作为企业对外报送的会计报表，主要是为满足内部管理需要而编制，作为向企业经营管理者提供信息及进行成本报表分析的一种内部管理报表。

一、成本报表的作用

随着企业市场竞争的加强，成本的高低将成为衡量乃至决定企业前途和命运的重要因素。因此，企业应科学地设计和填报管理所需要的各种成本报表，以便于对成本进行考核、分析、预测和控制。成本报表的作用主要体现在以下几个方面。

1. 可反映企业一定时期内的产品成本水平及费用支出情况

产品成本是反映企业生产经营成果的一项综合性指标，企业在一定时期内的物质消耗、劳动效率、工艺水平、管理水平，都会直接或间接地在产品成本中综合地体现出来。通过编制成本报表，管理者能够及时地发现企业在生产、技术、质量、管理等方面取得的成绩和存在的问题，从而不断总结经验，提高企业经济效益。

2. 可据以考核和分析成本计划的执行情况

成本报表中所反映的各项产品成本指标，对掌握企业一定时期的成本水平、分析和考核产品成本计划完成情况及加强成本管理具有重要作用。

3. 可据以编制下期成本计划

计划年度的成本计划是在报告年度产品成本实际水平的基础上，结合报告年度成本计划执行情况，考虑计划年度中可能出现的有利因素和不利因素而制定的，所以本期报表所提供的资料，是制定下期成本计划的重要参考依据。

4. 为企业管理层的成本决策提供信息

对成本报表进行分析，可以发现成本管理工作中存在的问题，查明原因和责任，以便采取降低成本的措施。可以与同行业先进水平相比，为挖掘成本潜力指明方向。

二、成本报表的种类

成本报表作为企业内部的报表，其格式、编报时间、报送对象等，都由企业根据自身的特点和经营管理的具体要求而定。不同企业之间、同一企业的不同时期，成本报表的格式也不尽相同。

（一）按报表反映的内容分类

按成本报表反映的内容，可分为以下两类。

1. 反映产品成本情况的报表

这类报表主要有产品生产成本表、主要产品单位成本表、制造费用明细表。这些报表可以揭示企业为生产一定种类和一定数量产品而发生的成本水平及构成。在报表中，可将报告期实际成本水平与计划成本水平、历史成本水平及同行业成本水平进行比较，反映产品成本的变化情况和变化趋势，反映成本管理工作的成效，并为进一步进行成本报表分析、挖掘成本潜力提供资料。

2. 反映费用支出情况的报表

这类报表主要有财务费用明细表、管理费用明细表、销售费用明细表。通过这些报表，可以了解企业一定时期内费用支出的总额及其构成情况，了解费用支出的合理程度和变动趋势，有利于企业管理部门正确制定费用预算，考核各项消耗和支出指标的完成情况，明确各有关部门和人员的经济责任。

（二）按编制时间分类

按编制时间划分，成本报表可分为以下两类。

1. 定期成本报表

定期成本报表一般按年、季、月、旬、周、日等编制。

2. 不定期成本报表

不定期成本报表是针对成本管理中出现的亟待解决的问题而编制的，如发生大额的内部故障成本而编制的质量成本表。

三、成本报表的特点

成本报表属于内部报表，与对外报告的财务会计报表相比，具有其自身的独特之处。

(1) 成本报表是服务于企业内部经营管理目的的报表，一般不受外界因素的影响。报表的种类、格式、编制时间、报送程序、报送范围都由企业根据需要自行规定，并且随着生产条件的变化和管理要求的提高，可以随时修改和调整，因而成本报表具有灵活性特点。

（2）成本报表是以企业特定的生产环境为背景，对成本的反映和控制紧密联系着其生产工艺与生产组织的特点及企业对成本管理的要求。成本是商业秘密，不对外公开。成本报表编报目的主要是满足企业内部经营管理的需要，因此每一成本报表内容均有自身的针对性。

（3）成本报表是会计核算资料与技术经济资料相结合的产物，其信息具有综合性与全面性的特点。比如对材料成本，既要从价格上反映，又要从消耗量上反映。因此，对成本报表不仅要设置货币指标，在反映成本消耗的指标上还要采取多种形式，容纳多方面的信息。成本报表需要同时满足会计部门、各级生产部门和各职能部门对成本管理的需要，不仅要提供满足事后分析的资料，还应提供事前计划、事中控制所需要的大量信息。

（4）成本报表具有时效性特点。由于成本报表编制的时间灵活，有日报、旬报、月报等，从而能为企业日常的成本控制提供及时有用的资料。

四、编制报表的要求

成本报表一般根据企业的生产特点与管理需要自行设置，但为了充分发挥成本报表在经济管理中的积极作用，企业必须按一定的要求正确编制。

1. 数字准确

数字准确是指报表中的各项数据必须真实可靠，不能随意估计，更不允许弄虚作假。因此，企业在编制报表前，应将所有的经济业务登记入账，并核对各种账簿之间的记录，做到账账相符；清查财产物资，做到账实相符。然后再依据有关账簿的记录编制报表，并注意不同报表之间的相关指标的数字是否一致。

2. 内容完整

内容完整是指主要报表种类齐全，应填列的报表指标和文字说明必须全面，表内项目和表外补充资料，都应完整无缺，不得任意取舍。注意保持各成本报表计算口径一致，计算方法如有变动，应在附注中说明。对定期报送的主要成本报表，还应有分析、说明生产成本和费用升降情况、原因、措施的文字材料。

3. 编报及时

成本报表有的定期编制，有的不定期编制。无论是哪一种，都要求及时编制，及时反馈。编报及时就是指根据企业管理部门的需要迅速提供各种成本报表。只有如此，才能及时地对企业成本完成情况进行检查和分析，从中发现问题，从而及时采取措施加以解决，充分发挥报表的应有作用。要做到这一点，要求企业不仅要做好日常成本核算工作，还要注意整理、收集有关的历史成本资料、同行业成本资料、统计资料以及成本计划资料、费用预算资料等。

第二节 成本报表的编制

产品成本报表是用来反映企业产品成本水平和构成情况的报表。产品成本报表按其反映内容的范围和编报时间的不同，可分为产品生产成本表、主要产品单位成本表和制造费用明细表三种。

一、产品生产成本表的编制

（一）产品生产成本表的结构与内容

产品生产成本表是反映企业在报告期内生产的全部产品（包括可比产品和不可比产品）的总成本和单位成本的会计报表。根据本报表提供的资料，可以考核企业全部产品成本计划的执行情况及可比产品成本降低任务的完成情况，以便分析成本增减变化的原因，找出进一步降低产品成本的途径。

【例 9-1】某企业 20××年 12 月产品生产成本表的结构与内容见表 9-1。

表 9-1 产品生产成本表

20××年 12 月

单位：元

产品名称	摘要	本月				本年累计			
		完工数量	上年实际	本年计划	本月实际	完工数量	上年实际	本年计划	本年累计实际
甲	平均单位成本	10	120	115	110	100	120	115	112
	总成本		1 200	1 150	1 100		12 000	11 500	11 200
乙	平均单位成本	30	65	62	66	200	65	62	64
	总成本		1 950	1 860	1 980		13 000	12 400	12 800
可比产品总成本小计		—	3 150	3 010	3 080	—	25 000	23 900	24 000
丙	平均单位成本	10	—	200	210	50	—	200	208
	总成本		—	2 000	2 100		—	10 000	10 400
不可比产品总成本小计		—	—	2 000	2 100	—	—	10 000	10 400
全部产品合计		—	—	5 010	5 180	—	—	33 900	34 400

补充资料如下。

（1）可比产品的成本降低额 1 000 元。

（2）可比产品的成本降低率 4%。

（3）按现行价格计算的产品产值为 50 000（元）。

（4）产值成本率为 68.8。

产品生产成本表按可比产品和不可比产品分别反映其单位成本和总成本。可比产品是指以前年度或上年度曾经生产过的产品；不可比产品是指以前年度或上年度未生产过的产品。对可比产品而言，因为需要与上年度实际成本比较，所以表中不仅要有本期的计划成本和实际成本，还要有按上年实际单位成本计算的总成本。对不可比产品而言，因没有上年的实际单位成本可比，所以只列示计划成本和实际成本。

（二）产品生产成本表的编制

产品生产成本表的编制方法如下。

（1）“产品名称”栏按企业规定的主要商品产品的品种分别列示，每项注明该品种的名称、规格和计量单位。

（2）“完工数量”栏数字应根据成本计算单等资料所记录的本月和从年初到本月末止的各种主要产品完工数量填列。

（3）“单位成本”栏数字应按上年度或以前年度报表资料、本期成本计划资料和本期实际成本资料分别计算填列。

（4）“本月总成本”栏数字按本月产品产量分别乘以上年实际单位成本、本月计划单位成本和本月实际单位成本的积填列。

（5）“本年累计总成本”栏数字应按自年初到本月末止的本年累计产量分别乘以上年实际单位成本、本年计划单位成本和本年累计实际平均单位成本的积填列。相关公式如下。

本月末止的本年累计＝上月末止的本年累计＋本月实际

（6）补充资料可根据计划、统计和会计等有关资料计算后填列，其中，可比产品的成本降低额和可比产品的成本降低率，可按下列公式计算后填列。

$$\begin{matrix}\text{可比产品}\\\text{成本降低额}\end{matrix}=\begin{matrix}\text{可比产品本年产量按上年}\\\text{单位成本计算的总成本}\end{matrix}-\begin{matrix}\text{可比产品本年}\\\text{累计实际总成本}\end{matrix}=\sum\left[\begin{matrix}\text{本年实}\\\text{际产量}\end{matrix}\times\left(\begin{matrix}\text{本年计划}\\\text{单位成本}\end{matrix}-\begin{matrix}\text{本年实际}\\\text{单位成本}\end{matrix}\right)\right]$$

$$\text{可比产品成本降低率}=\frac{\text{可比产品成本降低额}}{\text{可比产品本年产量按上年单位成本计算的总成本}}\times100\%$$

根据【例 9-1】资料，可比产品的成本降低额的计算如下。

可比产品的成本降低额 25 000－24 000＝1 000（元）

$$\text{可比产品的成本降低率}=\frac{1\,000}{25\,000}\times100\%=4\%$$

上述计算结果若为正数，表示可比产品成本的节约额和节约率。计算结果若为负数，表示可比产品成本的超支额和超支率。

（7）按现行价格计算的产品预计产值，根据有关的统计资料填列。

产值成本率指产品总成本与产品产值的比率，通常以每百元产品产值总成本表示。计算公式如下。

$$\text{产值成本率}=\frac{\text{产品总成本}}{\text{产品产值}}\times100$$

根据【例 9-1】资料，产值成本率计算如下。

$$\text{产值成本率}=\frac{34\,400}{50\,000}\times100=68.8$$

（三）产品生产成本表的作用

该表的作用主要体现在以下几个方面。

（1）可以分析和考核各种类产品和全部产品本月和本年累计的成本计划的执行结果，对各种类产品成本和全部产品成本的节约或超支情况进行一般的评价。

（2）可以分析和考核各种可比产品和全部可比产品本月和本年累计的成本比上年的升降情况。

（3）对于规定有可比产品成本降低计划的产品，可以分析和考核可比产品成本降低计划的完成情况，促使企业采取措施，不断降低产品成本。

（4）可以了解哪些产品成本节约较多、哪些产品成本超支较多，为进一步进行产品单位成本报表分析指明方向。

二、主要产品单位成本表的编制

（一）主要产品单位成本表的结构与内容

主要产品单位成本表是反映企业一定时期内主要产品生产成本水平、变动情况及构成情况的成本报表。由于产品生产成本报表中各主要产品的成本只列示总数，无法根据表格分析构成情况，所以要编制本报表作为补充。该表应按主要产品分别编制。通过本报表，可以反映出主要产品单位成本的变动，分析产品成本变动的原因。

【例 9-2】某企业 20××年 12 月主要产品单位成本表结构与内容见表 9-2。

表 9-2 主要产品单位成本表

20××年 12 月

产品名称：甲　　本月计划产量：8 件

产品规格：××　　本月实际产量：10 件

计量单位：件　　本年累计计划产量：90 件

销售单价：180 元　　本年累计实际产量：100 件

成本项目	历史先进水平	上年实际	本年计划	本月实际	本年累计
直接材料	56	60	58	56	58
直接人工	24	26	26	24	24
制造费用	28	34	31	30	30
合计	108	120	115	110	112
主要技术经济指标	耗用量	耗用量	耗用量	耗用量	耗用量
A 材料（千克）	3.8	4.2	4	4.1	4
B 材料（千克）	2.8	3.2	3.1	3	3.1

本报表的特点是按产品的成本项目分别反映产品单位成本及各成本项目的历史先进水平、上年实际平均、本年计划、本月实际和本年累计实际平均的成本资料。

（二）主要产品单位成本表的编制

本报表的编制方法如下。

（1）基本部分的产品名称、规格、计量单位、产量根据有关产品成本计算单填列。

（2）各成本项目的历史先进水平的数字根据企业的历史成本资料填列。

（3）各成本项目的上年实际平均单位成本的数字根据上年度的成本资料填列。

（4）各成本项目的本年计划单位成本的数字根据本年成本计划资料填列。

（5）各成本项目的本期实际单位成本的数字根据实际成本资料填列。

（6）各成本项目的本年累计实际平均单位成本的数字根据本年各项目累计总成本除以累计产量后的商数填列。

（7）主要技术经济指标指该种产品主要原材料的耗用量，应根据业务技术核算资料填列。

对本表中的不可比产品，不填列“历史先进水平”“上年实际平均”的单位成本和单位用量。本表中按成本项目反映的“上年实际平均”“本年计划”“本月实际”“本年累计实际平均”的单位成本合计，应与产品生产成本表中的各产品单位成本金额分别相等。

应当指出，生产耗用的自制半成品成本，在产品单位成本计算表中，根据不同情况进行反映。凡是自制半成品成本要进行还原的企业，应将生产耗用的自制半成品成本按构成的项目成本，分别并入产成品的有关成本项目中。自制半成品成本不进行还原的企业，生产耗用的自制半成品成本，应列入“直接材料”项目，也可以增列“自制半成品”项目予以反映。

（三）主要产品单位成本表的作用

该表的作用主要体现在以下几个方面。

（1）可以按照成本项目考核主要产品单位成本计划的执行结果，分析各项单位成本节约或超支的原因。

（2）可以按照成本项目将本月实际单位成本和本年累计实际平均单位成本与上年实际平均单位成本和历史先进单位成本进行比较，了解其比上年的升降情况、与历史先进水平存在的差距等，分析单位成本变化、发展的趋势。

（3）可以分析和考核主要产品的主要技术经济指标的执行情况。

三、各种费用明细表的编制

各种费用是指企业在生产经营过程中，各个车间、部门为进行产品生产、组织和管理生产经营活动所发生的制造费用、产品销售费用、管理费用和财务费用。前者属于产品成本的组成部分，后三种属于期间费用。编制上述四种费用报表的作用在于反映各该费用计划的执行情况，分析各种费用变动的原因以及对产品成本和当期损益的影响。

（一）制造费用明细表的编制

1. 制造费用明细表的结构与内容

制造费用明细表是反映企业在一定时期内为组织和管理生产所发生的费用总额和各明细项目数额的报表。利用该表可以考核企业制造费用的构成和变动情况。

制造费用明细表中费用明细项目的划分，可参照财政部有关制度的规定，也可根据企业的具体情况增减，但不能经常变动，以保持各报告期之间相关数据的可比性。若本年度内对某些明细项目的划分作了修改，使得计算结果与上年不一致时，应将上年度有关报表的对应明细项目按照本年度划分标准进行调整，并在表后的附注中加以文字说明。

【例 9-3】某企业 20××年 12 月制造费用明细表的内容与结构见表 9-3。

表 9-3　制造费用明细表

20××年 12 月

单位：元

费用项目	本年计划数	上年同期实际数	本月实际数	本年累计实际数
职工薪酬	80 000	7 500	7 800	88 000
折旧费	40 000	3 800	3 800	42 000
运输费	4 000	400	600	4 200
办公费	20 000	1 600	1 500	21 000
取暖费	4 000	400	400	4 000
水电费	4 000	400	300	3 800
机物料	4 000	400	300	3 800
低值消耗品摊销	12 000	1 000	1 000	11 000
劳动保护费	6 000	500	400	5 500
设计制图费	10 000	900	1 000	12 000
试验检验费	5 000	500	500	5 000
租赁费	10 000	1 000	900	9 000
保险费	6 000	500	500	6 000
其他	4 000	400	500	4 500
合计	209 000	19 300	19 500	219 800

2. 制造费用明细表的编制

制造费用明细表的编制应按照其费用明细项目在本期内的实际发生数填列。表中“本年计划数”栏根据本年费用计划资料填列；“上年同期实际数”栏根据上年制造费用明细表中的有关数字填列；“本月实际数”和“本年累计实际数”栏应根据各基本生产车间制造费用明细账中的有关数字填列。

3. 制造费用明细表的作用

该表的作用主要体现在以下几方面。

（1）可以按费用项目分析制造费用本月实际数比上年同期实际数的增减变化情况。在表中列有本月计划数的情况下，还可以分析本月计划的执行结果。

（2）可以在年度内按照费用项目分析制造费用年度计划的执行情况，预测年末制造费用能否节约，会不会超支，以便采取措施，将制造费用控制在年度计划之内。可以在年末按照费用项目分析制造费用年度计划执行的结果，分析节约或超支的原因。

（3）可以分析本月实际和本年累计实际制造费用的构成情况，并与上年同期实际构成情况和计划构成情况进行比较，分析制造费用的发展变化情况和原因。

（二）销售费用明细表的编制

销售费用明细表是反映企业在报告期内发生的全部销售费用及其构成情况的报表，其格式见表 9-4。

表 9-4 销售费用明细表

20××年 12 月

单位：元

费用项目	本年计划数	上年同期实际数	本月实际数	本年累计实际数
职工薪酬	（略）	（略）	（略）	40 000
折旧费				20 000
运输费				20 000
装卸费				6 000
包装费				4 000
销售机构办公费				30 000
业务费				15 000
广告费				20 000
展览费				5 000
低值消耗品摊销				10 000
保险费				5 000
租赁费				10 000
其他				5 000
合计				190 000

此表按产品销售费用项目分别反映各该费用的本年计划数、上年同期实际数和本年累计实际数。表中，本年计划数应根据本年产品销售费用计划填列；上年同期实际数应根据上年同期本表的累计实际数填列；本月实际数应根据“产品销售费用”明细账的本月合计数填列；本年累计实际数应根据产品销售费用明细账的本月末累计数填列。

（三）管理费用明细表的编制

管理费用明细表是反映企业在报告期内发生的全部管理费用及其构成情况的报表，其格式见表 9-5。

表 9-5　管理费用明细表

20××年 12 月　　单位：元

费用项目	本年计划数	上年同期实际数	本月实际数	本年累计实际数
职工薪酬	（略）	（略）	（略）	80 000
折旧费				40 000
运输费				10 000
办公费				60 000
差旅费				40 000
会议费				40 000
物料				5 000
低值消耗品摊销				15 000
无形资产摊销				10 000
坏账损失				20 000
中介机构费				25 000
税金				10 000
修理费				10 000
租赁费				15 000
诉讼费				5 000
排污费				10 000
绿化费				30 000
研究开发费				30 000
技术转让费				10 000
业务招待费				20 000
存货盘亏（减盘盈）				5 000
其他				10 000
合计				500 000

此表按管理费用项目分别反映各该费用的本年计划数、上年同期实际数和本年累计实际数。表中，本年计划数应根据公司（总厂）或企业行政管理部门的管理费用计划填列；上年同期实际数应根据上年同期本表的累计实际数填列；本月实际数应根据管理费用明细账的本月合计数填列；本年累计实际数应根据管理费用明细账的本月末的累计数填列。

（四）财务费用明细表的编制

财务费用明细表是反映企业在报告期内发生的全部财务费用及其构成情况的报表，其格式见表 9-6。

表 9-6 财务费用明细表

20××年 12 月

单位：元

费用项目	本年计划数	上年同期实际数	本月实际数	本年累计实际数
利息支出（减利息收入）	（略）	（略）	（略）	6 000
汇兑损失（减汇兑收益）				2 000
调剂外汇手续费				1 000
金融机构手续费				1 000
其他筹资费用				0
合计				10 000

此表按财务费用项目分别反映各该费用的本年计划数、上年同期实际数和本年累计实际数。表中，本年计划数应根据本年财务费用计划填列；上年同期实际数应根据上年同期本表的累计实际数填列；本月实际数应根据财务费用明细账的本月合计数填列；本年累计实际数应根据财务费用明细账本月末的累计数填列。

第三节 成本报表分析

一、成本报表分析概述

成本报表分析属于事后分析。它以成本报表所提供的、反映企业一定时期成本水平和构成情况的资料和有关的计划、核算资料为依据，运用科学的分析方法，通过分析各项指标的变动及指标之间的相互关系，揭示企业各项成本指标计划的完成情况和原因，从而对企业一定时期的成本工作情况获得比较全面的、本质的认识。

（一）成本报表分析的作用

成本报表分析在企业管理活动中起着极其重要的作用，主要体现在以下几个方面。

（1）可以考核企业成本计划的执行情况，评价企业过去的成本管理工作。

（2）可以揭示问题和差距，促进企业挖掘降低成本的潜力，寻求降低成本的途径和方法。

（3）可以认识和掌握成本变动的规律性，从中总结成本管理的经验和教训。

（4）可以为企业编制成本计划、预算和经营决策提供可靠的依据。

（5）可以检查企业成本管理行为的合理性，促进企业更好地贯彻执行有关的法规制度。

（6）可以划清成本管理的经济责任，了解各项成本管理责任制度是否健全，促进企业完善成本责任管理。

（二）成本报表分析的步骤

（1）分析成本报表应从产品成本成本计划完成情况的总评价开始，然后按照影响成本计划完成情况的因素逐步深入、具体地分析。

（2）再分析成本指标实际脱离计划差异的过程中，应将影响成本指标变动的各种因素进行分类，衡量它们的影响程度，并从这些因素的相互关系中找出起决定作用的主要因素。

（3）相互联系地研究生产技术、工艺、生产组织和经营管理等方面的情况，查明各种因素变动的原因，挖掘降低产品成本、节约费用开支的潜力。

（4）以全面、发展的观点，对企业成本工作进行评价。

综上所述，成本报表分析的过程，实际上是成本指标分析（分解）和综合相结合的过程。

（三）成本报表分析的原则

进行成本报表分析，应遵循以下原则。

（1）全面分析与重点分析相结合。成本是企业经济活动情况的综合反映，只有从经济活动的各个方面相互联系地进行全面研究，才能真正揭示成本升降的原因。全面分析就是要求成本报表分析的内容具有全局性、广泛性，要以产品成本形成的全过程为对象，结合生产经营各阶段的不同性质和特点，做到事前进行预测分析，事中进行控制分析，事后进行考核分析。但分析时，应该抓住重点，找出关键性问题，进行透彻地分析。只有将主要问题分析清楚了，才能提出恰当的改进措施，促使成本进一步降低。

（2）定量分析与定性分析相结合。定量分析是通过对成本变动数量的分析，来揭示成本指标的变动幅度及各因素的影响程度，而定性分析是通过对成本性质的分析，揭示影响成本费用各因素的性质、内部联系及其变动的趋势。定量分析是定性分析的基础，定性分析是定量分析的进一步补充和说明。进行成本报表分析必须在定量分析的基础上进行科学的定性分析，才能使成本报表分析更深入、更透彻。

（3）纵向分析和横向分析相结合。进行成本报表分析时，不仅要从企业内部范围进行本期与上期的对比分析、本期与计划的对比分析、本期与历史先进水平的对比分析，还要加强与国内外同行业先进水平相对比，找出差距，取长补短，激发企业的赶超精神，达到或超过先进水平。

（4）成本报表分析和成本考核相结合。为了达到成本报表分析的目的，应将成本报表分析结果同企业内部各部门业绩考核相结合，将降低成本的任务落实到各责任部门，使得各职能部门的责任目标更具体、更明确，并且可及时将执行任务的结果进行反馈，使成本报表分析更实际、更深入。

（四）成本报表分析的方法

成本报表分析的方法是进行成本分析的重要手段，运用得当将对成本报表分析的整个过程带来有利影响。

1. 比较分析法

比较分析法是将分析期的实际数同某些选定的基准数进行对比，以揭示实际数与基准数之间的差异，借以了解成本管理中的成绩和问题的一种分析方法。

比较的基数由于分析的目的不同而有所不同，一般有计划数、定额数、前期实际数、以前年度同期实际数及本企业的历史先进水平和国内外同行业的先进水平等。将实际数与计划数或定额数对比，可以揭示计划或定额的执行情况。但在分析时，应注意计划或定额本身是否既先进又切实可行。因为实际数与定额数或计划数之间的差异，除了实际工作的原因以外，还可能是由于计划或定额太保守或不切实际。将本期实际数与前期实际数或以往年度同期实际数对比，可以考究成本的发展变化情况。将本期实际数与本企业的历史先进水平对比，将本企业实际数与国内外同行业的先进水平对比，可以发现与先进水平之间的差距，从而学习先进，赶上和达到先进水平。

比较分析法只适用于同质指标的数量对比，因此必须注意指标的内容、计划标准、时间长短和计算方法的可比性，考虑所处的环境等客观条件。

根据分析的需要，比较分析还可采用绝对数分析和相对数分析。绝对数分析就是分析实际数与基数之间的绝对增减额，例如，本期产品实际单位成本为 96 元，计划为 100 元，实际比计划绝对减少了 4 元。相对数分析就是分析实际数与基数之间增减额占基数的百分比，如前所述，实际比计划绝对减少了 4 元，相对减少了 4%。

2. 比率分析法

比率分析法是通过计算各项指标之间的相对数，即比率，来考察成本活动的相对效益的一种分析方法。比率分析法主要分为相关指标比率分析法和结构比率分析法、动态比率分析法等三种。

（1）相关指标比率分析法。是通过计算两个性质不同而又相关的指标的比率来进行数量分析的方法。常用的相关指标比率有成本利润率、销售收入成本率、产值成本率等。在实际工作中，由于企业规模不同等原因，单纯对比销售收入或利润等绝对数的多少，不能说明各个企业经济效益的好坏，但如果计算成本与销售收入或利润相比的相对数，即销售收入成本率或成本利润率，就可以反映各企业经济效益的好坏。销售收入成本率高的企业经济效益差，比率低的企业经济效益好。成本利润率则相反，比率高的企业经济效益好，比率低的企业经济效益差。

（2）结构比率分析法又称比重分析法，主要是通过计算某项成本指标的各个组成部分占总体的比重来分析其内容构成的变化。例如，把构成产品生产成本的各个成本项目（直接材料、直接人工、制造费用）与产品生产成本比较，计算占总成本的比重，然后把不同时期同样产品的构成加以比较，观察产品成本构成的变化与提高生产技术水平和加强经营管理的关系，为进一步降低成本潜力指明方向。

（3）动态比率分析法又称趋势分析法，是通过连续若干期相同指标进行动态比较，来揭示各期之间的增减变化，据以预测经济发展趋势的一种分析方法。从中发现企业在生产经营方面的成绩或不足。

采用趋势分析法，在连续的若干期之间，可以按绝对数进行对比，也可以按相对数（即比率）进行对比；可以以某个时期为基期，其他各期均与该时期的基数进行对比；也可以在各个时期之间进行环比，即分别以上一时期为基期，下一时期与上一时期的基数进行对比。相关计算公式如下。

$$\text{基期指数}=\frac{\text{分析期指标数}}{\text{基期指标数}}$$

$$\text{环比指数}=\frac{\text{分析期指标数}}{\text{上一期指标数}}$$

【例 9-4】假定某工业企业从 2008 年到 2012 年的 5 年间，某种产品的实际单位成本分别为 80 元、82 元、84 元、85 元和 88 元。

从上列各年单位成本的绝对额可以看出，该种产品的单位成本呈逐年上升的趋势。

如果以 2008 年为基年，以该年单位成本 80 元为基数，可以计算其他各年的单位成本与之相比的定基比率如下。

$$\text{2009 年：}\frac{82}{80}\times 100\%=102.5\%$$

$$\text{2010 年：}\frac{84}{80}\times 100\%=105\%$$

$$\text{2011 年：}\frac{85}{80}\times 100\%=106.25\%$$

$$\text{2012 年：}\frac{88}{80}\times 100\%=110\%$$

通过上列计算，可以看出该种产品成本与 2008 年单位成本相比的上升程度。

如果分别以上年为基期，可以计算各年的环比比率如下。

2009 年：$\frac{82}{80}\times100\%=102.5\%$

2010 年：$\frac{84}{82}\times100\%\approx102.44\%$

2011 年：$\frac{85}{84}\times100\%\approx101.19\%$

2012 年：$\frac{88}{85}\times100\%\approx103.53\%$

3. 因素分析法

前述两种方法，只能揭示实际数与基数之间的差异，但难以揭示影响的原因。一个经济指标的完成，往往是多种因素共同影响的结果。只有把这种综合性的指标分解为各种构成，才能找出主要因素，分清责任，才能了解指标完成好坏的真正原因。这种把综合性指标分解为各个因素的方法称为因素分析法。

因素分析法又称连环替代法，是指把某一综合指标分解为若干个相互联系的因素，并用一定的计算方法，从数值上测定各个因素对成本指标的影响程度的一种方法。

连环替代法的基本程序如下。

（1）根据影响某项经济指标完成情况的因素，按其依存关系，将经济指标的计划数和实际数分解为两个指标。

（2）根据各个因素的计划数，确定被分析指标的次序。

（3）以计划数指标体系为计算的基础，依次以每一因素的实际数替换计划数。每次替换后，实际数就被保留下来，有几个因素就替换几次。每次替换后计算出由于该因素变动所得的结果。

（4）将每次替换所算得的结果，与这一因素被替换前的结果进行比较得出两者的差额，就是这一因素变化对成本指标差异的影响程度。

（5）将各个因素的影响数值相加，就是分析指标的实际数与计划数之间的差额。

影响产品材料费用总额的因素很多，按其相互关系可归纳为三个，分别为产品产量、单位产品材料消耗量和材料单价。按照各因素的相互依存关系，可列成如下计算公式。

材料费用总额＝产品产量×单位产品材料消耗量×材料单价

【例 9-5】假定乙产品上述指标的计划和实际资料见表 9-7。

表 9-7　乙产品计划和实际资料表

指标	单位	计划	实际	差异
产品产量	件	40	38	－2
单位产品材料消耗量	千克	20	21	1
材料单价	元	10	11	1
材料费用总额	元	8 000	8 778	778

上列资料指出实际材料费用比计划超出 778 元，造成这一差异的因素有三个，分别为产品产量，单位产品材料消耗量和材料单价。用连环替代法，就可以确定各因素变化对差异的影响程度。计算如下。

① 以计划数为基数　　　　40×20×10＝8 000（元）

② 第一次替换　　38×20×10=7 600（元）

②−① 产量变动影响　　−400（元）

③ 第二次替换　　38×21×10=7 980（元）

③−② 单位产品材料消耗量变动影响　　380（元）

④ 第三次替换　　38×21×11=8 778（元）

④−③ 材料单价变动影响　　798（元）

合计　　778（元）

从上述计算程序中，可以看出这一分析方法具有以下特点。

（1）计算程序的连环性。上述计算严格按照各因素的排列顺序，逐次以一个因素的实际数替换其基数。除第一次替换外，每个因素的替换都是在前一个因素替换的基础上进行的。

（2）因素替换的顺序性。分析过程中，要正确确定各因素的替换顺序。在分析相同问题时，一定要按照同一替换顺序进行，否则计算结果将不具有可比性。通常确定各因素替换顺序的做法是：在分析的因素中，如果既有数量指标，又有质量指标，应先查明数量指标变动影响，然后再查明质量指标的变动影响；如果既有实物量指标又有价值量指标，又有价值量指标，一般先替换实物量指标，再替换价值量指标；如果有几个数量指标和质量指标，要分清哪个是基本的因素，哪个是次要因素，然后根据它们的相互依存关系确定替换顺序。

（3）计算条件的假定性。该方法在测定某一因素变动影响时，是以假定其他因素不变为条件的。因此，计算结果只能说明是在某种假定条件下计算的结果。

4. 差额计算法

差额计算法是连环替代法的一种简化形式。运用这一方法时，先要确定各因素实际数与计划数之间的差异，然后按照各因素的排列顺序，依次求出各因素变动的影响程度。可见，这一方法的应用原理与连环替代法一样，只是计算程序不同。

差额计算法的基本程序如下。

（1）确定各因素的实际数与计划数的差额。

（2）以各因素的差额，乘以函数关系式中排在该因素前面的各个因素的实际数，以及列在该因素后面的其余因素的计划数，就可求得各因素的影响值。

（3）将各个因素的影响值相加，其代数和应同该项经济指标的实际数与计划数之差相符。

仍用上例数字资料，以差额计算法测定各因素影响程度如下。

由于产量下降使材料总成本减少，计算如下。

（38−40）×20×10=−400（元）

由于单耗提高使材料总成本增加，计算如下。

38×（21−20）×10=380（元）

由于单价提高使材料成本增加，计算如下。

38×21×（11−10）=798（元）

差额计算法与连环替代法的计算结果相同，但却简化了计算步骤，因此，在实际工作中应用较广。

以上所述的对比分析法、比率分析法、连环替换分析法、差额计算分析法和趋势分析法，实质上都是对比分析法。比率分析法是分子指标与分母指标的对比，据以算出的相对数指标的实际数与基数的对比。连环替换分析法和差额计算分析法则是各项因素替换结果的对比。趋势分析法是作为分析趋势基础的各期指标之间的对比。有比较才有鉴别，一切分析都是从对比中发现差别、发现矛盾开始的。

应该指出的是：不论什么分析方法，都只能为进一步调查研究指明方向，而不能代替调查研究。要确定经济业务好坏的具体原因，并据以提出切实有效的建议和措施来改进工作，都必须在采用某些分析方法进行分析的基础上，深入实际进行调查研究。

二、产品生产成本计划完成情况的分析

成本计划完成情况分析是指对产品生产成本计划及可比产品成本计划完成情况进行总的分析和评价。企业的产品包括可比产品和不可比产品，其中，不可比产品没有历史成本资料。因此，全部产品成本的分析，不能用实际总成本与上年成本比较，只能用实际总成本与计划总成本对比。

产品生产成本计划完成情况的分析是一种总括性的分析，可以从以下两个角度进行。

（一）全部产品成本计划完成情况分析

实际总成本是以实际产量乘以实际单位成本计算的，而计划总成本是以计划产量乘以计划单位成本计算的，总成本的升降除了受单位成本变动的影响，还受到产量的影响。为了使成本指标具有可比性，在分析全部产品成本计划完成情况时，应剔除产量变动对成本计划完成情况的影响，实际总成本、计划总成本一律按实际产量来计算。此项分析，是将全部产品成本按产品品种汇总，将实际产量实际总成本与实际产量计划总成本对比，确定每种产品的成本降低情况。

【例 9-6】现对【例 9-1】进行产品成本分析，具体内容见表 9-8。

表 9-8　全部产品成本计划完成情况分析表

产品名称	实际产量计划总成本（元）	实际产量实际总成本（元）	实际比计划成本降低额（元）	实际比计划成本降低率
甲	11 500	11 200	300	2.61%
乙	12 400	12 800	－400	－3.23%
可比产品小计	23 900	24 000	－100	－0.42%
丙	10 000	10 400	－400	－4%
不可比产品小计	10 000	10 400	－400	－4%
全部产品合计	33 900	34 400	－500	－1.47%

本例涉及公式如下。

$$\begin{matrix}\text{某产品实际比}\\\text{计划成本降低额}\end{matrix}=\begin{matrix}\text{该产品实际产}\\\text{量计划总成本}\end{matrix}-\begin{matrix}\text{该产品本年}\\\text{实际总成本}\end{matrix}=\begin{matrix}\text{该产品本年}\\\text{实际产量}\end{matrix}\times\left(\begin{matrix}\text{本年计划}\\\text{单位成本}\end{matrix}-\begin{matrix}\text{本年实际}\\\text{单位成本}\end{matrix}\right)$$

$$\text{某产品实际比计划成本降低率}=\frac{\text{该产品实际比计划成本降低额}}{\text{该产品实际产量计划总成本}}\times100\%$$

$$\begin{matrix}\text{全部产品实际比}\\\text{计划成本降低额}\end{matrix}=\begin{matrix}\text{全部产品实际}\\\text{产量计划总成本}\end{matrix}-\begin{matrix}\text{全部产品本年}\\\text{实际总成本}\end{matrix}=\sum\left[\begin{matrix}\text{本年实}\\\text{际产量}\end{matrix}\times\left(\begin{matrix}\text{本年计划}\\\text{单位成本}\end{matrix}-\begin{matrix}\text{本年实际}\\\text{单位成本}\end{matrix}\right)\right]$$

$$\text{全部产品实际比计划成本降低率}=\frac{\text{全部产品实际比计划成本降低额}}{\text{全部产品实际产量计划总成本}}\times100\%$$

根据上述公式，作如下计算。

全部产品实际比计划成本降低额＝34 400－33 900＝－500（元）

全部产品实际比计划成本降低率＝－500÷33 900≈－1.47%

从表 9-1 可以看出，该企业全部产品没有完成成本降低计划，该企业全部产品总成本实际比计划增加了 500 元，增长率为 1.47%。可比产品也没有完成成本降低计划，除只有甲产品完成了成本降低计划，乙产品比计划有所上升，乙产品成本上升 3.23%。不可比产品同样没有完成成本降低计划，丙产品成本上升 4%。因此，应进一步分析其成本上升的主要原因。

在分析比较可比产品成本时，还必须利用其计划单位成本同上年第四季度实际单位成本进行对比。如果发现前者高于后者，则说明计划成本较保守，落后于实际达到的成本水平，这样的计划成本就起不到控制成本的作用。

分析不可比产品成本发现超支时，就应进一步查明：是否因为初次生产这种产品，导致制定的消耗定额和计划成本偏低；或者工艺过程掌握不好，技术不熟练而引起材料消耗过大、废品发生过多等。

（二）可比产品成本降低计划完成情况的分析

在全部产品成本中，可比产品一般都占有相当大的比重，因此，还必须对可比产品成本进行分析。

1. 可比产品成本降低任务完成情况的分析

企业通常在制定成本计划时，规定了可比产品成本比上年成本降低的任务，即计划降低额（按计划产量计算）和计划降低率。可比产品成本降低任务是指成本计划中规定的本年可比产品计划总成本，与按计划产量和上年实际单位成本计算的上年实际总成本相比较，确定可比产品计划成本的降低额和降低率。

可比产品成本降低任务完成情况的分析，是指将可比产品的实际成本与按实际产量和上年实际单位成本计算的上年实际总成本相比较，确定可比产品实际成本的降低额和降低率，并同可比产品计划成本的降低额和降低率相比较，评定企业完成可比产品成本降低的情况，确定各项因素的影响程度，为挖掘潜力、降低成本指明方向。

计划产量、计划品种结构、计划单位成本情况下可比产品成本降低额、成本降低率的计算公式如下。

$$\text{可比产品计划成本降低额}=\begin{matrix}\text{可比产品计划产量按上年}\\\text{单位成本计算的总成本}\end{matrix}-\text{可比产品计划产量计划总成本}$$

$$=\sum\left[\text{计划产量}\times(\text{上年实际单位成本}-\text{本年计划单位成本})\right]$$

$$\text{可比产品计划成本降低率}=\frac{\text{可比产品计划成本降低额}}{\text{可比产品计划产量按上年单位成本计算的总成本}}\times 100\%$$

可比产品实际降低额和实际降低率的计算公式我们前面已经讲过。

【例 9-7】现对【例 9-1】企业本年可比产品成本降低计划，具体内容见表 9-9。

表 9-9 可比产品成本降低计划表

产品名称	摘要	计划数量	成本		计划降低指标	
			上年	计划	降低额	降低率
甲	单位成本	100	120	115	5	4.166 7%
	总成本		12 000	11 500	500	4.166 7%
乙	单位成本	100	65	62	3	4.615 4%
	总成本		6 500	6 200	300	4.615 4%
可比产品总成本		—	18 500	17 700	800	4.324 3%

可比产品计划成本降低额＝18 500－17 700＝800（元）

可比产品计划成本降低率＝800÷18 500≈4.324 3%

因可比产品的实际成本降低额为 1 000 元、可比产品的实际成本降低率为 4%，所以，实际脱离计划差异的相关计算如下。

对成本降低额影响＝1 000－800－200（元）

对成本降低率影响≈4%－4.324 3%＝－0.324 3%

从上述分析结果来看，该厂可比产品成本降低额实际脱离计划差异为 200 元，完成了成本降低计划；可比产品成本降低率实际脱离计划差异为－0.324 3%，没有完成成本降低计划。从品种构成看，甲产品本年实际单位成本低于本年计划单位成本，完成了成本降低计划；乙产品本年实际单位成本高于本年计划单位成本，没有完成成本降低计划。这说明该厂并未全面完成本计划，应进一步分析乙产品成本超支的原因。

2. 影响可比产品成本降低任务完成情况的因素

（1）产品产量。可比产品的计划成本降低额和降低率是根据各种产品的计划产量制定的，而实际成本降低额和降低率是根据实际产量计算的。因此，当产品品种结构和单位成本不变时，产品产量的变动就会使成本降低额发生同方向、同比例的变动，二者成正比例关系，而成本降低率不会发生变化。因为当品种结构不变时，说明各种产品的产量计划完成率相同，在计算成本降低率时，因分子、分母都具有相同的产量增减比例，故保持不变。

假定该厂本期各种产品产量实际比计划都增长了 20%，实际单位成本又完全等于计划单位成本，则可比产品成本降低任务的完成情况见表 9-10。

表 9-10　可比产品成本降低任务的完成情况表

产品名称	摘要	完工数量	成本（元）		实际降低指标	
			上年	实际	降低额（元）	降低率
甲	单位成本	120	120	115	5	4.166 7%
	总成本		14 400	13 800	600	4.166 7%
乙	单位成本	120	65	62	3	4.615 4%
	总成本		7 800	7 440	360	4.615 4%
可比产品总成本		—	22 200	21 240	960	4.324 3%

可比产品的实际成本降低额 960 元比计划成本降低额 800 元增长了 20%。可比产品的实际成本降低率 4.324 3%等于计划成本降低率。

本例题，在产品计划品种结构不变、实际单位成本又完全等于计划单位成本的情况下，可依据上年单位成本计算的总成本应有的甲、乙产品数量来计算可比产品实际产量，计算如下。

$$\frac{25\,000}{18\,500}\times 100\approx 135.135\,135\text{（件）}$$

实际产量、计划品种结构、计划单位成本情况下的可比产品成本降低任务的完成情况见表 9-11。

表 9-11　可比产品成本降低任务的完成情况表

产品名称	摘要	完工数量	成本		实际降低指标	
			上年	实际	降低额	降低率
甲	单位成本	135.135 135	120	115	5	4.166 7%
	总成本		16 216.22	15 540.54	675.68	4.166 7%
乙	单位成本	135.135 135	65	62	3	4.615 4%
	总成本		8 783.78	8 378.38	405.4	4.615 4%
可比产品总成本		—	25 000	23 918.92	1 081.08	4.324 3%

实际产量、计划品种结构、计划单位成本情况下的成本降低额也可以直接计算，计算公式如下。

成本降低额＝可比产品本年产量按上年单位成本计算的总成本×计划成本降低率

$$=\sum(\text{本年实际产量}\times\text{上年实际单位成本})\times\text{可比产品计划成本降低率}$$

≈25 000×4.324 3%＝1 081.08（元）

产品产量变动的影响可用计划品种结构、计划单位成本基础上实际产量的降低额减去计划产量的降低额来表示。上例中的相关计算如下。

产品产量变动对成本降低额影响＝1 081.08－800＝281.08（元）

或

$$=\left(\begin{matrix}\text{可比产品本年产量按上年}\\\text{单位成本计算的总成本}\end{matrix}-\begin{matrix}\text{可比产品计划产量按上年}\\\text{单位成本计算的总成本}\end{matrix}\right)\times\text{可比产品计划成本降低率}$$

≈（25 000－18 500）×4.324 3%＝281.08（元）

产品产量变动对成本降低率影响＝4.324 3%－4.324 3%＝0

（2）产品品种结构。各种可比产品成本降低率有大有小，如果成本降低率大的产品在全部可比产品成本中所占的比重比计划提高，那么全部可比产品成本降低率就会增加，降低额也会相应地增加；反之，可比产品成本降低额和降低率就会减少。

实际产量、实际品种结构、计划单位成本情况下的可比产品成本降低任务的完成情况见表 9-12。

表 9-12　可比产品成本降低任务的完成情况表

产品名称	摘要	完工数量（件）	成本（元）		实际降低指标	
			上年	实际	降低额（元）	降低率
甲	单位成本	100	120	115	5	4.166 7%
	总成本		12 000	11 500	500	4.166 7%
乙	单位成本	200	65	62	3	4.615 4%
	总成本		13 000	12 400	600	4.615 4%
可比产品总成本		—	25 000	23 900	1 100	4.4%

实际产量、实际品种结构、计划单位成本情况下的成本降低额的计算公式如下。

$$\text{成本降低额}=\sum\left[\begin{matrix}\text{实际}\\\text{产量}\end{matrix}\times\left(\begin{matrix}\text{上年实际}\\\text{单位成本}\end{matrix}-\begin{matrix}\text{本年计划}\\\text{单位成本}\end{matrix}\right)\right]$$

实际产量、实际品种结构、计划单位成本情况下成本降低率的计算公式如下。

$$\text{成本降低率}=\frac{\text{该情况成本降低额}}{\sum\left(\begin{matrix}\text{本年实}\\\text{际产量}\end{matrix}\times\begin{matrix}\text{上年实际}\\\text{单位成本}\end{matrix}\right)}\times100\%$$

根据表 9-12 中的数据，计算成本降低率如下。

成本降低率＝1 100÷25 000＝4.4%

从上表可以看出，在单位成本不变的情况下，成本降低率较大的乙产品的产量比重从 35.135%（6 500÷18 500≈35.135%）上升到 52%（13 000÷25 000＝52%），相应地成本降低率较少的甲产品的产量比重也从 64.865%（12 000÷18 500≈64.865%）下降到 48%（12 000÷25 000＝48%），因此，全部产品的成本降低率和成本降低额有所上升。

全部可比产品成本降低率实质上是以各种产品的个别成本降低率为基础，以各种可比产品的比重（即品种结构）为权数计算的平均成本降低率。现将本例可比产品成本降低率分解如下。

$$可比产品计划成本降低率=\frac{500+300}{18\,500}\times100\%$$

$$=\frac{12\,000\times4.166\,7\%+6\,500\times4.615\,4\%}{18\,500}$$

$$=\frac{12\,000}{18\,500}\times4.166\,7\%+\frac{6\,500}{18\,500}\times4.615\,4\%=4.324\,3\%$$

$$可比产品实际成本降低率=\frac{500+600}{25\,000}\times100\%$$

$$=\frac{12\,000\times4.166\,7\%+13\,000\times4.615\,4\%}{25\,000}$$

$$=\frac{12\,000}{25\,000}\times4.166\,7\%+\frac{13\,000}{25\,000}\times4.615\,4\%=4.4\%$$

通过上式计算可以看出，即使个别产品成本降低率没有变化，但只要产品品种构成变动，全部可比产品成本降低率也会发生变化。

结构变动的影响可用实际产量、计划单位成本基础上实际结构的降低额减去计划结构的降低额。本例中产品品种结构变动对成本降低额、成本降低率的影响计算如下。

品种结构变动对成本降低额影响＝1 100－1 081.08＝18.92

品种结构变动对成本降低率影响＝4.4%－4.324 3%＝0.075 7%

或

$$=\frac{品种结构变化对成本降低额影响}{\sum\left(\begin{matrix}本年实\\际产量\end{matrix}\times\begin{matrix}上年实际\\单位成本\end{matrix}\right)}\times100\%$$

$$=18.92\div25\,000\approx0.075\,7\%$$

（3）单位成本。可比产品计划成本降低额和实际成本降低额均是以上年单位成本作为基础计算的。因此，可比产品成本降低任务完成的程度，实际上是各种产品单位成本发生变动所造成的。产品实际单位成本比计划降低越多，成本降低额和降低率也就越大；反之，成本降低额和成本降低率就越少。产品单位成本的变动与成本降低额和降低率的变动反向。

实际产量、实际品种结构、实际单位成本情况下的可比产品成本降低任务的完成情况见表 9-13。

表 9-13　可比产品成本降低任务的完成情况表

产品名称	摘要	完工数量（件）	成本（元）		实际降低指标	
			上年	实际	降低额（元）	降低率
甲	单位成本	100	120	112	8	6.666 7%
	总成本		12 000	11 200	800	6.666 7%
乙	单位成本	200	65	64	1	1.538 5%
	总成本		13 000	12 800	200	1.538 5%
可比产品总成本		—	25 000	24 000	1 000	4%

实际产量、实际品种结构、实际单位成本情况下的成本降低额的计算公式如下。

$$成本降低额=\sum\left[\begin{matrix}本年实\\际产量\end{matrix}\times\left(\begin{matrix}上年实际\\单位成本\end{matrix}-\begin{matrix}本年实际\\单位成本\end{matrix}\right)\right]$$

实际产量、实际品种结构、实际单位成本情况下的成本降低率的计算公式如下。

$$成本降低率=\frac{该情况成本降低额}{\sum\left(\begin{matrix}本年实\\际产量\end{matrix}\times\begin{matrix}上年实际\\单位成本\end{matrix}\right)}\times100\%$$

本例中，成本降低率的计算如下。

成本降低率＝1 000÷25 000＝4%

结构变动的影响可用实际产量、实际结构基础上实际单位成本的降低额减去计划单位成本的降低额。本例中，产品单位成本变动对成本降低额、成本降低率的影响的计算如下。

单位成本变动对成本降低额影响＝1 000－1 100＝－100

单位成本变动对成本降低率影响＝4%－4.4%＝－0.4%

或

$$=\frac{单位成本变化对成本降低额影响}{\sum\left(\begin{matrix}本年实\\际产量\end{matrix}\times\begin{matrix}上年实际\\单位成本\end{matrix}\right)}\times100\%$$

$$=-100\div25\,000=-0.4\%$$

产品单位成本变动对成本降低额的影响可以直接用表 9-14 计算。

表 9-14　单位成本变动对成本降低额的影响表

产品名称	摘要	完工数量（件）	成本（元）		成本降低额（元）
			计划	实际	
甲	单位成本	100	115	112	3
	总成本		11 500	11 200	300
乙	单位成本	200	62	64	－2
	总成本		12 400	12 800	－400
可比产品总成本		—	23 900	24 000	－100

单位成本变动对成本降低额的影响的计算公式如下。

$$单位成本变动对成本降低额的影响=\sum\left[\begin{matrix}本年实\\际产量\end{matrix}\times\left(\begin{matrix}本年计划\\单位成本\end{matrix}-\begin{matrix}本年实际\\单位成本\end{matrix}\right)\right]$$

全部可比产品成本降低额由 1 100 降到 1 000，这是由于甲、乙产品的单位成本实际比计划改变的共同影响。可以看出，甲产品的单位成本实际比计划降低对全部可比产品成本降低额的影响小于乙产品的单位成本实际比计划提高对全部可比产品成本降低额的影响。

可比产品成本降低率进行如下分析。

$$可比产品实际成本降低率=\frac{800+200}{25\,000}\times100\%$$

$$=\frac{12\,000\times6.666\,7\%+13\,000\times1.538\,5\%}{25\,000}$$

$$=\frac{12\,000}{25\,000}\times6.666\,7\%+\frac{13\,000}{25\,000}\times1.538\,5\%=4\%$$

通过上式计算可以看出，即使个别产品品种构成没有变化，但只要个别产品成本降低率变动，全部可比产品成本降低率也会发生变化。

全部可比产品成本降低率由 4.4%降到 4%，这是由于甲、乙产品的成本降低率实际比计划改变的共同影响。同样可看出，甲产品的成本降低率实际比计划提高对全部可比产品成本降低率的影响小于乙产品的成本降低率实际比计划下降对全部可比产品成本降低率的影响。

综上所述，影响可比产品成本降低任务完成的三个因素是产量、品种结构和单位成本，其中，产量因素只影响成本降低额，不影响成本降低率；品种结构和单位成本因素则同时影响成本降低额和成本降低率。

（4）汇总分析。本例中，各因素对成本降低额影响汇总分析如下。

产品产量变动对成本降低额影响＝1 081.08－800＝281.08

品种结构变动对成本降低额影响＝1 100－1 081.08＝18.92

单位成本变动对成本降低额影响＝1 000－1 100＝－100

实际脱离计划对成本降低额影响＝1 000－800＝200

本例中，各因素对成本降低率影响汇总分析如下。

产品产量变动对成本降低率影响＝4.324 3%－4.324 3%＝0

品种结构变动对成本降低率影响＝4.4%－4.324 3%＝0.075 7%

单位成本变动对成本降低率影响＝4%－4.4%＝－0.4%

实际脱离计划对成本降低率影响＝4%－4.324 3%＝－0.324 3%

三、主要产品单位成本分析

产品生产成本计划完成情况的分析，只是对企业成本降低情况进行了总括的分析。为了解每一种产品的成本指标完成情况、查明成本升降的原因，企业还需对各种产品的单位成本进行深入而具体的分析。由于企业生产产品的种类较多，如果对每一种产品的单位成本都进行分析，则不仅会增加不必要的工作量，而且也会使分析工作缺乏重点。因此，一般只对一种或几种成本升降较大或在总产量中所占比重较大的产品进行分析。

分析主要产品单位成本的意义在于：揭示各种产品单位成本及其各个成本项目的变动情况，尤其是各项消耗定额的执行情况；确定产品结构、工艺和操作方法的改变，以及有关技术经济指标变动对产品单位成本的影响，查明产品单位成本升降的具体原因。

分析主要依据主要产品单位成本表、成本计划和各项消耗定额资料及反映各项技术经济指标的业务技术资料等。分析的程序一般是先检查各种产品单位成本实际比计划、比上年实际、比历史最好水平的升降情况；然后，按成本项目分析其增减变动，查明造成单位成本升降的具体原因。

（一）主要产品单位成本变动情况分析

根据前述的主要产品单位成本的有关资料，可编制 12 月甲产品单位成本分析表，见表 9-15。

表 9-15　甲产品单位成本分析表

20××年 12 月　　单位：元

成本项目	历史先进水平	上年实际	本年计划	本月实际	本年累计平均	差异			
						比历史	比上年	比计划	比本年平均
直接材料	56	60	58	56	58	0	－4	－2	－2
直接人工	24	26	26	24	24	0	－2	－2	0
制造费用	28	34	31	30	30	2	－4	－1	0
合计	108	120	115	110	112	2	－10	－5	－2

根据主要产品单位成本表，分析主要产品本期实际单位成本与本年计划、上年实际平均水平、本年累计实际平均、历史最好水平等相比的增减变动情况。对比成本项目，分析该增减变动的驱动因素，比如，经过对比发现，产品单位成本降低主要是由于直接材料、直接人工的节约，或者产品单位成本的升高主要是由于制造费用的超支等。为了查明产品单位成本及其成本项目变动的原因，还须进一步对各个成本项目，特别是重点项目，进行具体分析。

（二）主要成本项目分析

1. 直接材料项目分析

直接材料费用的变动主要受单位产品原材料消耗数量和原材料价格两个因素的变动影响。通常，将耗用量对材料费用变动的影响数称为直接材料用量差异，是指由于材料的实际耗用量脱离标准耗用量而形成的成本差异；单价对材料费用变动的影响数称为直接材料价格差异，是指由于材料实际价格脱离标准价格而形成的材料成本差异。它们对直接材料成本的影响，可用下列公式计算确定。

直接材料价格差异＝（实际价格－计划价格）×实际单耗

直接材料用量差异＝（实际单耗－计划单耗）×计划价格

【例 9-8】有关资料见表 9-16。

表 9-16　乙产品原材料费用分析表

单位：元

材料名称		计划	实际	差异
A材料	单耗	10	11	1
	单价	18	19	1
	成本	180	209	29
B材料	单耗	20	19	－1
	单价	15	14	－1
	成本	300	266	－34
成本合计		480	475	－5
减：废料回收价值		30	20	－10
合计		450	455	5

乙产品原材料费用实际比计划降低 5 元，其他相关计算如下。

（1）直接材料用量差异计算如下。

A 材料＝（11－10）×18＝1×18＝18（元）

B 材料＝（19－20）×15＝-1×15＝-15（元）

合计　　　　　　　　　3（元）

（2）直接材料价格差异计算如下。

A 材料＝（19－18）×11＝1×11＝11

B 材料＝（14－15）×19＝－1×19＝－19

合计　　　　　　　　　－8

两因素变动共使乙产品原材料费用降低 5 元（3－8＝－5）。

影响材料价格的因素很多，其中，有些是企业不可控制的，如市价变动；有些却是可控制的，如采购的时间、地点、渠道、货运方式、材料品质、采购数量等。影响材料消耗量的因素也很多，基本上都是可以控制的，如生产批量、材料的代用及综合利用程度、材料质量、生产工人技术操作水平等。通过分析，查清哪些是可控因素，哪些是不可控因素，以便作出正确评价。

这里重点分析原材料消耗数量的变动情况和变动原因。影响单位产品原材料消耗数量变动的原因很多，归纳起来主要有以下几个方面。

（1）产品或产品零、部件结构的变化。在保证产品质量的前提下，改进产品设计，使产品结构合理，体积缩小，重量减轻，就能减少原材料消耗，降低原材料费用。

减轻产品重量对单位产品原材料费用的影响的计算公式如下。

$$\text{产品重量变化对单位产品直接材料的影响}=\left(1-\frac{\text{变化后产品重量}}{\text{变化前产品重量}}\right)\times\text{变化前单位产品直接材料}$$

【例 9-9】假定企业用钢材制造某种产品，产品原净重 20 千克，耗用钢材的成本为 1 000 元。改进产品设计后，产品结构更加合理，产品净重缩减为 18 千克。这项措施使产品单位成本下降，相关计算如下。

$$\left(1-\frac{18}{20}\right)\times 1\,000=100\text{（元）}$$

也可以直接计算改进后新的产品单位成本。

$$\frac{1\,000}{20}\times 18=900\text{（元）}$$

（2）原材料加工方法的改变。改进工艺和加工方法或采取合理的套裁下料措施，减少毛坯的切削余量和工艺损耗，就能提高原材料利用率，节约原材料消耗，降低产品成本。

原材料利用率是反映原材料有效利用程度的指标，其计算公式如下。

$$\text{原材料利用率}=\frac{\text{产品有效重量}}{\text{投入生产的原材料重量}}\times 100\%$$

$$\begin{array}{c}\text{原材料利用率变化对}\\\text{单位产品直接材料的影响}\end{array}=\left(1-\frac{\text{变化前原材料利用率}}{\text{变化后原材料利用率}}\right)\times\text{变化前单位产品直接材料}$$

【例 9-10】某种产品改进原材料加工方法前后的有关资料见表 9-17。

表 9-17　原材料利用率分析表

产量 50 件

项目	单位	改进前	改进 1	改进 2
材料消耗总量	千克	9 000	8 000	7 500
材料单价	元	10	10	10
材料总成本	元	90 000	80 000	75 000
加工后产品净重	千克	7 200	7 200	6 750
单位净重	千克	144	144	135
单位消耗	千克	180	160	150
单位材料成本	元	1 800	1 600	1 500

改进前变化到改进 2，单位产品原材料费用降低了 300 元（1 800－1 500＝300（元）），是由于原材料利用率提高和产品净重降低两个因素引起的。我们先分析原材料利用率提高对单位产品原材

料费用的影响，在此基础上，再分析减轻产品净重对单位产品原材料费用的影响。

先分析改进前变化到改进1。

$$改进前原材料利用率=\frac{7\,200}{9\,000}\times100\%=80\%$$

$$改进1原材料利用率=\frac{7\,200}{8\,000}\times100\%=90\%$$

$$改进2原材料利用率=\frac{6\,750}{7\,500}\times100\%=90\%$$

$$\begin{matrix}原材料利用率变化对单\\位产品直接材料的影响\end{matrix}=\left(1-\frac{80\%}{90\%}\right)\times1\,800=200$$

改进1变化到改进2是在相同原材料利用率情况下，减轻产品净重对单位产品原材料费用的影响，其计算公式如下。

$$产品净重变化对单位产品直接材料的影响=\left(1-\frac{变化后产品净重}{变化前产品净重}\right)\times变化前单位产品直接材料$$

根据【例9-10】中的数据，计算如下。

$$产品净重变化对单位产品直接材料的影响=\left(1-\frac{135}{144}\right)\times1\,600=100$$

（3）材料质量的变化。实际耗用的原材料质量如高于计划规定，可能会提高产品质量，或者节约材料消耗，但材料费用会升高。如果质量低于计划要求，价格虽低，但会增大材料消耗量，会增加生产操作时间，或者降低产品质量。

（4）原材料代用或配料比例的变化。在保证产品质量的前提下，采用廉价的代用材料，选用经济合理的技术配方，就会节约原材料消耗或降低原材料费用。

（5）原材料综合利用。有些工业企业在利用原材料生产主产品的同时，还生产副产品，开展原材料的综合利用。这样就可以将同样多的原材料费用分配到更多品种和数量的产品，从而降低主产品的原材料费用。

（6）生产中产生废料数量和废料回收利用情况的变化。

此外，生产工人的劳动态度、技术操作水平、机械设备性能及材料节约奖励制度的实施等都会影响原材料消耗数量的增减。

2. 直接人工项目分析

单位产品生产成本中的工资费用的确定，与企业采用的工资制度有着密切联系。在计件工资制度下，影响工资费用变动的因素是计件单价及生产工艺和工作条件。在计时工资制度下，多数企业的工资是按生产工时比例分配计入产品，相关公式如下。

直接人工差异＝单位实际直接人工－单位计划直接人工

＝实际单位工时×实际小时工资率－计划单位工时×计划小时工资率

影响单位产品工资成本的因素是：单位产品工时消耗变动，即人工成本用量差异它是指实际使用的人工工时脱离标准而形成的差异，通常称为人工效率差异，反映劳动生产率的高低，劳动生产率越高，单位产品的生产工时消耗就越小。小时工资率变动差异，即人工成本的价格差异，是指由于实际小时工资率脱离标准而形成的差异，通常称为人工工资率差异，反映生产工人平均工资的高低，小时工资率越高，单位产品中包括的工资费用就越高。两种差异的具体计算公式如下。

直接人工工资率差异＝（实际小时工资率－计划小时工资率）×实际单位工时

直接人工效率差异＝（实际单位工时－计划单位工时）×计划小时工资率

【例 9-11】有关资料见表 9-18。

表 9-18 乙产品直接人工费用分析表

项目	计划	实际	差异
产品单位工时	10	11	1
小时工资率	12	13	1
直接人工单位成本	120	143	23

乙产品直接人工实际比计划上升 23 元，相关计算如下。

直接人工效率差异＝（11－10）×12＝1×12＝12

直接人工工资率差异＝（13－12）×11＝1×11＝11

合计 23

造成工资率上涨的因素很多，有的是不可控的，如国家统一调整工资；有的是可控的，如生产工人调度、工作安排、事前筹划等。造成工资效率上涨的因素也很多，但基本上都是可控的，如工人技术熟练程度、工作环境、生产计划安排、工作准备时间、材料和动力供应、材料质量等。所以，应深入实践调查研究，并结合班组经济核算的资料，才能查明单位产品工时变动的具体原因。

3. 制造费用项目分析

制造费用是指在生产中发生的那些不能归入直接材料、直接人工的各种间接费用。制造费用通常按照各种产品的耗用工时比例进行分配。相关计算公式如下。

制造费用差异＝单位实际制造费用－单位计划制造费用

＝实际单位工时×实际小时制造费用率－计划单位工时×计划小时制造费用率

影响单位产品制造费用成本的因素是：单位产品工时消耗变动，指实际使用的人工工时脱离标准而形成的差异，通常称为制造费用效率差异，反映劳动生产率的高低，劳动生产率越高，单位产品的生产工时消耗就越小。小时制造费用率变动差异，即制造费用的价格差异，指由于实际小时制造费用率脱离标准而形成的差异，通常称为制造费用分配率差异，小时制造费用率越高，单位产品中包括的制造费用就越高。两种差异的具体计算公式如下。

制造费用分配率差异＝（实际小时制造费用率－计划小时制造费用率）×实际单位工时

制造费用效率差异＝（实际单位工时－计划单位工时）×计划小时制造费用率

【例 9-12】有关资料见表 9-19。

表 9-19 乙产品制造费用分析表

项目	计划	实际	差异
产品单位工时	10	11	1
小时制造费用率	20	18	－2
制造费用单位成本	200	198	－2

乙产品直接人工实际比计划上升 23 元，相关计算如下。

制造费用效率差异＝（11－10）×20＝1×20＝20

制造费用分配率差异＝（18－20）×11＝－2×11＝－22

合计 －2

四、各种费用明细表分析

制造费用、产品销售费用、管理费用和财务费用，都是由许多具有不同经济性质和不同经济用途的费用组成的。这些费用支出的节约或浪费，往往与企业管理部门和生产车间工作的质量和有关责任制度、节约制度的贯彻执行情况密切相关。因此，向各有关部门、车间编报上述报表，分析这些费用的支出情况，不仅是促进节约各项制造费用支出，杜绝一切铺张浪费，不断降低成本和增加盈利的重要途径，同时也是推动企业改进经营管理工作，提高工作效率的重要措施。

对上述各种费用进行分析，首先应根据表中资料以本年实际与本年计划相比较，确定实际脱离计划差异，然后分析差异的原因。各项费用所包括的费用项目具有不同的经济性质和用途，各项费用的变动又分别受不同因素变动影响，因此，在确定费用实际支出脱离计划差异时，应按各组成项目分别进行，而不能只检查各种费用总额计划的完成情况，不能用其中一些费用项目的节约来抵补其他费用项目的超支。同时，要注意不同费用项目支出的特点，不能简单地把任何超过计划的费用支出都认为是不合理。同样，对某些费用项目支出的减少也要做具体分析：有的可能是企业工作成绩，有的则可能是企业工作中的问题。不能孤立地看费用是超支了还是节约了，而应结合其他有关情况，结合各项技术组织措施效果来分析，结合各项费用支出的经济效益进行评价。

在按费用组成项目进行分析时，由于费用项目多，所以每次分析只能抓住重点，对其中费用支出占总支出比重较大的，或与计划相比发生较大偏差的项目进行分析。特别应注意那些非生产性的损失项目，如材料、在产品和产成品等存货的盘亏和毁损。因为这些费用的发生与企业管理不善直接相关。

分析时，除以本年实际与本年计划相比、检查计划完成情况外，为了从动态上观察、比较各项费用的变动情况和变动趋势，还应将本月实际与上年同期实际进行对比，以了解企业工作的改进情况，并将这一分析与推行经济责任制结合，与检查各项管理制度的执行情况结合，以推动企业改进经营管理，提高工作效率，降低各项费用支出。

为了深入地研究各种费用变动的原因，评价费用支出的合理性，寻求降低各种费用支出的途径和方法，也可按费用的用途及影响费用变动的因素，将各种费用包括的各种费用项目按以下类别归类进行研究。

（1）生产性费用。制造费用中的折旧费、修理费、机物料消耗等属于生产性费用。这些费用的变动与企业生产规模、生产组织、设备利用程度等有直接联系。这些费用的特点：在业务量一定的范围下，相对固定，超过这个范围就可能上升。分析时，应根据这些费用的特点，联系有关因素的变动评价其变动的合理性。

（2）管理性费用。行政管理部门人员的工资、办公费、业务招待费等属于管理性费用。管理性费用的多少主要取决于企业管理系统的设置和运行情况及各项开支标准的执行情况。分析时，除按明细项目与限额指标相比分析其变动原因外，还应从紧缩开支、提高工作效率的要求出发，检查企业对有关精简机构、减少层次、合并职能、压缩人员等措施的执行情况。

（3）发展性费用。设计制图费、试验检验费、研究开发费等属于发展性费用。这些费用与企业的发展相关，实际上是对企业未来的投资。但是这些费用应当建立在规划的合理、经济、可行的基础上，而不是盲目地进行研究开发，应将费用的支出与取得的效果联系起来进行分析评价。

（4）防护性费用。劳动保护费、保险费等属于防护性费用。这类费用的变动直接与劳动条件的改善、安全生产等相关。显然，对这类费用的分析就不能认为支出越少越好，而应结合劳动保护工作的开展情况，分析费用支出的效果。

（5）非生产性费用。这类费用主要指材料、在产品、产成品的盘亏和毁损。分析这类费用发生的原因，必须从检查企业生产工作质量、各项管理制度是否健全及库存材料、在产品和产成品的保管情况入手，并把分析与推行和加强经济责任制结合起来。

练习与思考

一、判断题

1. 成本报表分析是以成本报表所提供的资料为依据，运用科学的分析方法所进行的分析，属于事后分析。（　　）

2. 成本报表分析的过程，实际上是分析（分解）和综合相结合的过程。（　　）

3. 连环替代法是用来计算几个相关联系的因素，对综合经济指标的变动影响原因的一种分析方法。（　　）

4. 在连环替代法下，如果既有实物量指标，又有价值量指标，一般先替换价值量指标后，再替换实物量指标。（　　）

5. 当本年度可比产品实际单位成本比计划单位成本降低或升高时，必然会引起成本降低额和降低率的变动。（　　）

二、单项选择题

1. 可比产品成本降低额与降低率之间的关系是（　　）。

A. 成反比　　B. 成正比　　C. 同方向变动　　D. 无直接关系

2. 企业成本报表（　　）。

A. 是对外报送的报表

B. 是对内编报的报表

C. 由有关部门规定哪些指标对外公布，哪些指标不对外公布

D. 可根据债权人和投资人的要求，确定哪些指标对外公布，哪些指标不对外公布

3. 主要产品单位成本的一般分析，通常首先采用（　　）进行分析。

A. 比较分析法　　B. 趋势分析法　　C. 比率分析法　　D. 连环替代法

4. 采用连环替代法，可以揭示（　　）。

A. 产生差异的因素　　B. 实际数与计划数之间的差异

C. 产生差异的因素和各因素的影响程度　　D. 产生差异的因素和各因素的变动原因

5. 将不同时期同类指标的数值对比求出比率，据以分析该项指标的增减变动和变动趋势的分析法是（　　）。

A. 动态比率分析　　B. 相关指标比率分析

C. 构成比率分析　　D. 比较分析

三、多项选择题

1. 主要产品单位成本表反映的单位成本包括（　　）。

A. 本月实际　　B. 历史先进水平

C. 本年计划　　D. 同行业同类产品实际

E. 上年实际平均

2．生产多品种情况下，影响可比产品成本降低额变动的因素有（　　）。

A．产品产量　　B．产品单位成本
C．产品价格　　D．产品品种结构
E．产品重量

3．生产多品种情况下，影响可比产品成本降低率变动的因素有（　　）。

A．产品产量　　B．产品单位成本
C．产品价格　　D．产品品种结构
E．产品重量

4．产品生产成本表的结构包括（　　）。

A．可比产品成本表　　B．单位产品成本表
C．基本报表　　D．补充资料
E．不可比产品成本表

5．比较分析法是指通过指标对比，从数量上确定差异的一种分析法。实际工作中采用的形式通常有（　　）。

A．以成本的实际指标与成本计划或定额指标对比
B．以两个性质不同但又相关的指标对比
C．以不同时期指标的数值的对比
D．以本期实际成本指标与前期的实际成本指标对比
E．以本企业实际成本指标与国内外同行业先进指标对比

四、简答题

1．什么是成本报表？它的作用有哪些？
2．编制成本报表应符合哪些要求？
3．简述成本报表分析的程序和方法。
4．什么是比较分析法？通常采用的形式有哪些？
5．什么是比率分析法？有哪些种类？
6．简述连环替代分析法的概念及特点。
7．影响可比产品成本降低计划完成情况的因素有哪些？
8．怎样进行主要产品单位产品成本分析？
9．如何进行制造费用明细表的分析？

五、业务题

1．某企业20××年12月产品生产成本表的结构与内容见表9-20。

表9-20　产品生产成本表

20××年12月　　单位：元

产品名称	摘要	本年累计			
		完工数量	上年实际	本年计划	本年累计实际
甲	平均单位成本	100	210	206	204
	总成本		21 000	20 600	20 400

续表

产品名称	摘要	本年累计			
		完工数量	上年实际	本年计划	本年累计实际
乙	平均单位成本	200	108	100	104
	总成本		21 600	20 000	20 800
可比产品总成本小计		—	42 600	40 600	41 200
丙	平均单位成本	100	—	120	125
	总成本		—	12 000	12 500
不可比产品总成本小计		—	—	12 000	12 500
全部产品合计		—	—	52 600	53 700

假定甲产品的计划产量为 100 件，乙产品的计划产量为 100 件。

要求：（1）分析全部产品成本计划完成情况；（2）分析可比产品成本降低计划完成情况。

2. 假定某工业企业 20×1 年到 20×5 年的 5 年间，某种产品的实际单位成本分别为 180 元、182 元、184 元、185 元和 188 元。

要求：（1）以第一年为基期，计算其他各年与之相比的比率；（2）以上一年为基期，计算各年环比的比率。

3．有关资料见表 9-21。

表 9-21　甲产品原材料费用分析表

材料名称		计划	实际	差异
A材料	单耗	20	19	
	单价	10	11	
	成本			
B材料	单耗	32	34	
	单价	15	14	
	成本			
成本合计				

要求：根据上述资料，分析影响甲产品原材料费用变动的因素和各因素对变动的影响程度。

4．某种产品改进原材料加工方法前后的有关资料见表 9-22。

表 9-22　原材料利用率分析表

产量 10 件

项目	单位	改进前	改进后
材料消耗总量	千克	1 900	1 600
材料单价	元	10	10
材料总成本	元	19 000	16 000
加工后产品净重	千克	1 596	1 536

续表

项目	单位	改进前	改进后
单位净重	千克		
单位消耗	千克		
单位材料成本	元		

要求：根据上述资料，分析由于原材料利用率提高和产品净重降低两个因素对单位产品原材料费用的影响。

5．某工业企业12月份产品生产成本表中，可比产品本年累计总成本资料如下。

按上年实际平均单位成本计算的累计总成本：250 000元。

按本年计划单位成本计算的累计总成本：243 000元。

本年实际累计总成本：245 000元。

本年可比产品成本计划降低额为4 800元，计划降低率为1.8%。

要求：（1）计算可比产品实际比计划成本降低额和实际比计划成本降低率；（2）计算可比产品成本的实际降低额和实际降低率；（3）计算可比产品成本降低计划的执行结果。

第十章 成本会计专题

【学习目标】

1.了解作业成本法产生的时代背景。

2. 理解作业成本、质量成本、环境成本、人力资源成本和战略成本的内涵。

3. 熟悉质量成本、环境成本、人力资源成本和战略成本的核算与管理。

4. 掌握作业成本法的基本原理与一般核算程序。

【关键词】

作业成本　质量成本　环境成本　人力资源成本　战略成本　价值链分析

【引例】

半个世纪以来，大众出版、教育出版和专业出版发展为国际三大出版领域，但是最近10年，数字化、网络化等新技术改变了人们的生活、生产和工作方式，国内外出版传媒业格局也在随之改变。国内某财经类出版社的主要产品是教科书、大众图书和其他图书三类，并且一直把教育部推荐范围的教科书列在其首要发展地位，但是近年利润水平连年下滑，教科书在总收入中占比不断下降，大众图书在总收入中增长速度较快，其他图书的销售额也有所增长。面对困局，出版社张社长专门召集了由各部门主管人员参加的战略转型研讨会。入会人员分析了教科书与大众图书的优势与劣势、机会与威胁。在研讨中，张社长也看到了教科书与大众图书两类图书各有风险。几次讨论下来，张社长面临两难选择：若把重点放在教科书上，教科书的收入日趋下降，利润不断减少；若把重点放在大众图书上，能够兼顾理论与实务的作者又缺乏。最终，张社长考虑还是得从出版社的价值链分析入手，对大众图书进行市场细分，制定出版社的竞争战略。企业价值链管理与成本管理有何关系？

第一节 作业成本法

一、作业成本法的兴起

作业成本法（acttivity-based costing，ABC）的基本思想最早由美国会计学者科勒在20世纪30年代末40年代初提出，但对它的全面研究却是20世纪七八十年代的事情，而其在企业中的应用则始于20世纪80年代末期。任何理论和方法的产生都不是偶然的，都有着深刻的时代背景。作业成本法的产生也不例外。

20世纪70年代以来，高科技的应用，对社会生产的发展起到了极大的推动作用。这个时候，日本及欧美各国纷纷实行自动化生产、电脑辅助设计及电脑制造。这就为生产经营的革命性变革提出了要求，同时也为它提供了技术上的可能。在此期间，西方发达国家相继步入富裕社会，消费者的行为变得极具选择性。这就要求企业必须及时地向消费者提供更加多样化和更具个性、日新月异的产品和服务，否则就会在市场竞争中被淘汰。市场的这种变化，对传统的生产组织形式提出了挑战。在市场竞争的压力下，企业不得不放弃大量大批生产产品以待销售的传统做法，而改用能对顾客多样化的、日新月异的需要迅速做出反应的弹性制造系统（flexible manufacturing system，FMS）。

为了有效运用当代高科技的优势，以适应富裕社会顾客需求日新月异的变化，并实现企业的经营目标——股东投资报酬的现值最大化，于是在管理思想上发生了重大变革，形成了新的企业观。所谓新的企业观，就是把企业看做为最终满足顾客需要设计的“一系列作业”的集合体，形成了一个由此及彼、由内到外的作业链（activity）。每完成一项作业要消耗一定的资源，而作业的产出（activities output）又形成一定的价值，转移到下一项作业。按此逐步推移，直到产品最终提供给企业外部的顾客。为了最大限度地消除不增加价值的作业（即没有它并不会对最终产品的质量造成任何损害的、企业渴望并能够消除的作业），尽可能提高增加价值作业的运作效益，企业就必须实施适时制生产方式（jast in time，JIT）和全面质量管理（total quality control，TQC）。

所谓适时制生产方式，就是企业应适时地将外购原材料或零部件投入生产，各个零部件适时地加工完成，组装成产品后适时地提供给外部顾客，即要求以顾客的需要为出发点，实现零库存。而适时制生产方式和全面质量管理的实施，要求将企业的经营管理工作深入到作业层次，只有对各项作业实施有效的管理才能保证它们的有效运行。

满足经营管理的需求是对成本核算的根本性要求。上述企业经营管理方式的变化，必然会对传统的成本计算方法产生前所未有的冲击。它要求成本核算工作由以产品为中心转移到以作业为中心，建立起一个以作业为基本对象的科学的成本信息系统，使之贯穿于作业管理的全过程，以便通过它对所有作业活动进行追踪，进行动态反映，提供更为相关、精细的信息，并在此基础上建立起更为科学、有效的决策、计划、控制、分析和考评机制，以促进企业作业管理水平的提高。

生产经营活动自动化的实现，以及弹性制造系统、适时制生产方式和全面质量管理的实施，会使企业的间接费用大大增加，并且在构成内容上大大复杂化。比如，在弹性制造系统下，用于产品设计、制样、取得订单、材料采购以及生产设备调整方面的费用会大大增加；在适时制生产方式下，需要更多的组织协调费用等。有资料表明，20 世纪 80 年代间接费用在产品生产成本中所占的比重，美国为 35%，日本为 26%。就美日的电子和机器制造业看，这一比重在日本高达 50%～60%，在美国高达 75%。同时，产品的多样化，也会使各种产品在技术层次（精密程度）上相差较大。在这种情况下，为了正确计算产品成本，提供更为广泛和相关的成本信息，以满足企业经营管理的需要，客观上就要求把成本计算的重点放到间接制造费用上来。显然，传统的成本计算方法不能满足已经变化了的企业经营管理的需要。因为在传统的产品成本计算中，一般是将除直接材料和直接人工以外的其他生产费用都归入制造费用，并采用单一的分配标准（如直接人工工时或机器工时等）在各种产品之间进行分配。这种制造费用的分配方法不仅提供的成本信息非常有限，而且往往使生产量大、技术上不很复杂的产品成本偏高，生产量较小、技术上比较复杂的产品成本偏低，从而使成本信息失真。因此，为了适应已经变化了的客观环境，对制造费用的核算进行根本性变革就是不可避免的了。

综上所述，新技术革命和日趋激烈的市场竞争，以及由此而带来的企业生产经营管理思想和方法的深刻变革，都要求成本会计进行革新，呼唤新的成本计算方法的出现。于是，以作业量为成本分配基础，以作业为成本计算的基本对象，旨在为企业作业管理提供更为相关、相对准确的成本信息的成本计算方法——作业成本计算法就应运而生了。

作业成本法的本质就是要确定分配间接费用的合理基础——作业，并引导管理人员将注意力集中在发生成本的原因——成本动因上，而不仅仅是关注成本结果本身；通过对作业成本的计算和有效控制，来克服传统的以交易或数量为基础的成本系统中间接费用责任不清的缺陷，使以前的许多不可控间接费用变成可控的。因此，可以说作业成本计算是一场真正的成本会计革命。

二、作业成本法的基本原理

（一）作业成本法的基本概念

1. 作业与作业中心

作业（activity）是指企业为了提供一定数量的产品或劳务所消耗的人力、技术、原材料、方法和环境的集合体。它是作业成本法下最基本的概念，是进行作业成本计算的核心和基础。通俗地讲，作业也就是基于一定目的、以人为主体、消耗一定资源的特定范围内的工作。常见的作业可以分为以下四类。

（1）单位水平作业（unit-level activity）。此类作业为使单位产品受益的作业，具有重复性，每生产一单位产品即需要作业一次，所耗成本将随产品数量而变动，与产品产量成比例变动，如直接材料、直接人工等。

（2）批别水平作业（batch-level activity）。此类作业为使一批产品受益的作业。例如，对每批产品的检验、机器准备、原材料处理、订单处理等。这些作业的成本与产品的批数成比例变动。

（3）产品水平作业（product-level activity）。此类作业为使某种产品受益的作业，如对每一种产品编制数控规划、材料清单。这种作业的成本与产品产量及批数无关，但与产品项目成比例变动。

（4）维持水平作业（facility-level activity）。此类作业为使某个机构或某个部门受益的作业。它与产品的种类和某种产品的多少无关。

作业中心（activity center）是指一系列相互联系、能够实现某种特定功能的作业集合，可以由一项作业或一组作业组成。例如，原材料接收作业中，材料接受、材料入库、材料仓储保管等都是相互联系的，并且都可以归于材料处理作业中心。建立作业中心的主要目的是为了归集每一类作业的成本，简化作业成本计算。

2. 作业链和价值链

作业链（activity chain）是指企业为了满足顾客需要而建立的一系列有序的作业集合体。作业成本法认为，企业管理深入到作业层次以后，现代企业实质上是一个为了满足顾客需要而建立的一系列有序的作业集合体，而这集合体形成了一个由此及彼、由内向外的作业链。作业链图示见图 10-1。

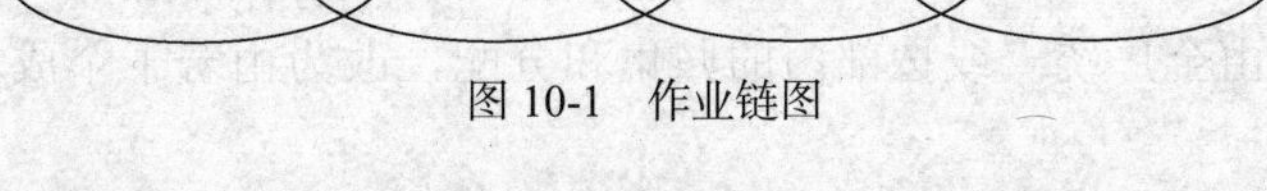

图 10-1　作业链图

每完成一项作业要消耗一定量的资源，而作业的产出又形成一定的价值，转移给下一个作业，按此逐步推移，直至最终把产品提供给企业外部的顾客。作为企业内部一系列需要的总产出，最终产品凝集了在各个作业上形成而最终转移给顾客的价值。因此，作业链同时也表现为价值链，作业的推移同时也表现为价值在企业内部的逐步积累和转移，最后形成转移给外部顾客的总价值。这个总价值即产品的成本。因此，价值链与作业链紧密相关。按ABC法的原理，产品消耗作业，作业消耗资源，一项作业转移到另一项作业的过程伴随着价值量的转移，最终产品是全部作业的集合，同时也是全部作业的价值集合。

3. 成本动因

成本动因（cost driver）是指引起成本发生的因素，一般统称为分配基础。它是决定成本发生的那些重要的活动或事项。成本动因可以是一个事件、一项活动或作业。它支配成本行为，决定成本的产生。如果某一作业的成本与产品产量直接相关，可以产量作为作业成本与产品之间的动因：如果某一作业的成本与产品消耗的机器小时直接相关，则可选择机器小时作为作业成本与产品之间的动因。所以，要把间接成本分配到各产品中去，必须要了解成本行为，识别恰当的成本动因。根据成本动因在资源流动中所处的位置，通常可将其分为资源动因和作业动因两类。

（1）资源动因。所谓资源动因，通俗地讲，就是资源被各种作业消耗的方式和原因。它反映作业中心对资源的消耗情况，是资源成本分配到作业中心的标准。例如，如果人工方面的费用主要与从事各项作业的人数相关，那么就可以按照人数来向各作业中心（作业成本库）分配人工方面的费用。这时，从事各项作业的人数就是一个资源动因。

（2）作业动因。所谓作业动因，通俗地讲，就是各项作业被最终产品或劳务消耗的方式和原因。它反映产品消耗作业的情况，是作业中心的成本分配到产品中的标准。例如，如果在各种产品或劳务的每份订单上所耗用的费用基本相当，那么就可以按照订单份数来向各种产品或劳务分配订单作业成本。这时，订单的份数就是一项作业动因。

（二）作业成本法的基本原理

作业成本法下，费用的分配与归集是基于以下基本认识来进行的。

（1）作业消耗资源，产品消耗作业。

（2）生产导致作业的发生，作业导致成本的发生。

作业成本法对直接材料、直接人工等直接成本的核算与传统的成本计算方法并无不同，其特点主要体现在间接制造费用的核算上。

在传统的成本计算方法下，对于间接制造费用，通常是在全厂范围内采用一个费用分配率进行一次性分配，或者是先将制造费用按生产部门归集，然后再按一系列的部门分配率进行分配。至于各生产部门制造费用分配的标准，则根据各个生产部门的生产特点选取。例如，劳动密集型的部门以人工工时或人工成本作为制造费用的分配标准；机器密集的部门以机器小时为制造费用的分配标准；以耗用原材料为主的部门，则以原材料成本为制造费用的分配标准。上述传统的制造费用分配方法最显著的特点就是假设制造费用的发生完全与生产数量相联系，因而它把直接人工工时、直接人工成本、机器小时、原材料成本或主要成本作为制造费用的分配标准。据此我们可以说，传统的制造费用分配方法，满足的只是与生产数量有关的制造费用的分配。

在作业成本法下，对制造费用的分配进行了根本性变革，具体体现在以下几个方面。

（1）将制造费用由全厂统一或按部门的归集和分配，改为由若干个成本库分别进行归集和分配。

（2）增加了分配标准，由单一标准（直接人工工时或机器小时等）分配改为按引起制造费用发生的多种成本动因进行分配。

作业成本法下，制造费用的核算分为两步：第一步，将制造费用计入作业基础成本库中；第二步，得出和使用一系列作业成本动因分配率，将归集的成本一一分配给各种产品。

由上述的ABC制造费用分配的基本运行程序可以看出，它的正确实施主要取决于作业成本库的选择、将制造费用归集到各作业成本库的中介标准的选择以及作业成本动因的选择这三个方面的问题。

三、作业成本法的一般程序

（一）作业成本法的基本程序

作业成本法下，成本的分配过程分两步进行：第一步，将资源成本按资源动因分配到作业；第二步，将作业成本按作业动因分配到产品。计算分配见图10-2。

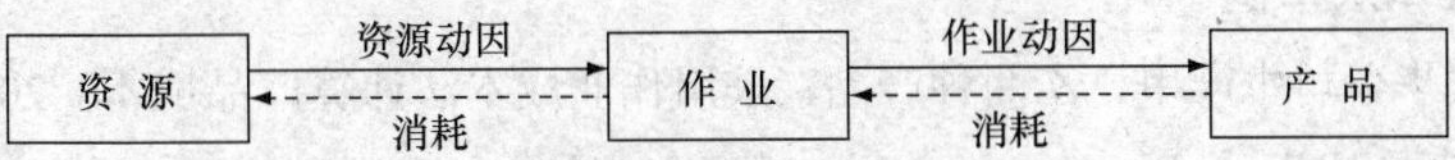

图10-2　作业成本分配流程图

作业成本法的基本核算程序是：先将各类资源价值分配到各作业成本库，然后再将各作业成本库所归集的成本分配给各种产品。具体包括以下六个步骤。

（1）确定成本计算对象。如，以产品的品种、步骤或批别为成本计算对象。

（2）确定直接成本的类别。直接成本一般包括直接材料、直接人工等。

（3）确定间接成本库（作业成本库）。根据作业分析所确定的作业中心建立作业成本库，并按照作业成本库来归集费用，计算各作业中心的作业成本。在这里需要特别指出的是，在建立作业成本库时，应保证库内所归集的成本的同质性。所谓同质性，是指可以用共同的成本动因来解释库内所归集成本的变动。在作业成本库建立之后，如何将各类资源的价值耗费，向各该作业成本库进行分配，就成为本步骤的重要内容。按照作业成本计算的规则，作业量的多少决定着资源的消耗量，资源消耗量的高低与最终产品的产出量没有直接关系。所以这一步骤分配资源的价值耗费的基础是反映资源消耗量与作业量之间关系的资源动因，即如何正确地确定资源动因是正确地将各类资源耗费分配计入各作业成本库的关键。

（4）选择成本分配基础。在按作业中心将各资源成本归集到各个成本库后，需要选择恰当的成本分配基础，也即成本动因分配作业库的成本。选择成本动因就是根据追踪的资源，选择分配各作业中心成本的标准。比如，生产调度作业的作业衡量标准是生产订单数量，机器设备作业的作业衡量标准是机器工时数。

（5）计算间接成本分配率。根据作业中心归集的作业成本以及确定的成本动因，可以计算各项间接成本分配率，也即作业成本动因分配率，以分配各项间接成本。计算公式如下。

作业成本动因分配率＝该作业的成本合计数/该作业的成本分配基础

（6）计算各产品成本。相关计算包括：将各产品发生的直接生产成本和分得的各项间接成本分别汇总，即可得各产品的总成本；将各产品的总成本除以各产品的数量，即为各产品的单位成本。

作业成本法的成本计算程序如图10-3所示。

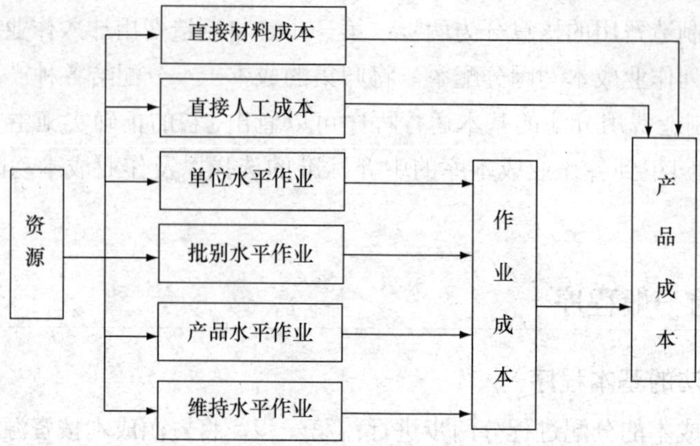

图 10-3　产品成本流程图

（二）作业成本法举例

【例 10-1】大华公司生产甲、乙两种产品，采用作业成本法计算产品成本。20××年 12 月份的产量及成本资料见表 10-1。

表 10-1　产量及成本资料

单位：元

项目	甲产品	乙产品	合计
产销量/件	5 000	20 000	25 000
直接人工/小时	10 000	40 000	50 000
机器/小时	12 000	18 000	30 000
直接材料成本	97 500	630 000	727 500
直接人工成本	—	—	375 000
间接材料成本	—	—	339 600
间接人工成本	—	—	360 000
其他间接费用	—	—	612 900

通过对该企业的生产工艺流程和间接成本进行分析，确定该企业的制造费用由生产订单、材料接收、设备调试、设备运行、质量检查五个作业引起。全年制造费用共 1 313 500 元。对该月的资源成本进行分析后，编制资源成本分配表，见表 10-2。

表 10-2　资源成本分配表

单位：元

产品或作业	直接材料	间接材料	直接人工	间接人工	其他间接成本	合计
甲产品	97 500		75 000			1 725 000
乙产品	630 000		300 000			930 000
订单处理		16 500		45 000	60 000	121 500
材料接收		15 000		75 000	45 000	135 000
设备调试		105 000		45 000	195 000	345 000
设备运行		156 000		75 000	240 000	471 000
质量检查		47 100		120 000	72 900	240 000
合计	727 500	339 600	375 000	360 000	612 900	2 415 000

表 10-2 中，直接材料按产品类别进行归集，直接人工成本以直接人工小时为标准分配，间接人工成本按职工所服务的对象计入到各作业，其他根据实际情况分析归集到各作业中。限于篇幅，这些资源成本的分配标准，资源动因数量的具体数据不再一一列示。

在将资源成本分配到作业，形成作业成本后，需要对各作业的成本动因进行分析，并计算出成本分配率。各作业的作业动因及其成本分配率见表 10-3。

表 10-3　作业动因及其成本分配率计算表

单位：元

作业	作业成本（元）	作业动因	作业动因数			成本动因率
			甲产品	乙产品	合计	
订单处理	121 500	订单张数	200	400	600	202.50
材料接收	135 000	接收次数	150	600	750	180.00
设备调试	345 000	调试次数	3 000	2 000	5 000	69.00
设备运行	471 000	运行小时	12 000	28 000	40 000	11.775
质量检查	240 000	检验次数	5 000	3 000	8 000	30.00
合计	1 312 500					

根据成本动因率和各产品的成本动因量，可将作业成本分配至各产品，见表 10-4。

表 10-4　作业成本分配表

单位：元

作业	成本动因率	甲产品		乙产品	
		成本动因量	作业成本	成本动因量	作业成本
订单处理	202.50	200	40 500	400	81 000
材料接收	180.00	150	27 000	600	108 000
设备调试	69.00	3 000	207 000	2 000	138 000
设备运行	11.775	12 000	141 300	28 000	329 700
质量检查	30.00	5 000	150 000	3 000	90 000
合　计			565 800		746 700

最后，可编制产品成本计算表，见表 10-5。

表 10-5　产品成本计算表

单位：元

成本项目	甲产品（5 000 件）		乙产品（20 000 件）	
	总成本	单位成本	总成本	单位成本
直接材料	97 500	19.50	630 000	31.50
直接人工	75 000	15.00	300 000	15.00
制造费用	565 800	113.16	746 700	37.34
合计	738 700	147.66	1 676 700	83.84

从以上计算不难看出，与传统成本计算方法不同，作业成本法不是将不同质的制造费用以部门为基础归集，不采用主观的单一分配率进行分配，而是将制造费用按不同的动因分配到一系列成本库中进行归集，然后再按各自的动因率进行分配。换言之，作业成本法将与产出量相关的制造费用和非产出量相关的制造费用区分开来，采用不同的动因进行分配，使得成本库中归集的制造费用更具同质性，费用与分配标准之间更具因果关系，从而使得分配的结果更精确。

【例 10-2】沿用【例 10-1】的资料。假定大华公司采用传统的成本计算方法计算甲、乙产品成本，采用直接人工小时比例分配制造费用。制造费用的分配结果见表 11-6。

表 10-6　制造费用分配表

项目	分配标准（直接人工小时）	分配率	分配金额（元）
甲产品	10 000		262 500
乙产品	40 000		1 050 000
合计	50 000	26.25	1 312 500

根据制造费用分配结果，计算甲、乙产品成本见表 10-7。

表 10-7　产品成本计算表

单位：元

成本项目	甲产品（5 000 件）		乙产品（20 000 件）	
	总成本	单位成本	总成本	单位成本
直接材料	97 500	19.50	630 000	31.50
直接人工	75 000	15.00	300 000	15.00
制造费用	262 500	52.50	1 050 000	52.50
合计	435 000	87	1 980 000	99

采用传统成本计算法与采用作业成本计算法计算的甲、乙产品的单位成本比较见表 10-8。

表 10-8　产品单位成本比较表

项目	甲产品			乙产品		
	总成本（元）	制造费用		总成本（元）	制造费用	
		金（元）	百分比		金额（元）	百分比
传统成本计算法	435 000	262 500	60.34	1 980 000	1 050 000	53.03
作业成本计算法	738 700	565 800	76.59	1 676 700	746 700	44.53

从表 10-8 可以看出，与作业成本法相比，在传统成本计算法下，甲产品少分配成本 303 700 元，乙产品多分配成本 303 300 元，从而使得甲产品的单位成本低估、乙产品的单位成本高估。由于成本信息严重失真，导致管理决策和方针确定方面产生潜在的失误。而作业成本法则较好地反映了制造费用成本的同质性，并且按不同成本动因进行分配，提供的成本信息相对比较精确。

四、对作业成本法的评价

（一）作业成本法的优越性

1. 拓宽了成本核算的范围

作业成本法把作业、作业中心、顾客和市场纳入了成本核算的范围，形成了以作业为核心的成本核算对象体系，不仅核算产品成本，而且核算作业成本和动因成本。这种以作业为核心而建立起来的、由多维成本对象组成的成本核算体系，可以抓住资源向成本对象流动的关键，便于合理计算成本，有利于全面分析企业在特定产品、劳务、顾客和市场及其组合，以及各相应作业上盈利性的差别。

2. 提供了相对准确的成本信息

传统的成本计算是将成本对象所耗费的资源按单一的标准分配到成本对象。在传统成本计算方法下，假定所有的间接费用都与直接人工或机器工作小时或产出物数量有关，并以这些项目的数量为依据分配间接费用。但这种假定并不能反映成本对象与资源耗费之间的本质联系，因而导致了成本信息的较大歪曲。尤其是在自动化程度不断提高、人工工时日益减少的情况下，这种分配方法将导致间接费用分摊的严重失真，使得产量高、复杂程度低的产品成本高于其实际发生成本，而产量低、复杂程度高的产品成本又低于其实际发生成本，造成产品成本的极度扭曲。在作业成本计算法下，能够改变传统成本计算中标准成本背离实际成本的事实。它从成本对象与资源耗费的因果关系着手，根据资源动因将间接费用分配到作业，再按作业动因将作业计入成本对象，从而揭示了资源与成本对象真正的“一对一”的本质联系，克服了传统成本计算假定的缺陷。作业成本计算分配基础的广泛化，使间接费用的分配更具精确性和合理性，克服了传统成本计算按单一的分配标准分配间接费用所造成的对成本信息的严重扭曲，提供了相对准确的成本信息。

3. 作业成本信息可以有效地改进企业战略决策

在作业成本计算法下，间接成本不是均衡地在产品间进行分配，而是通过成本动因追踪到产品，因而有助于改进产品定价决策，并为是否停产老产品、引进新产品和指导销售提供准确的信息。除了定价、资源分配及优化产品组合决策之外，作业成本信息也有助于对竞争对手的“价格产量”决策做出适当反应。因此，有人说作业成本计算法不仅仅是一种先进的成本计算方法，也是管理咨询服务的工具，而且是管理会计师提高企业发展能力、获利能力、工作效率的技术。

4. 提供了便于不断改进的业绩评价体系

传统成本计算忽视了可供资源与实际需用资源之间的差异，将未使用资源和非增值作业耗费的资源也计入成本对象的成本，严重影响了业绩评价的客观性。ABC 则关注那些使成本增加和复杂化的因素，揭示在产品之间分配间接成本时“苦乐不均”所产生的后果。在评价作业时，ABC 的宗旨就是利用具体的作业信息，提高增值作业效率，力图规避无效作业。ABC 业绩评价清晰地反映了作业、资源在增加顾客价值中所起的作用，揭示了增值作业、非增值作业以及可供资源、实际使用资源和实际需用资源之间的差别，可为改进作业管理、优化资源配置提供有用信息。

5. 便于调动各部门挖掘盈利潜力的积极性

ABC 的成本计算过程实际上是贯穿于资源流动始终的因果分析过程，便于明确与落实各部门的岗位责任，揭露存在的问题，从而推动各部门不断挖掘盈利潜力，优化经营管理决策，使整个企业处于不断改进的环境中。

6. 有利于企业杜绝浪费，提高经济效益

作业成本计算通过对成本动因的分析，揭示了资源耗费、成本发生的前因后果，指明了深入到作业水平，对企业供、产、销各个环节的基本活动进行改进与提高的途径，从而有利于消除一切可能形成的浪费，全面提高企业生产经营整体的经济效益。

（二）作业成本法的局限性

1. 在成本动因的选择上有一定的主观性

作业成本计算的目的是更为全面、精细地将各项作业耗费分配到消耗这些作业的产品成本中去，因而在成本计算过程中，需要确认资源和作业，设立作业成本库，并为每一作业成本库选择最佳的成本动因。在这一过程中，难免带有主观性和一定程度的武断性，尤其是所选择的成本动因，并不总是客观的和可以验证的，有些甚至很难进行恰当选择。例如，厂房租赁费用和车间的一些维持性成本，就很难选择合适的成本动因。这些不仅为作业成本的有效实施增加了难度，同时也为管理当局人为地操纵成本提供了可能，导致对这种操纵结果进行审计更加困难。

2. 实施作业成本计算的费用较高

如上所述，作业成本计算的优越性是可以为企业提供更为相关、更为精细的成本信息。但是，全面实施作业成本计算对于企业来说无疑是一项相当庞大的系统工程。尤其是在企业业务量大、生产经营过程复杂的情况下，不仅成本计算过程相当复杂，而且需要做许多基础性的工作，并且随着企业生产经营环节的变化、技术的创新及产品结构的调整，又需要重新进行作业的划分或调整工作，其费用之高是可以想象的。

3. 作业成本计算的实施将会降低（或失去）成本信息的纵向和横向可比性

我们知道，作业成本计算法较传统的成本计算法，无论在产品成本所包括的内容上还是费用的分配原理上都存在很大的差别。就产品成本所包括的内容来说，传统的产品成本计算只包括直接材料、直接人工和制造费用，而作业成本计算法下的产品成本，其内涵要广泛得多，可以包括一切为生产该产品而发生的费用，即产品成本是“全部成本”的概念（为了进行比较，在作业成本法举例中，我们假设产品成本只包括直接材料、直接人工和制造费用）。至于在费用分配原理上的差别，则不必多说。因此，在两种成本核算系统下，不仅同一个企业（或车间）所取得的成本信息会有重大差别，而且同一种产品的成本信息也会大不相同。不言而喻，这种成本信息上的差别，必然会使企业有关资产价值的计量及企业损益的计算发生变化。而成本信息变化及由此而带来的有关资产价值和企业损益的变化，会使企业前后期的会计信息，以及与其他企业有关的会计信息失去可比性。

（三）我国采用作业成本法的必要性

1. 作业成本计算法运用的先决条件

（1）先进的生产管理系统。作业成本计算法要求企业有较先进的生产管理系统，特别是实行适时生产系统（just in time，JIT）。

（2）现代化的技术支持。科学技术的迅速发展和应用，为推行及时生产方式和全面质量管理创造了条件。近20多年来，各工业化先进国家为了提高劳动生产率、降低产品成本和提高产品质量，采取了多种措施方案，特别是采取了以电子技术应用为主体特征的电脑自动化等各种技术。正是由于这些新技术的采用，推动了管理方法、观念和技术的革命。作业成本计算法就是在这种条件下产生并发展起来的。

（3）积极的成本管理意识。成本管理工作是企业管理工作中的重要内容，进行作业成本计算的目的在于提高成本信息的质量，加强成本控制，提高成本管理的效果。所以，有较强的成本管理意识是采用作业成本计算法的出发点和前提条件。

2. 作业成本计算法在我国企业运用的必要性

（1）企业外部环境的变化对成本管理提出了新的要求。实行现代企业制度的企业，其所处的外部环境发生了重大的变化。这些变化要求企业采取相应的对策，才能满足现代企业制度的要求。实行现代企业制度的企业一般都是在原国有企业的基础上改制而来的，因此，有许多问题需要加以改进。比如，企业产品成本居高不下、经济效益下降。在这种情况下，企业最迫切需要解决的问题是降低成本，以最小的消耗创造最大的经济效益，并利用相对准确的成本信息为管理当局预测和决策服务。

随着科学技术的不断发展，人们越来越感到传统的成本计算方法不能适应现代生产管理的需要。它不但不能反映生产成本的真实情况，还影响了其他重要信息的质量和报告。现代化大生产条件下产品结构发生了变化，一方面制造费用的比例大大上升，另一方面直接人工成本却急剧下降。而传统的成本计算方法却对这种变化没有作出相应的反映，仍然采用直接人工作为分配制造费用的基本标准。这导致的结果是较高的间接成本通过直接人工作为分配基础之后，由低级劳动密集型产品向高级劳动密集型产品转移，造成不同产品之间的成本严重失真，导致决策失误。

（2）内部经营管理发展对成本管理改革的要求。传统的成本管理体系在新的高科技环境下已不能适应，因而要求采用新的方法来改善成本管理，以期取得新的突破。作业成本不仅能使企业有效地进行成本控制，而且还能在决策中发挥作用，特别是在由于成本资料遭到歪曲，影响企业正确决策时，更使作业成本计算法显得重要了。例如，某产品生产工艺过程复杂、生产难度较大，采用传统成本计算方法没有将难易程度不同的产品成本的差异体现出来，因而会使建立在此基础之上的成本决策失误。

（3）作业成本会计使得责任会计与财务会计的结合成为可能。实行责任会计时，是根据可控原则将企业内部单位或部门划分成为不同的责任中心，通过对各责任中心的分析计算责任成本。目前，在我国责任会计与现行的财务会计核算体系的结合问题仍然是需要进行讨论的。从成本计算的角度分析，责任成本的核算和生产成本的核算也难以结合。这主要是因为两者没有较好的结合点。责任成本按内部单位或部门进行界定，而生产成本则以成本项目为基础按生产工艺过程进行积累，两者很难吻合。在作业成本会计中，作业实质上就是一种责任中心，作业成本也是一种责任成本。作业这种责任中心是与生产工艺过程和生产组织形式紧密结合的，作业的设置与安排，与生产组织的特点和工艺特点密切相关。从这个角度分析，作业成本的实质就是计算责任成本，也是计算产品的成本。这样，通过对作业成本的计算，既达到了责任成本控制的目的，又实现了财务会计核算、监督成本的职能。

总之，作业成本计算法在一定程度上弥补了传统成本计算法的不足，采用作业成本计算法的优点在于非产量因素的制造费用的处理上，若这部分制造费用占的比重较大，采用作业成本计算的优越性就越突出。因为作业成本法可以比较好地解决间接费用的分配问题，使成本计算所提供的资料更加准确可靠。不是所有间接费用都可以归属于不同的作业，采用作业成本法进行分配。在一般情况下，作业成本法只适用于由于生产作业所引起的成本费用，而与作业活动关系不大的间接费用则不能采用此方法。从成本的构成来看，在生产自动化程度较高的情况下，不但制造费用在产品成本中所占的比重增大，而且它的构成也大大复杂化了。规模较大的公司对信息有较大的需求，同时，其本身又是一个信息中心，有更多的资源来实施作业成本法。当公司内部竞争程度比较高时，作业成本法将发挥重要的作用。这是因为高度竞争性的产品由于盈利较少更需要精确的成本信息来确定真实的盈利情况；作业成本法与传统成本计算的一个重要区别在于对间接费用的分配上。如果制造费用很大，使用作业成本法就会比较有效。因此，企业实践中需要因地制宜地选用作业成本法。

第二节 质量成本

一、质量成本的基本概念

（一）质量的定义

关于质量的定义很多，人们普遍认为，质量是表示品质优秀的程度和等级。从“顾客角度”对质量进行定义，质量是指产品满足顾客的程度，并且可以通过产品是否完全与说明书一直来衡量。虽然产品质量的定义有很多种，最常见的是指产品的“适用性”及“符合规格”两种，其中，前者是从使用者的角度来定义质量，后者则从制造者的立场来解释质量。因此，可将产品质量进一步分为设计质量与制造质量两种。设计质量是指产品能够满足顾客需求的程度。产品质量的高低，并非完全按照生产者的主观判断，而是提高质量所花费的成本超过了顾客所愿意支付的价格时，即出现“剩余质量”时，质量的提高就得不偿失。对企业来说，最佳的设计质量是利润最大化时的质量水平。制造质量又称合格质量或一致性质量，指生产制造出来的产品符合设计规格，是合格产品，而且产品质量是均匀的，没有等级品之分。不符合规格的产品称为不良产品，不良产品需要修理、返工或降级为残次品出售，所有这些都需要投入额外的费用或会带来经济损失。如果不良产品的缺陷未能在生产期内予以纠正，而是在顾客使用时发生故障，则需要更多的修理费用，并且会因此带来信誉损失。

对产品质量需要进一步说明的是，这里的“产品”既可指有形产品，也可指无形产品，如服务质量。所谓服务质量，是指顾客预期的服务水平与实际感受到的服务水平两者间的差异程度。差异越小，表示满意度越高，质量也越好，反之则越低。因此可用“顾客的满意度”来衡量服务质量的高低，但由于服务质量难以进行财务衡量，故以下内容主要指有形产品质量。

（二）全面质量管理

全面质量管理（total quality management，TQM）是20世纪60年代从传统质量管理逐步发展起来的，而且随着国际国内市场环境的变化，TQM已经发展成为一种企业竞争的战略武器，一种由顾客的需要和期望驱动的持续地改进产品质量的管理哲学。全面质量管理包括的内容很广泛，所谓“全面”，既包括全体员工，也指企业生产质量的每一项工作和每一道环节。全面质量管理的核心内容如下。

（1）以满足顾客要求为长远目标。顾客是企业的衣食父母。“以顾客为中心”的管理模式正逐渐受到企业的高度重视。全面质量管理注重顾客价值，其主导思想就是“顾客的满意和认同是长期赢得市场、创造价值的关键”。为此，全面质量管理要求必须把以顾客为中心的思想贯穿到企业业务流程的管理中，即从市场调查、产品设计、试制、生产、检验、仓储、销售到售后服务的各个环节都应该牢固树立“顾客第一”的思想，不但要生产物美价廉的产品，而且要为顾客做好服务工作，最终让顾客放心满意。

（2）永不间断地改进质量。全面质量管理是一种永远不能满足的承诺，“非常好”还是不够的，质量总能得到改进，“没有最好，只有更好”。在这种观念的指导下，企业持续不断地改进产品或服务的质量和可靠性，确保企业获取对手难以模仿的竞争优势。对市场变化的快速反应，要求企业内部要不断改进，方能适应这种变化。要实现企业的持续改进，还有赖于全面质量管理的开展。因为持续改进是全面质量管理的最突出特点。在2000年版的ISO 9000标准中，明确提出了持续改进质量管理体系有效性的要求和途径。

（3）全面改进组织中每项工作质量。全面质量管理采用广义的质量定义，不仅与最终产品有关，并且还与组织如何交货、如何迅速地响应顾客的投诉、如何为客户提供更好的售后服务等有关系。对整体的过程能力应全面控制，使企业从原来的以事后检验为主转变为过程监控的预防控制，有效防止了不合格产品的发生。

（4）持续的、有计划的教育培训。全面质量管理吸收生产线上的工人加入改进过程，广泛地采用团队形式作为授权的载体，依靠团队发现和解决问题。全面质量管理的基础工作之一就是质量培训，由质量管理部门提出员工分层培训计划，根据岗位需要对员工进行必要的质量培训，并对培训的有效性进行评价。没有恰当的质量培训，员工培训将是有缺陷的，因而推行全面质量管理可为企业的发展提供良好的人员准备。

（5）全体员工的参与。全面质量管理强调充分调动企业各级各类人员的工作积极性，消除妨碍基层员工工作尊严的因素，取消工作标准及数量化的定额，以实现生产过程中员工的自我质量监控。

（6）以零缺陷为目标，强化对质量成本的认识与分析。企业通过控制过程，降低缺陷率，提高一次成功率，从而减少浪费、增加效益。

（三）质量成本的定义与分类

1. 质量成本的定义

质量成本是指为了防止出现低质量产品而发生的成本及由于出现了低质量产品而导致的成本。这个定义说明质量成本与控制作业和失败作业这两类作业相关。控制作业是为了预防和检查低质量产品而实施的作业，由此产生的成本叫控制成本。失败作业是为了对低质量产品作出反应而由企业或顾客实施的作业，由此产生的成本叫失败成本。

2. 质量成本的分类

质量成本包括如下四类。

（1）预防成本（prevention costs），是指为防止出现低质量产品而发生的成本，包括质量设计工程费用、质量流程改进费用、质量培训费用、质量审计费用、供应商评估费用、预防性设备维修费用等。当预防成本增加时，预期失败成本会减少。

（2）鉴定成本（appraisal costs），是指为了确定产品是否符合顾客要求而发生的成本，包括流程验收费用、产品验收费用、包装检验费用、检测设备费用、外部鉴定费用等。流程验收是指抽查加工中的在产品，以确定流程是否处于控制之下、是否正在生产无缺陷的产品。如果不是，就中止该流程，直到采取纠正性措施为止。产品验收是指为确定产品是否达到可接受的质量水平而从成批的产品中抽样。如果达到了可接受质量水平，就接受这批产品。

（3）内部失败成本（internal failure costs），是指由于低质量产品在送达顾客之前被发现而引起的成本，包括废品损失、返工费用、停工检验费用、重新测试费用、设计变更费用等。

（4）外部失败成本（external failure costs），是指由于低质量产品在送达顾客之后被发现而引起的成本，包括产品回收、折扣、保修、顾客投诉处理、顾客满意度下降及丢失市场份额等而导致的费用和损失。在所有质量成本中，外部失败成本是最具破坏性的，而且最难计量。

（5）外部质量保证成本（external quality assurance costs），是指企业为证明和检验其产品的质量保证能力，符合顾客提出的特殊和附加的质量保证要求而发生的费用。外部质量保证成本又可细分为质量保证措施费、产品质量保证试验费、质量评定费。ISO 9004 已将外部质量保证成本列入质量成本范围之中，企业可以按国际惯例把它增加到销售价格中，以避免在国际贸易中吃亏。由于外部质量保证成本在企业中并不多见，故下文不再论述。

二、质量成本核算

（一）非独立核算形式

所谓非独立核算形式就是将质量成本核算纳入现有的会计核算账户体系的一种核算形式。在这种形式下，企业在原有的会计科目表中增设“质量成本”一级科目，同时取消“废品损失”一级科目。“质量成本”一级科目下设“预防成本”“鉴定成本”“内部失败成本”和“外部失败成本”四个二级科目，各二级科目下还可按具体内容设置明细科目。

当期发生的全部质量耗费在“质量成本”科目的借方归集。质量预防成本从“质量成本”科目的贷方转入“管理费用”科目的借方。质量鉴定成本从“质量成本”科目的贷方转入“制造费用”科目的借方。废品净损失从“质量成本”科目的贷方转入“生产成本”科目中的“废品损失”成本项目。废品残值收入从“质量成本”科目的贷方转入“原材料”科目的借方。应由责任人赔偿的损失从“质量成本”科目的贷方转入“其他应收款”科目的借方。意外事故损失从“质量成本”科目的贷方转入“营业外支出”科目的借方。质量外部失败成本从“质量成本”科目的贷方转入“销售费用”科目的借方，或冲减当期“主营业务收入”科目。“质量成本”科目期末如有借方余额，表示应由以后会计期间负担的质量预防成本。

非独立核算形式的优点包括以下几个方面。

（1）有利于将质量成本管理工作纳入会计管理体系的监督和控制之中，使质量成本核算成为日常会计核算的内容之一。

（2）通过质量成本核算账户体系的设置与应用，有利于与责任成本体系相结合，以考核质量成本的发生情况。

非独立核算形式的缺点包括以下几个方面。

（1）调整了原有的会计核算程序，增加了会计核算工作量，而且由于各类企业在质量成本构成内容上差别较大，所以难以从核算制度上作出统一要求。

（2）某些性质的质量成本，如商品折价损失，既可能是质量因素引起的，也可能有滞销等其他因素，有的停工损失也可能含有非质量因素等。这类耗费在质量成本核算中难以分清原因并单列核算。

（二）独立核算形式

所谓独立核算形式就是把质量成本的核算和正常的会计核算截然分开，单独组织质量成本的核算，形成质量成本核算的独立体系。在这种情况下，可以采用统计台账的形式，由企业内部各责任单位设置“质量成本”科目，按照质量成本的各项构成内容、发生地点、责任主体、发生数额和主要原因，逐项予以登记。质量成本发生的数额有的可直接从会计核算账户中取得，例如废品净损失费用、停工损失费用等。有的则需要从发生的生产费用中通过分析、计算和汇总取得。各内部责任单位可以根据核算结果定期编制质量成本报告，作为考评该责任单位质量成本管理业绩的依据。

独立核算形式的优点包括以下几个方面。

（1）不影响现有的会计核算体系，独立完整地反映质量成本情况。

（2）能较好地适应不同企业质量成本管理的特点和要求，设计相应的质量成本核算体系。

独立核算形式的缺点包括以下几个方面。

（1）由于独立于会计核算体系之外，所以质量成本的核算脱离了会计管理的监督和控制，使原始凭证的真实可靠性受到影响。

（2）需设置专职的质量成本核算部门或人员，增加了管理工作量。

三、质量成本计量

质量成本按其表现形式可分为显性质量成本和隐性质量成本。显性质量成本是企业在生产经营过程中因为产品质量而实际发生的耗费和损失，直接给企业带来损耗。隐性质量成本主要指由不良质量而导致的机会成本，间接对企业造成损失。显性质量成本包含的项目很多，预防成本、鉴定成本、内部失败成本和部分外部失败成本都属于显性质量成本。隐性质量成本包含的项目较少，外部失败成本中由于顾客满意度下降、丢失市场份额等导致的损失属于隐性质量成本。显性质量成本可以从企业的会计记录中得知数额。隐性质量成本虽然项目较少，但数额可能非常巨大，而且在企业的会计记录中通常不予确认，因此，我们需要对其进行估计。估计隐性质量成本的常用方法有如下三种。

1. 乘数法

乘数法简单地假定全部外部失败成本是得到计量的外部失败成本的一定倍数，其计算公式如下。

全部外部失败成本＝K×已计量外部失败成本

式中，K 为乘数因子，根据经验估计确定。隐性质量成本等于全部外部失败成本与已计量外部失败成本之差。

2. 市场调查法

市场调查法常用来判断不良质量对销售和市场份额的影响。通过对顾客的调查和对企业销售人员的访谈，可以对隐性质量成本的估计提供重要参考依据，可用于预计不良质量所带来的未来利润流失数。

3. 塔古奇损失函数法

塔古奇损失函数假定任一质量特性相对于目标值的偏离都会导致隐性质量成本的发生，而且当实际特性偏离目标值时，隐性质量成本以平方倍增加。相关计算公式如下。

$L(y)=k(y-T)$

式中，k 为企业外部失败成本结构的比例常数；y 为质量特性的实际值；T 为质量特性的目标值；L 为隐性质量成本。

运用塔古奇损失函数，必须先估计是 k 值。用一个极限值相对于目标值的偏离值平方去除该极限值对应的预期隐性质量成本，可得出 k 值。

$k=c/d$

式中，c 为上限或下限值对应的预期隐性质量成本；d 为上限或下限值相对于目标值的偏离值。

可以借用前两个方法——乘数法和市场调查法帮助进行 c 的估计。一旦估计出了 k 值，就可以估计质量特性相对于目标值的任何水平的偏差所导致的隐性质量成本。

四、质量成本控制

进行质量成本控制，既要考虑节约开支、降低质量成本，又要处理好质量成本与产品质量的关系，通过质量成本效益分析，结合企业的具体条件，寻求质量成本的最佳值。质量成本与产品质量之间的依存关系，是控制质量成本的关键。

（一）可接受质量水平的传统观点

可接受质量观点认为，控制成本与失败成本之间存在此消彼长的权衡关系。当控制成本增加时，失败成本就会减少。只要失败成本的减少大于控制成本的增加，企业就应该继续提高预防或鉴定方面的努力。当任何额外的预防或鉴定成本的增加都会大于失败成本的相应减少时，这个点就代表最优的全面质量成本水平。该点是控制成本和失败成本的最佳平衡点，决定了可接受质量水平。这种理论观点可用图形表示，见图 10-4。在图 10-4 中，运用了两个成本函数：控制成本函数和失败成本函数。它还假定：当预防和鉴定作业所消耗的支出减少时，缺陷率会增加；当缺陷率增加时，失败成本会增加。从全面质量成本函数来看，在质量改进到某一点之前，全面质量成本是下降的，在该点之后，全面质量成本是上升的。这样就找出了缺陷率的最优水平，企业的质量管理都朝着这个水平努力。这个可容许的缺陷率水平就是可接受的质量水平。

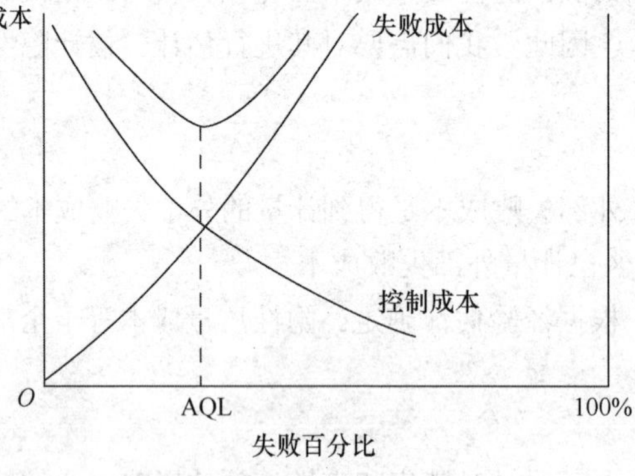

图 10-4　传统质量成本图

（二）零缺陷的全面质量控制现代观

可接受质量观点允许并且实际上鼓励一定的缺陷率的存在。20 世纪 70 年代后期，可接受质量观点受到零缺陷观点的挑战。零缺陷观点最基本的主张是：把不符合质量要求的产品降低到零是符合成本效益原则的。质量成本的最优水平是零缺陷。那些不符合质量要求的产品越来越少的企业，相对于那些继续采用可接受质量观点的企业，更加具有竞争力。对高度竞争环境中的企业来说，质量能提供重要的竞争优势。

从成本函数的角度看，如果企业增加其预防和鉴定成本从而降低失败成本，则随后预防和鉴定成本也能够得到削减。最初来看，控制成本和失败成本好像是一种此消彼长的关系，而实际情况表明质量成本可以实现永久的降低。这种理论观点可用图形表示，见图 10-5。图 10-5 中的质量成本函数与传统的质量成本函数有几个重大的区别。首先，当接近零缺陷状态时，控制成本并没有无限地增加。其次，在接近零缺陷状态的过程中，控制成本可能先增加后降低。最后，可以努力把失败成本变为零。

在零缺陷观点下，降低质量成本的战略相当简单：其一，采取针对失败成本的措施，使它们逐渐减低为零；其二，投资于能带来质量改进的正确的预防作业；其三，根据已实现的质量改进降低鉴定成本；其四，持续评价和重新确定预防努力的方向，以获得进一步的质量改进。

这个战略是建立在如下基础之上的。

（1）每一个失败都有其根本原因。

（2）失败原因是可以预防的。

（3）预防作业成本比其他质量相关作业成本更低。

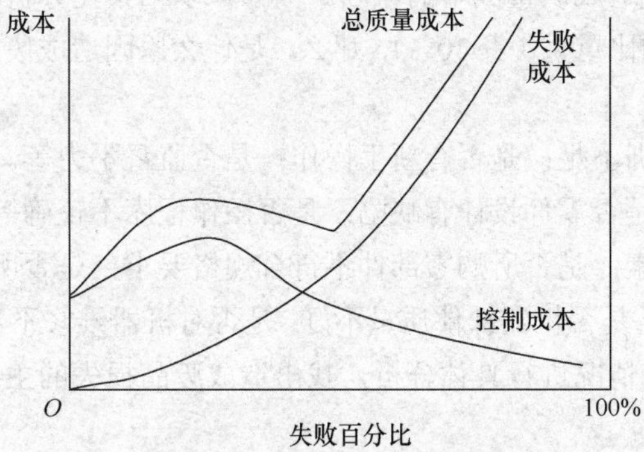

图 10-5　现代质量成本图

五、质量成本分析与报告

（一）质量成本分析

质量成本分析是利用质量成本报告，结合有关资料，发现企业质量管理存在的主要问题，以便进一步提出改进措施，加强企业全面质量管理。

1. 质量成本分析的内容

（1）目标质量成本分析，主要指实际质量成本完成预算的情况。

（2）质量成本构成分析，主要指各质量成本要素占总质量成本的比率。

（3）质量成本相关比率分析，主要指各质量成本要素占销售成本或销售收入的比率。

（4）质量成本变化趋势分析，主要指一年内各个季度间或几年内总质量成本的变化趋势。

（5）最低质量成本分析，主要指产品在最适宜的质量水平下的质量成本。

2. 质量成本分析的方法

对质量成本进行分析的方法比较多。分析目的不同，分析方法可能就不相同。对质量成本构成相关比率与变化趋势的分析主要应用两种方法：一是帕累托法，二是因果分析法。对最低质量成本的分析，主要也有两种方法：一是边际分析法，二是阶段分析法。下面针对这四种方法逐一进行说明。

（1）帕累托分析法基于帕累托原理，强调重视造成绝大部分（80%）成本的少数（20%）重要问题，而不是只能获得小部分（20%）收益的多数（80%）问题。假定某公司某年质量成本报告中，按各质量成本要素占总质量成本的百分比大小顺序排列见图 10-6。

项目	比重	合计
1．废品损失	27%	83%
2．停工损失	19%	
3．赔偿费用	17%	
4．检测试验费	13%	
5．产品降价损失	7%	
6．质量改进措施费	3%	17%
7．其他	14%	

图 10-6　帕累托分析法示意图

按照帕累托原理，只对废品损失、停工损失、赔偿费用、检测试验费、产品降价损失这几项作重点分析，查明原因，提出改进措施，进行质量成本控制。

（2）因果分析法可发现造成质量成本的原因。例如，以帕累托分析法找出造成质量成本居高不下的主要因素是废品损失的比重大（占 30%），那么，是什么原因造成废品损失的？这就可以从下列因素进行分析。

① 人为因素：是否培训不足；是否有新手操作；是否监督不力等。

② 设计与操作因素：是否零件设计有缺陷；是否操作程序不正确等。

③ 原材料与零部件因素：是否所购零部件不符合规格要求；是否所购零部件搬运不当等。

④ 与机器有关的因素。是否机器部件质量不好；是否对机器维修不当；是否检测工具有问题等。

企业应结合自己的生产情况进行具体分析，找出造成废品损失的主要原因，进一步提高产品质量，降低质量成本。

（3）边际分析法是指在一定的生产条件下，为了提高产品质量，企业将增加预防成本与检验成本。在高质量的情况下，内部与外部失败成本将随之下降。质量成本与产品质量水平的关系可用图 10-7 表示。

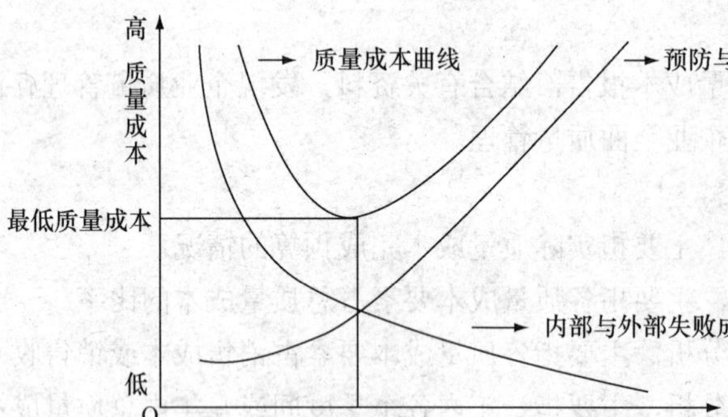

图 10-7　质量成本与产品质量水平的关系

从图 10-7 可以看出，在预防与检验成本等于内部与外部失败成本时，质量总成本为最低。企业在销售价格已定的情况下，应追求最适质量，而不是一味追求最高质量。

（4）阶段分析法将从边际分析法得出的质量成本曲线分为三个区域，分别为改进区、最佳区、质量过剩区，见图 10-8。

从图 10-8 可以看出，当质量成本曲线位于改进区时，内部与外部失败成本约占总质量成本的 70% 以上，而预防成本则低于 10%。此时，表示企业产品质量水平过低，企业应增加检验成本与预防成本的投入，以便降低失败成本。

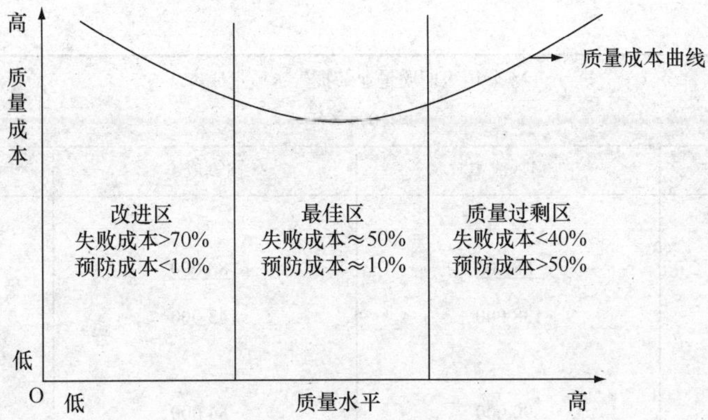

图 10-8 阶段分析法示意图

质量成本曲线的中间区域称为最佳区。在此区域内，预防成本约占总质量成本的 10%，失败成本约占总质量成本的 50%。此时，增加检验成本无法再降低总质量成本。因此，企业应维持现有质量水平。

质量成本曲线的右区称为质量过剩区。此时，失败成本占总质量成本的比重小于 40%，而预防成本大于 50%，说明：此时产品质量水平偏高，出现了质量过剩；今后应放宽检验标准，减少检验程序，从而降低检验费用。

（二）质量成本报告

质量成本报告是衡量企业在特定期间的质量成本构成情况的报表。质量成本报告是内部报表，供企业管理人员尤其是最高领导者了解质量成本的大小及构成，以便进行有关决策。质量成本报告常随着编制目的的不同而有多种不同的样式和类型。有的企业如推行责任会计，则以部门别来编制。也有的企业以产品别来编制整个组织的质量成本报告。但不论企业采取何种方式编制质量成本报告，其内容不外乎以下几个方面。

① 各质量成本要素占总质量成本的比重。

② 各质量成本要素及总质量成本金额占销售成本或销售收入的比重。

③ 如果企业制订了质量成本核算，则还需反映实际数与预算数的差额。

质量成本报告的格式见表 10-9。

表 10-9 短期质量业绩报告

M 公司短期质量业绩报告：质量成本

20××年　　单位：元

项目	实际成本	预算成本	差异
预防成本：			
质量培训	85 000	80 000	5 000U
可靠性设计	180 000	180 000	0
预防成本合计	265 000	260 000	5 000U
鉴定成本：			
材料检验	40 000	48 000	8 000F
产品验收	10 000	15 000	5 000F

续表

M公司短期质量业绩报告：质量成本 20××年 单位：元			
项目	实际成本	预算成本	差异
鉴定成本：			
流程验收	88 000	80 000	8 000U
鉴定成本合计	138 000	143 000	5 000F
内部失败成本：			
废品	90 000	84 000	6 000U
返工	95 000	96 500	1 500F
内部失败成本合计	185 000	180 500	4 500U
外部失败成本：			
退货	25 000	25 000	0
保修	65 000	60 000	5 000U
上门修理	15 000	17 500	2 500F
外部失败成本合计	105 000	102 500	2 500U
质量成本合计	693 000	686 000	7 000U

第三节 环境成本

一、环境成本的定义与分类

（一）环境成本的定义

可持续发展是指既满足当前需要又不危及后代需求的发展，意味着生态效益的提高。生态效益主要是指企业能够在提供更有用的产品的同时减少对环境的负面影响，减少资源消耗的成本。提高生态和经济业绩可以而且也应该是互补的，提高环境业绩应被视为企业取得竞争力的活动。

环境成本可以指环境质量成本。与质量成本类似，环境成本是指为了防止恶劣环境的出现而发生的成本及由于出现了恶劣的环境而导致的成本。国际会计和报告标准政府间专家工作组文件《环境会计和财务报告的立场公告》认为，环境成本是指本着对环境负责的原则，为管理企业活动对环境造成的影响，而采取或被要求采取的措施的成本，以及企业为执行环境目标和要求所付出的其他成本。

（二）环境成本的分类

1．环境保护成本

环境保护成本是为了防止污染物的产生和对环境有破坏性的废弃物的产生而执行的作业所带来的成本。环境保护作业包括：为了控制污染而评价和挑选供应商；为了控制污染而评价和挑选设备；为了降低或消除污染而设计流程和产品；为了降低或消除污染而培训员工；开展环境研究；建立环境管理系统；审查环境风险；回收利用产品等。

2. 环境检测成本

环境检测成本是为了检测企业的产品、流程或其他作业是否符合恰当的环境标准而发生的成本。环境标准包括以下三个方面。

（1）政府的监管法规。

（2）国际标准协会制定的非强制性标准（ISO 14000）。

（3）企业管理层制定的环境政策。

环境检测作业包括：审查环境作业、检查产品和流程、制定环境业绩指标、开展污染测试、测量污染程度等。

3. 环境内部失败成本

环境内部失败成本是由于已经产生但尚未排放到环境中去的污染物和废弃物所导致的成本，是为了消除和治理已经产生的污染物和废弃物而发生的成本。环境内部失败作业有以下目标。

（1）确保产生的污染物和废弃物不会排放到环境中去。

（2）降低产生的污染物和废弃物的环境破坏水平，使其符合环境标准的要求。环境内部失败作业包括：操作污染治理设备、维护污染治理设备、处置和处理有毒废弃物、回收废料等。

4. 环境外部失败成本

环境外部失败成本是由于污染物和废弃物排放到环境中而导致的成本。已支付的外部失败成本是企业已经支付的由于排放污染物和废弃物而产生的成本。未支付的外部失败成本又叫社会成本，是由于企业排放污染物和废弃物给外部机构和人员造成的损失。涉及已支付外部失败成本的作业包括：清理被污染的河湖、清理石油泄漏、清理被污染的土壤、将土地恢复原来的自然状态、处理环境破坏引起的人身和财产伤害索赔、由于恶劣的环境声誉而造成的销售损失。社会成本包括：由于空气污染而接受医疗护理，由于污染而丧失职业，由于环境恶化使得湖泊不能再用作娱乐用途，由于处理固定废弃物而损害生态系统。在四类环境成本中，环境外部失败成本最具破坏性。

二、环境成本核算

（一）环境成本的核算形式

与质量成本类似，环境成本的归集也可以采用非独立核算形式或独立核算形式。所谓非独立核算形式就是在原有的会计科目表中增设“环境成本”一级科目，并下设“预防成本”“检测成本”“内部失败成本”和“外部失败成本”四个二级科目，各二级科目下还可按具体内容设置明细科目，从而把环境成本的核算与正常的会计核算结合在一起。所谓独立核算形式就是把环境成本的核算和正常的会计核算截然分开，单独设置环境成本的账外记录，由各环境成本控制网点进行核算。

（二）环境成本的分配

1. 环境产品成本

流程和产品都是环境成本的来源。生产产品的流程可能产生排放到环境中去的固体、液体、气体污染物与废弃物。这些污染物和废弃物可能破坏环境。产品本身也可能成为环境成本的来源。在产品销售后，顾客对产品的使用和处置可能造成环境破坏。这属于环境购后成本。在大部分情况下，环境购后成本是由社会承担的，属于社会成本。有时，环境购后成本也会转变为已支付的外部失败成本。产品的包装物也是产生环境成本的原因。

生产、销售和交付产品的流程所产生的环境成本及使用和处置产品所产生的环境购后成本都属于环境产品成本。完全环境成本法将包括内部和外部所有的环境成本都分配到产品中去。完全内部成本法只将企业内部的环境成本分配到产品中去。

将环境成本分配到产品可以产生有价值的管理信息。例如，它可以揭示某种产品是否比其他产品更应该对有毒废弃物负责。这个信息可以促使企业提出新的产品设计方案，或者将生产该产品的流程设计得更有效率，对环境也更有利。又如，它可以揭示当环境成本被恰当分配后，产品是否还盈利。这个信息可以帮助企业判断是否应该停止生产该产品，以显著地改进其环境业绩和经济效益。

2. 职能基础的环境成本分配

在大部分会计系统中，环境成本是隐藏于间接费用之中的。要分配环境成本，首先必须将环境成本分离出来，单独放进一个环境成本库中。职能基础的成本系统将环境成本库中的环境成本通过产量基础动因（如直接人工小时和机器小时）分配到各种产品中。这种分配方法在产品相似时非常有效，在产品种类繁多、对环境影响的差异较大时容易造成成本扭曲。

3. 作业基础的环境成本分配

将环境成本追溯到应为环境成本负责的产品是一个健全的环境会计系统的最基本要求。作业基础的成本系统将依据因果关系来分配环境成本。首先，将全部环境成本按照资源动因分配给所有与环境相关的作业。其次，用某项环境作业的成本除以该作业的作业动因总量，计算出环境作业的作业分配率。最后，根据作业分配率及每种产品消耗的作业动因数量，将环境作业成本分配给每种产品。

三、环境成本管理

产品环境效应管理是为了减少对环境的负面影响而对产品进行设计、制造、维护和回收利用的措施。环境产品成本可以揭示一个企业改进产品环境效应管理的必要性。环境成本管理是产品投入期、成长期、成熟期、衰退期的全程环境成本管理。因此，生命周期评价是改进产品环境效应管理的一种方式。生命周期评价明确了一种产品在其整个生命周期所产生的环境后果，然后寻找可以获得环境方面改进的机会。

产品生命周期的不同阶段可以由不同的主体控制。生命周期结合了供应商、生产商和顾客的观点，因此内部和外部环节都对评价不同产品和流程的环境后果具有重要意义。

所以，生命周期评价由三个阶段组成：存货分析、效应分析和改进分析。

（1）存货分析详细说明所需的原材料和能源投入及由此产生的固体、液体、气体污染物和废弃物的种类与数量。它贯穿整个生命周期。在生命周期的每一个阶段都存在着一些特定的关键问题：每种产品都需要什么原材料？生产每种产品的能源需求是多少？生产每种产品会排放出什么污染物和废弃物？废弃物是否有回收利用的可能？最终处置产品需要什么资源？对这些问题的回答就构成了存货分析。在存货分析阶段，确定相应的环境成本有助于后面的效应分析。

（2）效应分析在存货分析所提供信息的基础上，对不同产品的环境效应进行评价。效应分析应该具体到成本评价，即确定不同产品的环境影响的财务后果。原材料成本可以直接追溯。能源成本和环境排放物成本可通过动因追溯得到。对于现有产品，只需确认相关的环境作业和环境作业成本，计算作业分配率，并根据作业分配率将这些成本分配到相关产品上去。如果一些能源的消耗和环境污染物的排放与产品购买后的使用有关，在采用完全环境成本法时需要将其包含在内。计算出每种产品的生命周期单位环境成本，有助于进行后续的改进分析。

（3）改进分析的目标是减少由存货分析和效应分析所揭示的环境影响。通过经营和财务指标来评价环境影响，以便在降低环境影响的各种备选方案中进行选择。这一阶段须与组织的控制系统联系起来，改进现有产品和流程的环境业绩是环境控制系统的总体目标。

第四节 人力资源成本

一、人力资源成本的概念

人力资源成本是指企业为了取得、开发和保全人力资产价值而付出的代价。具体而言，凡是涉及人力资源的取得、开发、使用、保障和离职等投入的成本都属于人力资源成本，即人力资源的投资是人力资源成本的反映对象。依据人力资源进入企业到最终退出企业的时间顺序以及人力资源投资的不同目的，可将人力资源成本确认为六个项目。

1. 人力资源取得成本

人力资源取得成本是企业在招募和录取职工的过程中发生的成本，具体包括以下几项。

（1）招募成本，是为了吸引和确定企业所需人力资源而发生的费用，包括对企业内外的广告宣传费用。

（2）选择成本，是企业为选择合格的职工而发生的费用。

（3）录用成本，是企业为取得已确定聘用职工的合法使用权而产生的费用。

（4）安置成本，具体包括：企业将被录用的职工安排在确定工作岗位上的各种行政管理费用；录用部门为安置人员所损失的时间费用；为新职工提供工作所需装备的费用；从事特殊工种按人员配备的专用工具或装备费；录用部门安排人员的劳务费、咨询费等。

2. 人力资源开发成本

人力资源开发成本是企业为提高职工的生产技术能力，为增加企业人力资源的价值而发生的费用，具体包括以下几项。

（1）上岗前教育成本，是企业对上岗前的新职工在思想政治、规章制度、基本知识、基本技能等基本方面进行教育所发生的费用。

（2）岗位培训成本，是企业为使职工达到岗位要求对其进行培训而发生的费用。

（3）脱产培训成本，是企业根据生产加工的需要，允许职工脱离工作岗位接受短期（一年内）或长期（一年以上）的培训而发生的成本，其目的是企业培养高层次的管理人员或专门的技术人员。

3. 人力资源使用成本

人力资源使用成本是企业在使用职工的过程中发生的成本，具体包括以下几项。

（1）维持成本，是保证人力资源维持其劳动力生产和再生产所需的费用。

（2）奖励成本，是为激励企业职工，使人力资源发挥更大作用，对其超额劳动或其他特别贡献所支付的奖金。

（3）调剂成本，是调剂职工的工作与生活节奏，使其消除疲劳，发挥更大的作用，满足职工必要的需求，稳定职工队伍，并吸引外部人员进入企业工作而发生的作用。

4. 人力资源保障成本

人力资源保障成本是保障人力资源在暂时或长期丧失使用价值时的生存权而必须支付的费用，具体包括以下几项。

（1）健康事故保障成本，是企业承担的职工因工作以外的原因引起的健康欠佳不能坚持工作而需要给予的经济补偿费用。

（2）劳动事故保障成本，是企业承担的职工因工伤事故应给予的经济补偿费用。

（3）退休养老保障成本，是社会、企业及职工个人承担的保证退休人员老有所养和酬谢其辛勤劳动而给予的退休金和其他费用。

（4）失业保障成本，是企业对有能力但因客观原因造成暂时失去工作的职工给予的补偿费用。

5. 人力资源离职成本

人力资源离职成本是由于职工离开企业而产生的成本，具体包括以下几项。

（1）离职补偿成本，是企业辞退职工或职工自动辞职时，企业所应补偿职工给的费用。

（2）离职前低效成本，是职工即将离开企业而造成的工作或生产低效率损失费用。

（3）空职成本，是职工离职后职位空缺的损失费用。

6. 人力资源日常人事管理成本

企业设立的人力资源管理部门进行日常人事管理，为此发生的费用即日常人事管理成本，如专职从业人员的薪水、福利费、办公费、折旧费、对外招待费等。

人力资源成本项目的内涵确认之后，就要选择一定的计量基础和计量方法，将人力资源成本加以量化，应根据人力资源成本项目各自不同的特点，把各个项目所涉及的费用直接或经计算相加。人力资源成本核算分为账户设置、账务处理与财务报告等三部分，主要设置以下几个科目：人力资产、人力资源取得成本、人力资源开发成本、人力资源保障成本、人力资产费用、人力资产摊销、人力资产损失准备、人力资产损益。

二、人力资源成本核算

（一）人力资源成本的计量基础

人力资源成本是为取得和开发人力资源而产生的费用支出，包括人力资源取得成本、人力资源使用成本、人力资源开发成本和人力资源离职成本。对人力资源成本的计量有以下几种方法。

1. 历史成本法

将企业取得和开发人力资源的各项实际支出作为人力资源的成本。采用这种方法，要按照划分收益性支出和资本性支出的原则，在会计期末将人力资源资本性投资部分确认为人力资源的成本，同时应根据人力资产成本的耗用情况，对已经形成的人力资产成本进行摊销。这种方法要求数据具有客观性和可验证性，能使人力资源会计与非人力资源会计在计价原则上保持一致，使两种信息具有可比性。该方法的缺点是人力资源的实际价值可能大于历史成本，而且人力资源的增值和摊销与人力资源的实际能力增减不一致，从而致使信息使用者根据会计报表上的数据分析人力资源时，与实际产生偏差。

2. 重置成本法

重置成本法是将现时物价条件下重置某一特定人力资源而发生的费用支出作为人力资源的成本。人力资源重置成本包括职务重置成本和个人重置成本。职务重置成本是从职务角度计量企业在现时条件下取得和培训特定职位要求的人力资源所必须付出的费用支出。个人重置成本是从个人角度计量企业在现时条件下取得和培训具有同等服务能力的人力资源所必须付出的费用支出。这种方法考虑了人力资源的变化，反映了人力资源的现时价值，但由于按重置成本对人力资源估价，不可避免地带有主观性，使信息的可比性下降。

3. 机会成本法

在人力资源方案中，如果选用某一方案，就必须放弃投资于其他方案的机会收益。这些放弃的机会受益，就是选择该方案的机会成本。

除此之外，还有未来工资报酬折现法、经济价值法、商誉法等。

（二）人力资源成本的计量方法

1. 人力资源原始成本的计量

（1）人力资源取得成本的计量包括以下几部分的内容。

① 招募成本：直接劳务费、直接业务费、间接管理费用、预付费用等。

② 选拔成本：面试费用、面试资料费用、考试费用、评选费用、体检费用等。

③ 录用成本：录取手续费、调动补偿费、搬迁费、差旅费等。

④ 安置成本：安置行政管理费用、必要装备费、安置人员的时间损失成本等。

（2）人力资源开发成本的计量包括以下几部分的内容。

① 上岗前教育成本：离岗人工损失费、教育管理费、资料费、教育设备折旧费等。

② 岗位培训成本：上岗培训直接工资成本、上岗培训间接工资成本等。

③ 脱产培训成本：培训费、资料费、被培训人员工资及福利费、被培训人员离岗损失费等。

（3）人力资源使用成本的计量包括以下几部分的内容。

① 维持成本：职工工资、津贴、福利费、分红等。

② 奖励成本：各种超产奖励、革新奖励、建议奖励等。

③ 调剂成本：职工调剂中发生的各种费用。

2. 人力资源保障成本的计量

（1）劳动保障成本：Σ职工劳动事故人员工资等级×事故补贴率。

（2）健康保障成本的计量：Σ职工病假人员工资等级×病假补贴率。

（3）退休养老保障成本：Σ退休养老人员工资等级×养老补贴率。

（4）失业保障成本：Σ失业人员工资等级×失业救济率。

3. 人力资源离职成本的计量

人力资源离职成本包括离职补偿金、离职管理费用、空职成本和离职前的效率损失等费用。

（三）人力资源成本的核算

企业可设置专门的账户“人力资产”“人力资源成本”等核算人力资源成本。“人力资产”类似于无形资产，而“人力资源成本”相当于计入当期损益的支出。

三、人力资源成本报告

人力资源报告就是把有关人力资源的信息以报告的形式传递给信息使用者。人力资源成本的报告可以分为对外报告与对内报告两部分。

（一）对外报告

资产负债表中，涉及人力资源信息的报告包括两部分内容。首先是人力资源信息内容，可将人力资产单设一个科目列于资产负债表资产方之首，另设“人力资产投资”科目反映企业用于职工的历史成本，再设“人力资产价值”科目反映人力资产在使用过程中为企业带来的预测总价值。其次是人力资源权益信息内容，可以设“人力资本”科目反映企业用那个有的劳动力投资，设“应付职工薪酬”“职工教育基金”“劳动力保险基金”“失业保险基金”等科目反映法定的人力资源权益，再设“人力资源权益分红”“人力资源权益公积”等科目反映人力资源权益实现的价值增值部分。资产负债表中体现的会计恒等式为人力资产＋物力资产＝负债＋人力资源权益＋所有者权益。最后，应在附注中，从动态和静态两个方面详细揭示人力资源的状况。

在利润表上，可增设“人力资源成本费用”项目，用以反映企业为使用人力资源而发生的费用和人力资产的摊销。

在现金流量表上，应在投资活动产生的现金流量下单独反映为招募、选拔、聘任、录用、培训人力资源而发生的现金流出和人力资源创造价值所带来的现金流入。

人力资源会计的报告，除了将有关信息在财务报表中列示以外，还应当包括一些附加报告，如人力资源投资报告、人力资源流动报告、人力资源效益报告等，以提供一些不能或不便于用货币精确度量的信息。

（二）对内报告

对内报告的内容应分两部分：一部分是非货币信息，主要反映目前企业的人力资源组成、分配及利用情况，对于一些高成本引进的重要人才，应予以重点揭示；另一部分是货币信息，主要包括企业各责任中心人力资源的现值、人力资源投入产出比等。

（三）单独报告

随着科学技术的进步，知识经济的兴起，科学地确认、计量和报告企业的人力资源，确立劳动者在企业的地位，从而促使各部门有效地利用人力资源，合理开发人力资源，适应知识经济发展的需要，具有十分重要的意义。人力资源成本会计应当优先从内部报告做起，待条件成熟后，再将它纳入对外公布的会计报告中，并且颁布人力资源成本会计准则，用以规范人力资源会计信息的披露。

单独的人力资源会计报告包括两部分：一是人力资源计量表，二是人力资源信息表。人力资源计量表主要反映人力资本的支出和收入。在人力资源信息表中，主要反映企业的人力资源总的全貌的一些非货币信息（如职工人数、性别、年龄、受教育程度、专业、职称、工作年限、职位、贡献、社会地位和人力资源组成、分配及利用情况），并重点揭示企业高层管理人员和核心技术人员的基本情况。

第五节 战略成本会计

一、战略成本会计概述

伴随经济全球化的加速，互联网、电子商务的兴起，市场竞争日趋激励，企业进入微利时代，传统成本核算管理模式已无法满足企业竞争的需要。于是，适应企业拥有并保持市场竞争优势的战略成本管理应运而生。

（一）战略成本会计的内涵

战略成本思想最初由英国学者西蒙于 20 世纪 80 年代初提出，美国学者迈克尔·波特（1985）在《竞争优势》一书提出了成本领先、差异化和目标集聚战略，并对战略成本进行了详细阐述。

战略成本管理是指管理人员运用专门方法从战略高度对本企业和相关联企业的成本行为和成本结构进行分析，提供本企业和竞争对手的分析资料，为决策者提供信息服务的管理活动。战略成本会计需要解决的问题是如何利用成本信息进行战略管理及不同战略选择下如何组织成本管理。

（二）战略成本会计的特点

1. 战略性

战略成本会计立足于战略理念，服务于战略成本管理，为战略成本管理提供战略成本信息，为战略管理提供分析工具。它站在战略的高度，围绕战略构建战略成本会计体系，战略性特点是战略成本会计的突出特点。

2. 长期性

战略管理的宗旨是企业立足于长远的战略目标，取得长期持久的竞争优势。战略成本会计主要是从战略的角度研究影响成本的各个环节和因素，追求的目标是在不影响企业竞争地位的前提下，找出降低成本的途径，确保企业在竞争中的成本优势。

3. 全局性

战略成本会计以企业的全局为对象，着眼于企业内外资源的有机结合，其成本分析既包括企业内部的生产制造、技术管理、人力资源管理、后勤服务等价值链分析，也包括竞争对手价值链分析和行业价值链分析，由此形成价值链的各种战略。

4. 外向性

战略成本会计将视角从狭小的企业自身这一单一会计主体，转向影响企业经营的外部环境，提供超出企业会计主体的更为宽泛有用的信息。战略成本会计不仅注重企业内部信息的分析，更注重企业外部信息的分析，以便企业根据外部环境的变化权变调整策，适应环境的变化。

（三）战略成本会计的内容

战略成本会计的主要内容包括以下几方面的内容。

（1）战略成本会计的计量与报告。

（2）战略定位分析，制定相应的成本策略。

（3）进行价值链分析，了解企业在整个行业价值链中的位置，探索价值链成本管理的可能性；了解竞争对手价值链，明确企业自身的优势和劣势、机遇和挑战，以采取应对策略。

（4）进行成本动因分析，揭示影响成本的成本动因，确定成本控制的重点，研究如何重组价值链管理成本。

（5）战略成本分析，揭示不同竞争战略带来的成本竞争优势。

二、战略定位分析

（一）总体战略定位分析

竞争是企业战略的核心，而定位竞争战略实质上是企业产业选择与竞争优势地位的建立。企业战略定位的过程是企业结合自身的情况进行战略环境分析的过程。常用的战略定位分析工具主要有三种。

1．波特的五力分析法

迈克尔·波特强调竞争环境分析对战略定位的重要性，认为产业结构分析是战略定位分析的起点，主张重点评价决定行业潜在盈利水平的五种力量，即供应商和购买者的讨价还价能力、潜在进入者的威胁、替代品的威胁、现有企业间的竞争。这五种力量共同构成的五力模型见图 10-9。

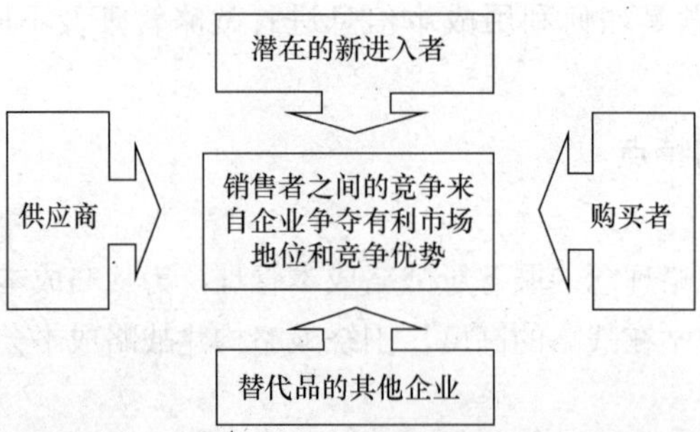

图 10-9　波特五力模型

对波特的五力模型，需注意以下几方面内容。

（1）供应商的讨价还价能力，主要通过提高投入要素价格与降低单位价值质量的能力来影响行业中现有企业的盈利能力与产品竞争力。影响因素主要包括：转换成本、产品区别度、产品成本和质量的重要性、供应商的数量及每个供应商供应的数量等内容。

（2）购买者的讨价还价能力，购买者主要通过其压价与要求提供较高的产品或服务质量的能力来影响行业中现有企业的盈利能力。影响因素主要包括：转换成本、产品区别度、产品成本和质量的重要性、购买者的数量及每个购买者购买的数量等内容。

（3）潜在进入者的威胁，取决于两方面的因素，分别是进入新领域的障碍大小与预期现有企业对于进入者的反应情况。影响因素主要包括：规模经济、市场进入障碍、法律障碍、商业关系、资本需要、转换成本、不受规模支配的成本劣势、自然资源、地理环境等内容。

（4）替代品的威胁，源自两个处于同行业或不同行业中的企业，可能会由于所生产的产品是互为替代品，从而在它们之间产生相互竞争行为。这种源自于替代品的竞争会以各种形式影响行业中现有企业的竞争战略。影响因素主要包括：替代品的低价格、低转换成本与消费者意愿的转换。

（5）现有企业间的竞争，源自企业为获得相对于竞争对手的优势在战略实施中产生的冲突与对抗。影响因素主要包括：产业的成长性、集中度、产品区别度、转换成本、规模与学习曲线、退出壁垒、售后服务等。

波特的五种竞争力量分析模型是非常重要的战略分析工具，帮助企业在正确进行环境分析的基础上，对企业战略进行有效的定位。

2．PEST 分析法

PEST 分析法是战略外部环境分析的基本工具。它通过政治的（politics）、经济的（economic）、社会的（society）和技术的（technology）角度四个方面的因素分析从总体上把握宏观环境，并评价这些因素对企业战略目标和战略制定的影响。

（1）政治因素，是指对企业经营活动具有实际与潜在影响的政治力量和有关的法律、法规等因素。当政治制度与体制、政府对组织所经营业务的态度发生变化时，当政府发布了对企业经营具有约束力的法律、法规时，企业的经营战略必须随之做出调整。政治因素主要包括：政府管制、环保立法、税收政策、就业政策与法规、企业与政府的关系、贸易规定等。

（2）经济因素，是指一个国家的经济制度、经济结构、产业布局、资源状况、经济发展水平及未来的经济走势等，其关键要素包括 GDP 的变化发展趋势、利率水平、通货膨胀程度及趋势、就业状况、居民可支配收入水平、汇率水平、能源供给成本、市场机制的完善程度、市场需求状况等。

（3）社会因素，是指组织所在社会中成员的民族特征、文化传统、价值观念、宗教信仰、教育水平及风俗习惯等因素。构成社会环境的要素包括人口规模、年龄结构、种族结构、价值观念、收入分布、消费结构和水平、劳动力与社会流动性等。

（4）技术因素包括政府对研究的投入、政府和行业对技术创新的支持、新技术的发明和传播速度、劳动生产率的提高、信息技术变革、互联网的变革、移动技术革命等。

战略成本会计对这些环境因素进行分析，旨在使企业根据环境的变化修正原有战略，正确定位企业应采取的战略。

3. SWOT 分析法

SWOT 分析法是用来确定企业自身的竞争优势、劣势、机会和威胁，从而将企业的战略与其内部资源、外部环境有机地结合起来的一种科学的分析方法。SWOT 中，S 是优势（strengths）、W 是劣势（weaknesses）、O 是机会（opportunities）、T 是威胁（threats）。按照企业竞争战略的完整概念，战略应是一个企业“能够做的”（即内部的优势和劣势）和“可能做的”（即外部的机会和威胁）之间的有机组合。SWOT 分析实际上是一种对企业内外部条件进行综合和概括，分析企业面临的优势与劣势、机会与威胁的方法。

（1）优势，是企业的内部因素，具体包括：有利的竞争态势、充足的财政来源、良好的企业形象、技术力量、规模经济、产品质量、市场份额、成本优势、广告攻势等。

（2）劣势，也是企业的内部因素，具体包括：设备老化、管理混乱、缺少关键技术、研究开发落后、资金短缺、经营不善、产品积压、竞争力差等。

（3）机会，是企业的外部因素，具体包括：新产品、新市场、新需求、外国市场壁垒解除、竞争对手失误等。

（4）威胁，也是企业的外部因素，具体包括：新的竞争对手、替代产品增多、市场紧缩、行业政策变化、经济衰退、客户偏好改变、突发事件等。SW、OT 的关系见图 10-10。

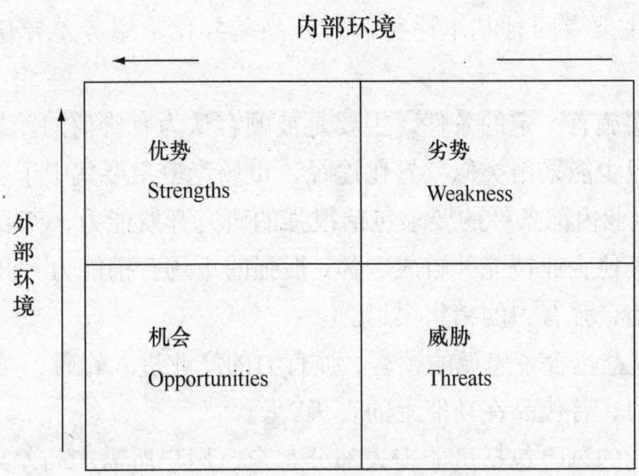

图 10-10　SWOT 分析模型

SWOT分析法通过对企业外部环境和内部能力的分析，形成优势——机会（SO）战略、劣势——机会（WO）战略、优势—威胁（ST）战略、劣势—威胁（WT）战略，并提出选择相应的战略方案类型的思路和框架。

（二）竞争战略的制定

通过战略定位分析，在选定进入的产业后就要制定具体的竞争战略以取得企业可持续发展的竞争优势地位。基本竞争战略主要有成本领先战略、差异化战略与目标集中战略等三种。通常，企业应该从这三种战略中选择一种，作为其主导战略。要么把成本控制到比竞争者更低的程度；要么在企业产品和服务中形成与众不同的特色，让顾客感觉到你提供了比其他竞争者更多的价值；要么致力于服务于某特定的市场细分、某特定的产品种类或某特定的地理范围。这三种基本竞争战略的战略架构存在很大的差异，成功地实施它们需要不同的资源和技能，否则就会出现企业文化混乱、组织安排缺失、激励机制冲突等问题，使企业遭受损失。

1. 成本领先战略

成本领先战略是一种低成本战略，是指企业通过有效途径降低成本，使企业的成本低于竞争对手的成本，从而获取竞争优势的一种战略。成本领先战略的实施基础包括以下几方面的内容。

（1）企业获取低成本可有不同的方法，如简化产品、改进设计、材料节约、人工费用降低及生产创新及自动化等。

（2）现有竞争企业间价格竞争非常激烈，源自产业产品基本是标准化或者同质化、很少的产品差异化途径、较为相同的产品使用方式、较低的消费者转换成本、较大的消费者降价谈判能力等。

（3）对企业须具备的技能和资源要求，包括：持续性资本投资与资本取得、生产加工工艺技能、认真的劳动监督、设计容易制造的产品、低成本的分销系统。

（4）成本领先战略的收益，包括抵挡现有竞争对手对抗、抵御购买商讨价还价、更灵活处理供应商提价行为、形成进入障碍、形成对替代品的竞争优势。

（5）成本领先战略的风险包括过渡降价的利润率降低、新加入者可能后来居上、丧失对市场变化的预见能力、技术变化降低企业资源的效用、容易受外部环境的影响。

2. 差异化战略

差异化战略是指为使企业产品与竞争对手产品有明显区别而形成与众不同的特点所采取的战略。这种战略的核心是取得某种对顾客有价值的独特性。差异化战略的实施基础包括以下几方面的内容。

（1）差异性的实现主要有四种基本途径，即产品差异化、服务差异化、人事差异化、形象差异化。

（2）差异化战略的实施有一定的条件，主要是被顾客认为有价值的差异有多种创造途径、顾客需求的差异性、竞争者很少能采用类似差异化途径、市场竞争主要集中于新产品特色上。

（3）差异化战略对企业内部条件的要求包括很强的研究开发能力、产品质量或技术领先的声望、行业内悠久历史或吸取其他企业技能并自成一体、很强的市场营销能力、职能部门间很强的协调性、吸引高级人才的物质设施、强有力的销售渠道。

（4）差异化战略的收益包含了忠诚的顾客、强有力的产业进入障碍、强化供应商讨价还价能力、削弱购买商讨价还价能力、替代品在功能上的丧失。

（5）差异化战略可能的风险包括可能丧失部分客户、用户所需产品差异因素下降、大量模仿缩小了感觉性差异、过度差异。

3. 集聚战略

集聚战略也称目标集中战略，是指将经营活动集中于某特定购买者集团、产品线某部分或某地域市场的战略。集聚战略的实施基础包括以下几方面的内容。

（1）集聚战略的核心是瞄准某个特定用户群体、某种细分产品线或某个细分市场。具体来说，集聚战略包括了产品线集中化战略、顾客集中化战略、地区集中化战略与低占有率集中化战略。

（2）采用集聚战略的条件为：具有完全不同用户群，相同目标细分市场的其他竞争对手不打算实行目标集中战略；企业资源不允许其追求广泛细分市场，行业中各细分部门在规模、成长率、获利能力方面存在很大差异而使得某些细分部门比其他部门更有吸引力。

（3）集聚战略的收益主要表现在：集中使用整个企业力量和资源以更好地服务于某特定目标；企业可以更好地调查研究与产品有关的技术、市场、顾客以及竞争对手等各方面情况；带来管理上的简便。

（4）集聚战略的风险主要表现在：资源过于集中会导致转型困难；竞争者的更集中化的战略；目标市场的变动可能会导致生产成本增加而削弱企业成本优势。

三、价值链分析

（一）价值链分析概述

波特的竞争战略把企业内部结构与外部环境结合起来，企业价值链贯穿在自身价值创造作业和企业外部价值转移作业的二维空间中，任何一个企业都不可能超越经营所在的产业价值链。企业价值链是整个价值创造作业全部链节中的一部分。

1. 价值链分析与竞争优势

价值链概念由迈克尔·波特教授在 1985 年提出，认为它是企业生产、营销、财务、人力资源等方面有机整合形成的一个相互联系的整体。一般意义上的价值链是指为提供满足顾客需要的产品和服务而发生的一系列消耗资源的活动。每一种产品或服务都有其自身独特的价值链，价值链上企业所有的活动都取决于顾客对产品或服务价值和成本的认同程度。

迈克尔·波特教授把企业内外价值增加的活动分为基本活动和支持性活动，基本活动涉及企业生产、销售、进料后勤、发货后勤、售后服务等，支持性活动涉及人事、财务、计划、研究与开发、采购等，基本活动和支持性活动构成了企业的价值链。不同的企业参与的价值活动中，并不是每个环节都创造价值，实际上只有某些特定的价值活动才真正创造价值，真正创造价值的经营活动才是价值链的“战略环节”。企业竞争优势实际上是企业在价值链某些特定战略环节上的优势。运用价值链分析方法来确定核心竞争力，就是要求企业密切关注组织的资源状态，特别关注和培养在价值链关键环节上获得重要的核心竞争力，以形成和巩固企业的行业竞争优势。企业的优势既可以来源于价值活动所涉及的市场范围的调整，也可来源于企业间协调或合用价值链所带来的最优化效益。波特价值链见图 10-11。

在波特教授逐渐形成完整的价值链管理概念与理论框架的过程中，其他学者也开始对该概念进行深化或衍生。彼得·海恩斯认为将顾客对产品的需求视为生产终点，利润是其副产品，各种价值活动相互交叉并由基于价值链而构建的流程所协调，企业的成本管理模式由此决定。雷鲍特与斯维奥克拉在 1995 年提出了虚拟价值链观点，即企业由实体价值链与虚拟价值链构成。另外，还有学者开始研究技术发展对基于价值链的成本管理的影响，尤其是信息技术、互联网及电子商务等，由此提出了价值网络概念。

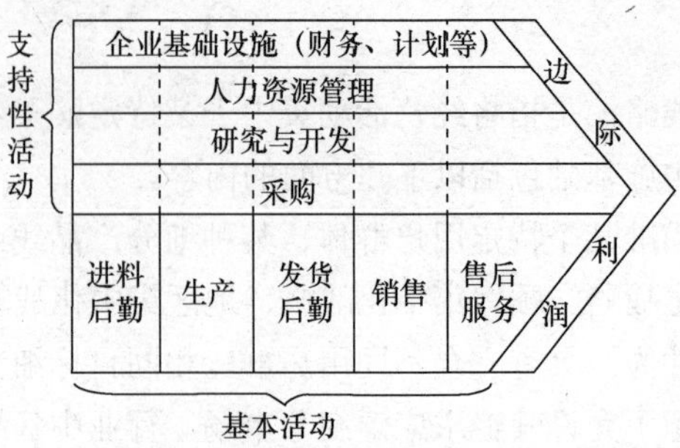

图 10-11 波特价值链

价值链的范畴从核心企业内部向前延伸到了供应商，向后延伸到了分销商、服务商和客户。这也形成了价值链中公司内部的作业之间、公司内部各部门之间、公司和客户及公司和供应商之间的各种关联，使价值链中作业之间、核心企业内部部门之间、核心企业与节点企业之间及节点企业相互之间存在着相互依赖关系，进而影响价值链的业绩。这里的节点企业是相对于价值链上的核心企业而言的，而核心企业是指处于价值链中最顶端的企业，能够通过自身的绝对支配力对产品价值链的所有环节的其他企业实施拥有支配权。从整个价值链的结构看，价值链分析可从产业价值链分析、企业价值链分析和竞争对手价值链分析三个方面进行。

2. 整体价值链分析的基本原理

整体价值链是跨越企业边界的供应链中各节点企业所有相关作业的一系列组合。整体价值链分析就是核心企业将其自身的作业成本和成本动因信息与整体价值链中节点企业的作业成本和成本动因信息联系起来共同进行价值链分析。具体来说，整体价值链分析的步骤如下。

（1）把整体价值链分解为与战略相关的作业、成本、收入和资产，并把它们分配到“有价值的作业”中。

（2）确定引起价值变动的各项作业，并据以分析形成作业成本及其差异的原因。

（3）分析整体价值链中各节点企业之间的关系，确定核心企业与顾客和供应商之间作业的相关性。

（4）利用分析结果，重新组合或改进价值链，以更好地控制成本动因，产生可持续竞争优势，使价值链中各节点企业在激烈的市场竞争中获得优势。

事实上，整体价值链上的节点企业一旦参与核心企业整体价值链分析项目，便与核心企业及其伙伴公司一起形成战略联盟，共享与价值链有关的作业成本和业绩信息。另外，参与整体价值链分析的节点企业具有共同的价值取向，在实现信息共享以后，核心企业不仅能够增加伙伴企业之间的相互信任，提高购货方的收货效率，减少存货滞留，降低供应链成本，还可以提高价值链各节点企业中相同类型的作业效率，从而有效地协调和管理价值链上节点企业之间的关系，最终提高企业整体价值链的运营效率，并在未来吸引价值链中更多的企业加入合作联盟，使核心企业在更大范围内进行完整价值链分析，在更大程度上提高价值链中所有企业的绩效。在具体的分析方法上，核心企业可以采用基准分析、战略分析和趋势分析等成本分析方法。

（二）价值链分析

1. 产业价值链分析

产业价值链分析也称为纵向价值链分析，是将企业看作是整个行业价值生产的一个环节，与上游和下游存在紧密的相互依存关系，企业可以通过协调与上游供货商和下游销售渠道的关系来优化价值链流程。产业价值链的实质是不同产业企业间的关联，它们之间存在着上下游关系和相互价值的交换。每个企业都处在产业价值链中的某个环节，一个企业要赢得和维持竞争优势不仅取决于其企业价值链，而且还取决于在更大的产业价值链中同其供应商、销售商及顾客间的连接。从现代工业的产业价值链环节看，在完整的产业价值链上，有原材料加工、中间产品生产、制成品组装、销售、服务等多个环节，不同环节上有不同参与角色，发挥着不同作用并获得相应收益。产业价值链分析主要围绕供应商价值链、销售商价值链及顾客价值链三个方面展开。

2. 企业价值链分析

企业价值链分析也称为内部价值链分析。企业价值链是由三类价值活动组成，即基本职能活动、人力资源管理与生产经营活动。因此，企业价值链分析的内容就是采取措施降低这三类价值活动的成本。从作业管理理论角度看，企业被视为满足顾客需求而设计的一系列作业的集合体，作业形成有机关联的"作业链"。价值量沿着作业链顺序传递，直到最终产品提供给企业外部顾客。企业最终产品既是全部作业的集合，也是全部作业价值的体现，企业作业的推移也表现为产品价值在企业内部的逐步积累和转移，作业链也就表现为价值链。企业价值链分析的基本内容是在对单个作业相关性、有效性进行分析的基础上，深入分析整个作业链的协同性。

3. 竞争对手价值链分析

竞争对手价值链分析也称为横向价值链分析，是企业确定竞争对手成本的种基本工具。横向价值链主要反映同类产品在小同生产者之间的价值运动过程，横向价值链分析主要包括决策、预算和分析等三个方面，其中，决策涉及具体竞争战略的选择问题，比如不同成本额的公司可采用不同竞争方式，面对成本较高但实力雄厚的竞争对手，就可以采用低成本策略。预算主要是与战略相关的资源配置对竞争优势的支持程度，而分析主要是围绕竞争对手的产品特别是成本信息进行的，以揭示企业与竞争对手相比的相对成本地位。竞争对手价值链分析的主要内容包括产品的价格和数量、技术开发的方向、采购和销售及服务。

四、战略成本动因分析

（一）战略成本动因分析概述

战略成本动因是成本动因的一种，是与战略管理有关的成本动因，对其分析超出了传统成本会计的狭隘范围，而代之以更宽广的、与战略相结合的方式来分析成本动因。从战略的角度看，企业成本态势的影响因素主要来自于企业经济结构和企业执行作业程序，从而战略成本动因可以分为结构性成本动因和执行性成本动因。战略成本动因的分析也是从这两方面展开的：其一是微观层次的与企业的具体生产作业相关的成本动因，如物耗、作业量等；其二是战略层次上的成本动因，如规模、技术多样性、质量管理等。另外，战略成本会计所注重的无形成本动因恰恰是传统成本管理所忽视的，也可以说，成本动因还可分为有形成本动因（如产出数量和消耗数量）和无形成本动因（如企业规模、整合程度、地理位置等）两种。传统成本会计注重有形成本动因，而战略成本会计更注重无形成本动因。

（二）战略成本动因分析

1. 结构性成本动因分析

结构性成本动因是指决定企业基础经济结构的成本动因，其形成常需要较长时间，但一经确定往往很难变动。同时，这些因素往往发生在生产开始之前，既决定了企业产品成本，也会对企业产品质量、人力资源、财务、生产经营等方面产生极其重要的影响。结构性成本动因的选择将决定企业的成本态势。结构性成本动因主要有以下几类。

（1）企业规模。企业要通过规模效应对成本产生影响，规模较大时可以提高作业效率，使固定成本分摊给较大规模业务量，从而降低单位成本。但当企业规模扩张超过某一临界点时，固定成本增长会超过业务规模增长，并且生产复杂性的提高和管理成本的上升也会带来不利影响。这时，单位成本会出现升高趋势，规模报酬递减，出现规模不经济。

（2）业务范围。企业为了提高其竞争优势，可能会使自己所经营的业务范围更广泛、更直接，从企业现在的业务领域出发，向着行业价值链的两端延伸，直到原材料供应和进入销售渠道。这种业务范围的扩张也称之为纵向一体化整合。企业纵向一体化整合可以对成本造成正反两方面的影响。企业应通过成本动因分析，对整合进行评价，确定选择或解除整合的策略。

（3）经验积累。经验积累，即熟练程度的提高，不仅使效率提高，人力成本下降，同时还可降低物耗、减少损失。经验积累程度越高，操作越熟练，成本降低的机会就越多，不断积累经验，形成持久竞争优势，取得“经验——成本”曲线效果。

（4）技术。运用现代科学知识不断进行技术创新是企业在日趋激烈的市场竞争中保持竞争优势的重要前提。从成本角度说，借助先进的技术手段对企业产品设计、生产流程、管理方式等进行改造，可以有效地持续降低成本，并使得这种降低呈现出连动的态势。既不能忽视技术对成本的决定性影响，也不能忽视技术开发或引用本身带来的高成本及技术变革的风险。

（5）厂址。企业选定的厂址以若干种方式影响着成本，不同地区间通常在工资水平、税负、能源成本、物流成本等方面存在一定的差异，而且厂址一旦选定，许多成本便成为沉没成本，难以降低，也难以改变。

由上述分析可见，结构性成本动因具有以下特点：一是结构性成本动因一旦形成通常很难改变，对企业成本的影响持久深远；二是结构性成本动因通常发生在生产开始之前，其支出属于资本性支出，构成了以后生产产品的约束性成本；三是结构性成本动因决定了企业的产品成本，也会对产品质量、人力资源、财务、生产经营等产生极其重要的影响，并最终决定企业的竞争态势。因此，结构性成本动因可以归结为一个“选择”的问题。这种选择决定了企业的“成本定位”。这样的取舍与权衡决定了企业产品或特定产品群可接受成本额的高低及分布。因此，结构性成本动因分析应该从产业组织视角来确定成本定位，是企业基础经济结构层面的战略性选择。这种战略性选择针对的是怎样才是“最优”的问题，选择意味着资源配置的优化。对企业而言，在优化资源配置上加大投入力度，比单纯扩大规模、简单采用高新技术和片面追求产品多样化要来的更好。

2. 执行性成本动因分析

在企业通过结构性成本动因分析决定了企业的成本管理战略后，还必须以执行性成本动因分析来引导成本管理的方向和重点，用执行性成本动因分析的结果作为成本改善的立足点更加有利于企业确立竞争优势。执行性成本动因是指与企业执行作业程序相关的成本动因，是在结构性成本动因决定以后才建立的。这类成本动因多属非量化的成本动因，其对成本的影响因企业而异。这些成本动因若能执行成功，则能降低成本；反之，则会使成本提高。执行性成本动因主要包括以下几方面内容。

（1）参与。员工的思想和行为在战略成本管理中起着至关重要的作用。员工的参与程度及责任感的大小对企业成本管理的影响是很明显的。企业员工都具备节约成本的思想并以降低成本为己任，则企业成本管理效果必然会好，反之就差。因此，战略成本管理强调全员参与，通过建立各种激励制度，培养员工的归属感和荣誉感，培育企业的成本文化。

（2）全面质量管理。全面质量管理的宗旨是以最少的质量成本获得最优的产品质量，并且最低的质量成本可以在缺陷为零时达到。因为对错误的纠正成本是递减的，所以总成本会保持下降的趋势，直至最后的差错被消除，故全面质量管理的改进总是能降低成本。较高的质量成本意味着企业在整个范围的各阶段来提高产品质量，能为企业带来降低成本的契机。

（3）能力利用。在企业规模既定的前提下，生产能力的利用程度是影响企业成本的一个重要动因。生产能力利用主要通过固定成本影响企业的成本水平，由于固定成本在相关的范围内不随产量的增加而改变，当企业的生产能力利用率提高时，单位产品所分担的固定成本减少，从而引起企业单位成本的降低。因此，寻求建立能够使企业充分利用其生产能力的经营模式，将会带来企业的成本竞争优势。

（4）联系。联系是指各种价值活动之间的相互关联，可分为两类：一类是企业内部联系，企业内部各种价值活动之间的联系遍布整个价值链，针对相互联系的活动，企业可以采取协调和最优化两种策略来提高效率或降低成本：另一类是企业与上游的供应商、下游的客户间的垂直联系。企业所有价值活动都会互相产生影响，如果能够确保它们以一种协调合作的方式开展，将会为总成本的降低创造机会。

由上述分析可见，执行性成本动因具有以下特点：一是执行性成本动因是在结构性成本动因决定之后才成立的成本动因；二是执行性成本动因是非量化的成本动因；三是执行性成本动因企业而异，并无固定的因素；四是执行性成本动因的形成和改变需要很长时间。因此，执行性成本动因分析是在已有选择的前提针对业绩目标的成本态势的战略性强化。它所要求的战略性强化针对“最佳”的效果目标，强化意味着实施制度上的完善，在完善制度及改善运作效率上加大投入力度，必然能带动成本管理的绩效。

综上所述，结构性成本动因分析解决配置的优化问题是基础，而执行性成本动因分析解决绩效的提高问题是使其持续，两者互为连贯配合。一方面，如果优化问题处理不当，那么针对绩效的持续执行就会发生方向性错误，其战略强化只会是一种徒劳的浪费。另一方面，即使结构优化配置是基本合理的，但是如果缺乏强有力的执行性投入，则战略成本控制所追求的效果目标亦不可能达到。

另外，战略成本动因之间是相互作用的。成本是多重成本动因共同作用的结果，没有一种成本动因会成为企业成本的唯一决定因素，总是若干个成本动因相互作用以决定该项成本。这种相互作用体现为各战略成本动因间的相互加强或对抗，共同作用于企业总体运营成本，体现着企业总成本的高低。如企业规模或经验积累可以强化企业技术优势，业务范围的成本优势也可能被生产能力利用程度不高所抵消。因此，企业应注重分析各战略成本动因之间的相互作用，避免相互间的抵触，充分利用成本动因间的相互强化效果，找出处于主导地位的战略成本动因，进而对现实系统行为状态进行评价和改进，使企业成本在既定战略下持续降低，获得持久竞争优势。

（三）战略成本分析与企业竞争优势

企业采用不同的竞争战略会给企业带来不同的成本优势。

1. 低成本竞争战略

在激烈的市场竞争中，成本领先者的低成本具有以下优势。

① 在同业竞争中，成本领先者在以价格为基础的竞争中处于最好的位置。成本领先者以低价格从竞争对手那儿抢占市场份额，在价格大战中生存下来并获取高于平均水平的利润。

② 在防御购买者方面，提成本可为公司提供部分利润率保护。

③ 在抵御供应商的谈判方面，若低成本供应商的低成本优势主要源自其内部效率的话，那么它就比竞争对手更易避开供应商的影响。

④ 在抵御潜在进入者方面，低成本的领导者处于有利位置，可采用降价策略逼退竞争者，其削价能力是新进入者的绊脚石。

⑤ 在与替代品竞争方面，成本领先者处于比较有利的地位，其可以利用其低价来抵御那些试图用替代品或者服务来侵占市场的企业。

成本优势的战略价值取决于其战略的持久性。如果企业成本优势的来源是竞争者难以模仿的，那这种优势就是持久的。获取成本优势主要有两种方法。

① 控制成本动因。一旦企业识别出其价值链并判定出重要价值活动的成本动因，企业可通过更好地控制这些成本动因而获得优势。

② 重构价值链。企业相对成本地位的显著变动最常见的来源是其采用了与竞争对手显著不同的价值链。重构价值链的优势在与：一是能提供从根本上改变公司成本结构的机会，新价值链的效率可能比老的更高、成本比老的更低，企业通过改变价值链来改变竞争基础；二是重构价值链的方式是进行整合，是以原有核心业务为基础，通过业务的延伸和强化，将不同的生产、分销或其他经济业务过程结合起来形成有机的整体，不管是横向整合、纵向整合，还是前向、后向整合，整合对成本有重要影响，通过整合可以节约交易成本，使企业较容易地将业务拓展到相邻的业务，大幅降低企业进入新业务的成本。

采用成本领先战略应注意以下几点。

① 技术的快速变化可能会使过去用于扩大规模的投资失效。

② 高层管理人员和营销人员可能将注意过多集中在成本控制上，忽视了消费者偏好的变化。

③ 为降低成本而采用的大规模生产技术和设备过于专一化，在竞争日趋激烈的环境中适应性差。

④ 过于追求低成本而使企业的产品或服务缺乏特色。

2. 差异化战略

差异化战略具有以下优势。

① 差异化的产品和服务能满足某些群体的特定需要，顾客对差异化产品的忠诚度高，会降低对价格的敏感性。

② 差异化可给企业带来较高的溢价，足以补偿因差异化增加的成本，还可给企业带来丰厚的利润，从而使企业不必去追求成本领先地位。

③ 差异化的产品和服务是其他竞争对手所不能提供的，可明显的削弱顾客的讨价还价能力。

④ 差异化战略使企业在对付替代品威胁时比竞争对手处于更为有利的地位。

成功的差异化战略的关键在于用竞争对手无法模仿或抗衡的方式为购买者创造价值，其途径有以下几种。

① 提供能够降低购买者使用企业产品的总成本的产品属性和用户特色。

② 提供能够提高购买者从产品中得到的性能。

③ 提供能够从非经济或者无形的角度提高购买者的满意度。

④ 通过竞争对手没有或者不能克服的竞争能力来为购买者提供价值。

差异化战略重在创新，其竞争优势源自其产品或服务的独特性。实施该战略应注意以下几点。

① 实施差异化战略后，价格要能为顾客所接受，否则相对于竞争对手产品而言可能由于价格过

高而陷入“价格陷阱”。

② 重视向购买者传递差别化的价值。

③ 实施差异化的溢价要超过相应的额外成本，否则无法获得超额利润，也就无法形成差异化优势。

3. 集聚战略

集聚战略的目标是比竞争对手更好地服务于目标细分市场的购买者。实施该战略的基础是：服务于小市场的成本比竞争对手的成本低；能为小市场的购买者提供他们认为更好的商品。

采取集聚战略时，可选择以下途径。

① 以低成本为基础的目标集聚战略取决于是否存在这样的购买者细分市场，满足他们要求的代价要比满足市场整体要求的代价小。

② 以差异化为基础的目标集聚战略取决于是否存在这样的购买者细分市场，满足他们想要得到或者需要特殊的产品属性或企业能力。

集聚战略战略面临向较窄目标市场提供产品引起的高成本风险和由细分市场的需求变化引起的风险问题，采用时注意以下几方面。

① 竞争对手可能会寻找与采取目标集聚战略厂商相匹配的有效途径来服务于目标小市场。

② 小市场上的购买者偏好和需求可能会转向大众购买者所喜好的属性。

③ 长期目标集聚战略厂商聚集的细分市场非常具有吸引力，竞争者蜂拥而至，瓜分了细分市场的利润。

练习与思考

1. 作业成本法与传统成本法相比较，有哪些优越性与局限性，其在制造费用分配上有何重要区别？

2. 试述作业成本法的基本原理与一般程序。

3. 何为质量成本？质量成本包含哪些内容？

4. 在非独立核算模式下，质量成本如何进行归集与分配？

5. 什么是可接受质量成本观点？什么是零缺陷质量成本观点？二者有何区别？

6. 什么是环境成本？环境成本分为哪些类别？

7. 什么是环境产品成本？职能基础和作业基础下的环境成本分配有何区别？

8. 环境成本的生命周期评价分为哪几个阶段？

9. 何为人力资源成本？人力资源成本有哪些项目组成？

10. 试述人力资源报告的形式。

11. 试述战略成本会计的特点和主要内容。

12. 战略定位分析工具有哪些？

13. 企业如何进行价值链分析？

14. 企业如何进行战略成本动因分析？

主要参考文献

[1] 查尔斯 T·霍恩格伦．高级成本管理会计[M]．北京：中国财政经济出版社，1986．
[2] 查尔斯 T·霍恩格伦等．成本会计学：以管理为中心[M]．大连：东北财经大学出版社，2000．
[3] 陈汉文，成本管理[M]．北京：高等教育出版社，2008．
[4] 陈轲．成本会计学（第 3 版）[M]．北京：经济科学出版社，2007．
[5] 胡玉明．管理会计研究[M]．北京：机械工业出版社，2008．
[6] 胡玉明，潘敏虹．成本会计[M]．厦门：厦门大学出版社，2010．
[7] 林万祥．成本会计研究[M]．北京：机械工业出版社，2008．
[8] 李定安．成本管理研究[M]．北京：经济科学出版社，2002．
[9] 乐艳芬．成本管理会计（第三版）[M]．上海：复旦大学出版社，2014．
[10] 罗飞．成本会计学（第三版）[M]．北京：高等教育出版社，2008．
[11] 罗伯特 S·卡普兰等．高级管理会计（第 3 版）[M]．大连：东北财经大学出版社，2012．
[12] 迈克尔·波特．竞争战略[M]（陈小悦译）．北京：华夏出版社，1997．
[13] 迈克尔·波特．竞争优势[M]（陈小悦译）．北京：华夏出版社，1997．
[14] 米切尔·马赫．成本会计：为管理创造价值[M]．北京：机械工业出版社，1999．
[15] 孟焰．成本管理会计[M]．北京：高等教育出版社，2011．
[16] 王广宇，丁华明．作业成本管理[M]．北京：清华大学出版社，2005．
[17] 王仲兵．成本会计学[M]．大连：东北财经大学出版社，2010．
[18] 万寿义，任月君．成本会计[M]．大连：东北财经大学出版社，2009．
[19] 谢灵．成本会计学[M]．北京：中国人民大学出版社，2004．
[20] 徐政旦，石人瑾，林宝瓌，管一民．成本会计[M]．上海：上海三联书店，1994．
[21] 于富生．成本会计学（第五版）[M]．北京：中国人民大学出版社，2009．
[22] 张维宾．成本会计[M]．上海：立信会计出版社，2002．
[23] 张鸣．成本计量概论[M]．北京：中国财政经济出版社，1998．